Das genehmigte Kapital im System des GmbH-Rechts

Europäische Hochschulschriften

European University Studies

Publications Universitaires Européennes

Reihe II **Rechtswissenschaft**

Series II Law

Série II Droit

Band/Volume **5822**

Sebastian Reiner-Pechtl

Das genehmigte Kapital im System des GmbH-Rechts

Die Kompetenzordnung der GmbH, das Bezugsrecht der Gesellschafter und der Einsatz alternativer Finanzierungsinstrumente im Anwendungsbereich des § 55a GmbHG

PL ACADEMIC RESEARCH

Bibliografische Information der Deutschen Nationalbibliothek
Die Deutsche Nationalbibliothek verzeichnet diese Publikation in der Deutschen Nationalbibliografie; detaillierte bibliografische Daten sind im Internet über http://dnb.d-nb.de abrufbar.

Zugl.: München, Univ., Diss., 2015

D 19
ISSN 0531-7312
ISBN 978-3-631-67120-7 (Print)
E-ISBN 978-3-653-06427-8 (E-Book)
DOI 10.3726/978-3-653-06427-8

PL Academic Research ist ein Imprint der Peter Lang GmbH.
Peter Lang – Frankfurt am Main · Bern · Bruxelles · New York · Oxford · Warszawa · Wien

Diese Publikation wurde begutachtet.

www.peterlang.com

Für Julia und meine Eltern

Vorwort

Die vorliegende Arbeit wurde im Januar des Jahres 2015 als Dissertation an der Ludwig-Maximilians-Universität München eingereicht; die mündliche Prüfung fand im September 2015 statt. Für Zwecke der Publikation ist die verwendete Literatur noch einmal bis Jahresende 2015 aktualisiert worden, relevante Änderungen am Text haben sich aber nicht mehr ergeben.

Ein besonderer Dank gilt meinem Doktorvater, Herrn Prof. Dr. Mathias Habersack, für seine Betreuung und seine wertvollen Anmerkungen.

Die vielfach geäußerte Befürchtung, das genehmigte Kapital werde in der GmbH mangels Praxisrelevanz kaum Anwendung finden, kann der Autor aufgrund eigener Praxiserfahrungen nicht teilen. Vielmehr ist zu erwarten, dass das genehmigte Kapital wegen des Flexibilitätsgewinns gerade im Bereich Private Equity und Venture-Capital auf Resonanz stoßen wird. Zur Klärung der dogmatischen Grundlagen des § 55a GmbHG und zur systematischen Lösung offener Streitfragen will diese Arbeit einen Beitrag leisten.

München, im Januar 2016

Überblick über den Inhalt

Inhaltverzeichnis

Literaturverzeichnis

Albrecht, Christian, **Lange**, Björn, Zur Fehlerhaftigkeit eines „Um-bis-zu-Kapitalerhöhungsbeschlusses“ ohne Durchführungsfrist, BB 2010, 142 f.

Bamberger, Heinz Georg, **Roth**, Herbert, Beck'scher Online-Kommentar BGB, Stand: 01.11.2015; zitiert: BeckOK/BGB/*Bearbeiter.*

Banspach, Dirk, **Nowak**, Karsten, Der Aufsichtsrat der GmbH – unter besonderer Berücksichtigung kommunaler Unternehmen und Konzerne, Der Konzern 2008, 195 ff.

Baumbach, Adolf, **Hueck**, Alfred, GmbH-Gesetz, 20. Auflage, 2013, München; zitiert: Baumbach/Hueck/*Bearbeiter.*

Baumbach, Adolf, **Hueck**, Alfred, GmbH-Gesetz, 17. Auflage, 2000, München; zitiert: Baumbach/Hueck/17.Aufl./*Bearbeiter.*

Bayer, Walter, **Hoffmann**, Thomas, **Lieder**, Jan, Ein Jahr MoMiG in der Unternehmenspraxis, Rechtstatsachen zu Unternehmergesellschaft, Musterprotokoll, genehmigtes Kapital, GmbHR 2010, 9 ff.

Bayer, Walter, Materielle Schranken und Kontrollinstrumente beim Einsatz des genehmigten Kapitals mit Bezugsrechtsausschluss, ZHR 168 (2004), 132 ff.

Bormann, Michael, **Hösler**, Markus, Entscheidungsanmerkung zu OLG München, Beschluss vom 23.1.2012 – 31 Wx 457/11, jurisPK-HaGesR 4/2012 Anm. 3.

Bork, Reinhard, **Schäfer**, Carsten, Kommentar zum GmbHG, 3. Auflage, 2015, Köln; zitiert: Bork/Schäfer/*Bearbeiter.*

Bosse, Christian, Informationspflichten des Vorstands beim Bezugsrechtsausschluss im Rahmen des Beschlusses und der Ausnutzung eines genehmigten Kapitals, ZIP 2001, 104 ff.

Brouwer, Tobias, Zustimmungsvorbehalte des Aufsichtsrats im Aktien- und GmbH-Recht, 2008, Berlin; zitiert: Brouwer, S.

Bücker, Thomas, Umsetzung einer ordentlichen Kapitalerhöhung in Teilschritten, NZG 2009, 1339 ff.

Bungert, Hartwin, Ausnutzung eines genehmigten Kapitals mit Bezugsrechtsausschluss – Anmerkung zu den BGH-Urteilen Mangusta/Commerzbank I und II, BB 2005, 2757 ff.

Bunnemann, Jan, **Zirngibl**, Nikolas, **Desch**, Catharina, **Desch**, Wolfram, **Holzborn**, Timo, **Kölmel**, Dominik, **Thun**, Andreas, Die Gesellschaft mit beschränkter Haftung in der Praxis, 2. Auflage, 2011, München; zitiert: Bunnemann/Zirngibl/*Bearbeiter.*

Busch, Thorsten, Mangusta/Commerzbank - Rechtsschutz nach Ausnutzung eines genehmigten Kapitals, NZG 2006, 81 ff.

Cahn, Andreas, Pflichten des Vorstandes beim genehmigten Kapital mit Bezugsrechtsausschluss, ZHR 163 (1999), 554 ff.

Canaris, Claus-Wilhelm, Das Rangverhältnis der „klassischen" Auslegungskriterien, demonstriert an Standardproblemen aus dem Zivilrecht, in: Festschrift für Dieter Medicus, 1999, Köln, S. 25 ff.

Claussen, Carsten P., Arbeitsentgelt und Produktivvermögen, in: Festschrift für Wolfgang Zöllner, 1998, S. 111 ff.

Cramer, Carsten, Das genehmigte Kapital der GmbH nach dem MoMiG, GmbHR 2009, 406 ff.

Deilmann, Barbara, Abgrenzung der Überwachungsbefugnisse von Gesellschafterversammlung und Aufsichtsrat einer GmbH unter besonderer Berücksichtigung des mitbestimmten Aufsichtsrats, BB 2004, 2253 ff.

Dietrich, Christian, Der neue § 111 Abs. 4 Satz 2 AktG - Zustimmungsvorbehaltspflicht auch für unternehmerisches Unterlassen?, DStR 2003, 1577 ff.

Duden, Konrad, Zur Mitbestimmung in Konzernverhältnissen nach dem Mitbestimmungsgesetz, ZHR 141 (1977), 145 ff.

Duden, Konrad, Überwachung: wen oder was?, in: Festschrift für Robert Fischer, 1979, Berlin, S. 95 ff.

Ebert, Sabine, Folgepflicht und Haftung des GmbH-Geschäftsführers bei Weisungen, GmbHR 2003, 444 ff.

Eggert, Frederick, Weisungsrecht und Vorabbericht beim genehmigten Kapital der GmbH, GmbHR 2014, 856 ff.

Eisenhardt, Ulrich, Zum Weisungsrecht der Gesellschafter in der nicht mitbestimmten GmbH, in: Festschrift für Gerd Pfeiffer, 1988, Köln, S. 839 ff.

Ensthaler, Jürgen, **Füller**, Jens Thomas, **Schmidt**, Burkhard, Kommentar zum GmbHG, 2. Auflage, 2009, Luchterhand; zitiert: Ensthaler/Füller/Schmidt/*Bearbeiter.*

Epping, Volker, **Hillgruber**, Christian, Beck'scher Onlinekommentar, GG, Stand: 1.9.2015, München; zitiert: BeckOK/GG/*Bearbeiter.*

Fleck, Hans-Joachim, Schuldrechtliche Verpflichtungen einer GmbH im Entscheidungsbereich der Gesellschafter, ZGR 1988, 104 ff.

Fleck, Hans-Joachim, Zur Haftung des GmbH-Geschäftsführers, GmbHR 1974, 224 ff.

Fleischer, Holger, **Goette,** Wulf, Münchener Kommentar zum GmbHG, Band 1, 2. Auflage, 2015, München; zitiert: Münch/Komm/*Bearbeiter.*

Fleischer, Holger, **Goette,** Wulf, Münchener Kommentar zum GmbHG, Band 2, 2. Auflage, 2016, München; zitiert: Münch/Komm/*Bearbeiter.*

Fleischer, Holger, **Goette**, Wulf, Münchener Kommentar zum GmbHG, Band 3, 2. Auflage, 2016, München; zitiert: Münch/Komm/*Bearbeiter.*

Fleischer, Holger, Zur ergänzenden Anwendung von Aktienrecht auf die GmbH, GmbHR 2008, 673 ff.

Fleischer, Holger, **Wedemann,** Frauke, Zur sogenannten Annexkompetenz im GmbH- und Aktienrecht, GmbHR 2010, 449 ff.

Fonk, Hans-Joachim, Zustimmungsvorbehalte des AG-Aufsichtsrats, ZGR 2006, 841 ff.

Frantzen, Christopher, Genußscheine, 1993, Köln; zitiert: Frantzen, S.

Gaul, Björn, **Otto,** Björn, Auswirkungen des TransPuG auf das Verhältnis zwischen GmbH-Geschäftsführung und Aufsichtsrat, GmbHR 2003, 6 ff.

Gehrlein, Markus, **Ekkenga,** Jens, **Simon,** Stefan, GmbHG, 2. Auflage, 2015, Carl Heymanns; zitiert: Gehrlein/Ekkenga/Simon/*Bearbeiter.*

Geißler, Markus, Begrenzungen bei der Weisungsbindung des GmbH-Geschäftsführers, GmbHR 2009, 1071 ff.

Gerber, Olaf, **Pilz**, Klaus, Die Barkapitalerhöhung um einen Rahmenbetrag bei der GmbH, GmbHR 2005, 1324 ff.

Goette, Wulf, **Habersack,** Mathias, Münchener Kommentar zum AktG, Band 1, 4. Auflage, 2016, München; zitiert: Münch/Komm/AktG/*Bearbeiter.*

Goette, Wulf, **Habersack**, Mathias, Münchener Kommentar zum AktG, Band 2, 4. Auflage, 2014, München; zitiert: Münch/Komm/AktG/*Bearbeiter.*

Goette, Wulf, **Habersack,** Mathias, Münchener Kommentar zum AktG, Band 3, 3. Auflage, 2013, München; zitiert: Münch/Komm/AktG/*Bearbeiter.*

Goette, Wulf, **Habersack,** Mathias, Münchener Kommentar zum AktG, Band 4, 4. Auflage, 2016, München; zitiert: Münch/Komm/AktG/*Bearbeiter.*

Götz, Heinrich, Rechte und Pflichten des Aufsichtsrats nach den Transparenz- und Publizitätsgesetz, NZG 2002, 599 ff.

Grigoleit, Hans Christoph, **Rieder**, Markus, GmbH-Recht nach dem MoMiG, 2009, München; zitiert: Grigoleit/Rieder, Rn.

Grunewald, Barbara, Die Auslegung von Gesellschaftsverträgen und Satzungen, ZGR 1995, 68 ff.

Habersack, Mathias, **Mülbert**, Peter O., **Schlitt**, Michael, Unternehmensfinanzierung am Kapitalmarkt, 3. Auflage, 2013, Köln; zitiert: Habersack/Mülbert/Schlitt/*Bearbeiter.*

Habersack, Mathias, Unwirksamkeit „zustandsbegründender" Durchbrechungen der GmbH-Satzung sowie darauf gerichteter schuldrechtlicher Nebenabreden, ZGR 1994, 354 ff.

Heckschen, Heribert, Agio und Bezugsrechtsausschluss bei der GmbH, DStR 2001, 1437 ff.

Heckschen, Heribert, Das MoMiG in der notariellen Beratungspraxis, 2009, München; zitiert: Heckschen, Rn.

Heckschen, Heribert, **Heidinger**, Andreas, Die GmbH in der Gestaltungs- und Beratungspraxis, 3. Auflage, 2014, Köln; zitiert: Heckschen/Heidinger/*Bearbeiter.*

Heckschen, Heribert, **Herrler**, Sebastian, **Starke**, Timm, Beck'sches Notarhandbuch, 6. Auflage, 2015, München; zitiert: Beck'sches NotarHB/*Bearbeiter.*

Helmreich, Kilian, Wandelschuldverschreibung bei der GmbH als Brücke bei Bewertungsdifferenzen im Rahmen von M&A-Transaktionen, GWR 2011, 561 ff.

Henssler, Martin, **Strohn**, Lutz, Gesellschaftsrecht, 2. Auflage, 2014, München; zitiert: Henssler/Strohn/*Bearbeiter.*

Henze, Hartwig, Die Kontrolle des Bezugsrechtsausschlusses im Rahmen des genehmigten Kapitals in der Rechtsprechung des Bundesgerichtshofes, in: Festschrift Priester, 2007, S. 201 ff.

Herrler, Sebastian, Aktuelles zur Kapitalerhöhung bei der GmbH, DNotZ 2008, 903 ff.

Heybrock, Hasso, Praxiskommentar zum GmbH-Recht, 2. Auflage, 2010, Münster; zitiert: Heybrock/*Bearbeiter.*

Hirte, Heribert, Bezugsrechtsausschluß und Konzernbildung, 1986, Köln; zitiert: Hirte, S.

Hoffmann-Becking, Michael, Münchener Handbuch des Gesellschaftsrechts, Band 4, Aktiengesellschaft, 4. Auflage, 2015, München; zitiert: MünchHBdGesR/AG/*Bearbeiter.*

Holland, Björn, **Goslar**, Sebastian, Die Bedienung von Wandelanleihen aus genehmigtem Kapital, NZG 2006, 892 ff.

Holzmann, Daniel, **Eichstädt**, Jan Ole, Die „Bis zu"-Kapitalerhöhung im System der Kapitalmaßnahmen des Aktiengesetzes; zugleich Besprechung von OLG München, Beschluss v. 22.9.2009, 31 Wx 110/09, DStR 2010, 277 ff.

Hopt, Klaus J., **Wiedemann,** Herbert, Aktiengesetz Großkommentar, Vierter Band, 4. Auflage, 2006, Berlin; zitiert: GroßKomm/AktG/*Bearbeiter*

Hopt, Klaus J., **Wiedemann,** Herbert, Aktiengesetz Großkommentar, Sechster Band, 4. Auflage, 2006, Berlin; zitiert: GroßKomm/AktG/*Bearbeiter.*

Hölters, Wolfgang, Die zustimmungspflichtigen Geschäftsführungsmaßnahmen im Spannungsfeld zwischen Satzungs- und Aufsichtsratsautonomie, BB 1978, 640 ff.

Hölters, Wolfgang, Aktiengesetz, Kommentar, 2. Auflage, 2014, München; zitiert: Hölters/*Bearbeiter.*

Hommelhoff, Peter, Unternehmensführung in der mitbestimmten GmbH, ZGR 1978, 119 ff.

Hüffer, Uwe, Aktiengesetz, 11. Auflage, 2014, München; zitiert: Hüffer/*Koch.*

v. Hoyningen-Huene, Gerrick, **Powietzka**, Arnim, Unterrichtung des Aufsichtsrats in der mitbestimmten GmbH, BB 2001, 529 ff.

Immenga, Ulrich, Die personalistische Kapitalgesellschaft, 1970, Bad Homburg; zitiert: Immenga, S.

Katschinski, Ralf, **Rawert**, Peter, Stangenware versus Maßanzug: Vertragsgestaltung im GmbH-Recht nach Inkrafttreten des MoMiG, ZIP 2008, 1993 ff.

Keßler, Jürgen, Die kommunale GmbH, GmbHR 2000, 71 ff.

Klein, Hans-Werner, **Braun**, Antje, Möglichkeiten der betrieblichen Vermögensbildung, BB 1986, 673 ff.

Klett, Sabine, Das genehmigte Kapital bei der GmbH – Praxisfragen zu Hintergrund und Verfahren des neuen § 55 a GmbHG, GmbHR 2008, 1312 ff.

Klingberg, Dietgard, GmbH-Organzuständigkeiten bei Mezzanine-Finanzierungen, in: Festschrift für Harm Peter Westermann, 2008, Köln, S. 1087 ff.

Kloetzl, Gustav L., Betriebliche Vermögensbildung bei der GmbH, GmbHR 1987, 453 ff.

Knepper, Karl Heinz, Die Belegschaftsaktie in Theorie und Praxis, ZGR 1985, 419 ff.

Konzen, Horst, Geschäftsführung, Weisungsrecht und Verantwortlichkeit in der GmbH und GmbH & Co KG, NJW 1989, 2977 ff.

Kramer, Dirk, Praxisfragen und Gestaltungshinweise zur Nutzung des genehmigten Kapitals bei der GmbH, GmbHR 2015, 1073 ff.

Krieger, Gerd, Vorstandsbericht vor Ausnutzung eines genehmigten Kapitals mit Bezugsrechtsausschluss?, in: Festschrift für Herbert Wiedemann, 2002, München, 1081 ff.

Kroiß, Ludwig, **Everts**, Arne, **Poller**, Stefan, GmbH-Registerrecht, 1. Auflage, 2008, Nomos; zitiert: Kroiß/Everts/Poller/*Bearbeiter*.

Keller, Adolf, Die Kritik, Korrektur und Interpretation des Gesetzeswortlauts, 1960, Winterthur; zitiert: Keller, S.

Lange, Oliver, Zustimmungsvorbehaltspflicht und Kataloghaftung des Aufsichtsrats nach neuem Recht, DStR 2003, 376 ff.

Larenz, Karl, Methodenlehre der Rechtswissenschaft, 6. Auflage, 1991, Berlin/Heidelberg; zitiert: Larenz, S.

Leuering, Dieter, **Simon**, Stefan, Die Bis-zu-Kapitalerhöhung im GmbH-Recht, NJW-Spezial 2005, 363 f.

Lieder, Jan, Zustimmungsvorbehalte des Aufsichtsrats nach neuer Rechtslage, DB 2004, 2251 ff.

Lieder, Jan, Grund- und Zweifelsfragen des genehmigten Kapitals der GmbH, DNotZ 2010, 655 ff.

Lieder, Jan, Der Einfluss des genehmigten Kapitals auf die Dogmatik des GmbH-Rechts, ZGR 2010, 868 ff.

Lieder, Jan, Entscheidungsanmerkung zu OLG München, Beschluss vom 23.1.2012 – 31 Wx 457/11, EWiR 2012, 113 f.

Lips, Jörg, **Randel**, Thierry, **Werwigk**, Claudius, Das neue GmbH-Recht – Ein Überblick, DStR 2008, 2220 ff.

Lorz, Rainer, **Pfisterer**, Benedikt, **Gerber**, Olaf, Beck'sches Formularbuch GmbH-Recht, 1. Auflage, 2010, München; zitiert: Lorz/Pfisterer/Gerber/*Bearbeiter*.

Lutter, Marcus, Ausgabe von Genußrechten und Jahresabschluss, in: Festschrift für Georg Döllerer, 1988, S. 383 ff.

Lutter, Marcus, Anmerkung zu BGH, Urteil vom 23.6.1997 – II ZR 132/93, JZ 50 ff.

Lutter, Marcus, **Krieger**, Gerd, Rechte und Pflichten des Aufsichtsrats, 6. Auflage, 2014, Köln; zitiert: Lutter/Krieger, §.

Lutter, Marcus, **Hommelhoff**, Peter, **Bayer**, Walter, **Kleindiek**, Detlef, GmbH-Gesetz Kommentar, 18. Auflage 2012, Köln; zitiert: Lutter/Hommelhoff/*Bearbeiter*.

Maidl, Johannes, Die Wandelschuldverschreibung bei der GmbH, NZG 2006, 778 ff.

Maunz, Theodor, **Dürig**, Günter, **Herzog**, Roman, **Scholz**, Rupert, **Herdegen**, Matthias, **Klein**, Hans H., Grundgesetz Kommentar, 75. Ergänzungslieferung, September 2015, München; zitiert: Maunz/Dürig/*Bearbeiter*.

Meilicke, Wienand, **Heidel**, Thomas, Die Pflicht des Vorstands der AG zur Unterrichtung der Aktionäre vor dem Bezugsrechtsausschluss beim genehmigten Kapital, DB 2000, 2358 ff.

Mennicke, Petra, Zum Weisungsrecht der Gesellschafter und der Folgepflicht der GF in der mitbestimmungsfreien GmbH, NZG 2000, 622 ff.

Mertens, Hans-Joachim, **Cahn**, Andreas, Kölner Kommentar zum Aktiengesetz, Band 2/2, 3. Auflage, 2013, Köln; zitiert: Köln/Komm/AktG/*Bearbeiter*.

Meyer-Landrut, Joachim, **Miller**, Georg, **Niehus**, Rudolf J., Gesetz betreffend die Gesellschaften mit beschränkter Haftung, Kommentar, 1987, Berlin; zitiert: Meyer-Landrut/Miller/Niehus/*Bearbeiter*.

Michalski, Lutz, Kommentar zum Gesetz betreffend die Gesellschaften mit beschränkter Haftung (GmbH-Gesetz), Band 1, 2. Auflage, 2010; zitiert: Michalski/*Bearbeiter*.

Michalski, Lutz, Kommentar zum Gesetz betreffend die Gesellschaften mit beschränkter Haftung (GmbH-Gesetz), Band 2, 2. Auflage, 2010; zitiert: Michalski/*Bearbeiter*.

Müller, Klaus J., **Wolff**, Reinmar, Freiwilliger Aufsichtsrat nach § 52 GmbHG und andere freiwillige Organe, NZG 2003, 751 ff.

Müller-Glöge, Rudi, **Preis**, Ulrich, **Schmidt**, Ingrid, Erfurter Kommentar zum Arbeitsrecht, 16. Auflage, 2016, München, zitiert: Erf/Komm/*Bearbeiter*.

Natterer, Joachim, Sachkontrolle und Berichtspflicht beim genehmigten Kapital – Nold/Siemens abermals auf dem Weg durch die Instanzen?, ZIP 2002, 1672 ff.

Nietsch, Michael, Die Flexibilisierung der Kapitalaufnahme bei der GmbH, in: Festschrift für Uwe H. Schneider, 2011, Köln.

Oppenländer, Frank, **Trölitzsch**, Thomas, Praxishandbuch der GmbH-Geschäftsführung, 2. Auflage, 2011, München; zitiert: Oppenländer/Trölitzsch/*Bearbeiter*.

Paefgen, Walter G., Justiziabilität des Verwaltungshandelns beim genehmigten Kapital, ZIP 2004, 145 ff.

Paschos, Nikolaos, Berichtspflichten des Vorstands bei der Ermächtigung zum Bezugsrechtsausschluss und deren Ausübung im Rahmen eines genehmigten Kapitals, WM 2005, 356 ff.

Pentz, Andreas, Genehmigtes Kapital, Belegschaftsaktien und Sacheinlagefähigkeit obligatorischer Nutzungsrechte – das adidas-Urteil des BGH, ZGR 2001, 901 ff.

Priester, Hans-Joachim, Das gesetzliche Bezugsrecht bei der GmbH, DB 1980, 1925 ff.

Priester, Hans-Joachim, Genehmigtes Kapital bei der GmbH, GmbHR 2008, 1177 ff.

Priester, Hans-Joachim, Emissions-Tranchen bei ordentlicher Kapitalerhöhung, NZG 2010, 81 ff.

Priester, Hans-Joachim, Der GmbHR-Kommentar (OLG München, Beschluss vom 23.1.2012 – 31 Wx 457/11), GmbHR 2012, 331 f.

Priester, Hans-Joachim, **Mayer**, Dieter, **Wicke**, Hartmut, Münchener HB des Gesellschaftsrechts, Band 3, Gesellschaft mit beschränkter Haftung, 4. Auflage, 2012, München; zitiert: MünchHBdGesR/*Bearbeiter.*

Quack, Karlheinz, Die Schaffung genehmigten Kapitals unter Ausschluß des Bezugsrechts der Aktionäre, ZGR 1983, 257 ff.

Raiser, Thomas, **Veil**, Rüdiger, **Jacobs,** Matthias, Mitbestimmungsgesetz und Drittelbeteiligungsgesetz, 6. Auflage, 2015, Berlin; zitiert: Raiser/Veil/MitbestG, §.

Raiser, Thomas, **Veil**, Rüdiger, Recht der Kapitalgesellschaften, 6. Auflage, 2015, München; zitiert: Raiser/Veil, §.

Renaud, Werner, Genehmigtes Kapital und Befugnis zur Satzungsänderung bei der GmbH, ZNotP 2010, 203 ff.

Rid-Niebler, Eva-Maria, Genußrechte als Instrument zur Eigenkapitalbeschaffung über den organisierten Kapitalmarkt für die GmbH, 1988, München; zitiert: Rid-Niebler, S.

Ries, Peter, MoMiG und die Folgen: Praktische Probleme bei der GmbH, AnwBl 2011, 13 ff.

Ring, Gerhard, **Grziwotz**, Herbert, Systematischer Praxiskommentar GmbH-Recht, 2. Auflage, 2013, Köln; zitiert: Ring/Grziwotz/*Bearbeiter.*

Rischbieter, Gerhard, **Gröning**, Maximilian, Gründung und Leben der GmbH nach dem MoMiG, 2009, München; zitiert: Rischbieter/Gröning/*Bearbeiter.*

Röder, Gerhard, Die Beteiligung von Arbeitnehmern am Unternehmen, NZA 1987, 799 ff.

Römermann, Volker, Münchener Anwaltshandbuch GmbH-Recht, 3. Auflage, 2014, München; zitiert: Römermann/*Bearbeiter.*

Roth, Günter H., **Altmeppen**, Holger, Gesetz betreffend die Gesellschaften mit beschränkter Haftung (GmbHG), 8. Auflage, 2015, München; zitiert: Roth/Altmeppen/*Bearbeiter.*

Rowedder, Heinz, **Schmidt-Leithoff**, Christian, Gesetz betreffend die Gesellschaften mit beschränkter Haftung: GmbHG Kommentar, 5. Auflage, 2013, München; zitiert: Rowedder/Schmidt-Leithoff/*Bearbeiter.*

Säcker, Franz Jürgen, **Rixecker**, Roland, Münchener Kommentar zum Bürgerlichen Gesetzbuch, Band 1, 7. Auflage, 2015, München; zitiert: Münch/Komm/BGB/*Bearbeiter.*

Säcker, Franz Jürgen, **Rixecker**, Roland, Münchener Kommentar zum Bürgerlichen Gesetzbuch, Band 1, 6. Auflage, 2012, München; zitiert: Münch/Komm/BGB/*Bearbeiter*, 6. Aufl.

Säcker, Franz Jürgen, **Rixecker**, Roland, Münchener Kommentar zum Bürgerlichen Gesetzbuch, Band 8, 6. Auflage, 2012, München; zitiert: Münch/Komm/BGB/*Bearbeiter.*

Säcker, Franz Jürgen, Die Anpassung des Gesellschaftsvertrages der GmbH an das Mitbestimmungsgesetz, DB 1977, 1845 ff.

Saenger, Ingo, **Inhester**, Michael, GmbHG Handkommentar, 2. Auflage, 2013, Baden-Baden; zitiert: Saenger/Inhester/*Bearbeiter.*

Schaefer, Hans, Aktuelle Probleme der Mitarbeiterbeteiligung nach Inkrafttreten des KonTraG, NZG 1999, 531 ff.

Schmidt, Karsten, Gesellschaftsrecht, 4. Auflage, 2002, Hamburg; zitiert: Schmidt, §.

Schmidt, Karsten, Münchener Kommentar zum Handelsgesetzbuch, Band 1, 3. Auflage, 2010, München, zitiert: Münch/Komm/HGB/*Bearbeiter.*

Schmidt, Karsten, **Lutter**, Marcus, Aktiengesetz Kommentar, II. Band, 3. Auflage, 2015, Köln; zitiert: Schmidt/Lutter/*Bearbeiter.*

Schnorbus, York, **Donner**, Kirsten, Das genehmigte Kapital bei der GmbH – der neue § 55a GmbHG in der Praxis, NZG 2009, 1241 ff.

Scholz, Franz, Kommentar zum GmbH-Gesetz, I. Band, 11. Auflage, 2012, Köln; zitiert: Scholz/*Bearbeiter.*

Scholz, Franz, Kommentar zum GmbH-Gesetz, II. Band, 11. Auflage, 2014, Köln; zitiert: Scholz/*Bearbeiter.*

Scholz, Franz, Kommentar zum GmbH-Gesetz, III. Band §§ 53–85, 11. Auflage, 2014, Köln; zitiert: Scholz/*Bearbeiter.*

Schubert, Werner, Entwurf des Reichsjustizministeriums zu einem Gesetz über Gesellschaften mit beschränkter Haftung von 1939, 1985, Heidelberg.

Schulze, Reiner, Bürgerliches Gesetzbuch, Handkommentar, 8. Auflage, 2014, zitiert: Schulze/*Bearbeiter.*

Schulze-Osterloh, Joachim, Unternehmensüberwachung und Prüfung des Jahresabschlusses durch den Aufsichtsrat, ZIP 1998, 2129 ff.

Schüppen, Matthias, Die sukzessive Durchführung von ordentlichen Kapitalerhöhungen – Eine Gestaltung auf der Grenzlinie zum genehmigten Kapital, AG 2001, 125 ff.

Seibert, Ulrich, Das „TransPuG", Gesetz zur weiteren Reform des Aktien- und Bilanzrechts, zu Transparenz und Publizität (Transparenz- und Publizitätsgesetz) - Diskussion im Gesetzgebungsverfahren und endgültige Fassung, NZG 2002, 608 ff.

Sikora, Karl, Das genehmigte Kapital bei der GmbH, NWB 2009, 1930 ff.

Sinewe, Patrick, Die Berichtspflicht beim Ausschluss des Bezugsrechts, ZIP 2001, 403 ff.

Spindler, Gerald, **Stilz**, Eberhard, Kommentar zum Aktiengesetz, Band 1, 3. Auflage, 2015, München; zitiert: Spindler/Stilz/*Bearbeiter*.

Spindler, Gerald, **Stilz**, Eberhard, Kommentar zum Aktiengesetz, Band 2, 3. Auflage, 2015, München; zitiert: Spindler/Stilz/*Bearbeiter*.

Terbrack, Christoph, Schlafender Riese oder Papiertiger? Eine Bestandsaufnahme zum genehmigten Kapital bei der GmbH im Lichte der aktuellen Rechtsprechung, DNotZ 2012, 917 ff.

Thum, Oliver, **Timmreck**, Christian, **Keul**, Thomas, Private Equity (Leitfaden zur erfolgreichen Unternehmensfinanzierung), 2008, München; zitiert: Thum/Timmreck/Keul, S.

Thümmel, Roderich C., Möglichkeiten und Grenzen der Kompetenzverlagerung auf Beiräte in der Personengesellschaft und in der GmbH, DB 1995, 2461 ff.

Tomat, Oliver, Grenzen des Weisungsrechts der GmbH-Gesellschafter, Hamburg, 2001; zitiert: Tomat, S.

Trautmann, Oliver, Das genehmigte Kapital der GmbH, 2012, Düsseldorf; zitiert: Trautmann, S.

Ulmer, Peter, Gesetz betreffend die Gesellschaften mit beschränkter Haftung, Großkommentar, Band II, 8. Auflage, 1997, Berlin; zitiert: Hachenburg/Ulmer/*Bearbeiter*.

Ulmer, Peter, **Habersack**, Mathias, **Löbbe**, Marc, Gesetz betreffend die Gesellschaften mit beschränkter Haftung, Großkommentar, Band I, 2. Auflage, 2013, Tübingen; zitiert: Ulmer/Habersack/Löbbe/*Bearbeiter*.

Ulmer, Peter, **Habersack**, Mathias, **Löbbe**, Marc, Gesetz betreffend die Gesellschaften mit beschränkter Haftung, Großkommentar, Band II, 2. Auflage, 2014, Tübingen; zitiert: Ulmer/Habersack/Löbbe/*Bearbeiter*.

Ulmer, Peter, **Habersack**, Mathias, **Winter**, Martin, Gesetz betreffend die Gesellschaften mit beschränkter Haftung, Großkommentar, Band III, 2008, Tübingen; zitiert: Ulmer/Habersack/Winter/*Bearbeiter*.

Ulmer, Peter, **Habersack**, Mathias, **Winter**, Martin, Gesetz betreffend die Gesellschaften mit beschränkter Haftung, Großkommentar, Ergänzungsband MoMiG, 2010, Tübingen; zitiert: Ulmer/Habersack/Winter/*Bearbeiter*.

Ulmer, Peter, **Habersack**, Mathias, **Henssler**, Martin, Mitbestimmungsrecht, 3. Auflage, 2013, München; zitiert: Ulmer/Habersack/Henssler/*Bearbeiter*.

Vetter, Eberhard, Zur Haftung im fakultativen Aufsichtsrat der GmbH, GmbHR 2012, 181 ff.

Wachter, Thomas, GmbH-Reform: Auswirkungen auf die Gründung einer „klassischen" GmbH, NotBZ 2008, 361 ff.

Weitnauer, Wolfgang, Die Gesellschafterfremdfinanzierung aus Sicht von Finanzinvestoren – ein Resümee der Änderungen des MoMiG und der derzeitigen rechtlichen Rahmenbedingungen vor dem Hintergrund der Finanzkrise, BKR 2009, 18 ff.

Weitnauer, Wolfgang, Handbuch Venture Capital, 5. Auflage, 2016, München; zitiert: Weitnauer/*Bearbeiter*.

Wiedemann, Herbert, Gesellschaftsrecht, Band I, Grundlagen, 1980, München; zitiert: Wiedemann, S.

Wicke, Hartmut, Echte und unechte Bestandteile im Gesellschaftsvertrag der GmbH, DNotZ 2006, 419 ff.

Wicke, Hartmut, Gesetz betreffend die Gesellschaften mit beschränkter Haftung (GmbHG), 3. Auflage, 2016, München; zitiert: Wicke, §.

Wilsing, Hans-Ulrich, Berichtspflichten des Vorstands und Rechtsschutz der Aktionäre bei der Ausübung der Ermächtigung zum Bezugsrechtsausschluss im Rahmen eines genehmigten Kapitals, ZGR 2006, 722 ff.

Winkler, Karl, Beurkundungsgesetz Kommentar, 17. Auflage, 2013, München, zitiert: Winkler, §.

Winter, Martin, Mitgliedschaftliche Treubindungen im GmbH-Recht, 1988, München; zitiert: Winter, S.

Wlotzke, Otfried, **Wißmann**, Hellmut, **Koberski**, Wolfgang, **Kleinsorge**, Georg, Mitbestimmungsrecht Kommentar, 4. Auflage, 2011, München; zitiert: Wlotzke/Wißmann/Koberski/Kleinsorge/*Bearbeiter*.

Ziemons, Hildegard, **Jaeger**, Carsten, Beck'scher Onlinekommentar GmbHG, Stand: 15.08.2015, München; zitiert: BeckOK/*Bearbeiter*.

Zippelius, Reinhold, Juristische Methodenlehre, 11. Auflage, 2012, München; zitiert: Zippelius, S.

Zöllner, Wolfgang, **Noack**, Ulrich, Kölner Kommentar zum Aktiengesetz, Band 5/1, 2. Auflage, 1995; zitiert: Köln/Komm/AktG/*Bearbeiter*.

Zöllner, Wolfgang, Gerechtigkeit bei der Kapitalerhöhung, AG 2002, 585 ff.

Zöllner, Wolfgang, Satzungsdurchbrechung, in: Festschrift für Hans-Joachim Priester, 2007, 879 ff.

Abkürzungsverzeichnis

Das folgende Verzeichnis enthält alle Abkürzungen, deren Bedeutung sich nicht bereits aus dem Literaturverzeichnis ergibt.

a.A.	andere Ansicht
Abs.	Absatz
AG	Aktiengesellschaft / Die Aktiengesellschaft (Zeitschrift)
a.E.	am Ende
a.F.	alte Fassung
allg.	allgemein
AktG	Aktiengesetz
Alt.	Alternative
AnwBl	Anwaltsblatt
Art.	Artikel
Aufl.	Auflage
ARUG	Gesetz zur Umsetzung der Aktionärsrechterichtlinie
BB	Der Betriebs-Berater
BeurkG	Beurkundungsgesetz
BGB	Bürgerliches Gesetzbuch
BGBl	Bundesgesetzblatt
BGH	Bundesgerichtshof
BGHZ	Entscheidungen des Bundesgerichtshofs in Zivilsachen
BKR	Zeitschrift für Bank- und Kapitalmarktrecht
BRDrucks.	Drucksache des Bundesrats
BTDrucks.	Drucksache des Bundestags
BVerfG	Bundesverfassungsgericht
bzw.	beziehungsweise
DB	Der Betrieb
DCGK	Deutscher Corporate Governance Kodex
Ders.	derselbe
d.h.	das heißt
DNotZ	Deutsche Notarzeitschrift
DrittelbG	Drittelbeteiligungsgesetz
DStR	Deutsches Steuerrecht (Zeitschrift)
Einf.	Einführung
Einl.	Einleitung
EWiR	Entscheidungen zum Wirtschaftsrecht
f.	folgende
ff.	fortfolgende
Fn.	Fußnote
FS	Festschrift

GesR	Gesellschaftsrecht
GG	Grundgesetz
GmbHG	Gesetz betreffend die Gesellschaften mit beschränkter Haftung
GmbHR	GmbH-Rundschau
GO BT	Geschäftsordnung des Deutschen Bundestags
GWR	Gesellschafts- und Wirtschaftsrecht (Zeitschrift)
Hdb.	Handbuch
HGB	Handelsgesetzbuch
h.M.	herrschende Meinung
HS	Halbsatz
i.E.	im Ergebnis
i.S.d.	im Sinne des/der
i.S.v.	im Sinne von
i.V.m.	in Verbindung mit
jurisPK-HaGesR	Juris PraxisReport Handels- und Gesellschaftsrecht
JZ	Juristenzeitung
LG	Landgericht
MitbestG	Mitbestimmungsgesetz
MoMiG	Gesetz zur Modernisierung des GmbH-Rechts und zur Bekämpfung von Missbräuchen
MontanMitbestG	Montanmitbestimmungsgesetz
NJW	Neue Juristische Wochenschrift
NJW-RR	Rechtsprechungsreport der Neuen Juristischen Wochenschrift
Nr.	Nummer
NotBZ	Zeitschrift für die notarielle Beratungs- und Beurkundungspraxis
NZA	Neue Zeitschrift für Arbeitsrecht
NZG	Neue Zeitschrift für Gesellschaftsrecht
NWB	NWB Steuer- und Wirtschaftsrecht
OLG	Oberlandesgericht
RefE	Referentenentwurf
RG	Reichsgericht
RGZ	Entscheidungen des Reichsgerichts in Zivilsachen
Rn.	Randnummer
s.	siehe
S.	Seite / Satz
sog.	so genannt
str.	strittig
TransPuG	Transparenz- und Publizitätsgesetz
u.a.	unter andere (n/m)
unstr.	unstrittig
UmwG	Umwandlungsgesetz

v.a.	vor allem
vgl.	vergleiche
z.B.	zum Beispiel
ZGR	Zeitschrift für Unternehmens- und Gesellschaftsrecht
ZHR	Zeitschrift für das gesamte Handels- und Wirtschaftsrecht
ZIP	Zeitschrift für Wirtschaftsrecht
ZNotP	Zeitschrift für die Notarpraxis
ZPO	Zivilprozessordnung

Teil 1. Einleitung

Die Schaffung des § 55a GmbHG durch das MoMiG[1] hat für das GmbH-Recht eine gewichtige Neuerung gebracht. Die Geschäftsführer können nun innerhalb bestimmter Grenzen zur Erhöhung des Stammkapitals ermächtigt werden.

Die Erhöhung des Stammkapitals konnte als Satzungsänderung[2] bislang alleine von der Gesellschafterversammlung im regulären Verfahren beschlossen (§§ 55, 53 GmbHG) und auch nicht auf andere Gesellschaftsorgane übertragen werden.[3] Die Entscheidung über die Kapitalerhöhung ist für die Gesellschaft und die Gesellschafter schwerwiegend und weitreichend. Denn nicht nur wird über die Erhöhung des Stammkapitals an sich entschieden, sondern auch über die künftige Zusammensetzung des Gesellschafterkreises und die Rechtsstellung der hinzutretenden Gesellschafter.[4]

Die Geschäftsführer erhalten demnach bei Bestehen eines genehmigten Kapitals eine Kompetenz, deren Ausübung zum einen für Gesellschaft und Gesellschafter sehr bedeutsam ist und zum anderen bislang allein der Gesellschafterversammlung oblag.

Es ist diese, mit der Schaffung eines genehmigten Kapitals einhergehende, nicht unerhebliche Kompetenzerweiterung für die Geschäftsführer,[5] die aufhorchen lässt. Denn bedenkt man, dass bestimmte Grundfragen des GmbH-Rechts, die unmittelbar oder mittelbar mit der Durchführung einer Kapitalerhöhung zusammenhängen, bislang unter der Prämisse gelöst wurden, dass allein die Gesellschafterversammlung eine Kapitalerhöhung beschließen kann, so drängt sich die Frage geradezu auf, ob die herkömmlichen Lösungsansätze bei Bestehen eines genehmigten Kapitals weiterhin uneingeschränkte Gültigkeit beanspruchen können.

---

1 BTDrucks. 16/6140, S. 68 f. und 77; BTDrucks. 16/9737, S. 12 f. und 56.

2 Allg. Meinung, vgl. schon RGZ 77, 152, 154; Münch/Komm/*Lieder*, § 55 Rn. 25; Scholz/*Priester*, § 55 Rn. 14; Ulmer/Habersack/Winter/*Ulmer*, § 55 Rn. 14; Baumbach/Hueck/*Zöllner/Fastrich*, § 55 Rn. 4.

3 Allg. Meinung, vgl. nur Münch/Komm/*Lieder*, § 55 Rn. 25; BeckOK/*Ziemons*, § 55 Rn. 60; Baumbach/Hueck/*Zöllner/Fastrich*, § 55 Rn. 17, § 53 Rn. 55.

4 Vgl. zum Inhalt des (regulären) Kapitalerhöhungsbeschlusses etwa Baumbach/Hueck/*Zöllner/Fastrich*, § 55 Rn. 9 ff.

5 Vgl. zu dieser Folge des genehmigten Kapitals etwa Münch/Komm/*Lieder*, § 55a Rn. 2; *ders.* ZGR 2010, 868, 892. Selbstverständlich bedeutet die Kompetenzübertragung im Rahmen des § 55a GmbHG nicht, dass die Gesellschafter an der Durchführung einer regulären Kapitalerhöhung gehindert wären; diese kann vielmehr trotz Bestehens eines genehmigten Kapitals jederzeit durchgeführt werden, unstr. vgl. etwa *Lieder*, ZGR 2010, 868, 894.

Dies gilt vor allem für die Bestimmung und Abgrenzung der Kompetenzen zwischen den Gesellschaftsorganen[6] im Anwendungsbereich eines genehmigten Kapitals. Denn die hergebrachten Grundsätze zur Kompetenzabgrenzung berücksichtigen nicht die erweiterte Befugnis der Geschäftsführer, die § 55a GmbHG mit sich bringt.

Eine nur eingeschränkte Geltung dieser hergebrachten Grundsätze erscheint zum einen hinsichtlich der Bestimmung der Reichweite der Kompetenz der Geschäftsführer bei Bestehen eines genehmigten Kapitals denkbar, wenn man sich den Umstand vor Augen führt, dass sich die „Erhöhung des Stammkapitals" nicht in einem bestimmten Beschluss oder einer bestimmten Rechtshandlung erschöpft, sondern aus einer Mehrzahl von gesellschaftsrechtlich bedeutsamen Maßnahmen besteht.[7] Welche dieser Maßnahmen von der Ermächtigung der Geschäftsführer nach § 55a GmbHG erfasst ist, wird sich schwerlich zutreffend beantworten lassen, wenn man die kompetenzrechtlichen Besonderheiten des genehmigten Kapitals unberücksichtigt lässt und unbesehen die allgemeinen Grundsätze der Kompetenzordnung anwendet.

An den Umstand der unzweifelhaft gegebenen, wenn auch hinsichtlich der im Einzelnen erfassten Maßnahmen unklaren Kompetenzerweiterung, die zugunsten der Geschäftsführer mit einer Ermächtigung nach § 55a GmbHG einhergeht, knüpft sich die weitere Überlegung, ob diese Kompetenzerweiterung nicht auch eine Stärkung der Stellung der Geschäftsführer zulasten der anderen Gesellschaftsorgane mit sich bringt, sodass deren Einfluss auf die Geschäftsführer bei Ausnutzung des genehmigten Kapitals abweichend von allgemeinen Grundsätzen beurteilt werden muss.

Wegweisend für die Klärung dieser Fragen muss die dogmatische Einordnung des genehmigten Kapitals in kompetenzrechtlicher Hinsicht sein. Dies ist Voraussetzung, um die Kompetenzabgrenzung im Anwendungsbereich des § 55a GmbHG zutreffend vornehmen zu können.

Darüber hinaus müssen aber möglicherweise auch andere GmbH-rechtliche Grundfragen, die unmittelbar oder mittelbar mit der Maßnahme der Kapitalerhöhung zusammenhängen, bei Bestehen eines genehmigten Kapitals einer differenzierten Betrachtung unterzogen werden.

Hierbei ist vor allem an die Voraussetzungen für einen Bezugsrechtsausschluss zu denken, aber auch an die Beurteilung der Anwendungsmöglichkeiten alternativer

---

6 Mangels besonderer Satzungsbestimmungen zur Schaffung weiterer Organe oder Eingreifen der Mitbestimmungsgesetze hat die GmbH nur zwei Gesellschaftsorgane: die Geschäftsführer und die Gesellschafterversammlung; vgl. etwa Baumbach/Hueck/*Zöllner*, § 45 Rn. 15.

7 Die Erhöhung des Stammkapitals erfasst mindestens folgende Einzelmaßnahmen: Beschluss über die Erhöhung, ggf. Zulassungsbeschluss (sofern man ein gesetzliches Bezugsrecht ablehnt oder ein Bezugsrechtsausschluss beschlossen wird, siehe zu allem später im 2. Kapitel), Abschluss der Übernahmeverträge, Anmeldung der Erhöhung zum Handelsregister; vgl. etwa Münch/Komm/*Lieder*, § 55 Rn. 13; Baumbach/Hueck/*Zöllner/Fastrich*, § 55 Rn. 8.

Finanzierungsinstrumente. Die Behandlung dieser Problemkomplexe musste vor Einführung des § 55a GmbHG unter der Prämisse vorgenommen werden, dass keine Kompetenz der Geschäftsführer zur Vornahme einer Kapitalerhöhung gegeben war, sondern diese allein von der Gesellschafterversammlung im regulären Verfahren beschlossen und durchgeführt werden konnte. Deshalb kann es auch hier erforderlich sein, abweichend von allgemeinen Grundsätzen eine neue oder gesonderte Bewertung vorzunehmen.

Letztlich kann man die aufgeworfenen Problempunkte in einer einzigen Fragestellung zusammenfassen, deren Beantwortung das Ziel dieser Arbeit sein soll: Wie sind Grundfragen des GmbH-Rechts, deren Beantwortung auf der alleinigen Kompetenz der Gesellschafterversammlung zur Kapitalerhöhung aufbaut, im Anwendungsbereich und unter den Besonderheiten eines genehmigten Kapitals zu lösen?

Im Rahmen dieser Arbeit soll daher weder eine umfassende Darstellung des § 55a GmbHG noch die Ausarbeitung allgemeiner Lösungen für Grundfragen des GmbH-Rechts erfolgen. Das Ziel ist vielmehr die Entwicklung spezifischer Lösungen hinsichtlich derjenigen Probleme, die durch den Zusammenprall von Grundfragen des GmbH-Rechts mit dem neuartigen Regelungsgehalt des § 55a GmbHG entstehen.

Zu GmbH-rechtlichen Problemen wird deshalb nur insoweit Stellung bezogen, als durch deren Überschneidung mit dem Anwendungsbereich des § 55a GmbHG ein neuer Aspekt hinzutritt, der eine Erweiterung oder Modifizierung, jedenfalls aber eine kritische Prüfung der Lösungsansätze erfordert, die bisher ohne Rücksicht auf das Bestehen eines genehmigten Kapitals in der GmbH entwickelt wurden.

Den aufgeworfenen Fragestellungen entsprechend ist die Arbeit in drei Kapitel unterteilt.

Das erste Kapitel wird sich mit der Kompetenzordnung der GmbH im Anwendungsbereich des § 55a GmbHG befassen. Ziel dieses Kapitels ist zunächst die dogmatische Einordnung des genehmigten Kapitals in kompetenzrechtlicher Hinsicht. Aufbauend auf diesen Ergebnissen sollen die kompetenzrechtlichen Einzelfragen einer Lösung zugeführt werden. Zu klären sind namentlich die Reichweite einer Ermächtigung i.S.d. § 55a GmbHG und der Einfluss der Gesellschafterversammlung sowie eines bestehenden Aufsichtsrats auf die Ausnutzung des genehmigten Kapitals.

Das zweite Kapitel wird sich mit dem Bezugsrechtsausschluss beim genehmigten Kapital auseinandersetzen. Ziel dieses Kapitels ist es, Zuständigkeit, Verfahren und Voraussetzungen hinsichtlich eines Bezugsrechtsausschlusses unter den Besonderheiten eines genehmigten Kapitals herauszuarbeiten.

Das dritte Kapital wird sich mit der Bedeutung eines genehmigten Kapitals für den Einsatz alternativer Finanzierungsinstrumente in der GmbH beschäftigen. Ziel dieses Kapitels ist es, Anwendungsschwierigkeiten alternativer Finanzierungsinstrumente ohne Bestehen eines genehmigten Kapitals herauszustellen und anschließend zu untersuchen, ob und inwieweit sich diesbezüglich aufgrund der Schaffung eines genehmigten Kapitals Erleichterungen ergeben können.

Teil 2. Hauptteil

1. Kapitel: Die Kompetenzordnung der GmbH im Anwendungsbereich des § 55a GmbHG

A. Vorfragen

I. Gang der Untersuchung

Durch § 55a GmbHG in Verbindung mit der entsprechenden Satzungsbestimmung wird die Kompetenz der Geschäftsführer dahingehend erweitert, dass sie über die Vornahme einer Kapitalerhöhung beschließen und Schritte zu ihrer Ausführung ergreifen können. Bereits in der Einleitung wurde dargelegt, dass es sich dabei um eine für das GmbH-Recht neuartige Regelung handelt und daher Wirkungen auf die hergebrachten Grundsätze der Kompetenzordnung nicht ausgeschlossen werden können.

Die kompetenzrechtliche Problematik bei Bestehen eines genehmigten Kapitals ist vielschichtig und bedarf zunächst einer Aufgliederung in verschiedene Aspekte.

Um eine fundierte Untersuchungsgrundlage zu schaffen, ist zunächst die dogmatische Einordnung der gesetzlichen Regelung des § 55a GmbHG und der damit verbundenen Maßnahmen (Erteilung der Ermächtigung und Ausnutzung des genehmigten Kapitals) vorzunehmen.[8]

Darauf aufbauend, muss geklärt werden, wie die Grenzen der Satzungsgestaltung im Rahmen des § 55a GmbHG zu ziehen sind,[9] wie weit eine allgemeine Ermächtigung i.S.d. § 55a GmbHG reicht und welche Maßnahmen konkret von dieser erfasst sind.[10]

Nach Untersuchung der Reichweite der Ermächtigung ist von Bedeutung, wie sich das Verhältnis zwischen Geschäftsführer und Gesellschafterversammlung bei Ausübung der Ermächtigung darstellt, namentlich ob ein Weisungsrecht der Gesellschafterversammlung besteht und ob die Geschäftsführer Vorlage- oder Vorabinformationspflichten erfüllen müssen.[11]

Schließlich muss der Einfluss eines fakultativen oder obligatorischen Aufsichtsrats auf Maßnahmen zur Ausnutzung des genehmigten Kapitals in den Blick genommen werden. Hierbei geht es um das Bestehen gesetzlicher Zustimmungserfordernisse, um das Recht und die Pflicht des Aufsichtsrats zur Aufstellung von Zustimmungsvorbehalten sowie um die Art und den Umfang von Berichtspflichten der Geschäftsführer an den Aufsichtsrat.[12]

---

8 Siehe hierzu Punkt B.

9 Siehe hierzu Punkt C.II.

10 Siehe hierzu ab Punkt C.III.

11 Siehe hierzu Punkt C.V.1.

12 Siehe hierzu Punkt C.V.2.

Zunächst bedarf es allerdings der Beantwortung einiger Vorfragen, die sich unter drei verschiedenen Aspekten stellen.

Zum ersten muss man berücksichtigen, dass der Gesetzgeber bei Schaffung des § 55a GmbHG die dadurch bewirkte Kompetenzerweiterung für die Geschäftsführer zur Vornahme einer Kapitalerhöhung erkannt hat und diese auch unzweifelhaft beabsichtigte.[13] Daher ist es für eine kompetenzrechtliche Untersuchung unumgänglich, zunächst den Willen des Gesetzgebers zu Inhalt und Zweck des § 55a GmbHG zu erforschen und auf diesem Wege Richtlinien für die historische und teleologische Auslegung des § 55a GmbHG zu entwickeln.

Zum zweiten ist es in systematischer Hinsicht angezeigt, sich allgemeine Grundsätze der Kompetenzordnung der GmbH vor Augen zu führen, die für die nachfolgende Untersuchung von Bedeutung sein können.

Zum dritten setzt die nachfolgende Untersuchung, die sich mit dem Umfang und der Abgrenzung von Kompetenzen auseinandersetzen wird, vorab die Entwicklung einheitlicher kompetenzrechtlicher Begrifflichkeiten voraus.

Es sind also im Folgenden drei Vorfragen zu beantworten:

Welche Richtlinien für die Auslegung sind der Analyse der zu § 55a GmbHG einschlägigen Gesetzgebungsverfahren zu entnehmen?[14]

Wie stellen sich die untersuchungsrelevanten allgemeinen Grundsätze der Kompetenzordnung der GmbH dar?[15]

Was sind die für die kompetenzrechtliche Untersuchung eines genehmigten Kapitals maßgeblichen Begrifflichkeiten und welcher Bedeutungsgehalt kommt diesen zu?[16]

II. Analyse der Materialien zu § 55a GmbHG und daraus folgende Richtlinien für die Auslegung

Anhand der Analyse der Gesetzgebung zu § 55a GmbHG sollen zunächst Richtlinien für die historische und teleologische Auslegung des § 55a GmbHG entwickelt werden.[17]

---

13 Der Gesetzgeber betont in BTDrucks. 16/9737, S. 56, dass „*die Ausübung des genehmigten Kapitals keine weitere notariell beurkundete Änderung des Gesellschaftsvertrags erfordert*"; damit macht er seine Auffassung deutlich, dass zur Ausnutzung des genehmigten Kapitals kein Kapitalerhöhungsbeschluss der Gesellschafterversammlung erforderlich ist.

14 Siehe sogleich unten Punkt A.II.

15 Siehe unten Punkt A.III.

16 Siehe unten Punkt A.IV.

17 Die teleologische Auslegung impliziert die Zweckvorstellungen des historischen Gesetzgebers und darüber hinaus objektiv-teleologische Erwägungen; *Larenz*, S. 333, benennt letztere als „*Strukturen des jeweiligen Sachbereichs* [...], *die vernünftigerweise bei jeder Regelung mit berücksichtigt*" werden und als „*rechtethische* [*n*] *Prinzipien, die hinter einer Regelung stehen*".

1. *Das MoMiG-Gesetzgebungsverfahren (BTDrucks. 16/6140 und BTDrucks. 16/9737)*

a) Aussagen der Materialien

Das genehmigte Kapital in der GmbH ist auf einen Vorschlag des Bundesrats zurückzuführen, der sich, unter ausdrücklichem Verweis auf die Rechtslage im Aktienrecht, von der Einführung eines GmbH-rechtlichen genehmigten Kapitals die Möglichkeit einer flexiblen, unkomplizierten und schnellen Kapitalbeschaffung versprach.[18]

In der Beschlussempfehlung des Rechtsausschusses des Bundestags wurde die mit der Einführung eines genehmigten Kapitals verbundene Flexibilität und Beschleunigung der Kapitalerhöhung zwar aufgrund der *„personalistischen Struktur"* der GmbH als ein regelmäßig weniger als bei der AG ins Gewicht fallender Vorteil angesehen, es wurde aber die Möglichkeit der Kostenersparnis betont. Ferner wurde hervorgehoben, dass *„die Ausübung des genehmigten Kapitals keine weitere notariell beurkundete Änderung des Gesellschaftsvertrags erfordert"*.[19]

b) Richtlinien für die historische und teleologische Auslegung

(1) Allgemeines zur Erkenntnisquelle der Gesetzgebungsmaterialien und zur Bedeutung der aus ihr entwickelten Auslegungskriterien

Jedenfalls für die historische, aber grundsätzlich auch für die teleologische Auslegung sind der Bedeutungsgehalt und die Zwecksetzung maßgeblich, die der Gesetzgeber der Norm erkennbar zugrunde gelegt hat, mit anderen Worten der *„Wille des Gesetzgebers"*.[20]

Um im parlamentarischen System der Bundesgesetzgebung diesen Willen des Gesetzgebers zu ermitteln, sind die Gesetzesmaterialien erster und zugleich im

---

Solche objektiv-teleologischen Kriterien werden umso wichtiger, je älter das Gesetz ist, weil im Laufe der Zeit die vom Gesetzgeber zugrunde gelegten Vorstellungen und Motive durch rechtliche und sozial-ethische Entwicklungen überholt werden können, vgl. hierzu *Canaris*, FS Medicus, 25, 55; Münch/Komm/BGB/*Säcker*, Einl. Rn. 143; siehe auch *Zippelius*, S. 19 ff. und *Keller*, S. 166.
Aufgrund der Aktualität des § 55a GmbHG (Geltung ab 01.11.2008, vgl. Art. 25 MoMiG), die eine tiefgreifende Wandlung der rechtlichen oder sozial-ethischen Verhältnisse ausscheiden lässt, wird man deshalb die teleologische Auslegung auf den vom Gesetzgeber zugrunde gelegten Sinn und Zweck der Regelung konzentrieren müssen.

18 BTDrucks. 16/6140, S. 68 f.

19 BTDrucks. 16/9737, S. 56.

20 *Canaris*, FS Medicus, 25, 51, 55; *Larenz*, S. 328 ff.; Münch/Komm/BGB/*Säcker*, Einl. Rn. 124 ff., 139; *Zippelius*, S. 41 f.
Zu den Auslegungsmethoden allgemein Münch/Komm/BGB/*Säcker*, Einl. Rn. 136 ff.; *Zippelius*, S. 35 ff.

Wesentlichen einziger Anhaltspunkt, soweit sich aus ihnen eine einheitliche Aussage ermitteln lässt.[21]

Auch wenn die Äußerungen in den Materialien notwendigerweise nur auf bestimmte Einzelpersonen oder Gruppen zurückgehen, die federführend an der Gesetzgebung beteiligt sind, wird man dennoch davon ausgehen können, dass den Materialien jedenfalls im Grundsatz eine repräsentative Wirkung für die mehrheitliche Meinung der Gesetzgebungsorgane (Bundestag und Bundesrat)[22] zukommt, weil die Materialien beim endgültigen Beschluss über die Gesetzesvorlage zumindest der Möglichkeit der Kenntnisnahme durch alle Mitglieder der Gesetzgebungsorgane und damit auch durch die letztlich dem Gesetzesentwurf zustimmende Mehrheit unterliegen.[23]

Über diese im Grundsatz bestehende repräsentative Wirkung hinaus kommt es jedoch für den Grad der Verbindlichkeit der getätigten Äußerungen in den Materialien im Hinblick auf die Auslegung entscheidend darauf an, inwieweit die Äußerungen dem Willen des demokratisch legitimierten Gesetzgebers auch tatsächlich entsprechen.[24] Dabei muss vor allem nach dem Gegenstand der Äußerung differenziert werden.

Handelt es sich um eine Äußerung, die den Zweck des Gesetzes („ratio legis") betrifft, so ist diese in hohem Maße für die Auslegung verbindlich und grundsätzlich nur bei erheblichen Wertungswidersprüchen oder sozial-ethischen Veränderungen überwindbar, soweit der Zweck klar erkennbar zum Ausdruck gekommen

---

21 *Canaris*, FS Medicus, 25, 55; *Larenz*, S. 330 f.; vgl. auch Münch/Komm/BGB/*Säcker*, Einl. Rn. 129.
Zur vereinfachten Darstellung wird im Folgenden bei der Wiedergabe von Äußerungen in den Materialien von Äußerungen „des Gesetzgebers" gesprochen, soweit nicht für die Entwicklung der Auslegungsrichtlinien eine nähere Differenzierung geboten ist.

22 Präzise ausgedrückt ist der Bundestag *„das zentrale Organ der Gesetzgebung auf Bundesebene"* und der Bundesrat *„wirkt* [...] *an der Gesetzgebung des Bundes nur mit (Art. 50 GG).*", so Maunz/Dürig/*Kersten*, Art. 77 Rn. 2.

23 Vgl. zu dieser Möglichkeit der Kenntnisnahme etwa die Pflicht zur Verteilung gedruckter Vorlagen an alle Mitglieder von Bundesrat und Bundestag, § 77 Abs. 1 GO BT. Auf dieser Grundlage fußt auch die „Paktentheorie", die davon ausgeht, dass das den Entwurf beschließende Gesetzgebungsorgan *„denjenigen Sinn akzeptiert, den die Gesetzesreferenten dem von ihnen erarbeiteten Text mit auf den Weg gegeben und den sie in der Gesetzesbegründung niedergelegt haben"*, so Münch/Komm/BGB/*Säcker*, Einl. Rn. 129; kritisch hierzu *Canaris*, FS Medicus, 25, 47 und *Larenz*, S. 329.

24 Da die meisten Gesetze und insbesondere die hier relevanten gesellschaftsrechtlichen Normen (Art. 74 Nr. 11, *„Recht der Wirtschaft"*) nur Einspruchsgesetze sind (vgl. etwa Maunz/Dürig/*Maunz*, Art. 74 Rn. 133 f., Maunz/Dürig/*Kersten*, Art. 77 Rn. 95), d.h. letztlich von der Mehrheit der Mitglieder des Bundestags allein durchgesetzt werden können (Art. 77 Abs. 4 GG), ist dabei im Wesentlichen der Wille der Abgeordneten des Bundestags relevant; vgl. auch schon oben Fußnote 22 zur zentralen Rolle des Bundestags bei der Bundesgesetzgebung.

ist und sich auch irgendwie in der gesetzlichen Regelung niedergeschlagen hat.[25] Selbst wenn der beabsichtigte Regelungszweck im Gesetz keinen irgendwie gearteten Niederschlag gefunden hat, muss grundsätzlich dem erkennbar verfolgten Zweck des Gesetzgebers durch Rechtsfortbildung zur Geltung verholfen werden.[26] Auf der anderen Seite sind die in den Materialien verlautbarten Vorstellungen des Gesetzgebers vom Inhalt der Norm lediglich ein einfaches Auslegungskriterium, das grundsätzlich durch andere Auslegungsmethoden überwunden werden kann, soweit die Vorstellungen nicht im Gesetzeswortlaut selbst einen eindeutigen Ausdruck gefunden haben.[27]

Diese Unterscheidung ergibt sich zum einen aus Legitimationserwägungen. Die demokratisch legitimierten Abgeordneten sind sich in aller Regel des Zwecks eines zur Abstimmung stehenden Gesetzes bewusst und müssen diesen bei einem positiven Votum nahezu zwangsläufig mittragen, während sie Vorstellungen der Gesetzesverfasser über den Inhalt einzelner Bestimmungen weder zwingend kennen noch teilen müssen, um hinsichtlich des Normtextes ein positives Votum abzugeben.[28] Zum anderen kann der Gesetzgeber aus regelungstechnischen Gründen die ratio legis – anders als den Norminhalt – schwerlich ausdrücklich in den Gesetzeswortlaut integrieren, sodass ihm als Entäußerungsmittel nur die Gesetzesbegründung verbleibt.[29]

In Bezug auf die in den Materialien geäußerten Norminhaltsvorstellungen muss man ferner, wiederum aus Legitimationserwägungen, nach der exekutiven oder legislativen Herkunft der Äußerung differenzieren.[30] Dies wird gerade für die Analyse der Materialien zu § 55a GmbHG von besonderer Bedeutung sein.

Namentlich müssen geäußerte Norminhaltsvorstellungen von Mitgliedern der Legislative, insbesondere des für die Beschlussempfehlung zuständigen Ausschusses des Bundestags (§ 80 ff. GO BT), für die Auslegung deutlich höhere Bedeutung haben als Äußerungen der Gesetzesverfasser innerhalb der Exekutive.[31]

---

25 *Canaris*, FS Medicus, 25, 55, spricht in diesem Fall von einer „*echte* [n] *Vorrangregel*"; ähnlich *Larenz*, S. 328; Münch/Komm/BGB/*Säcker*, Einl. Rn. 143; vgl. auch *Zippelius*, S. 50, der von der grundsätzlichen Unzulässigkeit einer Auslegung ausgeht, „*die einer eindeutig erkennbaren Ziel- und Zweckmäßigkeitsentscheidung des Gesetzgebers klar widerspricht.*"

26 Vgl. z.B. BGH NJW 1952, 337, 338 f.; Münch/Komm/BGB/*Säcker*, Einl. Rn. 119.

27 Vgl. *Canaris*, FS Medicus, 25, 51, 55; *Larenz*, S. 329, spricht davon, dass diese Meinungen „*dennoch von erheblichem Wert für die Auslegung*" sind; vgl. auch BGH NJW 1973, 703, 705.

28 *Canaris*, FS Medicus, 25, 51; *Larenz*, S. 329.

29 *Canaris*, FS Medicus, 25, 55.

30 Diese Unterscheidung ist für Äußerungen in Bezug auf die ratio legis nur von ganz untergeordneter Bedeutung, weil die Abgeordneten sich, wie soeben schon angesprochen, über den Zweck eines Gesetzes nahezu notwendigerweise informieren und diesen teilen müssen, wenn sie dem Gesetz zustimmen.

31 Dieser Gedanke klingt auch an bei *Keller*, S. 112 f.

(2) Norminhaltsvorstellungen des Gesetzgebers zu § 55a GmbHG

Der Rechtsausschuss hat in den Materialien zu § 55a GmbHG ausdrücklich seine Auffassung zum Ausdruck gebracht, dass die Ausnutzung des genehmigten Kapitals keine weitere notariell beurkundete Änderung der Satzung erfordert, was nichts anderes bedeutet, als dass ein satzungsändernder Gesellschafterbeschluss (§§ 55, 53 GmbHG) bei Ausnutzung des genehmigten Kapitals entbehrlich sein soll.[32] Im Übrigen finden sich in den Materialien zwar keine ausdrücklich geäußerten Norminhaltsvorstellungen. Allerdings kommt die enge Anlehnung der Regelung des § 55a GmbHG an aktienrechtliche Vorschriften zum genehmigten Kapital (§§ 202 Abs. 1 bis 3, 205 Abs. 1 AktG) unzweifelhaft in den Materialen zum Ausdruck.[33]

Ein besonderes Gewicht hat schließlich, dass der Rechtsausschuss ausdrücklich und gerade in Abgrenzung zur Rechtslage bei der AG auf die *„personalistische [n] Struktur"* der GmbH verweist.[34] Mit der personalistischen Struktur der GmbH wird im Allgemeinen der Umstand bezeichnet, dass es sich bei der GmbH im Gegensatz zur AG nicht um eine hauptsächlich kapitalistisch, sondern eher personalistisch organisierte Form der Kapitalgesellschaft handelt.[35]

Dieser Verweis kann daher nichts anderes bedeuten, als dass der Rechtsausschuss die strukturellen Besonderheiten der Rechtsform der GmbH gerade im Vergleich zur Rechtsform der AG in seine Überlegungen bei der Schaffung des § 55a GmbHG mit einbezog und diese weiterhin als gültig betrachtete. Dies stellt ein starkes Argument gegen die unbesehene Übertragung der Rechtslage im AktG dar und lässt darauf schließen, dass nach der Vorstellung des Gesetzgebers bei der Auslegung des § 55a GmbHG stets die dogmatischen Besonderheiten des GmbH-Rechts Beachtung finden sollen.[36]

---

32 Vgl. zu diesem Schluss aus der Gesetzesbegründung auch Saenger/Inhester/*Inhester*, § 55a Rn. 25.

33 Dies wird besonders deutlich an der Aussage des Rechtsausschusses in BTDrucks. 16/9737, S. 56: *„Der neue § 55a schafft für die GmbH die für Aktiengesellschaften bereits vorgesehene Möglichkeit einer Kapitalerhöhung in Form des genehmigten Kapitals."* Die durch den Gesetzgeber bewusst vorgenommene enge Anlehnung des § 55a GmbHG an das aktienrechtliche Vorbild betonen auch Ulmer/Habersack/Winter/*Casper*, § 55a Rn. 2; Münch/Komm/*Lieder*, § 55a Rn. 4; Scholz/*Priester*, § 55a Rn. 4 und ebenso das OLG München, NJW-RR 2012, 612, 613.

34 BTDrucks. 16/9737, S. 56.

35 Vgl. hierzu Michalski/*Michalski*, Syst. Darst. 1 Rn. 2 ff.; der Gesetzgeber von 1892 sprach der neu geschaffenen GmbH eine *„Mittelstellung zwischen den streng individualistischen Gesellschaftsformen des geltenden Rechts und der als äußerste Konsequenz des kapitalistischen Prinzips sich darstellenden Aktiengesellschaft"* zu, vgl. Amtliche Begründung zum GmbHG 1892, S. 29.

36 So auch Ulmer/Habersack/Winter/*Casper*, § 55a Rn. 2; Münch/Komm/*Lieder*, § 55a Rn. 4; ähnlich Scholz/*Priester*, § 55a Rn. 4. Insoweit liegt hier also keine Abweichung von allgemeinen Grundsätzen für die Schließung von Lücken im GmbHG vor, vgl. dazu etwa Münch/Komm/*Fleischer*, Einl. Rn. 154.

Besondere Anhaltspunkte für die Kompetenzabgrenzung im Einzelnen sind in den Gesetzesmaterialien nicht vorhanden. Es ist unklar, ob sich der Gesetzgeber über die Einzelheiten der Kompetenzabgrenzung überhaupt Gedanken gemacht hat. Der Verweis auf die personalistische Struktur der GmbH taugt vor allem als Abgrenzungskriterium zum Aktienrecht, ist aber für sich allein nicht ausreichend, um die unbedingte Beibehaltung der allgemeinen kompetenzrechtlichen Grundsätze auch im Anwendungsbereich des § 55a GmbHG zu begründen.

Man wird deshalb aus den Materialien weder den sicheren Schluss ziehen können, dass der Gesetzgeber uneingeschränkt an den hergebrachten Grundsätzen der Kompetenzordnung im Anwendungsbereich eines genehmigten Kapitals festhalten, noch, dass er bewusst die Stellung der Geschäftsführer bei Ausnutzung des genehmigten Kapitals in Anlehnung an die Stellung des Vorstands stärken wollte.[37]

(3) Zwecksetzung des Gesetzgebers bei § 55a GmbHG

Der vom Gesetzgeber verfolgte Zweck zu § 55a GmbHG ist ganz eindeutig hervorgetreten und auf die Schaffung einer flexiblen, beschleunigten und kostengünstigen Möglichkeit der Kapitalbeschaffung gerichtet.[38]

§ 55a GmbHG wurde auf Vorschlag des Bundesrats eingeführt, der sich davon eine Beschleunigung und Flexibilisierung der Kapitalbeschaffung versprach. Der Rechtsausschuss des Bundestags betonte vor allem Kostenvorteile. Der Äußerung des Rechtsausschusses, der Vorteil der Beschleunigung und Flexibilisierung der Kapitalbeschaffung falle bei der GmbH weniger ins Gewicht als bei der AG, ist zwar eine gewisse Zurückhaltung hinsichtlich der Verwirklichung dieser Regelungsziele, gleichzeitig aber auch deren grundsätzliche Anerkennung zu entnehmen, sodass ohne weiteres davon gesprochen werden kann, dass der (Gesamt-)Wille des Gesetzgebers auf eine Beschleunigung und Flexibilisierung der Kapitalbeschaffung gerichtet ist.[39]

---

37 Vgl. zu letzterem ähnlich Ulmer/Habersack/Winter/*Casper*, § 55a Rn. 21 und Saenger/Inhester/*Inhester*, § 55a Rn. 30.

38 Auch wenn die Sinnhaftigkeit der Schaffung des § 55a GmbHG gelegentlich angezweifelt wird, so v.a. *Cramer*, GmbHR 2009, 406, 407 f., wird dieser Normzweck in der Literatur nicht in Frage gestellt.

39 Auf die so genannte „Paktentheorie" ist deshalb hier nicht einzugehen, weil diese nur von Bedeutung wäre, wenn die Abgeordneten des Bundestags überhaupt keine selbstständigen Zielvorstellungen hätten erkennen lassen, zur „Paktentheorie" vgl. Münch/Komm/BGB/*Säcker*, Einl. Rn. 129.

2. *Das ARUG-Gesetzgebungsverfahren (BTDrucks. 16/11642)*

a) Aussagen der Materialien

Im Rahmen des Gesetzgebungsverfahrens zum Gesetz zur Umsetzung der Aktionärsrechterichtlinie (ARUG) kam die konkrete Frage nach der Mitwirkung des Notars und der Befugnis zur Satzungsanpassung bei Ausnutzung des genehmigten Kapitals auf. In seiner Stellungnahme schlug der Bundesrat die Einführung eines Absatzes 4 in § 55a GmbHG vor, der vorgesehen hätte, dass der Notar *„den genauen Inhalt der Satzungsänderung in der Satzungsbescheinigung nach § 54 Abs. 1 S. 2 GmbHG anlässlich der Anmeldung der Erhöhung des Stammkapitals nach § 57“* bestätigt. Dies war vor allem als Reaktion auf praktische Anwendungsschwierigkeiten gedacht.[40]

In ihrer Gegenäußerung lehnte die Bundesregierung den Änderungsvorschlag als nicht erforderlich ab. Dabei verwies sie darauf, dass zwar zum einen nach Vollzug der Kapitalerhöhung eine Anpassung der Satzung und damit auch eine Notarbescheinigung gemäß § 54 Abs. 1 S. 2 erforderlich sei. Sie vertrat aber zum anderen die Ansicht, dass eine Ermächtigung der Geschäftsführer nach § 55a Abs. 1 GmbHG *„zugleich eine Ermächtigung zur redaktionellen Anpassung der Stammkapitalziffer in der Satzung“* beinhalte. Würde man auch bei Ausnutzung des genehmigten Kapitals einen notariell zu beurkundenden Gesellschafterbeschluss als Voraussetzung der Satzungsanpassung für erforderlich halten, *„wäre der Sinn des genehmigten Kapitals, nämlich die rasche und unkomplizierte Kapitalerhöhung, wieder beseitigt.“*[41]

b) Richtlinien für die historische und teleologische Auslegung

Zunächst ist klarzustellen, dass der Gesetzgeber in den Materialien zum ARUG keine Zwecksetzungen äußert, die nicht auch schon im MoMiG-Gesetzgebungsverfahren zum Ausdruck gelangten.[42]

Es werden jedoch in bisher nicht dagewesener Deutlichkeit Vorstellungen zum Inhalt des § 55a GmbHG in Bezug auf die Befugnis der Geschäftsführer zur Satzungsanpassung geäußert. Während der Bundesrat in seinem Änderungsvorschlag eine diesbezügliche Gesetzeslücke beklagt, äußert die Bundesregierung ihr Verständnis, dass gar keine Regelungslücke gegeben sei.

Fraglich ist nun, welches Gewicht dieser Norminhaltsvorstellung der Bundesregierung für die Auslegung des § 55a GmbHG zukommt.

---

40 BTDrucks. 16/11642, S. 56.

41 BTDrucks. 16/11642, S. 60.

42 Die *„rasche und unkomplizierte Kapitalerhöhung“*, BTDrucks. 16/11642, S. 60, entspricht den geäußerten Zielen im MoMiG-Gesetzgebungsverfahren.

Zum Teil wird im Schrifttum die Auffassung der Bundesregierung für unbeachtlich gehalten, weil sich die Norminhaltsvorstellung nicht im Gesetzeswortlaut niederschlage.[43]

Als weiteres Argument für die Unbeachtlichkeit wird angeführt, dass die Auffassung der Bundesregierung nicht bei Schaffung des § 55a GmbHG, sondern in einem anderen Gesetzgebungsverfahren zur Sprache kam.[44]

Hierzu muss bereits jetzt im Rahmen der Festlegung der Richtlinien für die historische Auslegung Stellung bezogen werden. Denn es ist die Frage zu klären, ob die Materialien zum ARUG überhaupt als Erkenntnisquelle für die historische Auslegung des § 55a GmbHG in Betracht kommen.

Richtigerweise können die Äußerungen der Bundesregierung im ARUG-Gesetzgebungsverfahren nicht allein aufgrund des fehlenden unmittelbaren Zusammenhangs mit dem Ausgangsgesetzgebungsverfahren (MoMiG) für unbeachtlich erklärt werden.

Zwar darf grundsätzlich ausschließlich der Wille des Gesetzgebers im Zeitpunkt der Schaffung bzw. Abänderung einer gesetzlichen Regelung relevant sein.[45] Andernfalls könnten die Kriterien der historischen Auslegung nicht präzise festgelegt werden, was die Rechtssicherheit gefährden würde.

Eine Abänderung des § 55a GmbHG ist durch das ARUG nicht erfolgt. Allerdings sind dennoch zwei Besonderheiten zu beachten, die die Materialien des ARUG für die historische Auslegung des § 55a GmbHG relevant werden lassen.

Zum einen handelt es sich bei den Äußerungen zu MoMiG und ARUG um solche „desselben" Gesetzgebers in dem Sinne, dass beide Gesetze in derselben Legislaturperiode, nämlich vom 16. Deutschen Bundestag verabschiedet wurden.[46] Schon deshalb bieten auch die Materialien zum ARUG eine gewisse Gewähr dafür, dass sie den Willen des Gesetzgebers bei Schaffung des § 55a GmbHG zutreffend wiedergeben.[47]

---

43 *Lieder*, DNotZ 2010, 655, 667; *Trautmann*, S. 103; BeckOK/*Ziemons*, § 55a Rn. 65.2.

44 *Lieder*, DNotZ 2010, 655, 667; i.E. auch *Trautmann*, S. 103.

45 Davon geht das Schrifttum stillschweigend wie selbstverständlich aus, vgl. etwa *Canaris*, FS Medicus, 25, 47, 51 ff.; *Larenz*, S. 328 ff.; Münch/Komm/BGB/*Säcker*, Einl. Rn. 139.

46 Vgl. zum MoMiG BGBl. 2008, S. 2026; zum ARUG BGBl. 2009, S. 2479. Die Legislaturperiode des 16. Deutschen Bundestags dauerte vom 18.10.2005 (vgl. Plenarprotokoll 16/1) bis zum 27.10.2009 (vgl. Plenarprotokoll 17/1).

47 Vgl. auch zum Gedanken der einheitlichen und abschließenden Beurteilung einer Legislaturperiode im Verfassungsrecht, der sich dort im Diskontinuitätsgrundsatz wiederfindet, Maunz/Dürig/*Kersten*, Art. 76 Rn. 116; BeckOK/GG/*Dietlein*, Art. 76 Rn. 43 f.

Ferner ist zu bedenken, dass beim ARUG eine Änderung des § 55a GmbHG erwogen und sogar konkret vorgeschlagen,[48] jedoch letztlich als nicht erforderlich verworfen wurde.[49]

Solche Fälle des bewussten Unterlassens einer Regelung oder, mit anderen Worten, einer bewussten Nichtregelung, können in Bezug auf die historische Auslegung durchaus mit der Abänderung einer Norm verglichen werden.

In beiden Fällen hat sich der Gesetzgeber über den Inhalt einer bestehenden, konkreten Norm in Verfolgung bestimmter Regelungsinteressen erkennbar Gedanken gemacht. Bei der bewussten Nichtregelung unterbleibt eine Abänderung nur deshalb, weil der Gesetzgeber diese zur Erreichung seines Regelungsziels als nicht erforderlich betrachtet. Sowohl im Falle der Abänderung als auch der bewussten Nichtregelung hat der Gesetzgeber aber eine konkrete Vorstellung vom Inhalt der betroffenen Norm in seinen Willen aufgenommen und eine Entscheidung getroffen, die der Erreichung seiner Regelungsziele dient.

Für die Relevanz einer Norminhaltsvorstellung im Rahmen der historischen Auslegung macht es daher grundsätzlich keinen Unterschied, ob eine Abänderung oder eine bewusste und gewollte Nichtveränderung der Norm, also eine bewusste Nichtregelung, gegeben ist.[50]

Die Äußerungen im ARUG-Gesetzgebungsverfahren sind daher für die historische Auslegung des § 55a GmbHG grundsätzlich bedeutsam.

Zwar wird man zu berücksichtigen haben, dass die Äußerungen der Bundesregierung zu § 55a GmbHG einen eingeschränkten Legitimationsgrad aufweisen, weil sie nicht mit einem entsprechenden Gesetzesbeschluss des Bundestags als zentralem Gesetzgebungsorgan[51] in unmittelbarem Zusammenhang stehen, so wie dies der Fall gewesen wäre, wenn der Gesetzesentwurf der Bundesregierung zum ARUG[52] eine Abänderung des § 55a GmbHG beinhaltet hätte und diese somit vom Bundestag beschlossen worden wäre.

Allerdings wird man dennoch davon ausgehen können, dass sich die Mitglieder des mit dem Gesetzesentwurf betrauten Ausschusses (hier, genauso wie beim MoMiG-Gesetzgebungsverfahren, der Rechtsausschuss)[53] auch mit solchen Erwägungen der Bundesregierung auseinandergesetzt haben, die einen Regelungsvorschlag

48 Der Änderungsvorschlag kam vom Bundesrat, vgl. BTDrucks. 16/11642, S. 56.

49 Vgl. die Ablehnung der Änderung durch die Bundesregierung, BTDrucks. 16/11642, S. 60.

50 Anders wäre es zu beurteilen, wenn der Gesetzgeber ohne Bezug zu einer konkreten Norm und einem bestimmten Regelungsziel Rechtsauffassungen allgemeiner Art äußern würde.

51 Siehe dazu schon oben Fußnote 22.

52 Beim Gesetzesentwurf zum ARUG handelt es sich um einen solchen der Bundesregierung, vgl. BTDrucks. 16/11642, 1.

53 Die Ausschüsse des Bundestags werden spiegelbildlich zur Organisation der Regierung eingesetzt, Maunz/Dürig/*Klein*, Art. 40 Rn. 128. Hier entstammte der Entwurf der Federführung des Bundesministeriums der yustiz, BTDrucks. 16/11642, 5.

des Bundesrats betreffen, der nicht Gegenstand des dem Bundestag zugegangenen Gesetzesentwurfs geworden ist. Ohne in den spekulativen Bereich zu geraten, wird man deshalb annehmen dürfen, dass die Auffassung der Bundesregierung zumindest nicht im offensichtlichen Gegensatz zu den Vorstellungen der Mehrheit der Abgeordneten des Rechtsausschusses lag, weil diese keinerlei Widerspruch gegen das Normverständnis der Bundesregierung erhoben oder Maßnahmen gegen die aus diesem Normverständnis folgende Nichtveränderung des § 55a GmbHG ergriffen haben.[54]

Aufgrund dieser Aspekte können die Äußerungen der Bundesregierung für die historische Auslegung Relevanz beanspruchen, wobei der Umstand, dass die Äußerungen dem Bereich der Exekutive entstammen und nicht mit einer Änderung des § 55a GmbHG verbunden sind, angemessen zu berücksichtigen ist.

3. *Zusammenfassung der aus der Analyse der Gesetzgebung gewonnenen Richtlinien für die Auslegung*

Zusammenfassend lassen sich für die Auslegung folgende Ergebnisse aus einer Analyse der beiden Gesetzgebungsverfahren festhalten:

Der Gesetzgeber bezweckte mit der Einführung des § 55a GmbHG die Erleichterung der Kapitalbeschaffung in der GmbH durch die Schaffung einer zusätzlichen Möglichkeit der Kapitalerhöhung, die im Vergleich zum regulären Verfahren eine Flexibilisierung, Beschleunigung und Kostenersparnis erbringen soll.

Der Gesetzgeber ging bei Schaffung des § 55a GmbHG davon aus, dass das gesamte Verfahren zur Ausnutzung des genehmigten Kapitals ohne satzungsändernden Gesellschafterbeschluss ablaufen könne.

Der Gesetzgeber orientierte sich bei Schaffung des § 55a GmbHG eng an der aktienrechtlichen Regelung zum genehmigten Kapital, hatte aber auch die strukturellen Besonderheiten der GmbH vor Augen und ließ keine Anhaltspunkte dafür erkennen, diese grundlegend verändern zu wollen.

Aus den Materialien zum ARUG lässt sich die Auffassung des Gesetzgebers erkennen, dass die Ermächtigung der Geschäftsführer zur Ausübung des genehmigten Kapitals zugleich eine Ermächtigung zur erforderlichen Anpassung der Satzung enthält. Diese Norminhaltsvorstellung hat allerdings unter Legitimationsgesichtspunkten ein eingeschränktes Gewicht.

54 Der federführende Ausschuss kann im Rahmen seiner Beschlussempfehlung (§§ 62, 63, 66 Abs. 2 S. 1 GO BT) das Gesetzgebungsverfahren maßgeblich beeinflussen, vgl. hierzu Maunz/Dürig/*Kersten*, Art. 77 Rn. 18.

III. Untersuchungsrelevante Grundsätze der Kompetenzordnung der GmbH

In einem zweiten Schritt werden nachfolgend allgemeine kompetenzrechtliche Grundsätze der GmbH dargestellt, die im Anwendungsbereich des § 55a GmbHG von Bedeutung sein können.

1. Einzelne Grundsätze

a) Gesetzliche Grundkonzeption der Kompetenzordnung der GmbH

(1) Gesellschafterversammlung als Führungsorgan

Die gesetzliche Grundkonzeption zur Kompetenzordnung in der GmbH sieht im Gegensatz zur aktienrechtlichen Dreiteilung zwischen Vorstand, Aufsichtsrat und Hauptversammlung eine Zweiteilung der Kompetenzen zwischen Geschäftsführer und Gesellschafterversammlung[55] mit einer klaren Hierarchieabstufung zugunsten der Gesellschafterversammlung als Führungsorgan vor.[56]

Die Geschäftsführer vertreten die GmbH zwar nach außen (§ 35 Abs. 1 S. 1 GmbHG) und führen die Geschäfte, sie sind aber nur ein „*bestellte* [s] *Organ*" und „*hinsichtlich des Umfanges und der Ausübung ihrer Funktionen von dem Willen der Gesellschaft, d.h. der Gesamtheit der Gesellschafter abhängig* [...]".[57]

Das Gesetz stellt diese gewollte Hierarchieabstufung dadurch sicher, dass es der Gesellschafterversammlung eine Allzuständigkeit einräumt.[58]

Diese Allzuständigkeit ergibt sich aus der Systematik des GmbH-Gesetzes.

---

55 Es ist umstritten, praktisch aber bedeutungslos, ob die Gesellschafterversammlung (so etwa Ulmer/Habersack/Löbbe/*Hüffer/Schürnbrand*, § 45 Rn. 7; Münch/Komm/*Liebscher*, § 45 Rn. 80; Baumbach/Hueck/*Zöllner*, § 45 Rn. 4) oder die Gesamtheit der Gesellschafter (so etwa Lutter/Hommelhoff/*Bayer*, § 45 Rn. 2; Rowedder/Schmidt-Leithoff/*Koppensteiner/Gruber*, § 45 Rn. 3; Michalski/*Römermann*, § 45 Rn. 12; Roth/Altmeppen/*Roth*, § 45 Rn. 2; Scholz/*Schmidt*, § 45 Rn. 5) als Organ zu gelten hat. Im Folgenden wird der Begriff „Gesellschafterversammlung" verwendet, wenn auf die Kompetenzen des Gesellschaftsorgans Bezug genommen wird.
Dagegen wird im Folgenden der Begriff „Gesellschafter" verwendet, wenn auf deren grundsätzliche Stellung, deren Rechte und die diesbezüglichen Wertungen des Gesetzes Bezug genommen wird.

56 Allg. Meinung, vgl. nur BGH NJW 1997, 1985, 1987; Münch/Komm/*Liebscher*, § 45 Rn. 37; Michalski/*Römermann*, § 45 Rn. 36; *Schmidt*, § 36, I.2.a.; Scholz/*Schmidt*, § 45 Rn. 5.

57 Amtliche Begründung zum GmbHG 1892, S. 68.

58 Münch/Komm/*Liebscher*, § 46 Rn. 2; Michalski/*Römermann*, § 46 Rn. 3 f.; BeckOK/*Schindler*, § 46 v. Rn. 1; Scholz/*Schmidt*, § 45 Rn. 5; Baumbach/Hueck/*Zöllner*, § 46 Rn. 89; kritisch zu dieser Terminologie Münch/Komm/*Stephan/Tieves*, § 37 Rn. 6.

Zunächst werden besonders wichtige, grundlegende, die Verhältnisse der Gesellschaft betreffende Fragen (etwa §§ 53, 60 Abs. 1 Nr. 2 GmbHG, 13, 125, 193 UmwG) zwingend der Gesellschafterversammlung zugewiesen.[59]

Ferner unterfallen sonstige wichtige, die Gesellschafter oder die Gesellschaft betreffende Entscheidungen (v.a. § 46 GmbHG)[60] nach der gesetzlichen Grundkonzeption der Entscheidungshoheit der Gesellschafterversammlung.[61]

Schließlich ist eine Durchsetzung des Willens der Gesellschafterversammlung in Angelegenheiten der Geschäftsführung durch die Weisungsbefugnis nach § 37 Abs. 1 GmbHG gewährleistet, die nur sehr eingeschränkt Grenzen unterliegt (siehe dazu sogleich).[62]

(2) Grenzen der Weisungsbefugnis

Allgemein anerkannt ist, dass die Weisungsbefugnis sich nicht auf Aufgaben erstreckt, die den Geschäftsführern gesetzlich in zwingender Form zugewiesen sind, wenn deren Einhaltung im allgemeinen Interesse oder im Interesse der Gläubiger liegt (Stichwort „Compliance").[63]

Darüber hinaus ist umstritten, ob den Geschäftsführern im Rahmen der gewöhnlichen Führung der Geschäfte ein weisungsfreier Kernbereich verbleiben muss, sodass diese in wenigstens geringem Umfang eigenverantwortlich entscheiden können.[64]

---

59 Hierzu führt die amtliche Begründung zum GmbHG 1892 auf Seite 37 aus: „*Vielmehr ist davon auszugehen, daß die Mitglieder als solche die oberste Instanz in den Gesellschaftsangelegenheiten bilden, und es sind ihnen deshalb auch die für die Verhältnisse der Gesellschaft besonders wichtigen Entschließungen vorzubehalten.*".
Im Übrigen allgemeine Ansicht BGH NJW 1965, 1378; Lutter/Hommelhoff/*Bayer*, § 45 Rn. 10; Rowedder/Schmidt-Leithoff/*Koppensteiner/Gruber*, § 45 Rn. 13; Michalski/*Römermann*, § 45 Rn. 43; Roth/Altmeppen/*Roth*, § 45 Rn. 3; BeckOK/*Schindler*, § 45 Rn. 17; Scholz/*Schmidt*, § 45 Rn. 8; *Thümmel*, DB 1995, 2461, 2463; Oppenländer/Trölitzsch/*Trölitzsch*, § 16 Rn. 18; Baumbach/Hueck/*Zöllner*, § 45 Rn. 7.

60 Vgl. zur begrifflichen und inhaltlichen Einordnung der Maßnahmen nach § 46 GmbHG, Münch/Komm/*Liebscher*, § 46 Rn. 12.

61 Die Kompetenzzuweisung des § 46 GmbHG ist aber in der Regel nicht zwingend, vgl. etwa Münch/Komm/*Liebscher*, § 46 Rn. 7 ff.; Baumbach/Hueck/*Zöllner*, § 46 Rn. 5 f.

62 Roth/Altmeppen/*Altmeppen*, § 37 Rn. 3; Michalski/*Lenz*, § 37 Rn. 17; Ulmer/Habersack/Löbbe/*Paefgen*, § 37 Rn. 40 f.; *Schmidt*, § 36 I.2.a.; Scholz/*Schneider/Schneider*, § 37 Rn. 37; Münch/Komm/*Stephan/Tieves*, § 37 Rn. 107; Baumbach/Hueck/*Zöllner/Noack*, § 37 Rn. 20.

63 BGH NJW 1997, 1985, 1987; Roth/Altmeppen/*Altmeppen*, § 37 Rn. 6; Michalski/*Lenz*, § 37 Rn. 19; Ulmer/Habersack/Löbbe/*Paefgen*, § 37 Rn. 25; Scholz/*Schneider/Schneider*, § 37 Rn. 59 ff.; Münch/Komm/*Stephan/Tieves*, § 37 Rn. 118.

64 So *Geißler*, GmbHR 2009, 1071, 1074 f.; *Hommelhoff*, ZGR 1978, 119, 129; *Immenga*, S. 93; Münch/Komm/*Liebscher*, § 45, Rn. 89; Baumbach/Hueck/*Zöllner/Noack*, § 37, Rn. 21; abweichend und dogmatisch äußerst zweifelhaft *Wiedemann*, S. 336, der die Weisungsbefugnis nach § 37 auf eine bloße „*Richtlinienkompetenz*" beschränken will.

Während eine Entscheidung dieses Meinungsstreits für die weitere Untersuchung nicht von Interesse ist, bedürfen einige hierbei vorgebrachte, systematische Argumente der näheren Betrachtung.

Die Gegner eines weisungsfreien Kernbereichs der Geschäftsführung betonen, dass die bestimmende Führungsrolle und die Organisationshoheit der Gesellschafterversammlung einer Einschränkung des Weisungsrechts über die zwingenden gesetzlichen Vorgaben hinaus entgegenstehe und der Organisationsverfassung der GmbH widerspräche.[65]

Soweit die Anhänger eines weisungsfreien Kernbereichs die vorrangige und durchgreifende Weisungsbefugnis der Gesellschafterversammlung im Grundsatz anerkennen,[66] und deshalb im Wesentlichen vom gleichen dogmatischen Grundverständnis wie die Gegner eines weisungsfreien Kernbereichs ausgehen, ist auf deren Argumentation nicht weiter einzugehen.

Soweit allerdings einige der Anhänger eines weisungsfreien Kernbereichs sich darauf berufen, dass nach der gesetzlichen Grundordnung der GmbH die Gesellschafterversammlung nicht allzuständig sei,[67] flächendeckende Weisungen der gesetzlichen Konzeption widersprächen[68] bzw. der Gesellschafterversammlung lediglich eine „*Richtlinienkompetenz zur Unternehmensleitung*" zusprechen,[69] ist eine nähere Befassung erforderlich.

Die Argumentationsführung dieser Befürworter eines weisungsfreien Kernbereichs stützt sich auf ein bestimmtes Verständnis der Funktion des § 46 GmbHG. Danach soll § 46 GmbHG einen gesetzlichen Zuständigkeitskatalog der Gesellschafterversammlung beinhalten, was der Annahme einer Allzuständigkeit der

Nach anderer verbreiteter Ansicht kann die Funktion der Geschäftsführer auf die Vertretung nach außen und die Wahrnehmung ihrer gesetzlich zwingend zugewiesenen Aufgaben begrenzt und im Übrigen durch Weisungen umfassend determiniert werden, so Roth/Altmeppen/*Altmeppen*, § 37 Rn. 4 f.; *Eisenhardt*, FS Pfeiffer, 839, 845 f.; Lutter/Hommelhoff/*Kleindiek*; § 37 Rn. 12; *Konzen*, NJW 1989, 2977, 2979; *Mennicke*, NZG 2000, 622, 623; Ulmer/Habersack/Löbbe/*Paefgen*, § 37 Rn. 28; Scholz/*Schneider/Schneider*, § 37 Rn. 46; Münch/Komm/*Stephan/Tieves*, § 37 Rn. 68; *Tomat*, S. 12 ff.; Oppenländer/Trölitzsch/*Trölitzsch*, § 16 Rn. 20; wohl auch BGH NJW 1997, 1985, 1987, der betont: „*Von wenigen den Geschäftsführern als solchen im öffentlichen Interesse zugewiesenen Kompetenzen abgesehen (vgl. §§ 30, 33, 64 GmbHG), sind in der GmbH die Gesellschafter das zentrale Entscheidungsorgan.*"

65 Roth/Altmeppen/*Altmeppen*, § 37 Rn. 5; Münch/Komm/*Stephan/Tieves*, § 37 Rn. 68; Ulmer/Habersack/Löbbe/*Paefgen*, § 37 Rn. 28.

66 *Immenga*, S. 93; Baumbach/Hueck/*Zöllner/Noack*, § 37 Rn. 20.

67 *Hommelhoff*, ZGR 1978, 119, 129.

68 *Geißler*, GmbHR 2009, 1071, 1074.

69 *Wiedemann*, S. 336.

Gesellschafterversammlung bzw. einer umfassenden Weisungsbefugnis entgegenstehe.[70]

Diesem Verständnis des § 46 GmbHG ist nicht beizupflichten.

Gegen die Einordnung des § 46 GmbHG als der Allzuständigkeit und dem umfassenden Weisungsrecht der Gesellschafterversammlung entgegenstehender Zuständigkeitskatalog sprechen entscheidend zwei Argumente.

Zum einen würde der Sinn und Zweck des § 46 GmbHG, die Stellung der Gesellschafterversammlung als oberstes Organ der GmbH durch die Zuweisung wichtiger Entscheidungen zu sichern und zu bekräftigen,[71] ins Gegenteil verkehrt, wenn § 46 GmbHG eine die Zuständigkeit der Gesellschafterversammlung begrenzende Funktion zugeordnet würde.[72]

Zum anderen würde § 46 GmbHG mit einer derartigen Argumentation zum wesentlichen gesetzlichen Anknüpfungspunkt für die Bestimmung der Kompetenzordnung der GmbH herangezogen, was unter Zugrundelegung der historischen Auslegung verfehlt ist. Denn nicht § 46 GmbHG, sondern § 37 Abs. 1 GmbHG ist in diesem Zusammenhang die bestimmende Vorschrift.[73]

Dafür spricht vor allem, dass der historische Gesetzgeber seine Erwägungen zur Kompetenzordnung der GmbH bzw., wie er es nennt, *„die innere Seite des Verhältnisses“*,[74] bei dem damals wie heute im Wesentlichen gleichlautenden § 37 GmbHG angebracht hat und nicht etwa bei § 47 GmbHG a.F. (1892), der dem heutigen § 46 GmbHG im Wesentlichen entsprach.[75]

Ferner werden die bei § 47 GmbHG a.F. (1892) geregelten Angelegenheiten als solche bezeichnet, *„für welche es im Zweifel eines Beschlusses der Gesellschafter bedarf“*.[76] Diese Formulierung zeigt deutlich, dass der historische Gesetzgeber hier keinen eingrenzenden Zuständigkeitskatalog zulasten der Gesellschafter einführen, sondern im Gegenteil sicherstellen wollte, dass diese im Zweifel besonders wichtige Entscheidungen selbst treffen. Der Wille des historischen Gesetzgebers zu § 47 GmbHG a.F. (1892) ist daher nicht auf die Begrenzung, sondern mindestens auf die Bekräftigung, wenn nicht gar die Stärkung der Stellung der Gesellschafterversammlung als oberstes Organ der GmbH gerichtet.

---

70 *Geißler*, GmbHR 2009, 1071, 1074; *Hommelhoff*, ZGR 1978, 119, 128 f.; *Wiedemann*, S. 336.

71 Zu diesem Normzweck des § 46 GmbHG Münch/Komm/*Liebscher*, § 46 Rn. 3; Michalski/*Römermann*, § 46 Rn. 7; BeckOK/*Schindler*, § 46 Rn. 3.

72 Ähnlich Scholz/*Schneider/Schneider*, § 37 Rn. 46; *Tomat*, S. 13 f.; vgl. auch Hachenburg/Ulmer/*Mertens*, § 37 Rn. 20.

73 Ähnlich *Tomat*, S. 15, der vom Weisungsrecht gemäß § 37 Abs. 1 *„als für die Organisationsverfassung der GmbH grundlegendes Prinzip“*, spricht; vgl. auch Hachenburg/Ulmer/*Mertens*, § 37 Rn. 20.

74 Amtliche Begründung zum GmbHG 1892, S. 68.

75 Vgl. den Entwurf zum GmbHG 1892, S. 12 und Amtliche Begründung zum GmbHG 1892, S. 68 und 75.

76 Amtliche Begründung zum GmbHG 1892, S. 75.

Es lässt sich demnach festhalten, dass das Handeln der Geschäftsführer ganz wesentlich durch Weisungen der Gesellschafterversammlung bestimmt werden kann. Schranken der Weisungsbefugnis in Bezug auf eine bestimmte Maßnahme bestehen nur dann, wenn Gegenstand der Maßnahme die Erfüllung einer gesetzlichen Pflicht der Geschäftsführer ist, die allgemeine Interessen oder Interessen der Gläubiger schützt. Um eine derartige gesetzliche Pflicht handelt es sich bei der Maßnahme der Ausnutzung des genehmigten Kapitals sicherlich nicht.

Ob sich Einschränkungen der Weisungsbefugnis aufgrund der Dichte von Weisungen ergeben können,[77] ist für die nachfolgende Untersuchung nicht relevant und bedarf daher keiner Entscheidung.

(3) Vorlagepflicht an die Gesellschafterversammlung

Trotz der Allkompetenz der Gesellschafterversammlung können die Geschäftsführer nach der gesetzlichen Grundkonzeption in Geschäftsführungsfragen grundsätzlich über die Vornahme aller Arten von Geschäften entscheiden und sie mit Wirkung nach außen (§ 35 Abs. 1 S. 1 GmbHG) durchführen.[78]

Deshalb ist fraglich, ob zur Sicherstellung der Führungsrolle der Gesellschafterversammlung und Ermöglichung der Ausübung des damit einhergehenden Weisungsrechts[79] jedenfalls in bestimmten Fällen eine Vorlagepflicht an die Gesellschafterversammlung besteht, bevor die Geschäftsführer das Geschäft mit (ggf. irreparabler) Wirkung nach außen durchführen dürfen.[80] Die Bejahung einer Vorlagepflicht bedeutet, dass die Geschäftsführer im Innenverhältnis die Zustimmung der Gesellschafterversammlung einholen müssen.[81]

Dass eine solche Vorlagepflicht, die im GmbHG in § 49 Abs. 2 einen Anknüpfungspunkt findet, in Einzelfällen bestehen kann, ist allgemein anerkannt.[82]

---

77 Dies wäre dann der Fall, wenn man das Bestehen eines weisungsfreien Kernbereichs der Geschäftsführer befürwortete.

78 Eine lediglich terminologische Frage ist es, ob man dies als *„Erstzuständigkeit"*, so Michalski/*Römermann*, § 46 Rn. 3, oder als *„Primärentscheidungsbefugnis"*, so Baumbach/Hueck/*Zöllner*, § 46 Rn. 90, der Geschäftsführer bezeichnet.

79 Zu diesem Begründungsansatz Münch/Komm/*Stephan/Tieves*, § 37 Rn. 129.

80 Allgemein anerkannt ist, dass nach dem gesetzlichen Grundkonzept keine allgemeine oder regelmäßige Vorlagepflicht besteht, vgl. etwa Scholz/*Schneider/Schneider*, § 37 Rn. 11; Baumbach/Hueck/*Zöllner/Noack*, § 37 Rn. 6. Grundsätzlich muss also die Gesellschafterversammlung selbst aktiv werden, will sie ihre Einflussmöglichkeit in Geschäftsführungsangelegenheiten zur Geltung bringen.

81 Vgl. etwa BeckOK/*Wisskirchen/Kuhn*, § 37 Rn. 5. Die Vertretungsmacht der Geschäftsführer nach außen wird durch die mangelnde Beachtung einer Vorlagepflicht grundsätzlich nicht beschränkt (§ 37 Abs. 2 S. 1 GmbHG); vgl. ebenso zur Übergehung eines Zustimmungsvorbehalts Münch/Komm/*Stephan/Tieves*, § 37 Rn. 124.

82 BGH NJW 1984, 1461, 1462; BGH NJW 1991, 1681, 1682; BGH NJW-RR 1992, 993, 994; Roth/Altmeppen/*Altmeppen*, § 37 Rn. 22 ff.; *Eisenhardt*, FS Pfeiffer, 839, 842 ff.; *Hommelhoff*, ZGR 1978, 119, 126 f.; Michalski/*Lenz*, § 37 Rn. 14 f.; Ulmer/Habersack/Löbbe/

Umstritten ist nur, welche Fallgruppen konkret zu einer Vorlagepflicht führen.

Die Rechtsprechung hat sich zu dieser Problematik bisher eher bruchstückhaft geäußert.

In einer Entscheidung betont der BGH die Pflicht eines Geschäftsführers, die Zustimmung der Gesellschafterversammlung einzuholen, zum einen für den Fall, dass es sich um ein Vorhaben handele, welches über den bisherigen Geschäftsbetrieb der GmbH hinausgehe und zum anderen, wenn an der Zustimmung der Gesellschafterversammlung Zweifel bestünden.[83]

Nach einer anderen Entscheidung sollen Maßnahmen, *„die den Rahmen des bisherigen Geschäftsbetriebs sprengen“*, von den Gesellschaftern getroffen werden müssen.[84]

Schließlich stimmt der BGH in einer weiteren Entscheidung der Einschätzung der Vorinstanzen zu, dass grundlegende Fragen der Geschäftspolitik in der Gesellschafterversammlung entschieden werden müssten.[85]

In der Literatur haben sich einige mehr oder weniger umstrittene Fallgruppen herausgebildet.

Anerkannt dürfte eine Vorlagepflicht an die Gesellschafterversammlung jedenfalls bei Vorliegen eines Sachverhalts sein, der nach aktienrechtlicher Rechtsprechung eine ungeschriebene Zuständigkeit der Hauptversammlung begründet („Holzmüller/Gelatine“-Rechtsprechung[86]).[87]

Unbestritten, allerdings weniger eine Frage der Vorlagepflicht, ist auch die Aussage, dass die Geschäftsführer keine Maßnahmen treffen dürfen, die über den

---

Paefgen, § 37 Rn. 18 ff.; *Schmidt*, § 36 I.2.b.; Scholz/*Schneider/Schneider*, § 37 Rn. 10, 15 ff.; Münch/Komm/*Stephan/Tieves*, § 37 Rn. 129 ff.; *Wicke*, § 37 Rn. 3; Baumbach/Hueck/*Zöllner/Noack*, § 37 Rn. 9 ff.

83 BGH NJW 1984, 1461, 1462.

84 BGH NJW 1991, 1681, 1682.

85 BGH NJW-RR 1992, 993.

86 Nach dieser Rechtsprechung muss der Vorstand der Hauptversammlung Sachverhalte zur Entscheidung vorlegen, wenn es sich um *„grundlegende Entscheidungen“* handelt, die *„so tief in die Mitgliedsrechte der Aktionäre und deren im Anteilseigentum verkörpertes Vermögensinteresse eingreifen, daß der Vorstand vernünftigerweise nicht annehmen kann, er dürfe sie in ausschließlich eigener Verantwortung treffen, ohne die Hauptversammlung zu beteiligen.“*, BGH NJW 1982, 1703, 1705 („Holzmüller“). Konkretisiert wurde diese Aussage in einer späteren Entscheidung, als der BGH klarstellte, dass eine solche Mitwirkungsbefugnis der Hauptversammlung nur dann in Betracht komme, wenn eine Maßnahme des Vorstands *„Veränderungen nach sich zieht, die denjenigen zumindest nahe kommen, welche allein durch eine Satzungsänderung herbeigeführt werden können.“*, BGH NJW 2004, 1860 („Gelatine“).

87 Ausdrücklich Ulmer/Habersack/Löbbe/*Paefgen*, § 37 Rn. 21 und Baumbach/Hueck/*Zöllner/Noack*, § 37 Rn. 11; ohne ausdrücklichen Bezug auf die Holzmüller/Gelatine-Rechtsprechung, aber i.E. ebenso Rowedder/Schmidt-Leithoff/*Koppensteiner/Gruber*, § 37 Rn. 11; Michalski/*Lenz*, § 37 Rn. 15; Scholz/*Schneider/Schneider*, § 37 Rn. 17, 19, Münch/Komm/*Stephan/Tieves*, § 37 Rn. 143; *Wicke*, § 37 Rn. 3.

satzungsmäßig festgelegten Unternehmensgegenstand (§ 3 Abs. 1 Nr. 2 GmbHG) hinausgehen.[88]

Einigkeit besteht auch über eine Vorlagepflicht, falls mit einem Widerspruch der Gesellschafterversammlung zu rechnen ist.[89]

Ferner müssen die Geschäftsführer nach herrschender Meinung die Zustimmung der Gesellschafterversammlung einholen, wenn Grundzüge der Unternehmenspolitik festgelegt oder abgeändert werden sollen, da dies in die Zuständigkeit der Gesellschafterversammlung falle.[90]

Inwieweit sonstige ungewöhnliche oder grundlegende Maßnahmen der Vorlagepflicht unterfallen, wird im Schrifttum im Ergebnis oft vergleichbar, in den Formulierungen jedoch sehr differenziert behandelt.

Eine Ansicht will außergewöhnliche Geschäfte grundsätzlich einer Vorlagepflicht unterordnen.[91]

Von der weit überwiegenden Meinung werden dagegen noch weitere, einschränkende Voraussetzungen aufgestellt.[92]

---

88 *Eisenhardt*, FS Pfeiffer, 839, 841; Michalski/*Lenz*, § 37 Rn. 15; Scholz/*Schneider/Schneider*, § 37 Rn. 17; Münch/Komm/*Stephan/Tieves*, § 37 Rn. 131; *Wicke*, § 37 Rn. 3; Baumbach/Hueck/*Zöllner/Noack*, § 37 Rn. 8.
Für eine derartige Maßnahme wäre eine Satzungsänderung erforderlich, worauf Münch/Komm/*Stephan/Tieves*, § 37 Rn. 131 und Baumbach/Hueck/*Zöllner/Noack*, § 37 Rn. 8, hinweisen.

89 Roth/Altmeppen/*Altmeppen*, § 37 Rn. 23; *Eisenhardt*, FS Pfeiffer, 839, 843; Rowedder/Schmidt-Leithoff/*Koppensteiner/Gruber*, § 37 Rn. 11; Michalski/*Lenz*, § 37 Rn. 15; Ulmer/Habersack/Löbbe/*Paefgen*, § 37 Rn. 23; Scholz/*Schneider/Schneider*, § 37 Rn. 20; Münch/Komm/*Stephan/Tieves*, § 37 Rn. 134; *Wicke*, § 37 Rn. 3; Baumbach/Hueck/*Zöllner/Noack*, § 37 Rn. 10.

90 *Eisenhardt*, FS Pfeiffer, 839, 842; *Hommelhoff*, ZGR, 1978, 119, 126; Rowedder/Schmidt-Leithoff/*Koppensteiner/Gruber*, § 37 Rn. 11; Michalski/*Lenz*, § 37 Rn. 15; Ulmer/Habersack/Löbbe/*Paefgen*, § 37 Rn. 18; Scholz/*Schneider/Schneider*, § 37 Rn. 10, 18; Münch/Komm/*Stephan/Tieves*, § 37 Rn. 132; *Wicke*, § 37 Rn. 3; sehr kritisch hierzu Baumbach/Hueck/*Zöllner/Noack*, § 37 Rn. 13 ff.; vgl. aber auch Rn. 9 (Vorlagepflicht wird hier befürwortet bei Maßnahmen, die zu den von den Gesellschaftern festgelegten Grundsätzen der Geschäftspolitik in Widerspruch stehen).

91 *Hommelhoff*, ZGR, 1978, 119, 123 f.; in diese Richtung auch Roth/Altmeppen/*Altmeppen*, § 37 Rn. 23, nach dem jedenfalls „*bei der typischen personalistischen GmbH die Interessenlage mit der OHG vergleichbar*" sei, wobei sich aber aus den jeweils „*geübten Gepflogenheiten*" etwas anderes ergeben könne.

92 *Eisenhardt*, FS Pfeiffer, 839, 842 ff.; Rowedder/Schmidt-Leithoff/*Koppensteiner/Gruber*, § 37 Rn. 11; Michalski/*Lenz*, § 37 Rn. 14; Ulmer/Habersack/Löbbe/*Paefgen*, § 37 Rn. 18 ff.; Scholz/*Schneider/Schneider*, § 37 Rn. 15 ff.; Münch/Komm/*Stephan/Tieves*, § 37 Rn. 142 ff.; *Wicke*, § 37 Rn. 3; grundsätzlich kritisch gegenüber einer Vorlagepflicht bei ungewöhnlichen Geschäften, Baumbach/Hueck/*Zöllner/Noack*, § 37 Rn. 7 ff.

Zum Teil wird § 49 Abs. 2 GmbHG als maßgebliche Vorschrift zur Bestimmung der Vorlagepflicht bei außergewöhnlichen Maßnahmen herangezogen.[93]

Etwas differenzierend, aber ebenfalls auf § 49 Abs. 2 GmbHG bezugnehmend, wird von anderen eher der für die Vorlagepflicht erforderliche Ausnahmecharakter der Maßnahme hervorgehoben, der sich durch deren Bedeutung und der damit verbundenen Gefahren bzw. der Risikoeinschätzung auszeichne.[94]

Nach wiederum anderer, in der Begründung, allerdings wohl regelmäßig nicht im Ergebnis abweichender Ansicht soll nicht die Ungewöhnlichkeit der Maßnahme, sondern die Frage ausschlaggebend sein, ob die Gesellschafter, falls sie über den Sachverhalt informiert wären, die Maßnahme voraussichtlich selbst würden entscheiden wollen.[95]

b) Weitgehende Dispositivität der Kompetenzordnung (Satzungsfreiheit)

Unabhängig von der soeben beschriebenen gesetzlichen Grundkonzeption ist die Gestaltung der Kompetenzordnung der GmbH innerhalb äußerst weit gezogener Grenzen (siehe dazu sogleich) der Regelung durch den Gesellschaftsvertrag überlassen, was als Wesensmerkmal der GmbH und wichtiges Abgrenzungskriterium zur AG gelten kann.[96]

---

93 So muss es sich nach Michalski/*Lenz*, § 37 Rn. 14 um ein so außergewöhnliches Geschäft handeln, dass eine „*Handhabung durch den Geschäftsführer allein den Interessen der Gesellschaft zuwiderlaufen könnte*"; ähnlich *Eisenhardt*, FS Pfeiffer, 839, 843 f., der die Frage der Vorlagepflicht nach § 49 Abs. 2 GmbHG entscheiden will, wobei die Geschäftsführer ein Geschäft, das nicht mehr unter die „*laufenden Geschäfte*" falle, immer dann vorzulegen hätten, wenn sie daran zweifelten, ob sie dafür „*die Zustimmung der Gesellschafter erwirken können.*"
I.E. ähnlich wohl auch Baumbach/Hueck/*Zöllner/Noack*, § 37 Rn. 11, die zwar eine Vorlagepflicht bei ungewöhnlichen Geschäften grundsätzlich ablehnen (Rn. 7), jedoch eine Einberufung nach § 49 Abs. 2 befürworten, wenn das „*Geschäft mit besonderem Risiko verknüpft ist oder substantiell in Rechte der Gfter eingreift*".

94 Ulmer/Habersack/Löbbe/*Paefgen*, § 37 Rn. 19, 21; Scholz/*Schneider/Schneider*, § 37 Rn. 19; ähnlich Rowedder/Schmidt-Leithoff/*Koppensteiner/Gruber*, § 37 Rn. 11; *Wicke*, § 37 Rn. 3.

95 Münch/Komm/*Stephan/Tieves*, § 37 Rn. 142; diesen Aspekt erwähnt auch Ulmer/Habersack/Löbbe/*Paefgen*, § 37 Rn. 21.

96 Dieser Grundsatz lag schon der Schaffung des GmbHG zugrunde (so betont die amtliche Begründung zum GmbHG 1892 auf Seite 36, dass „*hinsichtlich der inneren Verhältnisse der Gesellschaft die Freiheit autonomer Regelung im weitesten Umfang anzuerkennen*" sei und zu § 46 GmbHG auf Seite 68 speziell zur Stellung der Geschäftsführer: „*Der Entwurf läßt aber der autonomen Regelung durch den Gesellschaftsvertrag hinreichend Raum*") und ist bis heute unumstritten geblieben, vgl. etwa BGH NJW 1965, 1378; Rowedder/Schmidt-Leithoff/*Koppensteiner/Gruber*, § 37 Rn. 35 und § 45, Rn. 6 ff.; Münch/Komm/*Liebscher*, § 45 Rn. 85; Meyer-Landrut/Müller/Niehus/*Meyer-Landrut*, § 45 Rn. 4; Ulmer/Habersack/Löbbe/*Paefgen*, § 37 Rn. 24; *Raiser/Veil*, § 35 Rn. 26; Scholz/*Schneider/Schneider*, § 37 Rn. 24; *Thümmel*, DB 1995, 2461, 2462.

Einen gesetzlichen Ausdruck findet dieser Grundsatz in § 45 GmbHG, dessen Absatz 2 verdeutlicht, dass die Regelungen des GmbHG zur Kompetenzverteilung (namentlich die §§ 46 ff. GmbHG) grundsätzlich dispositiver Natur sind.[97]

c) Grenzen der Dispositivität

(1) Grenzen zugunsten der Geschäftsführer

Vorbehaltlich der Vertretung der GmbH nach außen und der sonstigen, im Interesse der Allgemeinheit oder der Gläubiger gesetzlich zwingend den Geschäftsführern zugewiesenen Aufgaben sind die Möglichkeiten zur Ausgestaltung der inneren Ordnung zugunsten der Gesellschafterversammlung sehr weitgehend und lassen beispielsweise nach verbreiteter, allerdings nicht unumstrittener Ansicht die Schwächung der Stellung der Geschäftsführer zum bloßen Ausführungsorgan zu.[98]

Selbst die Reformbestrebungen von 1939 und 1969, die erhebliche Umgestaltungen zum Ziel hatten (vgl. hierzu Münch/Komm/*Fleischer*, Einl. Rn. 95, 99), wollten die grundsätzlich freie Gestaltbarkeit der Kompetenzordnung nicht abändern, vgl. Schubert, RefE GmbHG v. 1939, S. 169 f. und RefE d. Bundesministerium der Justiz v. 1969, S. 30 f, 216 f.

Im Gegensatz hierzu besteht in der AG der Grundsatz der Satzungsstrenge, der in § 23 Abs. 5 AktG zum Ausdruck kommt, vgl. allgemein Hüffer/*Koch*, § 23 Rn. 34; Spindler/Stilz/*Limmer*, § 23 Rn. 28; Münch/Komm/AktG/*Pentz*, § 23 Rn. 156 ff. und im Besonderen zur Verfassung der AG Münch/Komm/AktG/*Spindler*, Vor § 76 Rn. 1. Diesen Gegensatz zur AG sieht auch die amtliche Begründung zum GmbHG 1892 auf Seite 36 f.: „*Im Gegensatze zur Aktiengesellschaft kann es hier als Grundsatz gelten, daß die bezeichneten Verhältnisse in erster Linie sich nicht durch das Gesetz, sondern durch den Gesellschaftsvertrag bestimmen (§. 46).*"

97 Hierzu betont auch die amtliche Begründung zum GmbHG 1892 auf Seite 74: „*Die Bestimmungen sind [...] nur dispositiver Natur; in erster Linie entscheidet der Inhalt des Gesellschaftsvertrages.*"; ebenso Ulmer/Habersack/Löbbe/*Hüffer/Schürnbrand*, § 45 Rn. 10; Meyer-Landrut/Müller/Niehus/*Meyer-Landrut*, § 45 Rn. 4; Michalski/*Römermann*, § 45 Rn. 13; Scholz/*Schmidt*, § 45 Rn. 2; andere sprechen von der Subsidiarität der gesetzlichen Vorschriften, so BeckOK/*Schindler*, § 45 Rn. 2 und Baumbach/Hueck/*Zöllner*, § 45 Rn. 9.

98 Vergleichbar zu den Grenzen des Weisungsrechts im Rahmen der gesetzlichen Grundkonzeption (siehe oben Fußnote 64), stellt sich das Meinungsbild zu den Grenzen einer Einschränkung der Geschäftsführerbefugnisse durch die Satzung dar; für einen zwingenden Kernbereich eigenverantwortlicher Geschäftsführungsbefugnis, der über die reine Vertretung nach außen und die Wahrnehmung gesetzlich auferlegter Pflichten hinausgeht, *Geißler*, GmbHR 2009, 1071, 1074; *Immenga*, S. 93; Münch/Komm/*Liebscher*, § 45 Rn. 89; *Wiedemann*, S. 336; Baumbach/Hueck/*Zöllner/Noack*, § 37 Rn. 18; a.A. Roth/Altmeppen/*Altmeppen*, § 37 Rn. 4 f.; *Eisenhardt*, FS Pfeiffer, 839, 845 f.; *Hommelhoff*, ZGR 1978, 119, 129 (der von einem weisungsfreien Kernbereich nur dann ausgeht, wenn die Satzung keine besondere Regelung hierzu trifft; die Gesellschafter könnten „*die gesetzliche Organisationsstruktur durch entsprechende Bestimmungen im Gesellschaftsvertrag abändern*");

(2) Grenzen zugunsten der Gesellschafterversammlung

Auf der anderen Seite kann auch die Stellung der Geschäftsführer derjenigen des Vorstands der AG angenähert oder angeglichen werden, sodass die Geschäftsführer entsprechend § 76 AktG weisungsfrei die Geschicke der GmbH leiten können.[99]

Allerdings darf die dadurch folgende Begrenzung des Einflusses der Gesellschafterversammlung nicht dazu führen, dass diese ihre gesetzlich festgelegte, alleinige Entscheidungsgewalt in besonders wichtigen, grundlegenden Fragen der Gesellschaft (v.a., §§ 26, 60 Abs. 1 Nr. 2 GmbHG, Maßnahmen nach dem UmwG und – für die nachfolgende Untersuchung besonders bedeutsam – die grundsätzlich unabdingbare Entscheidungshoheit über Satzungsänderungen und Kapitalmaßnahmen) aus der Hand gibt.[100]

Lutter/Hommelhoff/*Kleindiek*, § 37 Rn. 12; Michalski/*Lenz*, § 37 Rn. 10 ff.; *Mennicke*, NZG 2000, 622, 623; Ulmer/Habersack/Löbbe/*Paefgen*, § 37 Rn. 28; Münch/Komm/*Stephan/Tieves*, § 37 Rn. 68; *Tomat*, S. 12 ff.; Oppenländer/Trölitzsch/*Trölitzsch*, § 16 Rn. 17; differenzierend Scholz/*Schneider/Schneider*, § 37 Rn. 45, nach denen jedenfalls dem einzigen Geschäftsführer einer GmbH die Geschäftsführungsbefugnis nicht „*in vollem Umfang*" entzogen werden könne.

99 Amtliche Begründung zum GmbHG (1982), S. 69; Lutter/Hommelhoff/*Kleindiek*, § 37 Rn. 25; Rowedder/Schmidt-Leithoff/*Koppensteiner/Gruber*, § 45 Rn. 7; Ulmer/Habersack/Löbbe/*Paefgen*, § 37 Rn. 51; Roth/Altmeppen/*Roth*, § 45 Rn. 3; Scholz/*Schneider/Schneider*, § 37 Rn. 24; Münch/Komm/*Stephan/Tieves*, § 37 Rn. 77; Oppenländer/Trölitzsch/*Trölitzsch*, § 16 Rn. 18.

100 Gesetzeshistorisch bestanden niemals Zweifel an diesem Grundsatz; so bezeichnet die Amtliche Begründung zum GmbHG 1892 auf Seite 75 ausdrücklich diejenigen Vorschriften als zwingend, die die Einforderung von Nachschüssen, die Änderungen der Satzung, die Kapitalerhöhung- und herabsetzung sowie die Auflösung der Gesellschaft betreffen; auch die - nicht Gesetz gewordenen - umfassenden Reformentwürfe haben an diesem Grundsatz festgehalten, vgl. Schubert, RefE GmbHG v. 1939, S. 169 und RefE d. Bundesministerium der Justiz v. 1969, S. 31, 216 f.
Einhellig ist die Meinung in Bezug auf die zwingende Zuständigkeit der Gesellschafterversammlung für derartige grundlegende Fragen auch in Rechtsprechung und Literatur, BGH NJW 1965, 1378; Michalski/*Römermann*, § 45 Rn. 43; Roth/Altmeppen/*Roth*, § 45 Rn. 3; BeckOK/*Schindler*, § 45 Rn. 17; Scholz/*Schmidt*, § 45 Rn. 8; Lutter/Hommelhoff/*Bayer*, § 45 Rn. 10; Rowedder/Schmidt-Leithoff/*Koppensteiner/Gruber*, § 45 Rn. 13; *Thümmel*, DB 1995, 2461, 2463; Oppenländer/Trölitzsch/*Trölitzsch*, § 16 Rn. 18; Baumbach/Hueck/*Zöllner*, § 45 Rn 7.
Sofern diese Grenzen der Satzungsgestaltung beachtet werden, können nach einer verbreiteten Auffassung die Befugnisse der Geschäftsführer sogar noch über diejenigen des Vorstands einer AG ausgedehnt werden, sodass – eine ausdrückliche Regelung im Gesellschaftsvertrag vorausgesetzt – selbst erhebliche Eingriffe in die Gesellschafterrechte im Sinne der „Holzmüller/Gelatine"-Rechtsprechung (BGH NJW 1982, 1703; BGH NJW 2004, 1860) der Gesellschafterversammlung entzogen werden können; so ausdrücklich Lutter/Hommelhoff/*Kleindiek*, § 37 Rn. 25; Ulmer/Habersack/Löbbe/*Paefgen*, § 37 Rn. 52; Münch/Komm/*Stephan/Tieves*, § 37 Rn. 77; i.E. auch Rowedder/Schmidt-Leithoff/*Koppensteiner/Gruber*,

2. *Zusammenfassung der für § 55a GmbHG bedeutsamen Grundsätze*

Das GmbHG geht von der grundsätzlich uneingeschränkten Führungsrolle der Gesellschafterversammlung aus und stellt diese v.a. durch den Katalog des § 46 GmbHG, das Weisungsrecht nach § 37 Abs. 1 GmbHG und die alleinige Zuständigkeit der Gesellschafterversammlung für besonders wichtige, grundlegende Fragen der Gesellschaft sicher. Letzteres ist als eine der wenigen, gesetzlich zwingenden Kompetenzentscheidungen des GmbHG zu verstehen (eine andere ist die Vertretung der Gesellschaft nach außen durch die Geschäftsführer).

Die überwiegende Anzahl der kompetenzrechtlichen Normen des GmbHG sind dagegen dispositiver Natur, sodass die Kompetenzordnung der GmbH weitgehend durch die Gestaltungen bestimmt wird, welche die Gesellschafter in der Satzung vorsehen. Die Satzungsfreiheit ist also wesentliches Grundprinzip und zugleich scharfes Unterscheidungsmerkmal zur AG.

IV. Begriffsbestimmungen

1. *Allgemeines*

Die folgende Untersuchung wird sich vor allem mit der dogmatischen Einordnung des genehmigten Kapitals in kompetenzrechtlicher Hinsicht, der Reichweite der Kompetenzerweiterung für die Geschäftsführer und der Abgrenzung der Kompetenzen zwischen den Gesellschaftsorganen beschäftigen.

Deshalb ist es vor Beginn der eigentlichen Untersuchung erforderlich, in terminologischer Hinsicht Klarheit zu schaffen und eine Bestimmung und Erläuterung der für diese Arbeit besonders relevanten Begrifflichkeiten vorzunehmen. Dies gilt insbesondere aufgrund des Umstands, dass die einschlägigen Begrifflichkeiten im Schrifttum nicht einheitlich verwendet werden.

2. *Begriffsbestimmungen im Einzelnen*

„**Struktur der Gesellschaft**": die zwingend in der Satzung zu regelnden Grundlagen der Gesellschaft, mitgliedschaftlichen Beziehungen zwischen Gesellschaftern und Gesellschaft sowie Kompetenzen der Gesellschaftsorgane, die auch für künftige Mitglieder Wirkung entfalten (auch echte, materielle oder korporative Satzungsbestimmungen genannt, z.B. der Mindestinhalt nach § 3 Abs. 1 GmbHG,

---

§ 45 Rn. 14; Meyer-Landrut/Müller/Niehus/*Meyer-Landrut*, § 45 Rn. 2; Michalski/*Römermann*, § 45 Rn. 42; nach strengerer Ansicht dagegen darf die Satzungsgestaltung nicht *„dazu führen, dass die Stellung der Gesellschafterversammlung als oberstes Gesellschaftsorgan in ihrem Kern oder auf Dauer in Frage gestellt wird"*, so Lutter/Hommelhoff/*Bayer*, § 45 Rn. 11; ähnlich Scholz/*Schmidt*, § 45 Rn. 10, der die *„Selbstentmündigung der Gesellschafter"* als *„allgemeine Grenze der Zuständigkeitsverlagerung"* betrachtet; ähnlich auch Münch/Komm/*Liebscher*, § 45 Rn. 108; BeckOK/*Schindler*, § 45 Rn. 26; *Thümmel*, DB 1995, 2461, 2463 f.; Baumbach/Hueck/*Zöllner*, § 45 Rn 7.

die Abweichungen vom dispositiven Gesetzesrecht nach § 45 Abs. 2 GmbHG und satzungsmäßige Sonderrechte und Nebenpflichten (§ 3 Abs. 2 GmbHG) für einzelne Gesellschafter).[101]

„Strukturmaßnahme“ oder **„Maßnahme mit struktureller Wirkung“**: eine Maßnahme, die unmittelbar die Struktur der Gesellschaft gestaltet, diese also bestimmt oder verändert.

Nur solche gestaltenden Strukturmaßnahmen sind für diese Arbeit von Interesse. Maßnahmen, die die Struktur umwandeln oder auflösen, sind zwar ebenfalls Strukturmaßnahmen,[102] aber hier nicht von Bedeutung.

Die Zuständigkeit der Gesellschafter zu Strukturmaßnahmen soll als **„Strukturzuständigkeit der Gesellschafter“** bezeichnet werden.[103]

Beispiele: Änderung von Satzungsbestimmungen; Kapitalerhöhung.[104]

Strukturmaßnahmen liegen zwingend[105] in der alleinigen Kompetenz der Gesellschafter, unterfallen den Vorschriften über eine Satzungsänderung (§§ 53, 54 GmbHG)[106] und können nicht auf ein anderes Gesellschaftsorgan übertragen werden.[107]

„Maßnahme mit körperschaftlicher Wirkung“: eine Maßnahme, die zwar keine unmittelbare Gestaltung der Struktur der Gesellschaft bewirkt, aber die inneren Verhältnisse der Gesellschaft oder die Stellung eines oder mehrerer Gesellschafter betrifft.

---

101 Vgl. etwa Münch/Komm/*Harbarth*, § 53, Rn. 12 ff., Rn. 178 ff., Rn. 182; Münch/Komm/*Wicke*, § 3 Rn. 65 ff., Rn. 98 ff., Rn. 115 ff., *ders.*, DNotZ 2006, 419 ff.; siehe auch ähnlich zu Personengesellschaftsverträgen *Grunewald*, ZGR 1995, 68, 71.

102 Vgl. etwa Michalski/*Römermann*, § 45 Rn. 43; gemeint sind Maßnahmen nach dem UmwG und die Auflösung der Gesellschaft (§ 60 GmbHG).

103 Scholz/*Schmidt*, § 45 Rn. 8, nennt dies die Zuständigkeit der Gesellschafter hinsichtlich *„strukturändernde* [r] *Beschlüsse“*. Nach Michalski/*Römermann*, § 45 Rn. 43 *„gehört jedenfalls der Bereich der Strukturänderungen zum unentziehbaren Kern der Gesellschafterkompetenzen.“* Scholz/*Priester*, § 55a Rn. 17 sieht eine *„Entscheidungsdominanz der Gesellschafter in Strukturfragen der Gesellschaft“*.
Zum Teil wird die hier gewählte Begrifflichkeit nicht verwendet, jedoch ebenfalls die Strukturzuständigkeit gemeint, so etwa, wenn Roth/Altmeppen/*Roth*, § 45 Rn. 3 von den *„als zwingend anzusehenden Grundlagenkompetenzen“* spricht; ebenso Lutter/Hommelhoff/*Bayer*, § 45 Rn. 10, *„Grundlagenentscheidungen“*. Dass der Begriff „Grundlagengeschäfte“ sich in der Bedeutung meist mit dem Begriff „Strukturmaßnahmen“ deckt, wird auch in den Ausführungen von Münch/Komm/*Liebscher*, § 46 Rn. 12, deutlich.

104 Michalski/*Römermann*, § 45 Rn. 43; Scholz/*Schmidt*, § 45 Rn. 8.

105 Hiervon macht nur § 55a GmbHG eine Ausnahme; siehe zur dogmatischen Einordnung des § 55a GmbHG ausführlich unten Punkt B.

106 Für umwandelnde und auflösende Strukturmaßnahmen existieren besondere formelle Vorschriften, vgl. zur Auflösung: §§ 60 Abs. 1 Nr. 1, 2, 65 Abs. 1 GmbHG; zur Umwandlung, z.B. zur Verschmelzung: §§ 6, 50, 52, 56 UmwG.

107 Siehe oben Punkt A.III.1.c.(2).

Die diesbezügliche Zuständigkeit der Gesellschafter soll im Folgenden „**Organisationszuständigkeit der Gesellschafter**" genannt werden.

Beispiele: Katalog des § 46 GmbHG;[108] Abschluss der Übernahmeverträge im Rahmen einer Kapitalerhöhung.[109]

Maßnahmen mit körperschaftlicher Wirkung fallen in die Kompetenz der Gesellschafter, allerdings kann die Kompetenz zu deren Vornahme grundsätzlich auf die Geschäftsführer übertragen werden.[110]

Für den Einzelfall kann dazu ein Gesellschafterbeschluss mit einfacher Mehrheit ausreichend sein, etwa für die Ermächtigung der Geschäftsführer zum Abschluss des Übernahmevertrags.[111]

Eine dauerhafte Übertragung erfordert aber grundsätzlich eine Regelung in der Satzung, wie etwa bei einer Übertragung von Kompetenzen des § 46 GmbHG auf die Geschäftsführer.[112] Dies ist nur konsequent, weil es sich bei einer dauerhaften Kompetenzübertragung um eine Regelung handelt, die die Rechtsstellung der Gesellschaftsorgane unmittelbar bestimmt, sodass nach der hier verwendeten Begriffsdefinition eine Strukturmaßnahme gegeben ist, die nur durch Satzungsänderung erfolgen kann.

Soweit im Folgenden auf die Zuständigkeit der Gesellschafter hinsichtlich aller Maßnahmen mit struktureller und körperschaftlicher Wirkung Bezug genommen wird, wird von der „**Struktur- und Organisationszuständigkeit der Gesellschafter**" gesprochen.

„**Geschäftsführungsmaßnahme**": eine in Verfolgung des Gesellschaftszwecks getroffene Maßnahme,[113] die weder strukturelle noch körperschaftliche Wirkung,

---

108 Nach Münch/Komm/*Liebscher*, § 46 Rn. 12, handelt es sich bei den Maßnahmen nach § 46 GmbHG um *„Zuständigkeiten der Gesellschafterversammlung, die nicht im Strukturbereich der Gesellschaft wurzeln, also nicht Satzungsänderungen, Kapitalmaßnahmen und die gesellschaftsrechtlichen Grundlagen des Zusammenschlusses betreffen"*.

109 Es handelt sich beim Übernahmevertrag um einen Vertrag mit *„körperschaftlicher Qualität"*, so Michalski/*Hermanns*, § 55 Rn. 86; ebenso Münch/Komm/*Lieder*, § 55 Rn. 137, der dem Übernahmevertrag einen *„primär körperschaftlichen Charakter* [*s*]" zuspricht; so auch Baumbach/Hueck/*Zöllner/Fastrich*, § 55 Rn. 34; i.E. ebenso BGH NJW 1968, 398.

110 Dies gilt für die meisten Kompetenzen nach § 46 GmbHG, vgl. Münch/Komm/*Liebscher*, § 46 Rn. 9 und auch für die Kompetenz zum Abschluss des Übernahmevertrags, vgl. nur BGH NJW 1968, 398; Münch/Komm/*Lieder*, § 55 Rn. 137. Solange aber eine solche Übertragung oder Ermächtigung nicht besteht, haben die Geschäftsführer auch keine Vertretungsmacht nach außen; die Kompetenzbeschränkung besteht also auch mit Wirkung für das Außenverhältnis, wie das Beispiel des Übernahmevertrags im Sinne des § 55 GmbHG zeigt, vgl. etwa Michalski/*Hermanns*, § 55 Rn. 86; Münch/Komm/*Lieder*, § 55 Rn. 137.

111 Münch/Komm/*Lieder*, § 55 Rn. 137.

112 Vgl. Münch/Komm/*Liebscher*, § 46 Rn. 9; Baumbach/Hueck/*Zöllner*, § 46 Rn. 6.

113 Baumbach/Hueck/*Zöllner/Noack*, § 37 Rn. 2.

sondern regelmäßig alltäglichen oder gewöhnlichen Charakter hat, wobei eine erhebliche Bedeutung der Maßnahme im Einzelfall nicht ausgeschlossen ist.[114]

Geschäftsführungsmaßnahmen fallen stets in die Kompetenz der Geschäftsführer.[115]

Kommt der Maßnahme im Einzelfall eine erhebliche Bedeutung für die gegenwärtige Lage oder die weitere Entwicklung der Gesellschaft zu, so bleibt die Zuständigkeit der Geschäftsführer zwar erhalten, es ist aber möglich, dass die Maßnahme im Innenverhältnis wegen ihrer Bedeutung nicht ohne vorherige Beteiligung der Gesellschafterversammlung (Vorlagepflicht)[116] und/oder eines Aufsichtsrats, sofern ein solcher besteht (Berichtspflicht[117], Zustimmungsvorbehalt[118]), durchgeführt werden darf.[119]

(Extrem-) Beispiel: Verkauf wesentlicher Betriebsteile.[120]

Aufgrund dieser Begriffsbestimmungen bleibt für die weitere Untersuchung und zunächst ohne Berücksichtigung der Besonderheiten des § 55a GmbHG festzuhalten, dass

- der Betrag des Stammkapitals zur Struktur der Gesellschaft gehört,
- dessen Erhöhung folglich eine Strukturmaßnahme und
- diese somit Bestandteil der zwingenden Strukturzuständigkeit der Gesellschafter ist.[121]

Im Lichte dessen ist nun eine dogmatische Einordnung des genehmigten Kapitals in der GmbH vorzunehmen.

---

114 Vgl. allgemein hierzu Münch/Komm/*Stephan/Tieves*, § 37 Rn. 11 ff.; Baumbach/Hueck/*Zöllner/Noack*, § 37 Rn. 4 ff.

115 Allerdings besteht grundsätzlich eine Bindung an Weisungen der Gesellschafterversammlung, vgl. oben Punkt A.III.1.a.(1) und (2).

116 Siehe dazu oben Punkt A.III.1.a.(3).

117 Siehe dazu unten Punkt C.V.2.a.(1).v.

118 Siehe dazu unten ab Punkt C.V.2.a.(1).ii.

119 Auch soweit solche Maßnahmen zum Teil als „*Geschäfte von grundlegender Bedeutung*" bezeichnet werden, so etwa Münch/Komm/*Spindler*, § 52 Rn. 368, handelt es sich dabei aber gerade nicht um „Grundlagenentscheidungen", in dem Sinne, in dem die Vertreter in Fußnote 103 diesen Begriff gebrauchen; auch wenn Geschäftsführungsmaßnahmen eine erhebliche Bedeutung zukommt, bleiben sie dennoch ihrem Wesen nach Geschäftsführungsmaßnahmen.

120 Vgl. in diesem Zusammenhang BGH NJW 1982, 1703 („Holzmüller").

121 Vgl. zu den Begrifflichkeiten die oben stehenden Definitionen.

B. Dogmatische Einordnung des genehmigten Kapitals in kompetenzrechtlicher Hinsicht

I. Ansichten im Schrifttum

1. Die dogmatische Beurteilung zum genehmigten Kapital in der AG

Die meisten Äußerungen im aktienrechtlichen Schrifttum zur dogmatischen Einordnung des genehmigten Kapitals beschränken sich auf die Feststellung, dass die Ausnutzung des genehmigten Kapitals durch den Vorstand eine Maßnahme der Geschäftsführung sei.[122]

Nur vereinzelt finden sich tiefgreifendere Darstellungen.[123]

Hierbei wird vertreten, dass die Ausnutzungsmaßnahme des Vorstands ihrem Charakter nach eine Grundlagenentscheidung sei, weil sie die Entscheidung über eine Kapitalerhöhung beinhalte.[124] Die Kompetenzverlagerung auf den Vorstand ändere nichts daran, dass es sich bei einer Kapitalerhöhung um eine Satzungsänderung im materiellen Sinne handele und damit dem Inhalt nach um eine *„hauptversammlungspflichtige Organisationsmaßnahme“*.[125]

Durch die Übertragung der Entscheidung über die Durchführung der Kapitalerhöhung auf den Vorstand, der hierbei über einen Ermessensspielraum verfüge, werde diese aber formal zu einer Maßnahme der Geschäftsführung.[126]

Diese formale Einordnung als Geschäftsführungsmaßnahme führe dazu, dass eine entsprechende Anpassung der Rechte und Pflichten, die bei einer regulären Kapitalerhöhung an die Zuständigkeit der Hauptversammlung anknüpften, erfolgen müsse.[127]

---

122 Hölters/*v.Dryander/Niggemann*, § 202 Rn. 65; Henssler/Strohn/*Hermanns*, § 202 Rn. 8; Hüffer/*Koch*, § 202 Rn. 20; MünchHBdGesR/AktG/*Krieger*, § 58 Rn. 28; Spindler/Stilz/*Wamser*, § 202 Rn. 1, 85.

123 So bei Münch/Komm/AktG/*Bayer*, § 202 Rn. 29 f.; GroßKomm/AktG/*Hirte*, § 202 Rn. 20 f.; *ders.*, S. 104 ff.; Köln/Komm/AktG/*Lutter*, § 204 Rn. 17 f.

124 Münch/Komm/AktG/*Bayer*, § 202 Rn. 29; GroßKomm/AktG/*Hirte*, § 202 Rn. 20 f.; etwas abweichend wohl Köln/Komm/AktG/*Lutter*, § 204 Rn. 17, der betont, dass die Entscheidungen des Vorstands im Rahmen des genehmigten Kapitals *„Maßnahmen der Geschäftsführung, die sonst in den regulären Zuständigkeitsbereich der HV fallen“* seien.

125 Münch/Komm/AktG/*Bayer*, § 202 Rn. 29; GroßKomm/AktG/*Hirte*, § 202 Rn. 20; vgl. hierzu auch schon *Hirte*, S. 105, nach dem im Gesellschaftsrecht *„eine Maßnahme ihren inhaltlichen Charakter aufgrund einer Kompetenzverlagerung nicht ändern“* könne; wiederum wohl abweichend Köln/Komm/AktG/*Lutter*, § 204 Rn. 18, der ausführt, dass erst mit Eintragung im Handelsregister die Satzung entsprechend geändert sei.

126 Münch/Komm/AktG/*Bayer*, § 202 Rn. 29; GroßKomm/AktG/*Hirte*, § 202 Rn. 21.

127 Münch/Komm/AktG/*Bayer*, § 202 Rn. 29; GroßKomm/AktG/*Hirte*, § 202 Rn. 21.

2. *Ansichten zu § 55a GmbHG*

Auch im Schrifttum zu § 55a GmbHG wird die Ausnutzungsentscheidung der Geschäftsführer beim genehmigten Kapital meist nur als Maßnahme der Geschäftsführung bezeichnet.[128]

Teilweise finden sich Einstufungen der Ausnutzung als Maßnahme mit Doppelnatur (Geschäftsführungs- und Strukturmaßnahme)[129] oder als Maßnahme der Geschäftsführung „*von struktureller Qualität*".[130]

Es wird auch vorgebracht, dass zwar die Kapitalerhöhungsentscheidung ihrer grundsätzlichen Natur nach keine Geschäftsführungsmaßnahme sei, sie aber durch ihre satzungsmäßige Zuweisung an die Geschäftsführer zu einer solchen werde.[131]

Schließlich wird vertreten, dass die Gesellschafterversammlung durch die Übertragung der Kompetenz zur Kapitalerhöhung, welche materiell einen satzungsändernden Charakter habe und damit eine Strukturmaßnahme sei, „*partiell*" den Charakter der Maßnahme ändere und das Feld der Geschäftsführungsmaßnahmen um die Entscheidung über die Erhöhung des Stammkapitals erweitere.[132]

Eine sich deutlich vom soeben dargestellten Meinungsstand abhebende Ansicht vertreten *Zöllner/Fastrich*. Danach sei die Entscheidung der Geschäftsführer zur Kapitalerhöhung und Ausgabe der Anteile eine „*strukturelle, die gesellschafterlichen Verhältnisse der GmbH betreffende Maßnahme*", die zwar kraft Delegation in den Aufgabenbereich der Geschäftsführer falle und in diesem Sinne Geschäftsführungsmaßnahme sei, jedoch gleichwohl eine andere Qualität behalte, die sie von sonstigen Geschäftsführungsmaßnahmen unterscheide.[133]

---

128 Gehrlein/Ekkenga/Simon/*Bormann*, § 55a Rn. 40; *Cramer*, GmbHR 2009, 406, 408; Ring/Grziwotz/*Herrler*, § 55a Rn. 15; *Herrler*, DNotZ 2008, 903, 910; Saenger/Inhester/*Inhester*, § 55a Rn. 30; *Klett*, GmbHR 2008, 1312, 1315; Lutter/Hommelhoff/*Lutter/Bayer*, § 55a Rn. 9; Scholz/*Priester*, § 55a Rn. 19; *ders.*, GmbHR 2008, 1177, 1179; *Schnorbus/Donner*, NZG 2009, 1241, 1244; *Terbrack*, DNotZ 2012, 917, 926; *Wicke*, § 55a Rn. 13; so auch Münch/Komm/*Lieder*, § 55a Rn. 29, der allerdings zugleich betont, dass es sich bei der Kapitalerhöhung durch Ausnutzung von genehmigtem Kapital „*in materieller Hinsicht*" um eine „*Strukturmaßnahme*" handele; widersprüchlich Rowedder/Schmidt-Leithoff/*Schnorbus*, § 55a Rn. 24, 32.

129 BeckOK/*Ziemons*, § 55a Rn. 53.

130 Roth/Altmeppen/*Roth*, § 55a Rn. 5.

131 Ulmer/Habersack/Winter/*Casper*, § 55a Rn. 20.

132 *Trautmann*, S. 42.

133 Baumbach/Hueck/*Zöllner/Fastrich*, § 55a Rn. 12; widersprüchlich Rowedder/Schmidt-Leithoff/*Schnorbus*, § 55a Rn. 24, 32.

II. Stellungnahme

1. Rechtsnatur der Ausnutzung des genehmigten Kapitals

Es ist zu undifferenziert und daher auch unzutreffend, sich auf die Aussage zu beschränken, die Ausnutzung des genehmigten Kapitals sei eine Geschäftsführungsmaßnahme.

Beizupflichten ist im Grundsatz den Ausführungen von *Zöllner/Fastrich.*[134]

Richtigerweise wird man bei der Einordnung der Ausnutzung des genehmigten Kapitals zu differenzieren haben zwischen dem Charakter der Ausnutzung und der Zuständigkeit für diese Maßnahme.

Nach den oben festgelegten Begriffsbestimmungen[135] handelt es sich bei der Ausnutzung des genehmigten Kapitals um eine Strukturmaßnahme, weil sie eine Erhöhung des Stammkapitals bewirkt.[136]

Die Ausnutzungsentscheidung der Geschäftsführer ersetzt dabei den bei der regulären Kapitalerhöhung erforderlichen Kapitalerhöhungsbeschluss der Gesellschafterversammlung (§§ 53, 55 GmbHG).

Die Ausnutzung gehört also dem Charakter nach nicht zum Kreis der Geschäftsführungsmaßnahmen, weil dieser Strukturmaßnahmen begrifflich gerade nicht beinhaltet.[137]

Die Annahme, das Feld der Geschäftsführungsmaßnahmen sei um die Entscheidungsbefugnis über die Erhöhung des Stammkapitals erweitert und der Charakter der Maßnahme *„partiell"* geändert worden,[138] ist deshalb unzutreffend, weil hierdurch eine Umqualifizierung des Wesens der Erhöhung des Stammkapitals von einer Strukturmaßnahme in eine Geschäftsführungsmaßnahme vorgenommen wird. Die bloße Übertragung der Kompetenz für die Durchführung einer Maßnahme von einem Gesellschaftsorgan auf ein anderes vermag nämlich nicht den Charakter der Maßnahme zu ändern.[139]

Es ist deshalb zwar nicht zwingend falsch, die Ausnutzung des genehmigten Kapitals als „Maßnahme der Geschäftsführung" zu bezeichnen, weil damit auch die Zuständigkeit der Geschäftsführer zur Ausnutzung des genehmigten Kapitals beschrieben werden kann.[140] Dogmatisch einwandfrei ist dies aber nicht, weil die Ausnutzung des genehmigten Kapitals der Qualität und dem Charakter nach allein

---

134 Baumbach/Hueck/*Zöllner/Fastrich*, § 55a Rn. 12.

135 Siehe hierzu Punkt A.IV.2.

136 So auch Ulmer/Habersack/Winter/*Casper*, § 55a Rn. 20; *Trautmann*, S. 42; ebenso *„in materieller Hinsicht"* Münch/Komm/*Lieder*, § 55a Rn. 29.

137 Siehe oben Punkt A.IV.2.

138 So *Trautmann*, S. 42.

139 Zu diesem Gedanken *Hirte*, S. 105.

140 Unzutreffend ist es aber jedenfalls, die Ausnutzung auch qualitativ als Geschäftsführungsmaßnahme einzuordnen, so aber Scholz/*Priester*, § 55a Rn. 19; *Terbrack*, DNotZ 2012, 917, 926; *Trautmann*, S. 42.

(und nicht etwa „auch“)[141] eine Strukturmaßnahme ist, für deren Vornahme lediglich die Geschäftsführer zuständig sind.[142]

Der für die Beantwortung der kompetenzrechtlichen Einzelfragen entscheidende Gesichtspunkt ist allerdings nicht nur die dogmatische Einordnung der Ausnutzung, sondern vor allem die Auswirkung dieser Einordnung auf die Geltung der allgemeinen kompetenzrechtlichen Grundsätze im Rahmen eines genehmigten Kapitals.

Diese Auswirkung ist bisher im Schrifttum zu § 55a GmbHG noch nicht befriedigend behandelt worden, wird aber bei der späteren Behandlung der kompetenzrechtlichen Einzelfragen eine gewichtige Rolle spielen.

Bevor allerdings der Blick auf die Einzelfragen gerichtet werden kann, muss eine dogmatische Untersuchung hinsichtlich aller Aspekte des genehmigten Kapitals erfolgen, da die Ausnutzung durch die Geschäftsführer nur einen Teilaspekt darstellt. Eine solche ganzheitliche dogmatische Untersuchung ist im Schrifttum zu § 55a GmbHG bislang nicht vorgenommen worden.

2. *Weiterer Gang der Untersuchung*

Wie gerade schon kurz angedeutet, ist es nicht ausreichend, sich bei einer dogmatischen Untersuchung nur auf die Ausnutzungsentscheidung der Geschäftsführer und damit auf die letzte Ebene des genehmigten Kapitals zu konzentrieren.

Für die dogmatische Einordnung gilt es vielmehr, drei Ebenen auseinanderzuhalten:

- die gesetzliche Regelung des § 55a GmbHG als Voraussetzung für die Schaffung und Ausnutzung eines genehmigten Kapitals,
- die Satzungsregelung, die ein genehmigtes Kapital durch die Ermächtigung der Geschäftsführer schafft und
- die Entscheidung der Geschäftsführer zur Ausübung der Ermächtigung und damit zur Ausnutzung des genehmigten Kapitals, die zur Erhöhung des Stammkapitals der GmbH führt.

Die dogmatische Einordnung der zweiten Ebene ist relativ klar vorzunehmen und auch nicht von besonderer Bedeutung für die nachfolgende Untersuchung. Es handelt sich bei der Ermächtigung der Geschäftsführer um einen notwendig echten Satzungsbestandteil, weil Bestimmungen über ein genehmigtes Kapital wirksam nur in der Satzung vorgesehen werden können.[143]

---

141 In diese Richtung wohl BeckOK/*Ziemons*, § 55a Rn. 53. Nach der hier vertretenen Begriffsbestimmung kann eine Maßnahme nur entweder Strukturmaßnahme oder Geschäftsführungsmaßnahme, keinesfalls aber beides sein, vgl. oben Punkt A.IV.2.

142 So i.E. auch die Auffassung von Baumbach/Hueck/*Zöllner/Fastrich*, § 55a Rn. 12, der insoweit zuzustimmen ist.

143 Das genehmigte Kapital kann nur durch Aufnahme in die Gründungssatzung oder durch Satzungsänderung geschaffen werden, unstr., vgl. nur Ulmer/Habersack/

Die dogmatische Einordnung der ersten Ebene, der gesetzlichen Regelung an sich, ist hingegen von großer Bedeutung und bisher noch nicht tiefgreifend erörtert worden.[144]

Zu fragen ist also, wie die durch § 55a GmbHG geschaffene Möglichkeit, die Geschäftsführer in bestimmten Grenzen zu einer Kapitalerhöhung zu ermächtigen, dogmatisch zu qualifizieren ist.

3. Dogmatische Einordnung des § 55a GmbHG

Zur dogmatischen Einordnung des § 55a GmbHG sind drei Thesen denkbar, die im Folgenden näher untersucht werden:

- § 55a GmbHG als gesetzlich zwingende Kompetenzzuweisung an die Geschäftsführer: § 55a GmbHG ist eine Regelung mit einem gesetzlich zwingenden Kerngehalt dergestalt, dass eine erteilte Ermächtigung ausschließlich und eigenverantwortlich durch die Geschäftsführer ausgeübt werden kann.
- § 55a GmbHG als Regelung mit nur formaler Bedeutung: § 55a GmbHG ist eine Regelung mit nur formaler Bedeutung, weil alle Wirkungen, die ein genehmigtes Kapital bringt, in gleicher Weise, ohne Rückgriff auf § 55a GmbHG, durch die Wahrnehmung bestimmter rechtlicher Gestaltungsmöglichkeiten erreicht werden können.
- § 55a GmbHG als bedingte Erweiterung der Satzungsfreiheit:[145] § 55a GmbHG erweitert die Satzungsfreiheit der Gesellschafter und gestattet nunmehr Satzungsgestaltungen, die bisher wegen des Verstoßes gegen zwingende Kompetenzzuweisungsnormen (§§ 53, 55 GmbHG) unzulässig waren.

Winter/*Casper*, § 55a Rn. 9; vgl. allgemein zu notwendig echten Satzungsbestandteilen Münch/Komm/*Harbarth*, § 53 Rn. 12 ff.

144 Teilweise wird hierzu ausgeführt, die Regelung des § 55a GmbHG bedeute eine „*Modifikation des Grundsatzes der Satzungsautonomie*" in dem Sinne, dass die Zuständigkeit zur Kapitalerhöhung auf ein anderes Organ übertragen wird, Scholz/*Priester*, § 55a Rn. 5; *ders.*, GmbHR 2008, 1177, 1178; ganz ähnlich OLG München, NJW-RR, 2012, 612, 613; *Schnorbus/Donner*, NZG 2009, 1241; Rowedder/Schmidt-Leithoff/*Schnorbus*, § 55a Rn. 1; a.A. Münch/Komm/*Lieder*, § 55a Rn. 2; *ders.*, ZGR 2010, 868, 892, da sich die Gesellschafter bewusst dafür entschieden, die Kompetenzen der Geschäftsführer zu erweitern und daher Art und Umfang der Kompetenzverlagerung in der Hand hätten.

145 Im Folgenden wird der Begriff „Satzungsfreiheit" verwendet, weil damit die Freiheit der Gesellschafter, die Organisation der Gesellschaft durch die Satzung zu gestalten (vgl. etwa *Raiser/Veil*, § 41 Rn. 3), deutlicher ausgedrückt wird, als durch die Verwendung des Begriffs der „Satzungsautonomie der Gesellschafter"; diesem Begriff kommt aber in der Regel die gleiche Bedeutung zu, vgl. etwa Baumbach/Hueck/Zöllner, § 45 Rn. 6 ff.

a) § 55a GmbHG als zwingende Kompetenzzuweisung an die Geschäftsführer

Es bestehen keinerlei Zweifel daran, dass es den Gesellschaftern frei steht, ein genehmigtes Kapital in die Satzung aufzunehmen oder dies zu unterlassen. Diese Frage ist deshalb auch nicht Gegenstand der nachfolgenden Ausführungen, sondern wird als selbstverständlich vorausgesetzt.

Wird allerdings ein genehmigtes Kapital geschaffen, so können die Ausnutzungsmaßnahmen nur durch die Geschäftsführer durchgeführt werden. Diese Zuständigkeit kann nicht durch Satzungsregelung auf ein anderes Organ übertragen werden.[146]

Die Zuständigkeit zur Ausnutzung des genehmigten Kapitals, d.h. zur Ausführung der entsprechenden Maßnahmen (Ausnutzungszuständigkeit) liegt demnach ausschließlich und gesetzlich zwingend bei den Geschäftsführern.[147]

Zu berücksichtigen ist weiterhin, dass die Geschäftsführer im Rahmen des genehmigten Kapitals grundsätzlich nicht zur bloßen Ausführung eines Gesellschafterbeschlusses, sondern zu einer eigenen Ermessensentscheidung darüber ermächtigt werden, ob und unter welchen Bedingungen das genehmigte Kapital ausgenutzt werden soll. Dies entspricht der fast allgemeinen Meinung,[148] soll aber trotzdem kurz begründet werden.

---

146 Allg. Meinung, Ulmer/Habersack/Winter/*Casper*, § 55a Rn. 11; Michalski/*Hermanns*, § 55a Rn. 6; *Kramer*, GmbHR 2015, 1073, 1074; Münch/Komm/*Lieder*, § 55a Rn. 11a; Scholz/*Priester*, § 55a Rn. 19; *ders.*, GmbHR 2008, 1177, 1179; Roth/Altmeppen/*Roth*, § 55a Rn. 8; *Terbrack*, DNotZ 2012, 917, 921; *Trautmann*, S. 43.
Freilich begeben sich die Gesellschafter durch die Schaffung eines genehmigten Kapitals nicht der Möglichkeit, eine reguläre Kapitalerhöhung jederzeit und nach ihrem Willen durchzuführen, unstr., vgl. etwa *Lieder*, ZGR 2010, 868, 894.

147 Im Folgenden werden zur Abgrenzung von Kompetenzen hinsichtlich der Ausnutzung des genehmigten Kapitals Begrifflichkeiten benutzt, deren Bedeutung kurz erörtert werden soll.
Die **Zuständigkeit zur Ausnutzung des genehmigten Kapitals („Ausnutzungszuständigkeit“)** umfasst die Befugnis, die Ausnutzung des genehmigten Kapitals zu beschließen und durchzuführen, ohne jedoch gesellschaftsintern die maßgebliche und endgültige Entscheidung über die Ausnutzung fällen zu können.
Die **Entscheidungshoheit über die Ausnutzung des genehmigten Kapitals („Entscheidungshoheit“)** dagegen umfasst die Befugnis eines Gesellschaftsorgans, gesellschaftsintern maßgeblich und endgültig die Entscheidung über die Ausnutzung des genehmigten Kapitals zu treffen.

148 Vgl. nur Ulmer/Habersack/Winter/*Casper*, § 55a Rn. 21; Münch/Komm/*Lieder*, § 55a Rn. 29, 33; *ders.*, ZGR 2010, 868, 893; Scholz/*Priester*, § 55a Rn. 19; Baumbach/Hueck/*Zöllner/Fastrich*; § 55a Rn. 12; a.A. lediglich *Cramer*, GmbHR 2009, 406, 409, der eine ausnahmslose Vorlagepflicht an die Gesellschafterversammlung vor der Ausnutzung annimmt.
Gehrlein/Ekkenga/Simon/*Bormann*, § 55a Rn. 43 und *Nietsch*, FS Schneider, 873, 879 sprechen dagegen nicht von einer Vorlagepflicht, sondern nur von einer Informationspflicht, was dahingehend zu verstehen ist, dass jedenfalls keine Zustimmung

Die Befugnis zu einer eigenen Ermessensentscheidung der Geschäftsführer ergibt sich bereits aus dem Wortlaut. Auch wenn der Begriff der „Ermächtigung" im Zivilrecht nicht einheitlich gebraucht wird und es ein eigenes Rechtsinstitut der Ermächtigung nicht gibt,[149] so ist dem Begriff doch jedenfalls grundsätzlich immanent, dass der Ermächtigte in die Lage versetzt wird, mit einer gewissen Eigenständigkeit über die Ausübung der Ermächtigung zu entscheiden.[150]

Die Befugnis ergibt sich aber auch aus teleologischen Gründen. Würde man nämlich die Möglichkeit einer eigenen Ermessensentscheidung der Geschäftsführer verneinen, so wäre weiterhin für eine Ausnutzung des genehmigten Kapitals regelmäßig eine Befassung der Gesellschafterversammlung erforderlich, was dem Sinn und Zweck des § 55a GmbHG zuwiderliefe.[151]

Besteht somit eine Ausnutzungszuständigkeit mit eigenem Ermessen, was zweifellos eine Erweiterung der bisherigen Kompetenzen der Geschäftsführer darstellt,[152] so liegt der Gedanke nicht ganz fern, dass nicht nur die Ausnutzungszuständigkeit, sondern auch die Entscheidungshoheit[153] über die Ausnutzung des genehmigten Kapitals gesetzlich zwingend den Geschäftsführern zugewiesen ist. Konkret würde dies bedeuten, dass die Gesellschafterversammlung auf die Ausnutzung des genehmigten Kapitals keinen Einfluss ausüben und sich diesen auch nicht durch eine entsprechende Bestimmung in der Satzungsermächtigung verschaffen könnte.[154]

Auf den ersten Blick sprechen sowohl historische als auch teleologische Argumente für eine solche Sichtweise.

Der Gesetzgeber hatte bei der Schaffung des § 55a GmbHG das aktienrechtliche genehmigte Kapital vor Augen und lehnte § 55a GmbHG eng an die aktienrechtlichen Vorschriften der §§ 202 Abs. 1 bis 3, 205 Abs. 1 AktG an.[155] Im Aktienrecht entscheidet der Vorstand aber gänzlich ohne Mitwirkung der Hauptversammlung über die Ausnutzung des genehmigten Kapitals.[156]

---

der Gesellschafterversammlung eingeholt werden muss, so ausdrücklich Gehrlein/Ekkenga/Simon/*Bormann*, § 55a Rn. 43.

149 Münch/Komm/BGB/*Bayreuther*, § 185 Rn. 30.

150 Ähnlich beschreibt auch *Cramer*, GmbHR 2009, 406, 409 den Wortsinn einer Ermächtigung. Umso mehr verwundert, dass er eine allgemeine Vorlagepflicht vor Ausnutzung des genehmigten Kapitals vertritt.

151 Ähnlich im Hinblick auf das teleologische Argument Ulmer/Habersack/Winter/*Casper*, § 55a Rn. 21; Münch/Komm/*Lieder*, § 55a Rn. 33; *ders.*, ZGR 2010, 868, 905; zu Sinn und Zweck des § 55a GmbHG vgl. allgemein schon oben Punkt A.II.1.b.(3).

152 Siehe dazu schon oben in der Einleitung.

153 Zum Begriff siehe soeben Fußnote 147.

154 In diese Richtung wohl Michalski/*Hermanns*, § 55a Rn. 6 und *Trautmann*, S. 42 ff. Selbstverständlich verbliebe der Gesellschafterversammlung auch bei einer solchen Sichtweise die Möglichkeit, die Ermächtigung inhaltlich zu gestalten und sie durch Satzungsänderung abzuändern oder gänzlich aufzuheben, vgl. Michalski/*Hermanns*, § 55a Rn. 11 und *Trautmann*, S. 48 ff.

155 Vgl. hierzu schon oben Punkt A.II.1.

156 Allg. Meinung, vgl. etwa Münch/Komm/AktG/*Bayer*, § 202 Rn. 34.

Der intendierte Sinn und Zweck des § 55a GmbHG, die Beschleunigung und Flexibilisierung der Kapitalerhöhung[157] würde durch eine gesetzlich zwingende Entscheidungshoheit der Geschäftsführer besser und sicherer erreicht als bei einer Zulassung von Einflussmöglichkeiten anderer Gesellschaftsorgane auf die Ausnutzung des genehmigten Kapitals.

Auch die Tatsache, dass ein genehmigtes Kapital nur durch eine entsprechende Satzungsregelung überhaupt erst entstehen kann, spricht nicht per se dagegen, dass die Schaffung des genehmigten Kapitals bestimmte gesetzlich zwingende Kompetenzzuordnungen auslöst.

Ein solches Konzept ist dem GmbHG nämlich nicht fremd, wie sich aus den Folgen, die bei der Schaffung eines fakultativen Aufsichtsrats nach § 52 Abs. 1 GmbHG entstehen, erkennen lässt. Hier steht es den Gesellschaftern zwar völlig frei, einen fakultativen Aufsichtsrat durch Satzungsregelung zu etablieren. Entscheiden sie sich aber dafür, so können sie dessen Stellung und Aufgaben nicht völlig willkürlich durch die Satzung bestimmen. Zum einen sind dann gesetzlich zwingende Normen zu beachten (so etwa § 52 Abs. 3 S. 2 GmbHG).[158] Ferner existiert nach deutlich herrschender Ansicht eine zwingende Minimalkompetenz des Aufsichtsrats zur Überwachung der Geschäftsführung, weil der Rechtsverkehr bei Bestehen eines Aufsichtsrats ein Mindestmaß an Kontrolle der Geschäftsführung erwarte.[159]

Trotz dieser Argumente wäre jedoch die Annahme einer gesetzlich zwingenden Entscheidungshoheit der Geschäftsführer unzutreffend.

Zunächst gibt der Wortlaut des § 55a GmbHG, anders als hinsichtlich der zwingenden Ausnutzungszuständigkeit der Geschäftsführer, nichts für eine solche Auffassung her.[160]

Es kann zwar nicht bestritten werden, dass sich der Gesetzgeber des § 55a GmbHG eng an die aktienrechtlichen Regelungen anlehnte. Jedoch lässt der ausdrückliche Verweis des Gesetzgebers auf die personalistische Struktur der GmbH in den Materialien zu § 55a GmbHG[161] keinen anderen Schluss zu, als dass der Gesetzgeber die strukturellen Besonderheiten der GmbH gerade im Gegensatz zur AG bei der Schaffung des § 55a GmbHG berücksichtigt und weiterhin als gültig betrachtet hat.[162]

---

157 Vgl. hierzu schon oben Punkt A.II.1.b.(3).

158 *Müller/Wolff*, NZG 2003, 751, 753, Bork/Schäfer/*Rieble*, § 52 Rn. 3; Baumbach/Hueck/*Zöllner/Noack*, § 52 Rn. 25.

159 Münch/Komm/*Spindler*, § 52 Rn. 263; *Vetter*, GmbHR 2012, 181, 182; Baumbach/Hueck/*Zöllner/Noack*, § 52 Rn. 27; i.E. ebenso *Banspach/Nowak*, Der Konzern, 195, 197; *Keßler*, GmbHR 2000, 71, 72; ähnlich Saenger/Inhester/*Peres*, § 52 Rn. 9; kritisch Roth/Altmeppen/*Altmeppen*, § 52 Rn. 2.

160 Anders wohl Michalski/*Hermanns*, § 55a Rn. 6.

161 BTDrucks. 16/9737, S. 56.

162 Siehe hierzu auch schon oben Punkt A.II.1.b.(2).

Solche strukturellen Besonderheiten der GmbH sind in kompetenzrechtlicher Hinsicht vor allem die Satzungsfreiheit und die Allzuständigkeit der Gesellschafterversammlung.[163] Mit beiden Grundprinzipien würde eine gesetzlich zwingende Entscheidungshoheit der Geschäftsführer kollidieren.

Auch aus einem Vergleich mit der Stellung des Vorstands bei §§ 202 ff. AktG kann nicht auf den Willen des Gesetzgebers geschlossen werden, die Stellung der Geschäftsführer durch die Einführung des § 55a GmbHG im Verhältnis zu anderen Organen der GmbH zu stärken. Denn obwohl die Befugnis des Vorstands zur Durchführung einer Kapitalerhöhung im Verhältnis zu seinen sonstigen Aufgaben (§ 76 AktG) zweifellos eine Kompetenzerweiterung bedeutet, würde es unter Berücksichtigung des Umstands, dass das Gesetz sogar zwingende Zustimmungserfordernisse des Aufsichtsrats im Anwendungsbereich des genehmigten Kapitals vorsieht (was ansonsten im Aktiengesetz einen Ausnahmefall darstellt)[164] zu weit gehen, durch die Einführung der §§ 202 ff. AktG[165] auf eine Stärkung der Stellung des Vorstands im Vergleich zu den anderen Organen der AG zu schließen.[166] Der Umstand, dass der Vorstand ohne Einfluss der Hauptversammlung über die Ausnutzung des genehmigten Kapitals entscheiden kann,[167] ist ebenfalls keine Stärkung, sondern entspricht allgemeinen kompetenzrechtlichen Prinzipien in der AG.[168]

Auch der Sinn und Zweck des § 55a GmbHG erfordert keine zwingende Entscheidungshoheit der Geschäftsführer. § 55a GmbHG soll nämlich die Flexibilisierung und Beschleunigung der Kapitalerhöhung den Gesellschaftern nicht aufdrängen, sondern sie ihnen nur ermöglichen.[169] Folglich kann der Inhalt einer Satzungsregelung, der Ausdruck des Willens der Gesellschafter ist, dem Sinn und Zweck des § 55a GmbHG unter keinen Umständen entgegenstehen, auch wenn dieser die Flexibilität des genehmigten Kapitals einschränkt.

---

163 Siehe dazu auch schon oben Punkt A.III.1.a. und b.

164 Die Grundkonzeption des Verhältnisses zwischen Vorstand und Aufsichtsrat ist das allgemeine Recht und die allgemeine Pflicht des Aufsichtsrats zur Aufstellung von Zustimmungsvorbehalten, § 111 Abs. 4 S. 2 AktG. Ein gesetzlich angeordnetes Zustimmungserfordernis des Aufsichtsrats zu einer bestimmten Maßnahme findet sich im AktG nur selten, vgl. z.B. §§ 59 Abs. 3, 88 Abs. 1, 89 Abs. 1, 114 Abs. 1, 115 Abs. 1 AktG.

165 Vgl. zur Gesetzgebungsgeschichte der §§ 202 ff. AktG Münch/Komm/AktG/*Bayer*, § 202 Rn. 23 ff.

166 Vgl. zum Hintergrund der Zustimmungserfordernisse der §§ 202 ff. AktG, Spindler/Stilz/*Wamser*, § 204 Rn. 38.

167 Vgl. etwa Münch/Komm/AktG/*Bayer*, § 202 Rn. 1.

168 Vgl. allgemein hierzu Hüffer/*Koch*, § 119 Rn. 11; Münch/Komm/AktG/*Kubis*, § 119 Rn. 18.

169 Ähnlich auch Münch/Komm/*Lieder*, § 55a Rn. 2.

Schließlich ist eine alleinige Entscheidungshoheit der Geschäftsführer auch nicht aus Gründen des Schutzes des Rechtsverkehrs erforderlich.[170]

Denn während der Rechtsverkehr bei Bestehen eines Aufsichtsrats berechtigterweise auf ein Minimum an Überwachungsrechten vertrauen darf, weil dies gerade das Wesensmerkmal eines Aufsichtsrats ist,[171] wäre ein Vertrauen des Rechtsverkehrs in eine Entscheidungshoheit der Geschäftsführer in Bezug auf eine konkrete Maßnahmen nicht gerechtfertigt.

Zwar müssen Belange des Rechtsverkehrs auch beim genehmigten Kapital Berücksichtigung finden, weil die Bestimmungen über ein genehmigtes Kapital in das Handelsregister einzutragen sind, § 10 Abs. 2 S. 1 GmbHG. Schützenswertes Vertrauen des Rechtsverkehrs bei einem GmbH-rechtlichen Sachverhalt kann aber nur soweit entstehen, als dieses Vertrauen mit wesentlichen Grundprinzipien des GmbH-Rechts übereinstimmt.

Einer Entscheidungshoheit der Geschäftsführer in Bezug auf Maßnahmen, die nicht der Erfüllung einer gesetzlichen, im allgemeinen Interesse oder im Interesse der Gläubiger bestehenden Pflicht dienen, stehen aber die Grundprinzipien der Satzungsfreiheit und der Allzuständigkeit der Gesellschafterversammlung entgegen. Ob der Rechtverkehr darauf vertrauen kann, dass die Geschäftsführer nach der gesetzlichen Grundordnung über ein Mindestmaß an eigener Verantwortung verfügen,[172] ist hier nicht relevant, da es bei der Ausnutzung des genehmigten Kapitals um die Beurteilung der Entscheidungshoheit für eine konkrete Maßnahme geht. Diesbezüglich ist die Möglichkeit zur eigenverantwortlichen, alleinigen Entscheidung aber gerade nicht typisch für die Stellung der Geschäftsführer der GmbH, sondern typisch ist im Gegenteil deren Weisungsgebundenheit gegenüber der Gesellschafterversammlung. Soweit es daher um die Beurteilung einer konkreten Maßnahme geht, kann ein beachtenswertes Vertrauen des Rechtsverkehrs in die Entscheidungshoheit der Geschäftsführer nicht begründet werden.

§ 55a GmbHG beinhaltet also keine gesetzlich zwingende Entscheidungshoheit der Geschäftsführer.

Damit ist freilich noch nicht entschieden, ob bei Ausnutzung des genehmigten Kapitals ein Weisungsrecht der Gesellschafterversammlung, Zustimmungsvorbehalte oder Berichtspflichten bestehen. Dies ist vielmehr eine Frage der Satzungsgestaltung bzw. der Auslegung der Ermächtigung nach § 55a GmbHG, sofern sie keine Aussage zu diesen Punkten trifft.[173] Klargestellt ist aber für die weitere Untersuchung, dass die Gesellschafter in der Ermächtigung nach § 55a GmbHG beliebig Einflussmöglichkeiten für die Gesellschafterversammlung oder ein anderes

---

170 Mit diesem Argument werden bei § 52 Abs. 1 GmbHG die zwingenden Aufsichtsratskompetenzen begründet, vgl. oben Fußnote 159.

171 Vgl. Baumbach/Hueck/*Zöllner/Noack*, § 52 Rn. 27.

172 Siehe zu diesem Gedanken *Hommelhoff*, ZGR 1978, 119, 128 f.

173 Siehe dazu später Punkt C.

Gesellschaftsorgan auf die Ausnutzung des genehmigten Kapitals vorsehen können, solange die Ausnutzungszuständigkeit bei den Geschäftsführern verbleibt.[174]

b) § 55a GmbHG als Regelung mit lediglich formaler Bedeutung

§ 55a GmbHG ermöglicht es, die Geschäftsführer in bestimmten Grenzen zur Erhöhung des Stammkapitals zu ermächtigen.

Zwar war eine derartige Satzungsregelung ohne Zweifel bisher nicht möglich.[175] Allerdings könnte sich § 55a GmbHG auf die Bedeutung beschränken, dass nun ausdrücklich durch die Satzung geregelt werden kann, was der Wirkung nach schon bislang durch bestimmte Gestaltungen der regulären Kapitalerhöhung erreicht werden konnte. Die Neuerung des § 55a GmbHG würde sich dann in einer lediglich formalen, deklaratorischen Bedeutung erschöpfen, ohne materiell die Gestaltungsmöglichkeiten der Gesellschafter erweitert zu haben.

Derartige gleiche Wirkungen könnten zum einen durch die so genannte Kapitalerhöhung bis zu einem Höchstbetrag (oder auch „Bis-zu“-Kapitalerhöhung genannt)[176] sowie durch ein Konstrukt über Vollmachten für die Geschäftsführer erzielbar sein.

Zunächst muss man sich deshalb bewusst machen, worin genau die Wirkung eines genehmigten Kapitals besteht. Eine Ausschöpfung der Höchstgrenzen und fehlende satzungsmäßige Beschränkungen des Ermessens der Geschäftsführer vorausgesetzt, bewirkt eine Ermächtigung der Geschäftsführer nach § 55a GmbHG, dass diese ohne weitere Pflicht zur Einholung eines Gesellschafterbeschlusses befugt sind, das Stammkapital nach eigenem Ermessen über einen Zeitraum von fünf Jahren beliebig oft und jeweils zu einem beliebigen Betrag zu erhöhen, soweit der Erhöhungsbetrag insgesamt die Hälfte des Stammkapitals der GmbH zur Zeit der Ermächtigung nicht übersteigt.[177]

Das genehmigte Kapital umfasst also vier wesentliche Merkmale:

- eine erhebliche Zeitspanne von bis zu fünf Jahren für die Ausübung der Ermächtigung;
- die Möglichkeit tranchenmäßiger Ausnutzung des genehmigten Betrags;

174 Dieses Ergebnis entspricht der nahezu allgemeinen Meinung, vgl. nur Ulmer/Habersack/Winter/*Casper*, § 55a Rn. 17; Münch/Komm/*Lieder*, § 55a Rn. 27; umfassend zu solchen satzungsmäßigen Gestaltungsmöglichkeiten *Kramer*, GmbHR 2015, 1073, 1074 ff.; selbst Gegner eines Weisungsrechts erkennen an, dass die Gesellschafter „*von ihnen gewünschte Bindungen der Geschäftsführer*“ in die Ermächtigung aufnehmen können, so *Wicke*, § 55a Rn. 7; ebenso BeckOK/*Ziemons*, § 55a Rn. 54.

175 Vgl. etwa Münch/Komm/*Lieder*, § 55a Rn. 1; Scholz/*Priester*, § 55a Rn. 2, Ulmer/Habersack/Winter/*Ulmer*, § 55 Rn. 11.

176 Dieser Ansicht ist Henssler/Strohn/*Gummert*, § 55a Rn. 3, § 55 Rn. 3, 5.

177 Vgl. etwa Münch/Komm/*Lieder*, § 55a Rn. 20 ff.; Scholz/*Priester*, § 55a Rn. 24 ff.

- die Maßgeblichkeit des Ermessens der Geschäftsführer hinsichtlich des Zeitpunkts und des Betrags der Kapitalerhöhung sowie
- die Entbehrlichkeit eines Kapitalerhöhungsbeschlusses der Gesellschafterversammlung als Grundlage für die konkrete Kapitalerhöhung.

(1) Wirkungen der Kapitalerhöhung um einen Höchstbetrag

Bei der Kapitalerhöhung um einen Höchstbetrag handelt es sich um eine reguläre Kapitalerhöhung (§§ 55, 53 GmbHG), bei der der Kapitalerhöhungsbeschluss der Gesellschafterversammlung anstatt eines fixierten Erhöhungsbetrags einen Höchstbetrag der Erhöhung vorsieht, wobei sich der letztlich einzutragende Erhöhungsbetrag aus den tatsächlich übernommenen Anteilen ergibt.[178]

Hintergrund für die Zulässigkeit dieser Gestaltung ist, dass eine reguläre Kapitalerhöhung nicht deshalb vollständig scheitern soll, weil unvorhergesehen nicht alle Anteile übernommen werden.[179]

Aus diesem Zweck der Kapitalerhöhung bis zu einem Höchstbetrag folgen aber zugleich auch deren Grenzen, die klar erkennen lassen, dass die erzielbare Wirkung nicht derjenigen entspricht, die von der Schaffung und Ausnutzung eines genehmigten Kapitals ausgeht.[180]

Zum ersten ist es bei der Kapitalerhöhung um einen Höchstbetrag nicht zulässig, dass zwischen der Beschlussfassung der Gesellschafterversammlung und der Eintragung der Kapitalerhöhung bis zu fünf Jahren vergehen.[181] Von der herrschenden Meinung wird vertreten, dass zwischen dem Höchstbetrags-Kapitalerhöhungsbeschluss und der Übernahme der Geschäftsanteile eine Frist von höchstens sechs Monaten bestehen dürfe.[182]

---

178 Schon das Reichsgericht hat eine solche Gestaltung für zulässig erachtet, RGZ 85, 205, 207; dem folgend die wohl allg. Ansicht, *Gerber/Pilz*, GmbHR 2005, 1324 ff.; *Leuering/Simon*, NJW-Spezial 2005, 363 f.; Münch/Komm/*Lieder*, § 55 Rn. 36 ff.; Scholz/*Priester*, § 55 Rn. 19; *ders.*, NZG 2010, 81 ff.; Rowedder/Schmidt-Leithoff/*Schnorbus*, § 55 Rn. 11 f.; Ulmer/Habersack/Winter/*Ulmer*, § 55 Rn. 17; Wicke, § 55 Rn. 5; Baumbach/Hueck/*Zöllner/Fastrich*, § 55 Rn. 11. Zur AG: OLG München, NZG 2009, 1274, 1275; *Albrecht/Lange*, BB 2010, 142 ff.; *Bücker*, NZG 2009, 1339 ff.; *Holzmann/Eichstädt*, DStR 2010, 277 ff.; Hüffer/*Koch*, § 182 Rn. 12; *Schüppen*, AG 2001, 125 ff.; Münch/Komm/AktG/*Schürnbrand*, § 182 Rn. 42 ff.

179 RGZ 85, 205 ff.; *Gerber/Pilz*, GmbHR 2005, 1324; *Leuering/Simon*, NJW-Spezial 2005, 363; Scholz/*Priester*, § 55 Rn. 18 f.; Ulmer/Habersack/Winter/*Ulmer*, § 55 Rn. 16.

180 A.A. Henssler/Strohn/*Gummert*, § 55a Rn. 3, § 55 Rn. 3, 5.

181 Auf das zeitliche Element zur Abgrenzung zwischen der Kapitalerhöhung um einen Höchstbetrag und dem genehmigten Kapital weist ausdrücklich Münch/Komm/*Lieder*, § 55a Rn. 3, hin.

182 *Gerber/Pilz*, GmbHR 2005, 1324, 1327; Münch/Komm/*Lieder*, § 55 Rn. 37; *ders.*, ZGR 2010, 868, 897; Beck'sches NotarHB/*Mayer/Weiler*, D I. Rn. 384; Scholz/*Priester*, § 55 Rn. 19; *ders.*, NZG 2010, 81, 84; Rowedder/Schmidt-Leithoff/*Schnorbus*, § 55 Rn. 12; Ulmer/Habersack/Winter/*Ulmer*, § 55 Rn. 17; zweifelnd, aber wohl auch Leuering/

Vor Inkrafttreten des § 55a GmbHG wurde dies damit begründet, dass nicht faktisch ein für die GmbH nicht vorgesehenes genehmigtes Kapital geschaffen werden dürfe.[183] Nach Inkrafttreten des § 55a GmbHG sei diese sechsmonatige Frist nunmehr erforderlich, um die spezifischen Voraussetzungen des § 55a GmbHG nicht zu unterlaufen.[184]

Nach anderer Auffassung, die die Geltung einer bestimmten Frist ablehnt, muss die Durchführung der Kapitalerhöhung unverzüglich betrieben werden.[185]

Hinsichtlich des zeitlichen Unterschieds ist insgesamt festzustellen, dass die durch ein genehmigtes Kapital erzielten Wirkungen eher quantitativ denn qualitativ über die „Bis-zu"-Kapitalerhöhung hinausgehen. Das Argument der längeren Zeitspanne ist daher nicht sonderlich stark.

Anders verhält es sich aber in Bezug auf die nachfolgenden Argumente.

So ist zunächst nach herrschender Auffassung keine tranchenmäßige Eintragung im Rahmen der Kapitalerhöhung um einen Höchstbetrag möglich. Vielmehr sei der Kapitalerhöhungsbeschluss nach einer einmal erfolgten Eintragung verbraucht und es müsse ein neuer gefasst werden.[186]

Nach abweichender Ansicht, die aber hauptsächlich zur AG vertreten wird, ist innerhalb enger zeitlicher Grenzen eine solche tranchenmäßige Erhöhung möglich, aber nur, wenn dies im Kapitalerhöhungsbeschluss ausdrücklich festgelegt ist. Der Vorstand habe dagegen keine eigene Befugnis zu einer solchen Tranchierung.[187]

Selbst wenn man also der letztgenannten Ansicht folgt, ist der Unterschied zum genehmigten Kapital erheblich, weil sich die Möglichkeit einer tranchenmäßigen

---

Simon, NJW-Spezial 2005, 363. Zur AG: OLG München, NZG 2009, 1274, 1275; *Holzmann/Eichstädt*, DStR 2010, 277, 280; Hüffer/*Koch*, § 182 Rn. 12, 14; Münch/Komm/AktG/*Schürnbrand*, § 182 Rn. 44; Schüppen, AG 2001, 125, 126.

183 Vgl. zu dieser Argumentation *Gerber/Pilz*, GmbHR 2005, 1324, 1326 f.

184 Münch/Komm/*Lieder*, § 55 Rn. 37; *ders.*, ZGR 2010, 868, 897; Scholz/*Priester*, § 55 Rn. 19; Rowedder/Schmidt-Leithoff/*Schnorbus*, § 55 Rn. 12; Ulmer/Habersack/Winter/*Ulmer*, § 55 Rn. 17; vgl. auch *Cramer*, GmbHR 2009, 406.

185 *Wicke*, § 55 Rn. 5; Baumbach/Hueck/*Zöllner/Fastrich*, § 55 Rn. 11. Zur AG: *Albrecht/Lange*, BB 2010, 142, 143.
Nach der Legaldefinition des § 121 Abs. 1 S. 1 BGB bedeutet unverzüglich „*ohne schuldhaftes Zögern*". Es wird sich daher nur selten eine Fallgestaltung finden lassen, in der zwischen Kapitalerhöhungsbeschluss und Übernahme bis zu fünf Jahren vergehen können, ohne dass ein schuldhaftes Zögern gegeben wäre.

186 *Cramer*, GmbHR 2009, 406; *Gerber/Pilz*, GmbHR 2005, 1324, 1327; Münch/Komm/*Lieder*, § 55 Rn. 38; *ders.*, ZGR 2010, 868, 897; Beck'sches NotarHB/*Mayer/Weiler*, D I. Rn. 384; Scholz/*Priester*, § 55 Rn. 19; *ders.*, NZG 2010, 81, 84 f.; Ulmer/Habersack/Winter/*Ulmer*, § 55 Rn. 17; Baumbach/Hueck/*Zöllner/Fastrich*, § 55 Rn. 11; offengelassen in OLG München, NZG 2009, 1274, 1275.

187 *Bücker*, NZG 2009, 1339, 1340 f.; *Holzmann/Eichstädt*, DStR 2010, 277, 280 ff.; *Schüppen*, AG 2001, 125, 126 f.; sympathisierend mit dieser aktienrechtlichen Ansicht Rowedder/Schmidt-Leithoff/*Schnorbus*, § 55 Rn. 12.

Ausnutzung des genehmigten Kapitals ohne weiteres aus der Ermächtigung nach § 55a GmbHG ergibt.

Ein weiterer, ganz erheblicher qualitativer Unterschied ist, dass bei der Kapitalerhöhung um einen Höchstbetrag kein Ermessen der Geschäftsführer hinsichtlich des Betrags der Erhöhung des Stammkapitals existiert, da dieser durch die Anzahl der übernommenen Anteile bestimmt wird.[188]

Maßgebliche Gesichtspunkte zur Bestimmung des Betrags der Kapitalerhöhung sind also zum einen die Vorgaben im Kapitalerhöhungsbeschluss und zum anderen das Interesse der potentiellen Übernehmer, nicht aber das Ermessen der Geschäftsführer wie bei der Ausnutzung des genehmigten Kapitals.[189]

Schließlich ist, da es sich bei der Kapitalerhöhung um einen Höchstbetrag um eine reguläre Kapitalerhöhung handelt, zwingende Voraussetzung für die Eintragung stets ein konkreter Kapitalerhöhungsbeschluss der Gesellschafterversammlung.[190] Gerade dieser Gesellschafterbeschluss wird aber beim genehmigten Kapital durch die Ausnutzungsentscheidung der Geschäftsführer ersetzt und ist daher vollständig entbehrlich.

Es bestehen also erhebliche materielle und nicht nur formale Unterschiede zwischen der Kapitalerhöhung um einen Höchstbetrag und dem genehmigten Kapital.

(2) Gestaltungsmöglichkeiten durch Stimmrechtsvollmachten

Eine dem genehmigten Kapital in den Wirkungen entsprechende Gestaltung kann auch nicht durch die Erteilung von Stimmrechtsvollmachten an die Geschäftsführer erreicht werden.

Zunächst ist beim Stimmrecht das weithin anerkannte Abspaltungsverbot zu beachten, das eine Trennung des Stimmrechts von der Mitgliedschaft, d.h. eine isolierte Übertragung auf einen Dritten, ausschließt.[191]

Die Zulässigkeit einer Legitimationszession, also der Ausübung des Stimmrechts des Gesellschafters durch einen Dritten im eigenen Namen, ist umstritten.[192]

---

188 Allg. Meinung, Scholz/*Priester*, § 55 Rn. 19; Ulmer/Habersack/Winter/*Ulmer*, § 55 Rn. 17; Baumbach/Hueck/*Zöllner/Fastrich*, § 55 Rn. 11; vgl. auch RGZ 85, 205, 207.

189 Auch Münch/Komm/*Lieder*, § 55a Rn. 3, weist darauf hin, dass die Geschäftsführer bei der Kapitalerhöhung zu einem Höchstbetrag „*hinsichtlich des Erhöhungsbetrages – anders als bei der Ausnutzung des genehmigten Kapitals* [...] *– über keinen eigenen Entscheidungsspielraum*“ verfügten.

190 Unstr. vgl. nur Baumbach/Hueck/*Zöllner/Fastrich*, § 55 Rn. 8; so auch in Abgrenzung zum genehmigten Kapital *Lieder*, ZGR 2010, 868, 898.

191 BGH NJW 1965, 1378, 1379; Münch/Komm/*Drescher*, § 47 Rn. 75; Ulmer/Habersack/Löbbe/*Hüffer/Schürnbrand*, § 47 Rn. 55; Michalski/*Römermann*, § 47 Rn. 49; BeckOK/*Schindler*, § 47 Rn. 83; Scholz/*Schmidt* § 47 Rn. 20; Baumbach/Hueck/*Zöllner*, § 47 Rn. 40; kritisch und differenzierend Rowedder/Schmidt-Leithoff/*Koppensteiner/Gruber*, § 47 Rn. 24 ff.

192 Dafür etwa Münch/Komm/*Drescher*, § 47 Rn. 78; Ulmer/Habersack/Löbbe/*Hüffer*, § 47 Rn. 57; *Renaud*, ZNotP 2010, 203, 206; Michalski/*Römermann*, § 47

Die einzig unumstrittene Möglichkeit, um die Ausübung des Stimmrechts einem Dritten zu überlassen, liegt in der Erteilung einer Stimmrechtsvollmacht.[193]

Dabei können sich Gesellschafter auch bei Beschlüssen der Gesellschafterversammlung über Satzungsänderungen und Kapitalerhöhungen vertreten lassen.[194]

Eine Stimmrechtsvollmacht kann grundsätzlich jeder natürlichen Person, also auch den Geschäftsführern erteilt werden.[195]

Allerdings ist die Vertretung von mehreren Gesellschaftern durch dieselbe Person nach herrschender Meinung bei satzungsändernden Beschlüssen von einer besonderen Befreiung nach § 181 BGB abhängig.[196]

Unter Beachtung dieser Erfordernisse und sofern alle Gesellschafter den Geschäftsführern eine Stimmrechtsvollmacht für die Vornahme von Kapitalerhöhungen[197] erteilen, ist es nicht ausgeschlossen, dass die Geschäftsführer faktisch ohne Mitwirkung der Gesellschafter eine Kapitalerhöhung vornehmen können.[198]

Allerdings ergeben sich zum genehmigten Kapital dennoch erhebliche Unterschiede, die nicht nur formaler, sondern materieller Natur sind.

Die Unterschiede resultieren daraus, dass es sich bei der Stimmrechtsvollmacht nur um eine rechtsgeschäftliche Stellvertretung handelt.[199]

Rn. 53; dagegen etwa Scholz/*Schmidt* § 47 Rn. 21; Baumbach/Hueck/*Zöllner*, § 47 Rn. 41.
Sofern man sich für die Zulässigkeit der Legitimationszession entscheidet, ist diese grundsätzlich nach den Regeln der Stimmrechtsvollmacht zu behandeln, vgl. Münch/Komm/*Drescher*, § 47 Rn. 78; *Renaud*, ZNotP 2010, 203, 206; Michalski/*Römermann*, § 47 Rn. 53.

193 Die Zulässigkeit einer Stimmrechtsvollmacht ergibt sich bereits aus dem Gesetz, § 47 Abs. 3 GmbHG setzt dies stillschweigend voraus; vgl. etwa Münch/Komm/*Drescher*, § 47 Rn. 82; *Wicke*, § 47 Rn. 9; Baumbach/Hueck/*Zöllner*, § 47 Rn. 44.

194 Vgl. etwa Münch/Komm/*Harbarth*, § 53 Rn. 62; Michalski/*Hoffmann*, § 53 Rn. 62; Roth/Altmeppen/Roth, § 53 Rn. 17; BeckOK/Trölitzsch, § 53 Rn. 15.

195 Münch/Komm/*Drescher*, § 47 Rn. 95; Michalski/*Römermann*, § 47 Rn. 387; BeckOK/*Schindler*, § 47 Rn. 90; Baumbach/Hueck/*Zöllner*, § 47 Rn. 45.

196 BGH NJW 1989, 168, 169; Scholz/*Schmidt*, § 47 Rn. 180; *Wicke*, § 47 Rn. 9; Baumbach/Hueck/*Zöllner*, § 47 Rn. 60; a.A. Roth/Altmeppen/*Roth*, § 47 Rn. 36.

197 Die Stimmrechtsvollmacht kann auch generell und für eine Vielzahl von Geschäften erteilt werden, vgl. Münch/Komm/*Drescher*, § 47 Rn. 108; Michalski/*Römermann*, § 47 Rn. 400; Roth/Altmeppen/*Roth*, § 47 Rn. 30; BeckOK/*Schindler*, § 47 Rn. 87.

198 So zum Fall der Stimmrechtsvollmacht für die Satzungsanpassung *Renaud*, ZNotP 2010, 203, 206.

199 Vgl. hierzu etwa *Wicke*, § 47 Rn. 9; Baumbach/Hueck/*Zöllner*, § 47 Rn. 44.
Auch wenn die Bevollmächtigung in der Satzung geregelt ist, ändert dies nichts an der grundsätzlichen Geltung der Regeln der rechtsgeschäftlichen Stellvertretung; dies wird z.B. deutlich bei BGH DNotZ 1990, 116, 118; vgl. auch Münch/Komm/*Drescher*, § 47 Rn. 101 f.

Nun kann zwar ein rechtsgeschäftlicher Vertreter das Rechtsgeschäft für den Vertretenen vornehmen, jedoch entfällt nicht die Notwendigkeit der Vornahme des Rechtsgeschäfts an sich.[200]

Folglich muss in jedem Fall ein notariell zu beurkundender Gesellschafterbeschluss mit entsprechender Mehrheit zur Vornahme der Kapitalerhöhung gefasst werden; im Regelfall (§ 48 Abs. 1 GmbHG) ist auch eine Gesellschafterversammlung einzuberufen.

Selbst wenn eine Stimmrechtsvollmacht von allen Gesellschaftern vorliegen sollte und § 51 Abs. 3 GmbHG Anwendung finden könnte,[201] so müsste der Gesellschafterbeschluss jedenfalls notariell beurkundet werden.

Wesentlicher Kerngehalt der Regelung des § 55a GmbHG ist es aber gerade, dass aufgrund der Ermächtigung der Geschäftsführer zur Kapitalerhöhung in dem Zeitpunkt, in dem das Kapital erhöht werden soll, kein notariell zu beurkundender Kapitalerhöhungsbeschluss der Gesellschafterversammlung mehr erforderlich ist.[202]

Die Ermächtigung der Geschäftsführer nach § 55a GmbHG ist daher nicht nur etwas anderes als eine rechtsgeschäftliche Bevollmächtigung, sondern geht in ihren Wirkungen substantiell über eine solche hinaus. Denn jede Maßnahme, die für den Beschluss und die Durchführung einer konkreten Kapitalerhöhung von Seiten der Gesellschaft erforderlich ist, kann im Rahmen eines genehmigten Kapitals durch die Geschäftsführer in eigener Zuständigkeit vorgenommen werden. Die Beschlüsse der Geschäftsführer sind also ausreichende Legitimationsgrundlage für die Erhöhung des Stammkapitals, was durch eine Gestaltung mittels Stimmrechtsvollmachten nicht erreicht werden kann.

c) § 55a GmbHG als Erweiterung der Satzungsfreiheit

Nach den bisherigen Untersuchungen kann man also die Aussage treffen, dass § 55a GmbHG es ermöglicht, den Geschäftsführern eine eigene Zuständigkeit in Bezug auf eine Strukturmaßnahme einzuräumen, die sie grundsätzlich nach ihrem Ermessen wahrnehmen können. Allerdings geht § 55a GmbHG nicht so weit, den Geschäftsführern die Entscheidungshoheit über die Ausnutzung des genehmigten Kapitals zwingend zuzuordnen.

---

200 Das ist das sogenannte Vertretergeschäft, vgl. Münch/Komm/BGB/*Schubert*, § 164 Rn. 1.

201 Für eine Vollversammlung i.S.d. § 51 Abs. 3 GmbHG ist nicht die höchstpersönliche Anwesenheit der Gesellschafter erforderlich, sondern es genügt auch, wenn alle Gesellschafter vertreten sind, vgl. BGH DStR 1999, 1576; Münch/Komm/*Liebscher*, § 51 Rn. 55; Michalski/*Römermann*, § 51 Rn. 92; Baumbach/Hueck/*Zöllner*, § 51 Rn. 31.
Wenn nur von der satzungsändernden Mehrheit, aber nicht von allen Gesellschaftern Stimmrechtsvollmachten vorliegen, müssten diejenigen, die keine Stimmrechtsvollmacht erteilt haben, zur Gesellschafterversammlung geladen werden, vgl. hierzu *Renaud*, ZNotP 2010, 203, 206.

202 Siehe hierzu auch schon oben Punkt B.II.3.b.(1).

Ferner wurde festgestellt, dass die Wirkungen einer Ermächtigung nach § 55a GmbHG nicht mittels anderer Gestaltungen erreicht werden können.

Führt man sich weiterhin vor Augen, dass vor Einführung des § 55a GmbHG die Zuständigkeit für die Erhöhung des Stammkapitals ausschließlich und zwingend bei der Gesellschafterversammlung lag, was eine der wenigen Ausnahmen vom Prinzip der Satzungsfreiheit darstellte,[203] so wird klar, wie die Regelung des § 55a GmbHG dogmatisch eingeordnet werden muss: als Erweiterung der Satzungsfreiheit.

Präzise ausgedrückt handelt es sich um eine bedingte Erweiterung der Satzungsfreiheit in dem Sinne, dass eine Delegation der Zuständigkeit zur Vornahme der Strukturmaßnahme der Kapitalerhöhung nur unter einer personellen, zeitlichen und betragsmäßigen Bedingung zulässig ist.

Die personelle Bedingung für die Delegation ist, dass die Zuständigkeit zur Ausübung der Ermächtigung (nur) auf die Geschäftsführer übertragen wird.[204]

Die zeitliche Bedingung ist, dass die Ermächtigung für höchstens fünf Jahre erteilt wird, § 55a Abs. 1 S. 1 GmbHG.

Die betragsmäßige Bedingung ist, dass der Nennbetrag des genehmigten Kapitals die Hälfte des Stammkapitals zur Zeit der Ermächtigung nicht übersteigt, § 55a Abs. 1 S. 2 GmbHG.

Verstößt die Satzungsregelung zum genehmigten Kapital gegen diese drei Bedingungen, so ist die Ermächtigung grundsätzlich analog § 241 Nr. 3 AktG nichtig.[205]

Weitere Bedingungen für die Erweiterung der Satzungsfreiheit bestehen nicht.[206]

---

203 Vgl. hierzu oben Punkt A.III.1.c.(2).

204 Das ist die gesetzlich zwingende Ausnutzungszuständigkeit der Geschäftsführer; siehe dazu schon oben Punkt B.II.3.a.

205 Die Verlagerung von zwingenden Kompetenzen der Geschäftsführer führt grundsätzlich zur Nichtigkeit analog § 241 Nr. 3 Alt. 1 AktG, vgl. allgemein Münch/Komm/*Wertenbruch*, Anh. § 47 Rn. 51; zu § 55a GmbHG *Trautmann*, S. 43. Hinsichtlich eines Verstoßes gegen Höchstfrist und Höchstbetrag des § 55a Abs. 1 GmbHG entspricht die Nichtigkeitsfolge der ganz h.M., Ulmer/Habersack/Winter/*Casper*, § 55a Rn. 12, 14; Münch/Komm/*Lieder*, § 55a Rn. 85; Scholz/*Priester*, § 55a Rn. 50; Rowedder/Schmidt-Leithoff/*Schnorbus*, § 55a Rn. 9, 13; *Trautmann*, S. 37 ff.; *Wicke*, § 55a Rn. 9 f.; anders in Bezug auf eine fehlende Fristbestimmung Baumbach/Hueck/*Zöllner/Fastrich*, § 55a Rn. 4, wonach dann *„die höchstzulässige Frist als gewollt“* gilt.

206 Insbesondere ist es abzulehnen, dass ein genehmigtes Kapital nicht geschaffen werden darf, wenn die reguläre Kapitalerhöhung genauso gut die mit der Schaffung des genehmigten Kapitals angestrebten Ziele erreichen könnte („Subsidiarität des genehmigten Kapitals“), so für die AG *Pentz*, ZGR 2001, 901, 907 f. Nicht nur sind hierfür keine Anhaltspunkte in Wortlaut und Entstehungsgeschichte des § 55a GmbHG vorhanden, eine solche Subsidiarität liefe auch dem Ziel der Flexibilisierung der Kapitalbeschaffung evident zuwider, weil dies bedeutete, dass die Schaffung des genehmigten Kapitals sachlich gerechtfertigt werden müsste, vgl. hierzu *Lieder*, ZGR 2010, 868, 898 f.; Rowedder/Schmidt-Leithoff/*Schnorbus*, § 55a

Die Realisierung der erweiterten Satzungsfreiheit steht dabei im Belieben der Gesellschafter. Nicht nur sind sie in der Entscheidung frei, ein genehmigtes Kapital zu schaffen, sie können die Ermächtigung unter Beachtung der Regeln über die Satzungsänderung auch jederzeit eingrenzen oder aufheben.[207]

Auch wenn das genehmigte Kapital der GmbH eng in Benennung, Wortlaut und Regelungsgehalt an §§ 202 Abs. 1 bis 3, 205 Abs. 1 AktG angelehnt ist, so gibt es in Bezug auf die dogmatische Einordnung aufgrund der Systematik des GmbH-Rechts Unterschiede, da die Satzungsfreiheit im Aktienrecht nur eine untergeordnete Bedeutung hat.[208]

§ 55a GmbHG stellt sich deshalb dogmatisch nicht als eine von mehreren Formen der Kapitalerhöhung innerhalb eines geschlossenen Systems der Kapitalerhöhungsmöglichkeiten wie im Aktienrecht[209] dar, sondern als begrenzte Beseitigung einer Einschränkung der Satzungsfreiheit, die bisher aus der zwingenden Strukturzuständigkeit der Gesellschafter resultierte.

Diese Einstufung des § 55a GmbHG steht auch mit der oben erwähnten Ansicht Priesters, § 55a GmbHG bedeute eine Modifikation des Grundsatzes der Satzungsautonomie,[210] nur auf den ersten Blick, nicht aber im Ergebnis im Widerspruch, weil Priester nicht der Auffassung ist, dass die Möglichkeiten der Gesellschafter zur Satzungsgestaltung durch § 55a GmbHG eingeschränkt werden.[211] Vielmehr meint er mit *„Modifikation der Satzungsautonomie“*, dass die Zuständigkeit zu Satzungsmaßnahmen im Rahmen des § 55a GmbHG auf die Geschäftsführer übertragen wird, was bisher nicht möglich war. Wenn Priester formuliert, die Gesellschafter gäben *„ihre Satzungsbefugnisse* [...] *aus der Hand“*,[212] so bedeutet das deshalb keine Abweichung von dem hier vertretenen Ergebnis. Nichtsdestotrotz ist die Formulierung *„Modifikation der Satzungsautonomie“* jedenfalls irreführend und deshalb unglücklich gewählt, weil man darunter eine Einschränkung der Gestaltungsfreiheit der Gesellschafter verstehen könnte.[213]

Rn. 25; *Schnorbus/Donner*, NZG 2009, 1241, 1244; zur AG v.a. Münch/Komm/AktG/*Bayer*, § 202 Rn. 82 f.

207 Unstr., vgl. nur Münch/Komm/*Lieder*, § 55a Rn. 28; siehe hierzu auch schon oben Punkt B.II.3.a.

208 Hier gilt vielmehr das Prinzip der Satzungsstrenge, vgl. dazu schon oben Fußnote 96.

209 Vgl. dazu etwa Hölters/*v.Dryander/Niggemann*, § 202 Rn. 5; Münch/Komm/AktG/*Schürnbrand*, Vor § 182 Rn. 2.

210 Scholz/*Priester*, § 55a Rn. 5; *ders.*, GmbHR 2008, 1177, 1178; ganz ähnlich OLG München, NJW-RR, 2012, 612, 613; *Schnorbus/Donner*, NZG 2009, 1241; Rowedder/Schmidt-Leithoff/*Schnorbus*, § 55a Rn. 1.

211 Ansonsten ergäben seine weiteren Ausführungen sowohl in Scholz/*Priester*, § 55a Rn. 6 ff. als auch in GmbHR 2008, 1177, 1178 ff. keinen Sinn.

212 Scholz/*Priester*, § 55a Rn. 6; *ders.*, GmbHR 2008, 1177, 1178.

213 Vgl. deshalb auch ablehnend Münch/Komm/*Lieder*, § 55a Rn. 2; *ders.*, ZGR 2010, 868, 892.

Aus der Einordnung des § 55a GmbHG als Erweiterung der Satzungsfreiheit folgt, dass die Aussagen und Wertungen der Satzung und nicht die gesetzliche Regelung den Inhalt eines genehmigten Kapitals ganz wesentlich bestimmen. Deshalb ist die Entscheidung aller Einzelfragen zur Kompetenzordnung von der grundsätzlich frei gestaltbaren Satzungsregelung abhängig, sofern diese die Bedingungen für die Erweiterung der Satzungsfreiheit einhält und soweit die Satzungsgestaltung nicht über den von § 55a GmbHG abgedeckten Bereich hinaus in die zwingende Strukturzuständigkeit der Gesellschafter eingreift (siehe hierzu sogleich).[214]

C. Bestimmung und Abgrenzung der Kompetenzen im Anwendungsbereich eines genehmigten Kapitals

I. Allgemeines

Aufgrund der Maßgeblichkeit der Satzungsregelung zur Bestimmung der Kompetenzordnung beim genehmigten Kapital können die kompetenzrechtlichen Einzelfragen nur aufgrund des Inhalts der Ermächtigung nach § 55a GmbHG beantwortet werden.

Die Untersuchung muss man deshalb von zwei Seiten angehen.

Zunächst müssen die trotz der durch § 55a GmbHG erfolgten Erweiterung der Satzungsfreiheit weiterhin bestehenden inhaltlichen Grenzen für die satzungsmäßige Gestaltung der Kompetenzordnung im Anwendungsbereich eines genehmigten Kapitals bestimmt werden.[215]

Werden diese Grenzen eingehalten, so richtet sich die Bestimmung und Abgrenzung der Kompetenzen beim genehmigten Kapital allein nach der entsprechenden Satzungsregelung.

Gegenstand dieser Arbeit kann es dabei selbstverständlich nicht sein, die vielfältigen kompetenzrechtlichen Gestaltungsmöglichkeiten, die sich für den Inhalt der Ermächtigung beim genehmigten Kapital ergeben, darzustellen.

Die weitere Untersuchung wird sich deshalb darauf richten, wie zu verfahren ist, wenn die Ermächtigung nach § 55a GmbHG keine Regelung zur Bestimmung und Abgrenzung der Kompetenzen enthält, sondern sich auf den Mindestinhalt des § 55a Abs. 1 GmbHG beschränkt (im Folgenden bezeichnet als **„allgemeine Ermächtigung i.S.d. § 55a GmbHG“** oder **„allgemeine Ermächtigung“**).[216]

Zur Veranschaulichung einer solchen allgemeinen Ermächtigung i.S.d. § 55a GmbHG wird für die spätere Untersuchung folgender Wortlaut der Satzungsregelung zum genehmigten Kapital unterstellt:[217]

---

214 I.E. entspricht dies der ganz herrschenden Meinung vgl. etwa Rowedder/Schmidt-Leithoff/*Schnorbus*, § 55a Rn. 15; Baumbach/Hueck/*Zöllner/Fastrich*, § 55a Rn. 7.

215 Siehe sogleich unten Punkt II.

216 Siehe unten ab Punkt III.

217 Formulierungsbeispiel angelehnt an Lorz/Pfisterer/Gerber/*Döbereiner*, Kapitel J.X.1.

„Die Geschäftsführung ist ermächtigt, das Stammkapital der Gesellschaft bis zum [Datum X] durch Ausgabe neuer Geschäftsanteile gegen Bareinlagen einmalig oder mehrmals, insgesamt jedoch höchstens um EUR [Betrag X] zu erhöhen."

Diese Bestimmung reicht für eine wirksame Ermächtigung nach § 55a GmbHG aus.[218]

II. Grenzen der Satzungsgestaltung in kompetenzrechtlicher Hinsicht

1. Allgemeines

Nach allgemeinen Grundsätzen kann die Kompetenzordnung durch die Satzung im Wesentlichen frei gestaltet werden; sie wird lediglich durch wenige zwingende gesetzliche Normen vorbestimmt.[219]

Bereits oben[220] wurde festgestellt, dass die Satzung jedenfalls die Befugnisse der Geschäftsführer bei der Ausnutzung des genehmigten Kapitals umfassend einschränken oder diesen weitreichende Vorgaben machen kann, soweit nur die Ausnutzungszuständigkeit bei den Geschäftsführern verbleibt.

Unter dem Gesichtspunkt der zwingenden Strukturzuständigkeit der Gesellschafter ist es allerdings fraglich, wie weit die Kompetenzübertragung auf die Geschäftsführer durch die Ausgestaltung der Ermächtigung nach § 55a GmbHG gehen kann.[221]

Es wurde zwar bereits dargelegt, dass § 55a GmbHG den zwingenden Charakter der Strukturzuständigkeit der Gesellschafter insoweit außer Kraft setzt, als die Strukturmaßnahme der Kapitalerhöhung unter Einhaltung einer zeitlichen und betragsmäßigen Bedingung auf die Geschäftsführer übertragen werden kann. Unklar ist aber, inwieweit den Geschäftsführern im Zusammenhang mit der Ermächtigung des § 55a GmbHG die Zuständigkeit für Strukturmaßnahmen übertragen werden kann, die nicht ausschließlich in der Entscheidung über die Kapitalerhöhung bestehen.[222]

---

218 Vgl. Lorz/Pfisterer/Gerber/*Döbereiner*, Kapitel J.X.1.

219 Die Grenzen der Satzungsgestaltung im Zusammenhang mit der Zuständigkeit eines bestehenden Aufsichtsrats werden im Rahmen der Darstellung des Einflusses eines Aufsichtsrats auf die Ausnutzung des genehmigten Kapitals behandelt, siehe unten Punkt C.V.2.

220 Vgl. oben Punkt B.II.3.a.

221 Hier handelt es sich also ausschließlich um die Frage, wie weit die Gesellschafter bei der Übertragung von Kompetenzen an die Geschäftsführer im Rahmen der Ermächtigung gehen dürfen. Eine strikt hiervon zu trennende Frage ist die Auslegung einer allgemeinen Ermächtigung i.S.d. § 55a Abs. 1 GmbHG in kompetenzrechtlicher Hinsicht. Diese Frage erfordert eine tiefgehendere Untersuchung und wird im Anschluss ab Punkt C.III. ausführlich behandelt.

222 Ohne Zweifel können den Geschäftsführern im Zusammenhang mit einem genehmigten Kapital durch ausdrückliche Satzungsregelung Maßnahmen mit nur körperschaftlicher Wirkung übertragen werden, weil dies bereits nach allgemeinen Grundsätzen zulässig ist, vgl. auch oben Punkt A.IV.2.

Hierzu muss beachtet werden, dass § 55a GmbHG keine generelle Erweiterung der Satzungsfreiheit hinsichtlich der Delegierbarkeit von Strukturmaßnahmen enthält, sondern sich nur auf die spezifische Strukturmaßnahme „Erhöhung des Stammkapitals" bezieht.

Deshalb ist es ausgeschlossen, dass die Satzung aufgrund des § 55a GmbHG die Geschäftsführer auch zu Strukturmaßnahmen ermächtigt, die in keinem Zusammenhang mit der Kapitalerhöhung aufgrund genehmigten Kapitals stehen. Für eine solche allgemeine Möglichkeit zur Delegierung von Strukturmaßnahmen lassen sich weder aus historischer noch teleologischer Sicht Anhaltspunkte erkennen.

Auf der anderen Seite darf man aber die Erweiterung der Satzungsfreiheit auch nicht zu eng verstehen und als einzig übertragbare Strukturmaßnahme den Beschluss über die Kapitalerhöhung betrachten, weil § 55a GmbHG auf die Delegierbarkeit der Gesamtmaßnahme „Erhöhung des Stammkapitals" abzielt und nicht nur auf bestimmte, ausgewählte Einzelschritte.[223]

Wenn sich nun eine Einzelmaßnahme, die einen untrennbaren Zusammenhang mit der Gesamtmaßnahme der Kapitalerhöhung aufweist, als Strukturmaßnahme darstellt, so muss es zulässig sein, dass die Zuständigkeit für diese Maßnahme den Geschäftsführern im Rahmen der Ermächtigung jedenfalls ausdrücklich übertragen werden kann. Ein untrennbarer Zusammenhang mit der Gesamtmaßnahme der Kapitalerhöhung ist für solche Strukturmaßnahmen anzunehmen, die entweder zur Durchführung der Kapitalerhöhung erforderlich sind oder ohne Erhöhung des Stammkapitals gegenstandslos wären bzw. keinen Sinn ergäben.

In diesem Fall steht die zwingende Strukturzuständigkeit der Gesellschafter nicht entgegen, weil deren begrenzte Außerkraftsetzung durch § 55a GmbHG für alle Strukturmaßnahmen wirkt, die mit der Gesamtmaßnahme „Erhöhung des Stammkapitals" in einem untrennbaren Zusammenhang stehen.

Als derartige Strukturmaßnahmen kommen die Anpassung des Satzungswortlauts in Bezug auf die erhöhte Stammkapitalziffer und die Ausstattung der neuen Geschäftsanteile mit besonderen Rechten und Pflichten in Betracht.

2. *Anpassung des Satzungswortlauts*

Zulässig ist es jedenfalls, die Geschäftsführer ausdrücklich zur Anpassung der Stammkapitalziffer im Satzungswortlaut zu ermächtigen, falls man dies für die Anmeldung der Eintragung der Kapitalerhöhung zum Handelsregister für erforderlich erachtet.[224]

Unter dieser Voraussetzung ist die Anpassung sowohl für die Durchführung der Kapitalerhöhung erforderlich als auch deren untrennbarer Bestandteil.[225] Außerdem hat, wenn bereits die Zuständigkeit zur Kapitalerhöhung auf die Geschäftsführer

---

223 Die Maßnahme der Kapitalerhöhung besteht aus einer Mehrzahl von Einzelschritten, vgl. dazu schon oben in der Einleitung, Fußnote 7.

224 Siehe dazu ausführlich später Punkt C.IV.3.

225 Vgl. zu diesem Aspekt ähnlich OLG München NJW-RR 2012, 612, 614.

übertragen ist, die damit verbundene Kompetenz zur Anpassung der Stammkapitalziffer mit Blick auf die Strukturzuständigkeit der Gesellschafter keine eigenständige Bedeutung mehr, weil diesbezüglich die Entscheidung der Kapitalerhöhung den eigentlichen Eingriff in die Strukturzuständigkeit ausmacht.

Im Ergebnis entspricht die Zulässigkeit der Ermächtigung der Geschäftsführer zur Anpassung der Stammkapitalziffer in der Satzung auch der ganz herrschenden Meinung zu § 55a GmbHG.[226]

Folglich kann hier noch dahinstehen, ob die rein redaktionelle Anpassung des Satzungswortlauts überhaupt zur zwingenden Strukturzuständigkeit der Gesellschafter gehört.[227]

3. *Besondere Rechte und Pflichten in Bezug auf die neuen Geschäftsanteile*

Die Begründung von Sonderrechten[228] und statutarischen Nebenpflichten[229] hinsichtlich bestimmter Geschäftsanteile sind Strukturmaßnahmen, weil sie das mitgliedschaftliche Verhältnis zwischen Gesellschafter und Gesellschaft gestalten.[230]

Die Festlegung derartiger Rechte und Pflichten bei Ausnutzung des genehmigten Kapitals ist zwar nicht zwingend zur Durchführung einer Kapitalerhöhung erforderlich, wäre aber ohne gleichzeitige Erhöhung des Stammkapitals gegenstandslos bzw. ergäbe keinen Sinn, weil sie den Inhalt der neuen Geschäftsanteile betrifft.

Es ist daher grundsätzlich zulässig, den Geschäftsführern in der Ermächtigung nach § 55a GmbHG auch ausdrücklich die Kompetenz einzuräumen, über die Ausstattung der neuen Geschäftsanteile mit Sonderrechten und statutarischen Nebenpflichten zu entscheiden.[231]

---

226 Anders nur die Vertreter der strengen Lösung, *Lips/Randel/Werwigk*, DStR 2008, 2220, 2226; Kroiß/Everts/Poller/*Poller*, Rn. 494; BeckOK/*Ziemons*, § 55a Rn. 65.1 ff., vgl. näher unten Punkt C.IV.3.b.(2).

227 Für eine diesbezügliche Möglichkeit zur generellen Übertragung der Kompetenz (auch) auf die Geschäftsführer Münch/Komm/Harbarth, § 53 Rn. 33; Ulmer/Habersack/Winter/*Ulmer*, § 53 Rn. 32; a.A. OLG München, NJW-RR 2012, 612, 614; Lutter/Hommelhoff/*Bayer*, § 53 Rn. 7, 35; Michalski/*Hoffmann*, § 53 Rn. 59; Scholz/*Priester*, § 53 Rn. 19, 62; Baumbach/Hueck/Zöllner/Noack, § 53 Rn. 55.

228 Vgl. hierzu BGH NJW 1969, 131; Michalski/*Ebbing*, § 14 Rn. 82; Baumbach/Hueck/*Fastrich*, § 3 Rn. 45; Münch/Komm/*Harbarth*, § 53 Rn. 179; Henssler/Strohn/*Verse*, § 14 Rn. 52. Sonderrechte sind mit der Mitgliedschaft verbundene Rechte, die nur einem oder einzelnen Gesellschaftern eingeräumt sind und diesen grundsätzlich nicht ohne Zustimmung entzogen werden können, vgl. zur GmbH Münch/Komm/*Harbarth*, § 53 Rn. 178, 181; allgemein BeckOK/BGB/*Schöpflin*, § 35 Rn. 3 ff.

229 Vgl. zum Begriff Baumbach/Hueck/*Fastrich*, § 3 Rn. 31; im Übrigen Baumbach/Hueck/*Fastrich*, § 3 Rn. 37; Roth/Altmeppen/*Roth*, § 3 Rn. 20; Münch/Komm/*Wicke*, § 3 Rn. 67.

230 Siehe zur Begriffsdefinition oben Punkt A.IV.2.

231 Welche Anforderungen an den Inhalt der Ermächtigung zu stellen sind und ob eine allgemeine Ermächtigung i.S.d. § 55a GmbHG als Grundlage für die Entscheidung

Im Ergebnis lässt sich daher feststellen, dass es möglich ist, die Geschäftsführer im Rahmen der Satzungsregelung zum genehmigten Kapital ausdrücklich zu ermächtigen, eine Anpassung des Satzungswortlauts hinsichtlich der Stammkapitalziffer vorzunehmen sowie die neuen Geschäftsanteile mit bestimmten Sonderrechten und statutarischen Nebenpflichten auszustatten.

III. Überlegungen zur Auslegung einer allgemeinen Ermächtigung i.S.d. § 55a GmbHG

Nachdem soeben die kompetenzrechtlichen Grenzen der Satzungsgestaltung in Bezug auf eine Ermächtigung nach § 55a GmbHG dargestellt wurden, wird sich die weitere Untersuchung mit der Frage beschäftigen, wie eine Ermächtigung nach § 55a GmbHG auszulegen ist, die keine ausdrücklichen und eindeutigen Regelungen zur Bestimmung und Abgrenzung von Kompetenzen enthält (allgemeine Ermächtigung i.S.d. § 55a GmbHG).[232]

1. Grundsätze zur Auslegung der Satzung

Da es unmittelbar um die Auslegung einer Satzungsbestimmung geht, sollen kurz die Grundsätze dargestellt werden, die für die Auslegung von Satzungen maßgeblich sind.

Das Reichsgericht geht hierbei zwar von der Geltung der allgemeinen Auslegungskriterien (§§ 133, 157 BGB) aus,[233] betont aber, dass für die Auslegung einer körperschaftlichen Frage nur herangezogen werden könne, *„was im Gesellschaftsvertrage seinen Niederschlag gefunden"* habe und Umstände, die nicht im Gesellschaftsvertrag, dem Handelsregister oder den zugehörigen Akten niedergelegt seien, nur dann für die Auslegung Berücksichtigung finden könnten, wenn sie nicht für die Allgemeinheit, die Gläubiger oder zukünftige Gesellschafter von Bedeutung seien.[234]

Die Rechtsprechung des BGH differenziert ähnlich wie das Reichsgericht zwischen individualrechtlichen und körperschaftsrechtlichen Regelungen und begründet die Besonderheiten bei der Auslegung körperschaftsrechtlicher Bestimmungen damit, dass eine solche Regelung *„für einen unbestimmten Personenkreis, insbesondere für die Gläubiger und künftigen Gesellschafter, bestimmt ist"*.[235] Eine solche Regelung sei dann

der Geschäftsführer über die Ausstattung der neuen Geschäftsanteile mit Sonderrechten und Nebenpflichten ausreicht, wird unten unter Punkt C.IV.2.b.(4). untersucht. An dieser Stelle geht es nur um die – zu bejahende – Frage, ob den Geschäftsführern überhaupt im Anwendungsbereich des § 55a GmbHG eine ausdrückliche Kompetenz in Bezug auf die Begründung von Sonderrechten und statutarischen Nebenpflichten eingeräumt werden kann. Dass es grundsätzlich möglich ist, durch Regelungen in der Satzung eine derartige Kompetenz der Geschäftsführer zu schaffen, ist wohl allg. Meinung im Schrifttum zu § 55a, vgl. näher unten Punkt C.IV.2.a.

232 Vgl. dazu auch das Formulierungsbeispiel unter Punkt C.I.

233 RGZ 79, 418, 422.

234 RGZ 164, 129, 140.

235 BGHZ 14, 25, 36; BGH NJW-RR 1990, 99, 100.

einheitlich allein aufgrund der Satzung auszulegen und Umstände, *„die außerhalb der Vertragsurkunde liegen und nicht allgemein erkennbar sind"*, seien bei der Auslegung nicht zu berücksichtigen.[236] Derartige allgemein erkennbare Umstände sieht der BGH auch hinsichtlich der zum Handelsregister eingereichten Unterlagen als gegeben an.[237]

In der Literatur kommt die weit überwiegende Ansicht trotz vielgestaltigen Abweichungen in Formulierung und Begründung zu ähnlichen Ergebnissen wie die Rechtsprechung.[238]

Lediglich vereinzelt finden sich Stimmen, die eine deutlichere Differenzierung auch im Ergebnis vertreten.[239]

2. Folgerungen für die Untersuchung

Zu den Differenzierungen und Abweichungen innerhalb der Literatur zur Auslegung der Satzung muss nicht Stellung bezogen werden.

Denn vorliegend handelt es sich um eine Satzungsregelung über die Schaffung eines genehmigten Kapitals, d.h. eine Regelung, die Voraussetzungen der Kapitalerhöhung bzw. Satzungsänderung betrifft und damit unzweifelhaft körperschaftsrechtlichen bzw. korporativen Charakter im Sinne der soeben dargestellten Abgrenzung hat. Für eine solche Regelung wird wohl von nahezu allgemeiner Ansicht eine objektivierte Auslegung vertreten.[240]

Für die konkrete Auslegung einer Ermächtigung i.S.d. § 55a GmbHG ist also zunächst der Wortlaut der Satzungsbestimmung maßgeblich und ferner weitere, im Rahmen der objektiven Auslegung berücksichtigungsfähige Umstände (etwa solche, die aus den bei Eintragung ins Handelsregister eingereichten Unterlagen erkennbar sind)[241].

---

236 BGH NJW-RR 1990, 99, 100.

237 BGH NJW 1992, 892, 894 f.

238 Baumbach/Hueck/*Fastrich*, § 2 Rn. 30 ff.; BeckOK/*Jaeger*, § 2 Rn. 67 ff.; Münch/Komm/*Mayer*, § 2 Rn. 164 ff.; Michalski/*Michalski*, § 2 Rn. 48 f.; Roth/Altmeppen/*Roth*, § 2 Rn. 16 f.; *Schmidt*, § 5 I.4.; Ulmer/Habersack/Löbbe/*Ulmer/Löbbe*, § 2 Rn. 194 ff.; etwas zurückhaltender Scholz/*Emmerich*, § 2 Rn. 39, der eine objektive Auslegung erst dann für erforderlich hält, *„sobald tatsächlich Interessen Dritter tangiert werden"*.

239 So soll nach *Grunewald*, ZGR 1995, 68, 85 ff. eine objektive Auslegung nur in bestimmten Einzelfällen zu befürworten sein, wenn konkrete Interessen der Gesellschafter oder der Gläubiger dies erfordern; *Wiedemann*, S. 168 ff., will auch nach der mehr oder weniger personalistischen Struktur der Gesellschaft entscheiden; gegen letzteres ausdrücklich BGH NJW-RR 1990, 99, 100.

240 So vertritt etwa *Grunewald*, ZGR 1995, 68, 88, in Bezug auf §§ 15 HGB, 10 GmbHG (Bestimmungen über das genehmigte Kapital sind nach § 10 Abs. 2 S. 1 GmbHG einzutragen), dass auf *„das subjektive Verständnis der Gesellschafter nicht uneingeschränkt abgestellt werden"* könne.

241 Dies würde nach Rechtsprechung und herrschender Literatur zu den objektiv bekannten Umständen zählen, vgl. nur BGH NJW 1992, 892, 894; Baumbach/Hueck/*Fastrich*, § 2 Rn. 31; Ulmer/Habersack/Löbbe/*Ulmer/Löbbe*, § 2 Rn. 198.

Auch eine ergänzende Satzungsauslegung, die freilich nur die oben herausgestellten objektiven Umstände berücksichtigen dürfte,[242] hätte grundsätzlich Vorrang vor dispositivem Gesetzesrecht.[243]

Zur Vereinfachung und Konzentration der nachfolgenden Untersuchung auf das Wesentliche ist aber davon auszugehen, dass für die kompetenzrechtliche Auslegung weder der Wortlaut der Satzung etwas hergibt noch andere auslegungsrelevante Umstände vorhanden sind.

Bieten demnach weder die Satzungsbestimmung noch die ergänzende Auslegung Anhaltspunkte, so muss nach allgemeinen Grundsätzen die Kompetenzabgrenzung unter Rückgriff auf dispositives Gesetzesrecht vorgenommen werden.[244]

Dabei muss man bedenken, dass sich § 55a GmbHG darauf beschränkt, die Bedingungen für die neue satzungsmäßige Gestaltungsmöglichkeit festzuschreiben. Es handelt sich bei § 55a GmbHG also gerade nicht um klassisches dispositives Gesetzesrecht, bei dem das Gesetz ein in sich geschlossenes Regelungskonzept anbietet, das eingreift, falls die Satzung keine abweichenden Bestimmungen trifft.[245] Dies ist die logische Konsequenz aus der Funktion des § 55a GmbHG als (bloße) bedingte Erweiterung der Satzungsfreiheit.

Auch kann man im Rahmen der kompetenzrechtlichen Auslegung einer Ermächtigung i.S.d. § 55a GmbHG nicht einfach unbesehen auf die allgemeinen dispositiven Regelungen zur Kompetenzordnung in der GmbH zurückgreifen, weil Besonderheiten des genehmigten Kapitals berücksichtigt werden müssen.[246]

Diese Umstände sind bei der Auslegung einer allgemeinen Ermächtigung i.S.d. § 55a GmbHG zu beachten.

Im Rahmen dieser Auslegung werden

- die grundsätzliche Reichweite einer allgemeinen Ermächtigung und die hiervon erfassten Einzelmaßnahmen (sogleich Punkt IV.) sowie
- die Abgrenzung der Kompetenzen zwischen den Gesellschaftsorganen bei der Ausübung einer allgemeinen Ermächtigung (später Punkt V.)

zu klären sein.

---

242 Baumbach/Hueck/*Fastrich*, § 2 Rn. 31; Ulmer/Habersack/Löbbe/*Ulmer/Löbbe*, § 2 Rn. 202.

243 Der grundsätzliche Vorrang der ergänzenden Satzungsauslegung vor der Anwendung dispositiven Gesetzesrechts ist ein allgemeiner Grundsatz bei der Bestimmung der Organisationsverfassung des GmbH-Rechts, Ulmer/Habersack/Löbbe/*Hüffer/Schürnbrand*, § 45 Rn. 13; Münch/Komm/*Liebscher*, § 45 Rn. 56, 138; BeckOK/*Schindler*, § 45 Rn. 6.

244 Vgl. etwa Münch/Komm/*Liebscher*, § 45 Rn. 4; BeckOK/*Schindler*, § 45 Rn. 3.

245 Beispiele hierfür sind die Regelung des § 45 Abs. 2 i.V.m. §§ 46 ff. GmbHG und § 52 Abs. 1 GmbHG i.V.m. den dort genannten aktienrechtlichen Vorschriften.

246 Siehe dazu schon in der Einleitung.

IV. Reichweite einer allgemeinen Ermächtigung i.S.d. § 55a GmbHG und hiervon erfasste Einzelmaßnahmen

1. Allgemeines zur Reichweite der Ermächtigung

Während unter Punkt C.II. die Grenzen der Satzungsgestaltung hinsichtlich der Begründung von Kompetenzen für die Geschäftsführer im Anwendungsbereich des § 55a GmbHG erläutert wurden, geht es nachfolgend darum herauszuarbeiten, wie die Reichweite einer allgemeinen Ermächtigung i.S.d. § 55a GmbHG zu beurteilen ist und welche Einzelmaßnahmen von ihr erfasst werden.

Interessant sind dabei nur Maßnahmen mit struktureller oder körperschaftlicher Wirkung, da Geschäftsführungsmaßnahmen ohne weiteres in die Kompetenz der Geschäftsführer fallen.[247]

Zunächst ist zu beachten, dass die Auslegung einer allgemeinen Ermächtigung erst recht keine Kompetenzen ergeben kann, die den Geschäftsführern auch nicht ausdrücklich eingeräumt werden könnten.[248]

Allerdings kann man es hinsichtlich der Auslegung einer allgemeinen Ermächtigung nicht bei diesen Einschränkungen bewenden lassen. Hier geht es nämlich nicht um die Grenzen der noch zulässigen Satzungsgestaltung, sondern um die Auslegung einer Satzungsregelung, die zu den interessierenden Fragen keine ausdrückliche Regelung trifft.

Im Folgenden soll daher zunächst der Charakter einer allgemeinen Ermächtigung i.S.d. § 55a GmbHG ermittelt und auf diesem Wege Kriterien für die Bestimmung der im Einzelnen hiervon erfassten Maßnahmen entwickelt werden.

Die im Einzelnen erfassten Maßnahmen werden dann unter Punkt 2 und 3 dargestellt.

a) Wortlaut

Dem Wortlaut des § 55a Abs. 1 S. 1 GmbHG nach werden die Geschäftsführer ermächtigt, das Stammkapital zu erhöhen. Der Wortlaut bezieht sich also auf den gesamten Vorgang der Kapitalerhöhung. Vergegenwärtigt man sich die Anforderungen, die für die Wirksamkeit einer Kapitalerhöhung zu erfüllen sind (§§ 53 ff. GmbHG), so beinhaltet eine Ermächtigung zur „Erhöhung des Stammkapitals" rein begrifflich betrachtet von Seiten der Gesellschaft ein Bündel von Maßnahmen.[249]

Der Wortlaut des § 55a Abs. 1 S. 1 GmbHG spricht daher dafür, dass die Ermächtigung der Geschäftsführer sich nicht nur auf eine Einzelmaßnahme (etwa den bloßen Beschluss über die Kapitalerhöhung), sondern auf ein Maßnahmenbündel bezieht.

Zu berücksichtigen ist auch noch, dass wegen § 55a Abs. 3 GmbHG die Ausgabe von Geschäftsanteilen gegen Sacheinlagen nicht von der allgemeinen Ermächtigung i.S.d. § 55a GmbHG erfasst ist, sondern einer gesonderten Ermächtigung bedarf.

---

247 Siehe im Einzelnen zur Begriffsbestimmung oben Punkt A.IV.2.

248 Vgl. zu den Grenzen der Satzungsgestaltung oben Punkt C.II.

249 Vgl. dazu schon oben in der Einleitung, Fußnote 7.

b) Historische Auslegung

Greift man zur Ergründung des Charakters der allgemeinen Ermächtigung auf die historische Auslegung zurück, so sind hierbei drei Umstände von Bedeutung: die bewusst enge Anlehnung des Gesetzgebers an das aktienrechtliche Vorbild, sein ausdrücklicher Wille, bei Ausnutzung des genehmigten Kapitals einen weiteren beurkundungspflichtigen Gesellschafterbeschluss entbehrlich zu machen und sein klar ausgedrücktes Bewusstsein für die strukturellen Besonderheiten der GmbH.[250]

Diese Umstände lassen zunächst darauf schließen, dass der Gesetzgeber das Wesen und die Reichweite der Ermächtigung als weitreichend verstanden wissen wollte, weil er zur Sicherstellung der Entbehrlichkeit eines weiteren Gesellschafterbeschlusses die Reichweite der Kompetenz des Vorstands im Rahmen der §§ 202 ff. AktG vor Augen hatte.[251]

Die historische Auslegung spricht also dafür, dass den Geschäftsführern aufgrund der Ermächtigung des § 55a GmbHG kraft eigener Kompetenz alle Maßnahmen gestattet sind, die von Seiten der Gesellschaft zur Durchführung einer Kapitalerhöhung erforderlich sind. Unter diese Definition würden bei der Kapitalerhöhung aufgrund genehmigten Kapitals grundsätzlich die Entscheidung zur Ausübung der Ermächtigung mit den dazugehörigen Festlegungen, ggf. der Zulassungsbeschluss, der Abschluss der Übernahmeverträge, die Anpassung des Wortlauts der Satzung in Bezug auf die veränderte Ziffer des Stammkapitals und die Anmeldung der Erhöhung zum Handelsregister fallen.[252]

Dass die historische Auslegung eher für ein weitreichendes Verständnis der Ermächtigung spricht, wird durch die Äußerungen der Bundesregierung im ARUG-Gesetzgebungsverfahren hinsichtlich der Befugnis der Geschäftsführer zur Anpassung der Satzung nochmals bekräftigt.[253]

Auf der anderen Seite muss man sich aber stets die ausdrückliche Betonung der strukturellen Besonderheiten der GmbH durch den Gesetzgeber vor Augen halten, die jedenfalls dagegen spricht, aus historischen Argumenten für ein Verständnis der allgemeinen Ermächtigung einzutreten, das wesentliche Grundsätze des GmbH-Rechts außer Kraft setzt.

---

250 Vgl. dazu schon oben Punkt A.II.1.b.(2). und (3).

251 Die Aufgaben des Vorstands im Rahmen der Ausnutzung des genehmigten Kapitals betreffen nicht nur den Erhöhungsbeschluss, sondern auch den Abschluss der Zeichnungsverträge (in Vertretung der AG) und die Vorname der Anmeldung zum Handelsregister, unstr., vgl. nur Hüffer/*Koch*, § 202 Rn. 3. Er wird also bei Bestehen eines genehmigten Kapitals nicht nur zu einer Einzelmaßnahme, sondern zu einem Maßnahmenbündel ermächtigt. Sein Ermessen ist dabei gesetzlich äußerst weit bemessen und umfasst nach § 204 Abs. 1 S. 1 AktG den Inhalt der Aktienrechte und die Bedingungen der Aktienausgabe; vgl. etwa Hüffer/*Koch*, § 204 Rn. 2 f.

252 Vgl. zum Ablauf der Ausnutzung des genehmigten Kapitals etwa Baumbach/Hueck/*Zöllner/Fastrich*, § 55a Rn. 12 ff.

253 Siehe dazu oben Punkt A.II.2.

Schließlich lässt die enge Anlehnung des Gesetzgebers an die aktienrechtlichen Vorschriften auch einen die Reichweite der Ermächtigung begrenzenden Schluss zu. Denn wenn der Gesetzgeber bei Schaffung des § 55a GmbHG die Befugnisse des Vorstands der AG vor Augen hatte, so spricht viel dafür, dass er die Reichweite des Ermessens der Geschäftsführer grundsätzlich nicht weiter verstanden wissen wollte, als das Ermessen des Vorstands beim genehmigten Kapital der AG reicht.

c) Systematische Auslegung

Aus systematischen Erwägungen folgt, ebenso wie aus historischen, die grundsätzliche Beschränkung der Kompetenzen der Geschäftsführer auf diejenigen des Vorstands der AG bei Ausnutzung des genehmigten Kapitals. Da dem Vorstand der AG insgesamt eine deutlich eigenständigere Stellung als den Geschäftsführern der GmbH zukommt,[254] spricht der systematische Vergleich zwischen beiden Regimen grundsätzlich dafür, dass die Kompetenzen der Geschäftsführer in Bezug auf eine vergleichbare Regelungssituation (wie beim genehmigten Kapital) nicht weiter gehen können als diejenigen des Vorstands der AG. Dies ist sicherlich kein unverrückbarer Grundsatz, jedoch bedarf es im Einzelfall besonderer Gründe, will man hiervon abweichen.

Im Übrigen steht es mit der Systematik des GmbH-Rechts im Einklang, wenn der Ermächtigung der Geschäftsführer ein weitreichender Charakter zugesprochen wird, soweit bestimmte Grenzen eingehalten werden.

Zunächst kann einem weitreichenden Verständnis der Ermächtigung nicht pauschal die Führungsrolle der Gesellschafter und deren daraus folgende Struktur- und Organisationszuständigkeit entgegengehalten werden, die besagt, dass Strukturmaßnahmen gar nicht und Maßnahmen mit körperschaftlicher Wirkung nur ausdrücklich (was bei einer bloß allgemeinen Ermächtigung gerade nicht der Fall ist) auf die Geschäftsführer übertragen werden können.[255]

Es muss nämlich berücksichtigt werden, dass es gerade der Kerninhalt des § 55a GmbHG ist, eine Satzungsgestaltung zu ermöglichen, die den Geschäftsführern eine eigene Kompetenz für die Strukturmaßnahme der Kapitalerhöhung einräumt.

Die Wertung des § 55a GmbHG führt sogar dazu, dass den Geschäftsführern durch eine ausdrückliche Ermächtigung Strukturmaßnahmen überantwortet werden können, sofern diese im untrennbaren Zusammenhang mit der Gesamtmaßnahme „Erhöhung des Stammkapitals“ stehen.[256]

Liegt allerdings nun eine nur allgemeine Ermächtigung i.S.d. § 55a GmbHG vor, so bedeutet dies, dass die Gesellschafter eine ausdrückliche Übertragung ihrer

---

254 Auf der einen Seite steht die eigenverantwortliche Leitungsmacht des Vorstands nach § 76 AktG, vgl. dazu etwa Hüffer/*Koch*, § 76 Rn. 2; auf der anderen Seite das umfassende Weisungsrecht der Gesellschafterversammlung, vgl. dazu schon oben Punkt A.III.1.a.(1) und (2).

255 Siehe dazu auch schon oben Punkt A.IV.2.

256 Siehe dazu schon oben Punkt C.II.

Strukturzuständigkeit nur für die Maßnahme der Kapitalerhöhung vorgenommen haben. Deshalb können auch nur solche Strukturmaßnahmen als von der allgemeinen Ermächtigung erfasst angesehen werden, die sich in ihrer Wirkung auf die Durchführung der Kapitalerhöhung beschränken und somit keinen Eingriff in die Strukturzuständigkeit der Gesellschafter beinhalten, der nicht durch die Übertragung der Kompetenz zur Erhöhung des Stammkapitals vollständig abgedeckt ist.

Eine solche in ihren Wirkungen auf die Kapitalerhöhung beschränkte Strukturmaßnahme ist möglicherweise die Anpassung der Stammkapitalziffer in der Satzung. Dieser Problempunkt ist allerdings sehr vielschichtig und kann deshalb hier noch nicht abschließend entschieden werden.[257]

Auch für Maßnahmen mit körperschaftlicher Wirkung gelten die oben angestellten Erwägungen in vergleichbarer Weise.

Eine allgemeine Ermächtigung i.S.d. § 55a GmbHG kann daher so ausgelegt werden, dass sie solche Maßnahmen mit körperschaftlicher Wirkung erfasst, die erstens im untrennbaren Zusammenhang mit der Gesamtmaßnahme „Erhöhung des Stammkapitals“ stehen und zweitens in ihren Wirkungen die inneren Verhältnisse der Gesellschaft oder die Rechtsstellung der Gesellschafter nicht tiefgreifender beeinflussen, als dies durch die Übertragung und Ausübung der Kompetenz zur Kapitalerhöhung ohnehin schon geschieht. Da die Gesellschafter ihre Organisationszuständigkeit nur hinsichtlich der Gesamtmaßnahme der Kapitalerhöhung auf die Geschäftsführer übertragen haben, kann die Auslegung der allgemeinen Ermächtigung nicht einen Eingriff in die Organisationszuständigkeit der Gesellschafter zum Ergebnis haben, der nicht durch die Übertragung der Kompetenz zur Erhöhung des Stammkapitals vollständig abgedeckt ist.

Eine solche beschränkte Wirkung von Maßnahmen mit körperschaftlichem Charakter ist unzweifelhaft für den Abschluss der Übernahmeverträge anzunehmen.[258] Der messbare Eingriff in die Organisationszuständigkeit der Gesellschafter wird hier bereits durch die Entscheidung der Geschäftsführer über die Erhöhung des Stammkapitals bewirkt. Der Abschluss der Übernahmeverträge vertieft diesen Eingriff nicht, sondern ist notwendiger, immanenter Bestandteil der Kapitalerhöhung, sodass eine ausdrückliche Ermächtigung neben der allgemeinen Ermächtigung i.S.d. § 55a GmbHG nicht erforderlich ist.

Hinsichtlich der Befugnis zur Festlegung der Ausgabebedingungen und der Rechte und Pflichten für die neuen Geschäftsanteile sind die Problemfragen vielschichtiger und sollen deshalb gesondert behandelt werden.[259]

---

257 Vgl. umfassend zu dieser Problematik unten Punkt C.IV.3.

258 I.E. ebenso *Schnorbus/Donner*, NZG 2009, 1241, 1245, die den Abschluss der Übernahmeverträge „*konkludent*“ von der Ermächtigung nach § 55a GmbHG erfasst sehen; ähnlich Scholz/*Priester*, § 55a Rn. 42, der beim genehmigten Kapital vom Bestehen einer Ermächtigung der Geschäftsführer zum Abschluss des Übernahmevertrags „*geradezu selbstverständlich*“ ausgeht; so i.E. auch Roth/Altmeppen/*Roth*, § 55a Rn. 28.

259 Siehe ausführlich unten Punkt C.IV.2.b.

Schließlich sollte noch erwähnt werden, dass eine Auslegung der allgemeinen Ermächtigung, die eine weitreichende Kompetenz der Geschäftsführer zum Ergebnis hat, in systematischer Hinsicht auch deshalb auf keine Bedenken stößt, weil es lediglich um die Reichweite der Kompetenzen, nicht aber um die Rangordnung zwischen Gesellschafterversammlung und Geschäftsführer geht. Die Allzuständigkeit und Führungsrolle der Gesellschafterversammlung wird durch einen reinen Zuwachs von Kompetenzen der Geschäftsführer grundsätzlich noch nicht gefährdet. Dies wäre erst dann der Fall, wenn die Ermächtigung so ausgelegt würde, dass der Gesellschafterversammlung kein oder ein nur eingeschränkter Einfluss auf die Ausübung der erweiterten Kompetenzen durch die Geschäftsführer zukommen würde.[260]

Die Führungsrolle und Allzuständigkeit der Gesellschafterversammlung steht also insgesamt einem weiten Verständnis der allgemeinen Ermächtigung nicht entgegen.

d) Teleologische Auslegung

Sinn und Zweck des § 55a GmbHG (Flexibilisierung, Beschleunigung und Kostensenkung der Kapitalbeschaffung)[261] erfordern ein weitreichendes Verständnis einer allgemeinen Ermächtigung.

Bei Bestehen einer allgemeinen Ermächtigung können Sinn und Zweck des § 55a GmbHG nur erreicht werden, wenn bei Ausnutzung des genehmigten Kapitals kein beurkundungspflichtiger Gesellschafterbeschluss gefasst werden muss.[262] Dies kann wiederum nur dann mit Sicherheit ausgeschlossen werden, wenn die Geschäftsführer alle Maßnahmen, die zur Durchführung der Kapitalerhöhung erforderlich sind, in eigener Kompetenz entscheiden und ausführen können.

Auf der anderen Seite ist es aber aus teleologischen Gründen regelmäßig nicht erforderlich, das Ermessen der Geschäftsführer auf strukturelle oder körperschaftliche Maßnahmen auszudehnen, die in ihrer Wirkung über die Durchführung der Kapitalerhöhung hinausgehen. Solche strukturell oder körperschaftlich tiefer eingreifenden Maßnahmen sind nämlich nicht im Allgemeinen, sondern nur bei Hinzudenken zusätzlicher Umstände, die aus der spezifischen Kapitalbeschaffungssituation resultieren, zur erfolgreichen Durchführung einer Kapitalerhöhung erforderlich.[263]

---

260 Dies ist eine Frage der Kompetenzabgrenzung zwischen den Gesellschaftsorganen bei § 55a GmbHG, siehe dazu unten Punkt C.V.

261 Vgl. hierzu oben Punkte A.II.1.a. und b.(3).

262 Vgl. hierzu auch oben Punkte A.II.1.a. und b.(3). sowie A.II.2.a.

263 Denkbar ist beispielsweise, dass ein potentieller Investor Sonderrechte für seine Geschäftsanteile fordert.

e) Kriterien zur Bestimmung der von einer allgemeinen Ermächtigung erfassten Einzelmaßnahmen

Der soeben erfolgten Untersuchung entsprechend ist der Charakter einer allgemeinen Ermächtigung i.S.d. § 55a GmbHG so auszulegen, dass die Geschäftsführer befugt sind, eine Kapitalerhöhung innerhalb der in der Ermächtigung bestimmten Grenzen zu planen, zu initiieren, über deren Durchführung und deren Ausgestaltung zu beschließen und alle Maßnahmen zu ergreifen, die zur Herbeiführung ihrer Wirksamkeit erforderlich sind, auch wenn es sich dabei um Maßnahmen mit struktureller oder körperschaftlicher Wirkung handelt, soweit diese nicht tiefer in die Struktur- und Organisationszuständigkeit der Gesellschafter eingreifen als dies durch die Übertragung der Befugnis zur Kapitalerhöhung ohnehin schon geschieht.

Es handelt sich bei einer allgemeinen Ermächtigung also nicht um die Übertragung einer Einzelkompetenz, sondern um die Übertragung eines Kompetenzfeldes. Die allgemeine Ermächtigung i.S.d. § 55a GmbHG ist dem Charakter nach deshalb eine Kompetenzfeldübertragung.

Bei der konkreten Entscheidung darüber, ob eine bestimmte Maßnahme von der allgemeinen Ermächtigung i.S.d. § 55a GmbHG erfasst ist, sind also vier Kriterien kumulativ zu beachten:

- Die Maßnahme muss die gesetzten Grenzen der Ermächtigung beachten und darf die Ausgabe von Geschäftsanteilen gegen Sacheinlagen nur vorsehen, wenn dies ausdrücklich gestattet ist, § 55a Abs. 3 GmbHG.
- Die Maßnahme muss im untrennbaren Zusammenhang mit der Gesamtmaßnahme „Erhöhung des Stammkapitals" stehen.
- Eine Maßnahme ist grundsätzlich nicht mehr vom Kompetenzfeld erfasst, wenn auch der Vorstand der AG zu ihrer Durchführung nicht oder nicht ohne ausdrückliche Ermächtigung befugt wäre. Dies folgt aus der Anlehnung des § 55a GmbHG an die aktienrechtlichen Vorschriften. Die Grenzen aus dem Aktienrecht für die Vorstandsentscheidung sind deshalb entsprechend anzuwenden, es sei denn, bei der GmbH besteht ausnahmsweise kein vergleichbares Bedürfnis für die Begrenzung der Kompetenz der Geschäftsführer.
- Die Maßnahme darf nicht unzulässig in die Struktur- und Organisationszuständigkeit der Gesellschafter eingreifen. Ein solcher unzulässiger Eingriff ist gegeben, wenn die Maßnahme in struktureller oder körperschaftlicher Hinsicht mehr enthält als den bloßen Beschluss der Kapitalerhöhung und zugleich dieses „Mehr" in seiner strukturellen oder körperschaftlichen Wirkung über die Durchführung der Kapitalerhöhung hinausgeht. Die Maßnahme darf demnach keinen Eingriff in die Struktur- und Organisationszuständigkeit der Gesellschafter beinhalten, der nicht durch die Übertragung der Kompetenz zur Erhöhung des Stammkapitals vollständig abgedeckt ist.

Ist eines dieser Kriterien nicht erfüllt, so können die Geschäftsführer die betreffende Maßnahme nicht aufgrund einer allgemeinen Ermächtigung i.S.d. § 55a GmbHG vornehmen, sondern es ist jedenfalls eine ausdrückliche Ermächtigung in der Satzung erforderlich.

2. *Reichweite des Ermessens der Geschäftsführer hinsichtlich der Bedingungen der Ausgabe und der Ausstattung der Geschäftsanteile*

a) Darstellung des Meinungsstands

Zur Frage der Reichweite des Ermessens der Geschäftsführer hinsichtlich der Bedingungen der Ausgabe und der Ausstattung der Geschäftsanteile lassen sich die zu § 55a GmbHG vertretenen Meinungen in drei Grundströmungen unterteilen.[264]

Die von einer Ansicht vertretene weite Lösung versteht das Ermessen besonders großzügig und überlässt den Geschäftsführern alle Entscheidungen, die in der Satzung nicht besonders geregelt sind, wobei meist betont wird, dass die Geschäftsführer bei den Festlegungen an Treuepflicht und Gleichbehandlungsgrundsatz gebunden seien.[265] Für eine von den bisherigen Gegebenheiten in der Gesellschaft abweichende Stückelung der Geschäftsanteile sei ein zwingender sachlicher Grund erforderlich.[266] Als Argument gegen die Einschränkung des Ermessens in Bezug auf die Festlegung besonderer Rechte und Pflichten durch die Geschäftsführer führen *Zöllner/Fastrich* an, dass der Hauptversammlung der AG ebenso wie der Gesellschafterversammlung der GmbH eine Entscheidungsdominanz in Strukturfragen zukomme. Dennoch könne der Vorstand der AG im Rahmen des aktienrechtlichen genehmigten Kapitals auch über *„strukturell eingreifende Fragen entscheiden."*[267]

Die gegensätzliche, strenge Lösung wird nur von *Ziemons* vertreten. Diese beschränkt das Ermessen der Geschäftsführer auf einen bloßen Vollzug der Kapitalerhöhung ohne eine Erstreckung auf die Bestimmung des Ausgabekurses, der

---

264 Dass die Ermächtigung nach § 55a GmbHG ein grundsätzliches Ermessen der Geschäftsführer in Bezug auf die Bedingungen der Anteilsausgabe eröffnet, ist aber nicht strittig, vgl. nur Ulmer/Habersack/Winter/*Casper*, § 55a Rn. 24 ff.; Michalski/*Hermanns*, § 55a Rn. 11; Scholz/*Priester*, § 55a Rn. 19; Roth/Altmeppen/*Roth*, § 55a Rn. 7; Wicke, § 55a Rn. 13; BeckOK/*Ziemons*, § 55a Rn. 41; Baumbach/Hueck/*Zöllner/Fastrich*, § 55a Rn. 14.
Ob die Geschäftsführer einen Bezugsrechtsausschluss bei der Ausnutzung des genehmigten Kapitals beschließen dürfen, wenn die Ermächtigung zu dieser Frage keine Aussage trifft, gehört zum Problemkomplex „Bezugsrechtsausschluss" und wird deshalb im 2. Kapitel behandelt.

265 Ring/Grziwotz/*Herrler*, § 55a Rn. 15; Münch/Komm/*Lieder*, § 55a Rn. 37; Rowedder/Schmidt-Leithoff/*Schnorbus*, § 55a Rn. 23; *Schnorbus/Donner*, NZG 2009, 1241, 1243 f.; Baumbach/Hueck/*Zöllner/Fastrich*, § 55a Rn. 14, 16; ebenso, allerdings ohne besondere Betonung der Pflicht der Geschäftsführer zur Beachtung von Treuepflicht und Gleichbehandlungsgrundsatz *Klett*, GmbHR 2008, 1312, 1315 und Heybrock/*Rabe*, § 55a Rn. 13.

266 Münch/Komm/*Lieder*, § 55a Rn. 37; Baumbach/Hueck/*Zöllner/Fastrich*, § 55a Rn. 16.

267 Baumbach/Hueck/*Zöllner/Fastrich*, § 55a Rn. 16.

Gewinnberechtigung und etwaiger besonderer Rechte und Pflichten der neuen Anteile, es sei denn, es bestehe eine entsprechende Ermächtigung bzw. die Satzung enthalte hinsichtlich besonderer Rechte und Pflichten bereits diesbezügliche Regelungen.[268] Begründet wird diese restriktive Ansicht damit, dass eine § 204 Abs. 1 S. 1 AktG entsprechende Regelung fehle und eine Kontrolle der Entscheidung der Geschäftsführer durch einen Aufsichtsrat regelmäßig nicht stattfinde.[269]

Wohl herrschend hat sich eine eingeschränkt-weite Lösung entwickelt.

Die Anhänger dieser Lösung billigen den Geschäftsführern ein pflichtgemäßes Ermessen in Bezug auf Stückelung, Ausgabepreis (insbesondere die Festlegung eines Aufschlags („Agio") auf den Nominalwert des Anteils) und Zeitpunkt der Gewinnbeteiligung zu,[270] halten jedoch die Ausstattung der neuen Geschäftsanteile mit besonderen Rechten und Pflichten (etwa Nachschusspflichten oder Gewinnvorrechten) nur dann für zulässig, wenn die Geschäftsführer ausdrücklich zu einer derartigen Ausstattung ermächtigt werden, es sei denn, dass entsprechende Geschäftsanteile bereits in der Satzung vorhanden sind.[271]

Begründet wird diese eingeschränkt-weite Lösung mit der Entscheidungshoheit der Gesellschafter in strukturellen Fragen der GmbH, die einer entsprechenden Anwendung des § 204 Abs. 1 S. 1 AktG entgegenstehe.[272]

Nach herrschender Meinung können die Geschäftsführer ferner nach ihrem Ermessen anstatt der Ausgabe neuer auch die Aufstockung bestehender Geschäftsanteile durchführen.[273]

---

268 BeckOK/*Ziemons*, § 55a Rn. 50b f.

269 BeckOK/*Ziemons*, § 55a Rn. 50a.

270 Bork/Schäfer/*Arnold/Born*, § 55a Rn. 19; Ulmer/Habersack/Winter/*Casper*, § 55a Rn. 24 ff.; Saenger/Inhester/*Inhester*, § 55a Rn. 31 f.; Scholz/*Priester*, § 55a Rn. 24 f., 28; *ders.*, GmbHR 2008, 1177, 1179 f.; Roth/Altmeppen/*Roth*, § 55a Rn. 18, 26 f.; *Terbrack*, DNotZ 2012, 917, 927; MünchHBdGesR/*Wegmann*, § 53 Rn. 139 f.; *Wicke*, § 55a Rn. 13; i.E. auch *Grigoleit/Rieder*, Rn. 313; Henssler/Strohn/*Gummert*, § 55a Rn. 21; wohl auch Heybrock/*Rabe*, § 55a Rn. 13; *Trautmann*, S. 106 ff., 138.

271 Bork/Schäfer/*Arnold/Born*, § 55a Rn. 14; Ulmer/Habersack/Winter/*Casper*, § 55a Rn. 17; Saenger/Inhester/*Inhester*, § 55a Rn. 20; Roth/Altmeppen/*Roth*, § 55a Rn. 18; MünchHBdGesR/*Wegmann*, § 53 Rn. 139; *Wicke*, § 55a Rn. 11; dagegen stets für das Erfordernis einer ausdrücklichen Ermächtigung hinsichtlich der Ausstattung neuer Geschäftsanteile mit besonderen Rechten und Pflichten *Grigoleit/Rieder*, Rn. 313; Henssler/Strohn/*Gummert*, § 55a Rn. 21; Scholz/*Priester*, § 55a Rn. 17; *ders.*, GmbHR 2008, 1177, 1180; wohl auch Heybrock/*Rabe*, § 55a Rn. 13; *Trautmann*, S. 106 ff., 138.

272 Bork/Schäfer/*Arnold/Born*, § 55a Rn. 14; *Grigoleit/Rieder*, Rn. 313; Scholz/*Priester*, § 55a Rn. 17; *ders.*, GmbHR 2008, 1177, 1180;

273 So *Grigoleit/Rieder*, Rn. 314; Scholz/*Priester*, § 55a Rn. 25; Roth/Altmeppen/*Roth*, § 55a Rn. 26; *Wicke*, § 55a Rn. 13; BeckOK/*Ziemons*, § 55a Rn. 50; einschränkend Ulmer/Habersack/Winter/*Casper*, § 55a Rn. 24; Baumbach/Hueck/*Zöllner/Fastrich*, § 55a Rn. 16, die betonen, dass die Gesellschafter stets das Recht hätten, anstatt der Aufstockung die Ausgabe neuer Anteile zu verlangen; gänzlich a.A. Bork/

b) Stellungnahme

(1) Allgemeines zu den vertretenen Ansichten

Zur Bestimmung der Reichweite des Ermessens der Geschäftsführer hinsichtlich der erfassten Einzelmaßnahmen ist auf die oben entwickelten Kriterien zurückzugreifen.[274] Es kommt daher darauf an, wie die jeweilige Maßnahme zu qualifizieren ist und welche Wirkungen von ihr ausgehen.

Abzulehnen ist deshalb die weite Ansicht, die das Ermessen der Geschäftsführer im Wesentlichen nur durch Gleichbehandlungsgrundsatz und Treuepflicht begrenzt sieht. Selbstverständlich muss sich jede Entscheidung der Geschäftsführer im Rahmen von Treuepflicht und Gleichbehandlungsgrundsatz halten.[275] Dies kann allerdings nur der letzte Prüfungsschritt sein. Bereits zuvor müssen die Ermessensgrenzen aufgrund von Qualität und Wirkung der Maßnahme bestimmt werden.

Die weite Ansicht mag der aktienrechtlichen Situation entsprechen, ist jedoch für die GmbH im Rahmen der Auslegung einer allgemeinen Ermächtigung i.S.d. § 55a GmbHG nicht zu befürworten. Eine uneingeschränkte analoge Anwendung des § 204 Abs. 1 S. 1 AktG scheidet daher aus.

Auf der anderen Seite ist aber auch der engen Ansicht nicht beizupflichten. Denn aufgrund der entwickelten Kriterien, die kumulativ gegeben sein müssen, verbietet sich allgemein jegliche Pauschalierung, sondern es muss eine Einteilung der Maßnahme ihrer Qualität und Wirkung nach stattfinden und daran die Entscheidung ausgerichtet werden, ob sich die Ermächtigung der Geschäftsführer hierauf erstreckt.

Regelmäßig ist deshalb der eingeschränkt-weiten Lösung im Ergebnis zuzustimmen. Allerdings sind die vorgebrachten Begründungen oft zu undifferenziert.

So ist etwa der Aussage Priesters, dass die *„Entscheidungsdominanz der Gesellschafter in Strukturfragen der Gesellschaft“*[276] das Ermessen der Geschäftsführer eingrenzt, uneingeschränkt zuzustimmen, allerdings bedarf dieser Begründungsansatz einer weiteren Differenzierung, da die Gesellschafter im Rahmen des genehmigten Kapitals die Kompetenz für eine Strukturmaßnahme auf die Geschäftsführer übertragen.

Im Folgenden wird nun untersucht, welche, die Bedingungen der Anteilsausgabe und die inhaltliche Ausstattung der neuen Geschäftsanteile betreffenden Einzelmaßnahmen von einer allgemeinen Ermächtigung i.S.d. § 55a GmbHG unter Anwendung der oben entwickelten Kriterien erfasst sind.

Schäfer/*Arnold/Born*, § 55a Rn. 19, nach denen die Möglichkeit der Aufstockung in der Ermächtigung nach § 55a GmbHG gestattet sein muss.

274 Siehe Punkt C.IV.1.e.

275 Vgl. allgemein zur Bindung der Geschäftsführer an Gleichbehandlungsgrundsatz und Treuepflicht etwa Michalski/*Michalski/Funke*, § 13 Rn. 124 und Münch/Komm/*Fleischer*, § 43 Rn. 152.

276 Scholz/*Priester*, § 55a Rn. 17; *ders.*, GmbHR 2008, 1177, 1180.

(2) Untrennbarer Zusammenhang mit der Gesamtmaßnahme „Erhöhung des Stammkapitals"

Festlegungen zu den Bedingungen der Anteilsausgabe und zu den Rechten und Pflichten, die die neuen Geschäftsanteile vermitteln, stehen stets im untrennbaren Zusammenhang mit der Gesamtmaßnahme der Erhöhung des Stammkapitals, weil sie ohne eine Kapitalerhöhung gegenstandslos wären und keinen Sinn ergäben.

(3) Vergleich mit der Reichweite der Kompetenz des Vorstands

Die erste wichtige Hürde ist der Vergleich mit den entsprechenden Befugnissen des Vorstands der AG.

Das Ermessen des Vorstands der AG bei der Aktienausgabe ist sehr weitgehend (§ 204 Abs. 1 S. 1 AktG) und im Wesentlichen nur dadurch eingeschränkt, dass dieser sich nicht von sachfremden Gesichtspunkten leiten lassen darf und das Gleichbehandlungsgebot sowie die sonstigen gesetzlichen Grenzen beachten muss.[277]

Der Vorstand entscheidet über die Ausgabebedingungen, also insbesondere über die Höhe des Betrags, zu dem die Aktien ausgegeben werden.[278]

Er entscheidet ferner über den Inhalt der Aktienrechte, was sowohl grundsätzlich den Zeitpunkt der Gewinnberechtigung,[279] die Aktiengattung nach § 11 AktG[280] und wohl sogar ein Entsendungsrecht nach § 101 Abs. 2 AktG umfassen kann.[281] Dieses stellt ein Sonderrecht i.S.d. § 35 BGB dar, das nur mit Zustimmung des Entsendungsberechtigten entzogen werden kann.[282]

Mit der Entscheidung über den Inhalt der Aktienrechte können daher auch bestimmte strukturelle Maßnahmen durch den Vorstand bei der Ausnutzung des genehmigten Kapitals getroffen werden, ohne dass dieser hierzu gesondert ermächtigt sein müsste.[283]

---

277 BGH NJW 1956, 1753, 1754; Münch/Komm/AktG/*Bayer*, § 204 Rn. 7; Hüffer/*Koch*, § 204 Rn. 3.

278 BGH NJW 1956, 1753, 1754; Münch/Komm/AktG/*Bayer*, § 204 Rn. 12 ff.; Hüffer/*Koch*, § 204 Rn. 5.

279 Münch/Komm/AktG/*Bayer*, § 204 Rn. 10; Hüffer/*Koch*, § 204 Rn. 4.

280 Münch/Komm/AktG/*Bayer*, § 204 Rn. 9; Hölters/*v.Dryander/Niggemann*, § 204 Rn. 5; Hüffer/*Koch*, § 204 Rn. 4; Spindler/Stilz/*Wamser*, § 204 Rn. 8.

281 Spindler/Stilz/*Wamser*, § 204 Rn. 11; i.E. auch Münch/Komm/AktG/*Bayer*, § 204 Rn. 7, der eine gesetzliche Grenze für die Vorstandsentscheidung in § 101 Abs. 2 S. 4 AktG erkennt und damit konkludent zum Ausdruck bringt, dass der Vorstand nach § 204 Abs. 1 AktG grundsätzlich Aktien mit Entsendungsrechten (§ 101 Abs. 2 S. 1 AktG) versehen darf.

282 Münch/Komm/AktG/*Habersack*, § 101 Rn. 31; Hüffer/*Koch*, § 101 Rn. 10.

283 Insoweit zutreffend Baumbach/Hueck/*Zöllner/Fastrich*, § 55a Rn. 16.

Eine relevante Einschränkung des Ermessens des Vorstands ist das Verbot der Unterpariemission nach § 9 AktG.[284] Das Verbot der Unterpariemission gilt nach allgemeiner Ansicht auch für die GmbH.[285]

Folglich ist es den Geschäftsführern verwehrt, den Ausgabebetrag niedriger anzusetzen als den Nennbetrag der Geschäftsanteile.

Eine wichtige Einschränkung des Vorstandsermessens ist auch der Ausschluss des Bezugsrechts, der nur bei gesonderter Ermächtigung zulässig ist, § 203 Abs. 2 S. 1 AktG.[286]

Hinsichtlich der Festlegung des Zeitpunkts der Gewinnberechtigung durch den Vorstand wird im Aktienrecht die allgemeine Auffassung vertreten, dass eine rückwirkende Gewinnbeteiligung für ein abgelaufenes Geschäftsjahr nur möglich ist, wenn die Hauptversammlung noch keinen Beschluss nach § 174 AktG über die Gewinnverteilung gefasst hat.[287] Als Grund hierfür wird angegeben, dass das Recht der Gewinnverwendung ausschließlich und gesetzlich zwingend der Hauptversammlung zugewiesen sei.[288]

Jedenfalls die Beschränkung des Ermessens der Geschäftsführer hinsichtlich einer rückwirkenden Gewinnbeteiligung bei bereits beschlossener Ergebnisverwendung durch die Gesellschafterversammlung (§ 46 Nr. 1 GmbHG) ist ebenfalls für die GmbH zu bejahen, weil ansonsten in eine bereits durch die Gesellschafterversammlung getroffene Entscheidung durch die Geschäftsführer eingegriffen würde, was schon aus grundsätzlichen kompetenzrechtlichen Erwägungen nicht zulässig sein kann (Gesellschafterversammlung als Führungsorgan).[289]

Abweichend wird man auch dann nicht zu entscheiden haben, wenn die Satzung den Geschäftsführern die Befugnis zur Feststellung des Jahresabschlusses und zur Entscheidung über die Ergebnisverwendung übertragen hat.[290] Dies liegt daran, dass mit dem Beschluss über die Ergebnisverwendung der aus dem mitgliedschaftlichen

---

284 Vgl. Münch/Komm/AktG/Bayer, § 204 Rn. 7.

285 BGH NJW 1977, 1196, 1197; Münch/Komm/*Lieder*, § 55 Rn. 48; Scholz/*Priester*, § 55 Rn. 29; Baumbach/Hueck/*Zöllner/Fastrich*, § 55 Rn. 13.

286 Ob diese Einschränkung entsprechend für das Ermessen der Geschäftsführer zu gelten hat, wird im 2. Kapitel zum Bezugsrechtsausschluss untersucht.

287 Münch/Komm/AktG/*Bayer*, § 204 Rn. 10; Hölters/*v.Dryander/Niggemann*, § 204 Rn. 5; Hüffer/*Koch*, § 204 Rn. 4; Spindler/Stilz/*Wamser*, § 204 Rn. 10.

288 Spindler/Stilz/*Wamser*, § 204 Rn. 10.

289 Vgl. zu den Grundsätzen der Kompetenzordnung schon oben Punkt A.III.1.a.(1).

290 Ob dies zulässig ist, ist umstritten, dafür Michalski/*Römermann*, § 46 Rn. 89, 93; BeckOK/*Schindler*, § 46 Rn. 19; Baumbach/Hueck/*Zöllner*, § 46 Rn. 16, 21; einschränkend Ulmer/Habersack/Löbbe/*Hüffer/Schürnbrand*, § 46 Rn. 27; Münch/Komm/*Liebscher*, § 46 Rn. 61; Scholz/*Schmidt*, § 46 Rn. 46. Ganz anders ist bei der AG § 174 AktG nicht dispositiv, vgl. nur Münch/Komm/AktG/*Hennrichs/Pöschke*, § 174 Rn. 4.

Gewinnbezugsrecht der Gesellschafter folgende konkrete Anspruch auf Auszahlung entsteht, der unbedingt, fällig und einklagbar ist.[291]

Zusammenfassend ist festzustellen, dass sich aus dem Vergleich mit den Befugnissen des Vorstands für das Ermessen der Geschäftsführer mit Ausnahme des Verbots der Unterpariemission und der Festlegung einer rückwirkenden Gewinnbeteiligung bei bereits beschlossener Ergebnisverwendung kaum relevante Einschränkungen ergeben.

(4) Einschränkungen des Ermessens der Geschäftsführer aufgrund der Wirkung der Maßnahme

i. Allgemeines

Für eine sachgerechte Bestimmung der Ermessensgrenzen ist eine Unterscheidung anhand der Wirkung der jeweiligen Festlegung vorzunehmen.

Entsprechend der oben getroffenen Einordnung[292] sind Maßnahmen, die tiefer in die Struktur- und Organisationszuständigkeit der Gesellschafter eingreifen, als dies aufgrund der übertragenen Befugnis zur Erhöhung des Stammkapitals ohnehin schon der Fall ist, nicht mehr von der Kompetenz der Geschäftsführer gedeckt, die sich aus einer allgemeinen Ermächtigung i.S.d. § 55a GmbHG ergibt. Einen derartigen unzulässigen Eingriff durch die Festlegung der Bedingungen der Anteilsausgabe und der inhaltlichen Ausstattung der Geschäftsanteile wird man somit zu bejahen haben, wenn die jeweilige Festlegung eine Wirkung entfaltet, die über die Durchführung der konkreten Kapitalerhöhung hinausgeht und die inneren Verhältnisse der Gesellschaft oder die Rechtsstellung der Gesellschafter dauerhaft bestimmt oder beeinflusst.

Ein wichtiges Indiz für die Bejahung dieser Annahme ist es, wenn der Inhalt der Festlegung schon nach allgemeinen Grundsätzen einer Regelung in der Satzung bedürfte.

Kommt der Festlegung also dauerhafte, über die Durchführung der konkreten Kapitalerhöhung hinausgehende Wirkung zu, so können die Geschäftsführer diese bei Ausnutzung des genehmigten Kapitals nur vornehmen, wenn hierfür eine gesonderte, ausdrückliche Ermächtigung in der Satzung besteht.

ii. Begründung von Sonderrechten i.S.d. § 35 BGB

Eine Begrenzung des Ermessens ist für die Begründung solcher Rechte zu bejahen, die nach allgemeinen Regeln zwingend einer Grundlage in der Satzung bedürfen, was auf Sonderrechte im Sinne des § 35 BGB zutrifft.[293]

---

291 Vgl. etwa Münch/Komm/*Liebscher*, § 46 Rn. 43; Michalski/*Römermann*, § 46 Rn. 67 f.; *Wicke*, § 29 Rn. 8 f.

292 Siehe dazu oben Punkt C.IV.1.e.

293 BGH NJW 1969, 131; Michalski/*Ebbing*, § 14 Rn. 82; Baumbach/Hueck/*Fastrich*, § 3 Rn. 45; Münch/Komm/*Harbarth*, § 53 Rn. 179; Scholz/*Seibt*, § 14 Rn. 20; Ulmer/

Sonderrechte bestimmen ohne Zweifel dauerhaft die Rechtstellung der Gesellschafter und die inneren Verhältnisse der Gesellschaft.[294] Folglich kann es den Geschäftsführern nicht gestattet sein, bei Ausnutzung des genehmigten Kapitals Sonderrechte ohne ausdrückliche Ermächtigung in der Satzung zu begründen. Aufgrund des Charakters des Sonderrechts als grundsätzlich unentziehbares Recht mit mitgliedschaftlichem Charakter kann es auch nicht ausreichend sein, wenn in der Satzung bereits bestimmte Sonderrechte gewährt werden.[295] Denn eine solche Satzungsbestimmung kann nicht dahingehend ausgelegt werden, dass Sonderrechte allgemein im Rahmen der Ausnutzung eines genehmigten Kapitals nach dem Ermessen der Geschäftsführer begründen werden können, da es gerade das Wesen von Sonderrechten ist, dass sie nicht allgemein, sondern nur für bestimmte Gesellschafter bestehen.[296] Wegen des erheblichen Eingriffs in die Mitgliedschaftsrechte der durch ein Sonderrecht benachteiligten Gesellschafter[297] muss die Ermächtigung in der Satzung sich erstens gerade auf die Begründung von Sonderrechten bei Ausnutzung des konkreten genehmigten Kapitals beziehen und zweitens den Inhalt des Sonderrechts wenigstens grob skizzieren.[298]

Diese inhaltlichen Anforderungen an die Ermächtigung sind der Erwägung geschuldet, dass es sich bei der Festlegung von Sonderrechten um eine Maßnahme handelt, welche die Struktur der Gesellschaft gestaltet und daher die Strukturzuständigkeit der Gesellschafter in gewichtigem Maße berührt.[299] Deshalb kann die Entscheidung, ob Sonderrechte überhaupt für neu auszugebene Geschäftsanteile in Betracht kommen und von welcher Art diese Sonderrechte sein sollen, nicht den Geschäftsführern überlassen werden. Die Gesellschafter müssen folglich die wesentlichen Entscheidungen über die Begründung und den Inhalt von Sonderrechten auch im Rahmen eines genehmigten Kapitals selbst treffen. Die Annahme einer entsprechenden Befugnis der Geschäftsführer würde über den durch § 55a GmbHG abgesteckten Rahmen hinausgehen.

Habersack/Löbbe/*Ulmer/Löbbe*, § 3 Rn. 117; Henssler/Strohn/*Verse*, § 14 Rn. 52. Sonderrechte sind mit der Mitgliedschaft verbundene Rechte, die nur einem oder einzelnen Gesellschaftern eingeräumt sind und diesem grundsätzlich nicht ohne Zustimmung entzogen werden können, vgl. zur GmbH Münch/Komm/*Harbarth*, § 53 Rn. 178, 181; allgemein BeckOK/BGB/*Schöpflin*, § 35 Rn. 3 ff.

294 Vgl. auch Scholz/*Seibt*, § 14 Rn. 20.

295 So aber einige Vertreter der eingeschränkt-weiten Ansicht, vgl. oben Fußnote 271.

296 Vgl. hierzu soeben Fußnote 293.

297 Vgl. zu diesem Aspekt Münch/Komm/*Harbarth*, § 53 Rn. 180.

298 Zur Schaffung einer solchen Ermächtigung in der Satzung wird auch zusätzlich zur Einhaltung der Vorschriften über die Satzungsänderung regelmäßig eine Zustimmung der benachteiligten Gesellschafter erforderlich sein, vgl. hierzu Münch/Komm/*Harbarth*, § 53 Rn. 179 f.; Michalski/*Hoffmann*, § 53 Rn. 146; Scholz/*Seibt*, § 14 Rn. 20.

299 Vgl. zum Begriff oben Punkt A.IV.2.

Daher müssen die Geschäftsführer erstens ausdrücklich ermächtigt werden, bei der Ausnutzung des konkreten genehmigten Kapitals Sonderrechte zu gewähren und zweitens muss die Ermächtigung Art und Inhalt der Sonderrechte grob skizzieren.

iii. Vinkulierung, § 15 Abs. 5 GmbHG

Nicht von der Kompetenz der Geschäftsführer erfasst ist auch eine dingliche Vinkulierung hinsichtlich der neuen Geschäftsanteile nach § 15 Abs. 5 GmbHG. Eine dingliche Vinkulierung muss vielmehr zwingend in der Satzung festgelegt werden[300] und nach einer starken Ansicht ist bei nachträglicher Einführung durch Satzungsänderung sogar die Zustimmung aller betroffenen Gesellschafter von Nöten.[301]

iv. Statutarische Nebenpflichten

Die Begründung statutarischer Nebenpflichten, die sich auf einen bestimmten Geschäftsanteil beziehen, gleich ob einmaliger oder regelmäßiger Natur,[302] bedarf nach allgemeinen Grundsätzen einer Regelung in der Satzung (§ 3 Abs. 2 GmbHG).[303]

Sollen im Rahmen einer regulären Kapitalerhöhung hinsichtlich der neuen Geschäftsanteile solche Nebenleistungspflichten gelten, so müssen diese jedenfalls in den – satzungsändernden – Kapitalerhöhungsbeschluss aufgenommen werden.[304]

Um eine Kompetenz der Geschäftsführer zur Festlegung solcher Nebenleistungspflichten befürworten zu können, kommt es entsprechend der obigen Ausführungen[305] darauf an, ob sich deren Inhalt auf eine einmalige, mit der Durchführung der Kapitalerhöhung verbundene Leistungspflicht begrenzt. Nicht erfasst wäre dagegen die Festlegung einer Nebenleistungspflicht, welche die Beziehung der die Geschäftsanteile übernehmenden Gesellschafter zur Gesellschaft dauerhaft beeinflusst.

Die Geschäftsführer sind somit aufgrund einer allgemeinen Ermächtigung i.S.d. § 55a GmbHG nur befugt, Nebenleistungspflichten zu bestimmen, die sich in ihrer Wirkung auf die Abwicklung der konkreten Kapitalerhöhung beschränken, d.h. lediglich eine einmalige und keine regelmäßige oder dauerhafte Leistungspflicht begründen. Insbesondere vom Ermessen der Geschäftsführer erfasst ist daher die Festlegung eines Agios.[306]

---

300 Vgl. nur Michalski/*Ebbing*, § 15 Rn. 133; Münch/Komm/*Reichert/Weller*, § 15 Rn. 392; Scholz/*Seibt*, § 15 Rn. 108.

301 Michalski/*Ebbing*, § 15 Rn. 133; Münch/Komm/*Reichert/Weller*, § 15 Rn. 395; Scholz/*Seibt*, § 15 Rn. 108; Baumbach/Hueck/*Zöllner/Noack*, § 53 Rn. 34.

302 Vgl. zum Begriff Baumbach/Hueck/*Fastrich*, § 3 Rn. 31 ff.

303 Baumbach/Hueck/*Fastrich*, § 3 Rn. 37; Roth/Altmeppen/*Roth*, § 3 Rn. 20; Münch/Komm/*Wicke*, § 3 Rn. 67.

304 BGH NZG 2008, 73, 74 (für das Agio); Michalski/*Hermanns*, § 55 Rn. 20 f.; Münch/Komm/*Lieder*, § 55 Rn. 47; Wicke, § 55 Rn. 7; Baumbach/Hueck/*Zöllner/Fastrich*, § 55 Rn. 14.

305 Vgl. oben Punkt C.IV.2.b.(4).i.

306 So auch die ganz herrschende Meinung, vgl. oben Punkt C.IV.2.a.

Wesensmäßig handelt es sich dabei auch eher um eine Bedingung der Anteilsausgabe als eine dem Geschäftsanteil anhaftende Nebenpflicht.[307] In ihren Wirkungen beschränkt sich die durch das Agio entstehende Nebenleistungspflicht auf die konkrete Kapitalerhöhung, da es sich nur um eine einmalige Zahlungsverpflichtung handelt, welche das Verhältnis der betroffenen Gesellschafter zur Gesellschaft nicht dauerhaft und regelmäßig bestimmt oder beeinflusst.

Eine andere und hier nicht zu vertiefende Frage ist, wie hoch das Agio sein darf, damit kein faktischer Bezugsrechtsausschluss anzunehmen ist.[308]

In Bezug auf die Kompetenz der Geschäftsführer zur Festlegung von dauerhaft und regelmäßig wirkenden Nebenleistungspflichten kommt es auf den Inhalt der Satzung an. Um die Strukturzuständigkeit der Gesellschafter zu wahren, muss sich aus der Auslegung der Satzung eindeutig eine Befugnis der Geschäftsführer zur Festlegung von derartigen Nebenleistungspflichten im Rahmen der Ausnutzung des genehmigten Kapitals ergeben.

Dazu ist es weder ausreichend noch erforderlich, dass solche Nebenleistungspflichten bereits in der Satzung vorhanden sind. Vielmehr muss sich die Ermächtigung in der Satzung auf die Begründung von Nebenleistungspflichten im Rahmen eines konkreten genehmigten Kapitals beziehen. Dabei müssen auch Art und Inhalt der Nebenleistungspflicht wenigstens grob skizziert werden, da ansonsten den Geschäftsführern ein zu weitgehender eigener Entscheidungsspielraum im Hinblick auf die Bestimmung der Struktur der Gesellschaft gegeben würde.[309]

Diese Erwägungen gelten in vergleichbarer Weise, wenn die Nebenleistungspflichten auf einer schuldrechtlichen Vereinbarung zwischen der GmbH und dem übernehmenden Gesellschafter beruhen.[310] Zwar haben solche Nebenpflichten nur schuldrechtliche und keine strukturelle Wirkung. Darauf kommt es aber für die Reichweite der Kompetenz der Geschäftsführer nicht entscheidend an. Denn durch die Festlegung schuldrechtlicher Nebenpflichten kann eine Wirkung erzielt werden, die einem direkten Eingriff in die Struktur- und Organisationszuständigkeit der

307 So auch die Abgrenzung im Aktienrecht, vgl. nur Hüffer/*Koch*, § 204 Rn. 5.

308 Auf dieses Problem hinweisend Ulmer/Habersack/Winter/*Casper*, § 55, Rn. 25; Rowedder/Schmidt-Leithoff/*Schnorbus*, § 55a Rn. 23; Scholz/*Priester*, § 55a Rn. 28; vgl. zur Problematik allgemein, *Heckschen*, DStR 2001, 1437, 1441 ff.; Michalski/*Hermanns*, § 55 Rn. 44; Münch/Komm/*Lieder*, § 55 Rn. 82; sofern ein solcher faktischer Bezugsrechtsausschluss aufgrund der Höhe des Agios anzunehmen wäre, müssten die allgemeinen Anforderungen an einen Bezugsrechtsausschluss erfüllt sein, vgl. Michalski/*Hermanns*, § 55 Rn. 44; Münch/Komm/*Lieder*, § 55 Rn. 82.

309 Es gilt insoweit also nichts anderes als für die Begründung von Sonderrechten, siehe hierzu Punkt C.IV.2.b.(4).ii.

310 Anders *Trautmann*, S. 108.

Gesellschafter zumindest nahe kommt, auch wenn sich die Wirkung stets auf die Person des vertragschließenden Gesellschafters beschränkt.[311]

Auch hier können die Geschäftsführer also aufgrund einer allgemeinen Ermächtigung den Gesellschaftern im Zusammenhang mit der Übernahme der neuen Geschäftsanteile keine schuldrechtlichen Verpflichtungen regelmäßiger Art auferlegen, die das Verhältnis der betroffenen Gesellschafter zur Gesellschaft dauerhaft, wenn auch nur schuldrechtlich und ohne Wirkung für künftige Gesellschafter, beeinflussen.

v. Zeitpunkt der Gewinnberechtigung

Hinsichtlich sonstiger Festlegungen der Rechte, die der Geschäftsanteil vermittelt, ist wiederum danach zu differenzieren, ob die Festlegung dauerhafte Wirkung zeitigt.

Dies gilt namentlich im Hinblick auf den Zeitpunkt der Gewinnberechtigung für die neuen Geschäftsanteile.

Bereits oben wurde festgestellt, dass es nicht zulässig ist, den Zeitpunkt der Gewinnberechtigung zurückzuverlagern, wenn bereits der Beschluss über die Ergebnisverwendung gefasst wurde, unabhängig davon, ob in der Satzung die Zuständigkeit hierfür den Geschäftsführern übertragen wurde.[312]

Aber auch im Übrigen ist das Ermessen der Geschäftsführer, den Zeitpunkt der Gewinnbeteiligung festzulegen, stark eingeschränkt.

Das Recht des Gesellschafters nach § 29 Abs. 1 GmbHG auf anteilsgemäße Teilhabe an der Gewinnausschüttung nach Maßgabe von Jahresabschluss und Gewinnverwendung (§ 46 Nr. 1 GmbHG) ist ein Recht, das mit der Mitgliedschaft verbunden ist.[313]

Die diesbezügliche gleichmäßige Berechtigung der Gesellschafter nach Geschäftsanteilen kann grundsätzlich nur durch Satzungsregelung verändert werden.[314]

Deshalb ist es regelmäßig nur mit gesonderter Ermächtigung in der Satzung zulässig, dass die Geschäftsführer den Zeitpunkt der Gewinnberechtigung zugunsten der neuen Geschäftsanteile auf ein Geschäftsjahr vor deren Entstehung verlagern,[315] auch wenn noch kein Gewinnverwendungsbeschluss gefasst ist.

---

311 Schuldrechtliche Vereinbarungen wirken nicht für die künftigen Mitglieder der Gesellschaft, vgl. Münch/Komm/*Wicke*, § 3 Rn. 66; daher handelt es sich bei diesen auch nicht um Strukturmaßnahmen.

312 Vgl. oben Punkt C.IV.2.b.(3).

313 Münch/Komm/*Ekkenga*, § 29 Rn. 39; Baumbach/Hueck/*Fastrich*, § 29 Rn. 48; Michalski/*Salje*, § 29 Rn. 22; *Wicke*, § 29 Rn. 8.

314 Münch/Komm/*Ekkenga*, § 29 Rn. 191 ff.; Baumbach/Hueck/*Fastrich*, § 29 Rn. 51 f.; Michalski/*Salje*, § 29 Rn. 116 ff.; Wicke, § 29 Rn. 17. Es genügt bei einer regulären Kapitalerhöhung, wenn der Zeitpunkt der Gewinnberechtigung im Kapitalerhöhungsbeschluss festgesetzt wird, vgl. etwa Münch/Komm/*Lieder*, § 55 Rn. 53; *Wicke*, § 55 Rn. 7; BeckOK/*Ziemons*, § 55 Rn. 46.

315 Grundsätzlich besteht die Gewinnberechtigung für das Geschäftsjahr, in dem die neuen Geschäftsanteile aufgrund der Eintragung entstehen, nach einer Ansicht für das gesamte Jahr, Ulmer/Habersack/Winter/*Ulmer*, § 55 Rn. 26; Scholz/*Priester*, § 55 Rn. 29; nach anderer Ansicht nur zeitanteilig ab dem Zeitpunkt der Entstehung,

In Bezug auf ein Geschäftsjahr vor der Entstehung der neuen Geschäftsanteile wird nämlich durch eine rückwirkende Gewinnberechtigung eine von der Regelung des § 29 Abs. 3 S. 1 GmbHG abweichende Verteilung bewirkt, weil diese dann nicht mehr dem Verhältnis der Geschäftsanteile entspricht, wie es im besagten Geschäftsjahr gegeben war. Eine solche von § 29 Abs. 3 S. 1 GmbHG abweichende Verteilung kann aber nur durch die Satzung vorgesehen werden.[316]

Die Festlegung einer rückwirkenden Gewinnberechtigung für die neuen Geschäftsanteile ist deshalb bei Bestehen einer allgemeinen Ermächtigung i.S.d. § 55a GmbHG nur dann möglich, wenn erstens das Bezugsrecht der Gesellschafter bei der Ausnutzung des genehmigten Kapitals nicht ausgeschlossen ist[317] und zweitens alle Altgesellschafter an der Kapitalerhöhung verhältniswahrend partizipieren, sodass sich am Verhältnis der Gewinnverteilung im abgelaufenen Geschäftsjahr auch durch die Rückwirkung nichts ändert.[318]

Hinsichtlich einer hinausschiebenden Festlegung des Zeitpunkts der Gewinnberechtigung, d.h., der Geschäftsanteil wäre erst zu einem späteren als dem sich regulär ergebenden Zeitpunkt gewinnberechtigt,[319] ist zu berücksichtigen, dass es sich bei der Gewinnberechtigung um ein aus der Mitgliedschaft fließendes Recht handelt[320] und deshalb die Rechtsstellung des Gesellschafters betroffen ist. Wird dieses Recht nachteilig verändert, so handelt es sich um einen Eingriff in diese Rechtsstellung, also um einen Eingriff mit jedenfalls körperschaftlicher Wirkung.

Nach den hier anzuwendenden Kriterien darf der Eingriff sich daher in der Wirkung nur auf die Abwicklung der konkreten Kapitalerhöhung beschränken, nicht aber die Rechtsstellung des Gesellschafters dauerhaft beeinflussen.

Münch/Komm/*Lieder*, § 55 Rn. 53; *Wicke*, § 55 Rn. 7; BeckOK/*Ziemons*, § 55 Rn. 46; Baumbach/Hueck/*Zöllner/Fastrich*, § 55 Rn. 49.

316 Siehe soeben Fußnote 314.

317 Der fehlende Ausschluss des Bezugsrechts wird auch oft beim genehmigten Kapital der AG als Voraussetzung für die Zulässigkeit der rückwirkenden Gewinnberechtigung genannt, so Münch/Komm/AktG/*Bayer*, § 204 Rn. 10; Hüffer/*Koch*, § 204 Rn. 4; für eine Berücksichtigung der Problematik bei der materiellen Rechtfertigung des Bezugsrechtsausschlusses dagegen Hölters/*v.Dryander/Niggemann*, § 204 Rn. 5.

318 Fraglich ist freilich dann, welchen Sinn eine solche rückwirkende Gewinnberechtigung haben sollte. Die strenge Beurteilung ist aber die Konsequenz aus dem Grundsatz, dass die Gewinnverteilung nur durch die Satzung abweichend geregelt werden kann. Anders als im Aktienrecht ist § 55a Abs. 1 GmbHG nur sehr eingeschränkt lex specialis zu § 29 Abs. 3 S. 1 GmbHG, weil ansonsten den Geschäftsführern unzulässigerweise eine über die Kompetenz zur Kapitalerhöhung hinausgehende Strukturzuständigkeit eingeräumt würde. Vgl. zum Aktienrecht, wo § 204 Abs. 1 S. 1 als lex specialis zu § 60 Abs. 3 AktG angesehen wird, Münch/Komm/AktG/*Bayer*, § 60 Rn. 29; Hölters/*v.Dryander/Niggemann*, § 204 Rn. 5; Hüffer/*Koch*, § 204 Rn. 4.

319 Zu diesem Zeitpunkt vgl. soeben Fußnote 315.

320 Vgl. oben Fußnote 313.

Da es sich beim Hinausschieben des Zeitpunkts der Gewinnberechtigung nicht um eine Beschränkung der Gewinnberechtigung im engeren, begrifflichen Sinn handelt, weil diese ab dem festgelegten Beginn uneingeschränkt besteht, könnte man auf den Gedanken kommen, dass hier gar keine dauerhafte Auswirkung auf die Rechtsstellung des Gesellschafters anzunehmen ist. Zwar wäre eine solche Aussage in dieser Pauschalität unter Berücksichtigung der Bedeutung der Gewinnberechtigung für die mitgliedschaftliche Stellung des Gesellschafters verfehlt.[321] Auf der anderen Seite kann aber einem Hinausschieben der Gewinnberechtigung um wenige Monate sicherlich nicht schon eine dauerhafte Wirkung zugesprochen werden.

Fraglich ist also, wie weit der Zeitpunkt der Gewinnberechtigung aufgrund des Ermessens der Geschäftsführer nach hinten verschoben werden kann.

Im Interesse der Rechtsklarheit sollte dabei eine eindeutige zeitliche Grenze unter Beachtung der maßgeblichen Wertungen bestimmt werden. Wägt man das Erfordernis der Flexibilität des genehmigten Kapitals mit dem mitgliedschaftlichen Recht auf Gewinnberechtigung ab, so wird man zu dem Ergebnis kommen müssen, dass die Gewinnberechtigung kraft eigener Ermessensentscheidung der Geschäftsführer nur für das Geschäftsjahr ausgeschlossen werden kann, in dem die Anteile entstehen. Das bedeutet, dass in dem Geschäftsjahr, das dem Jahr der Entstehung der Geschäftsanteile nachfolgt, die volle Gewinnberechtigung nicht aufgrund einer bloß allgemeinen Ermächtigung i.S.d. § 55a GmbHG beschränkt oder gar ausgeschlossen werden kann. Ein Hinausschieben der Gewinnberechtigung über das Jahr der Entstehung der Anteile müsste bereits in seiner Wirkung nicht mehr als einmalig, sondern schon als die Grenze der Regelmäßigkeit und Dauerhaftigkeit überschreitend gewertet werden, weil dann bereits die Gewinnberechtigung für zwei Geschäftsjahre beeinträchtigt wäre.

vi. Sonstiges

Andere Festlegungen, die sich offensichtlich in ihrer Wirkung auf die Abwicklung der konkreten Kapitalerhöhung beschränken, betreffen den Zeitpunkt der Ausgabe der Anteile, die Fälligkeit der Einlageverpflichtung sowie die Stückelung und die Möglichkeit der Aufstockung bestehender Geschäftsanteile.[322]

Diese Festlegungen sind immanenter Bestandteil der Kapitalerhöhung und gehen in ihren Wirkungen nicht über die Erhöhung des Stammkapitals hinaus.

---

321 Vgl. zu dieser Bedeutung etwa *Wicke*, § 29 Rn. 8.

322 Dies entspricht auch der nahezu allgemeinen Meinung; ob *Ziemons* in Bezug auf die Fälligkeit der Einlageverpflichtung anderer Meinung ist, wird aus den Ausführungen nicht ganz deutlich, ist aber wohl zu verneinen, vgl. BeckOK/*Ziemons*, § 55a Rn. 50a ff.
Zum Teil a.A. Bork/Schäfer/*Arnold/Born*, § 55a Rn. 19, nach denen die Möglichkeit der Aufstockung in der Ermächtigung nach § 55a GmbHG gestattet sein muss.

3. *Die Befugnis der Geschäftsführer zur Satzungsanpassung aufgrund einer allgemeinen Ermächtigung i.S.d. § 55a GmbHG*

a) Einführung in die Problematik

Zwingender Inhalt der Satzung der GmbH ist nach § 3 Abs. 1 Nr. 3 GmbHG der Betrag des Stammkapitals.

Die bloße Schaffung des genehmigten Kapitals nach § 55a GmbHG hat zunächst keine Auswirkung auf die Stammkapitalziffer, weil es sich bei der Schaffung von genehmigtem Kapital um eine reine Ermächtigung zur Erhöhung, nicht aber um die Erhöhung selbst handelt.[323] Die Erhöhung des Stammkapitals wird erst durch die Ausnutzung des genehmigten Kapitals durch die Geschäftsführung bewirkt, § 55a Abs. 1 S. 1 GmbHG.

Für die ordentliche Kapitalerhöhung ist ein Kapitalerhöhungsbeschluss nach einhelliger Auffassung wegen § 3 Abs. 1 Nr. 3 GmbHG stets als Satzungsänderung zu qualifizieren, sodass §§ 53, 54 GmbHG unmittelbar zur Anwendung kommen.[324] Insbesondere muss der vollständige Wortlaut der geänderten Satzung sowie die begleitenden Bescheinigungen des Notars der Anmeldung zum Handelsregister beigefügt werden, § 54 Abs. 1 Satz 2 GmbHG.[325]

Wird ein genehmigtes Kapital ausgenutzt, erhöht sich genauso wie bei einer ordentlichen Kapitalerhöhung die Stammkapitalziffer der GmbH um einen bestimmten Betrag. Es gelten grundsätzlich für die Durchführung die allgemeinen Regeln einer Kapitalerhöhung (§§ 55, 57 GmbHG).[326]

§ 55a GmbHG äußert sich zu der Frage nicht, ob die Anpassung des Satzungswortlauts hinsichtlich der Stammkapitalziffer bei der Ausnutzung des genehmigten Kapitals erforderlich ist und wenn ja, ob die Ermächtigung nach § 55a GmbHG auch eine entsprechende Kompetenz der Geschäftsführer beinhaltet.

Diese fehlende Regelung und der Umstand, dass grundsätzlich allein die Gesellschafter Veränderungen am Satzungswortlaut beschließen können,[327] sind die

---

323 Vgl. nur Baumbach/Hueck/*Zöllner/Fastrich*, § 55a Rn. 2.

324 Vgl. nur Münch/Komm/*Lieder*, § 55 Rn. 25; Lutter/Hommelhoff/*Lutter/Bayer*, § 55 Rn. 4; Ulmer/Habersack/Winter/*Ulmer*, § 55 Rn. 14; BeckOK/*Ziemons*, § 55 Rn. 15; Baumbach/Hueck/*Zöllner/Fastrich*, § 55 Rn. 4.

325 Das entspricht der ganz herrschenden Meinung, vgl. nur Michalski/*Hermanns*, § 57 Rn. 29; Münch/Komm/*Lieder*, § 57 Rn 27; Lutter/Hommelhoff/*Lutter/Bayer*, § 57 Rn. 13; Scholz/*Priester*, § 57 Rn. 15; Ulmer/Habersack/Winter/*Ulmer*, § 57 Rn. 18; Baumbach/Hueck/*Zöllner/Fastrich*, § 57 Rn. 21; a.A. nur Roth/Altmeppen/*Roth*, § 57 Rn. 5, der § 54 Abs. 1 S. 2 durch § 57 verdrängt sieht.

326 Gehrlein/Ekkenga/Simon/*Bormann*, § 55a Rn. 5; Saenger/Inhester/*Inhester*, § 55a Rn. 33; Münch/Komm/*Lieder*, § 55a Rn. 46; Lutter/Hommelhoff/*Lutter/Bayer*, § 55a Rn. 26; Scholz/*Priester*, § 55a Rn. 41; Roth/Altmeppen/*Roth*, § 55a Rn. 6; *Wicke*, § 55a Rn. 14.

327 BGH NJW 1965, 1378; Henssler/Strohn/*Gummert*, § 53 Rn. 14; Münch/Komm/*Harbarth*, § 53 Rn. 55; Michalski/*Hoffmann*, § 53 Rn. 57; Scholz/*Priester*, § 53 Rn. 62; Roth/Altmeppen/*Roth*, § 53 Rn. 17, 22; BeckOK/*Trölitzsch*, § 53 Rn. 13; Ulmer/Habersack/

Grundlage für den Meinungsstreit in der Literatur über die Befugnis der Geschäftsführer zur Anpassung der Satzung bei Ausnutzung des genehmigten Kapitals.

b) Darstellung des Meinungsstands

(1) Allgemeines

Die zur Problematik der Satzungsanpassung bei § 55a GmbHG vertretenen Lösungsansätze sind sehr vielgestaltig. Deshalb ist im Rahmen der Meinungsdarstellung eine Kategorisierung der unterschiedlichen Lösungsansätze erforderlich. Orientierungsmaßstab hierbei soll der Grundsatz sein, dass allein die Gesellschafter Änderungen an der Satzung vornehmen können. Je nach Intensität der Abweichung des vertretenen Lösungsansatzes von diesem Grundsatz lässt sich der Meinungsstand in drei Grundströmungen unterteilen, die im Folgenden als weite, strenge und differenzierte Lösung bezeichnet werden sollen. Im Rahmen der differenzierten Lösung existieren weiterhin zwei unterschiedliche Grundansätze, die im Folgenden Ermächtigungstheorie und Kompetenztheorie genannt werden.

Die in der Minderheit gebliebene strenge Lösung vertritt, dass nicht nur eine Satzungsanpassung erforderlich, sondern dass vielmehr hierfür weiterhin ausschließlich die Gesellschafterversammlung zuständig sei.[328]

Die ebenfalls nur vereinzelt vertretene weite Lösung geht davon aus, dass es keiner gesonderten Satzungsanpassung im Rahmen der Ausnutzung des genehmigten Kapitals bedürfe.[329]

Herrschend ist der differenzierende Lösungsansatz. Dieser hält eine Satzungsanpassung für erforderlich, ermöglicht aber deren Vornahme durch die Geschäftsführer ohne Beteiligung der Gesellschafterversammlung; Begründungen und Anforderungen innerhalb dieses Lösungsansatzes unterscheiden sich aber zum Teil erheblich.[330]

(2) Strenge Lösung

Nach der strengen Lösung ist es mangels ausdrücklicher gesetzlicher Regelung nicht möglich, dass die Geschäftsführer über die Anpassung der Satzung überhaupt

Winter/*Ulmer*, § 53 Rn. 95; Wicke, § 53 Rn. 4; Baumbach/Hueck/*Zöllner/Noack*, § 53 Rn. 55, 79 f. Strittig ist allerdings, ob rein redaktionelle Änderung des Satzungswortlauts generell auf ein anderes Organ, insbesondere die Geschäftsführer übertragbar sind, dafür Münch/Komm/*Harbarth*, § 53 Rn. 33; Ulmer/Habersack/Winter/*Ulmer*, § 53 Rn. 32; a.A. OLG München, NJW-RR 2012, 612, 614; Lutter/Hommelhoff/*Bayer*, § 53 Rn. 7, 35; Michalski/*Hoffmann*, § 53 Rn. 59; Scholz/*Priester*, § 53 Rn. 19, 62; BeckOK/*Trölitzsch*, § 53 Rn. 5; Baumbach/Hueck/*Zöllner/Noack*, § 53 Rn. 55.

328 Siehe sogleich unter Punkt (2).

329 Siehe sogleich unter Punkt (3).

330 Siehe sogleich unter Punkt (4).

entscheiden können. Für eine Satzungsänderung sei daher auch im Rahmen der Ausnutzung des genehmigten Kapitals ein Gesellschafterbeschluss erforderlich.[331]

Während zwei Vertreter dieser Ansicht ohne nähere Begründung einen Gesellschafterbeschluss fordern,[332] bezweifelt *Wachter*[333] die Möglichkeit einer Kapitalerhöhung nach § 55a GmbHG ohne satzungsändernden Gesellschafterbeschluss, weil eine § 179 Abs. 1 S. 2 AktG entsprechende Regelung im GmbHG nicht existiere.

Eine intensivere Darlegung der strengen Lösung findet sich bei *Ziemons*.[334]

Eine analoge Anwendung des § 179 Abs. 1 S. 2 AktG scheide schon mangels planwidriger Regelungslücke aus, da sich der Gesetzgeber ausdrücklich gegen die Einführung einer § 179 AktG entsprechenden Vorschrift ausgesprochen habe. Im Übrigen würde eine analoge Anwendung im engeren Sinne auch am fehlenden Aufsichtsrat in der GmbH scheitern; für eine doppelte Analogie reiche das praktische Bedürfnis nicht aus.[335] Eine Annexkompetenz der Geschäftsführer finde keinen Anhaltspunkt im Gesetzestext und könne nicht allein aufgrund der Äußerung der Bundesregierung im ARUG-Gesetzgebungsverfahren begründet werden.[336]

Zur Problemlösung schlägt *Ziemons* entweder einen Vorratsbeschluss der Gesellschafter im Rahmen der Ermächtigung zum genehmigten Kapital vor, bei dem lediglich die Höhe des Stammkapitals offenbleibe, sodass die Geschäftsführer bei deren Einsetzung keinen Ermessensspielraum hätten oder alternativ eine Bevollmächtigung der Geschäftsführer zur Abhaltung einer Gesellschafterversammlung und zur Fassung der entsprechenden satzungsändernden Beschlüsse.[337]

(3) Weite Lösung

Die weite Lösung hält nicht nur einen satzungsändernden Gesellschafterbeschluss bei der Ausnutzung des genehmigten Kapitals für entbehrlich, sondern bestreitet sogar das Erfordernis einer Anpassung der Satzung nach der Entscheidung über die Ausübung der Ermächtigung.[338]

Während dabei einerseits das Erfordernis eines zusätzlichen Beschlusses über die Anpassung der Stammkapitalziffer mit der Begründung verneint wird, dass

---

331 Kroiß/Everts/Poller/*Poller*, Rn. 494; BeckOK/*Ziemons*, § 55a Rn. 65.1 ff., *Lips/Randel/Werwigk*, DStR 2008, 2220, 2226; zumindest an der Entbehrlichkeit eines satzungsändernden Gesellschafterbeschlusses stark zweifelnd *Wachter*, NotBZ 2008, 361, 375.

332 Kroiß/Everts/Poller/*Poller*, Rn. 494; *Lips/Randel/Werwigk*, DStR 2008, 2220, 2226.

333 *Wachter*, NotBZ 2008, 361, 375.

334 BeckOK/*Ziemons*, § 55a Rn. 65.1 ff.

335 BeckOK/*Ziemons*, § 55a Rn. 65.1.

336 BeckOK/*Ziemons*, § 55a Rn. 65.2.

337 BeckOK/*Ziemons*, § 55a Rn. 65a ff.

338 Bork/Schäfer/*Arnold/Born*, § 55a Rn. 27; Saenger/Inhester/*Inhester*, § 55a Rn. 25; Roth/Altmeppen/*Roth*, § 55a Rn. 31.

der Kapitalerhöhungsbeschluss die Stammkapitalziffer automatisch ändere,[339] wird andererseits eine Parallele zur Kapitalerhöhung um einen Höchstbetrag gezogen, bei der es genüge, wenn bei der Anmeldung zum Handelsregister der sich aus der Übernahme des neuen Kapitals ergebende Betrag genannt werde.[340]

Roth lehnt in Fortführung seiner Mindermeinung zu § 57 GmbHG auch hier die Geltung des § 54 Abs. 1 S. 2 GmbHG ab und stützt sich hilfsweise ebenfalls auf die entsprechende Situation bei der Kapitalerhöhung um einen Höchstbetrag, bei der die Geschäftsführer den konkreten Erhöhungsbetrag mit notarieller Bescheinigung bestätigten.[341]

(4) Differenzierte Lösungsansätze

Den differenzierten Lösungsansätzen ist gemein, dass sie zwar grundsätzlich eine Anpassung der Satzung im Rahmen der Ausnutzung des genehmigten Kapitals für erforderlich halten, jedoch unter mehr oder weniger strengen Voraussetzungen die Vornahme der Anpassung durch die Geschäftsführer ermöglichen und das Erfordernis eines notariell beurkundeten Gesellschafterbeschlusses zur Satzungsänderung (§ 53 Abs. 2 S. 1 GmbHG) ablehnen.[342] Es sei dann nur noch eine notarielle Bescheinigung nach § 54 Abs. 1 S. 2 GmbHG erforderlich.[343]

Die Anhänger der differenzierten Lösung stützen sich dabei im Wesentlichen auf zwei Argumente, die zur Ablehnung der anderen beiden Lösungsansätze führen.

Der strengen Lösung steht danach Sinn und Zweck des § 55a GmbHG entgegen, weil das Erfordernis eines Gesellschafterbeschlusses die Zeit-, Kosten- und Flexibilitätsvorteile des genehmigten Kapitals wieder aufhebe. Der weiten Lösung steht die

---

339 Saenger/Inhester/*Inhester*, § 55a Rn. 25 mit Verweis auf die Rechtslage bei der ordentlichen Kapitalerhöhung.

340 Bork/Schäfer/*Arnold/Born*, § 55a Rn. 27.

341 Roth/Altmeppen/*Roth*, § 55a Rn. 31.

342 OLG München, NJW-RR 2012, 612, 614; Gehrlein/Ekkenga/Simon/*Bormann*, § 55a Rn. 22 f.; Ulmer/Habersack/Winter/*Casper*, § 55a Rn. 29; *Fleischer/Wedemann*, GmbHR 2010, 449, 456; *Grigoleit/Rieder*, Rn. 315; Rischbieter/Gröning/*Hansen*, 11. Kapitel, Rn. 101; *Heckschen*, Rn. 653; Heckschen/Heidinger/*Heidinger*, § 10 Rn. 80p; Ring/Grziwotz/*Herrler*, § 55a Rn. 12; *Herrler*, DNotZ 2008, 903, 909; *Katschinski/Rawert*, ZIP 2008, 1993, 1997; *Klett*, GmbHR 2008, 1312, 1314; Münch/Komm/*Lieder*, § 55a Rn. 41 ff.; *ders.*, DNotZ, 2010, 655, 664 ff.; *ders.*, EWiR 2012, 113, 114; Lutter/Hommelhoff/*Lutter/Bayer*, § 55a Rn. 33 ff.; *Nietsch*, FS Schneider, 873, 878; Scholz/*Priester*, § 55a Rn. 32; *ders.*, GmbHR 2008, 1177, 1180; *ders.*, GmbHR 2012, 331, 332; *Renaud*, ZNotP 2010, 203, 205; *Ries*, AnwBl 2011, 13, 18; Rowedder/Schmidt-Leithoff/*Schnorbus*, § 55a Rn. 18, 30; *Schnorbus/Donner*, NZG 2009, 1241, 1245; *Terbrack*, DNotZ 2012, 917, 927 f.; Bunnemann/Zirngibl/*Thun*, § 6 Rn. 96 f.; MünchHBdGesR/*Wegmann*, § 53 Rn. 141; *Wicke*, § 55a Rn. 5; Römermann/*Wiese/Schneider*, § 5 Rn. 213; Baumbach/Hueck/*Zöllner/Fastrich* § 55a Rn. 21.

343 Ulmer/Habersack/Winter/*Casper*, § 55a Rn. 39; Heckschen/Heidinger/*Heidinger*, § 10 Rn. 80r; *Wicke*, § 55a Rn. 5; Baumbach/Hueck/*Zöllner/Fastrich*, § 55a Rn. 21.

durchweg befürwortete Notwendigkeit einer – wenigstens redaktionellen – Satzungsanpassung nach Ausnutzung des genehmigten Kapitals entgegen.[344]

Innerhalb dieses gemeinsamen Rahmens streiten sich die Anhänger der Kompetenz- und der Ermächtigungstheorie über die Voraussetzungen, die für die Vornahme der Satzungsanpassung durch die Geschäftsführer vorliegen müssen.

Das OLG München konnte eine Entscheidung zwischen Ermächtigungs- und Kompetenztheorie offen lassen, weil die Satzung im betreffenden Streitfall eine Ermächtigung der Geschäftsführer zur Satzungsanpassung bei Ausnutzung des genehmigten Kapitals ausdrücklich vorsah.[345]

i. Kompetenztheorie

Die eher weitere Kompetenztheorie leitet die Befugnis der Geschäftsführer als Annex aus der Ermächtigung zur Ausnutzung des genehmigten Kapitals ab.[346] Vereinzelt wird auch davon gesprochen, dass die Ermächtigung zur Kapitalerhöhung „*konkludent*" die Ermächtigung zur Anpassung der Satzung beinhalte.[347]

Die Vertreter der Kompetenztheorie stellen vor allem darauf ab, dass das Erfordernis eines nochmaligen satzungsändernden Gesellschafterbeschlusses (§ 53 Abs. 2 S. 1 GmbHG) mit Grundkonzeption und Zweck des § 55a GmbHG nicht vereinbar sei. Nur durch die Annahme einer Annexkompetenz der Geschäftsführer, die automatisch aus dem Ermächtigungsbeschluss über das genehmigte Kapital folge, könne ein solcher erneuter Gesellschafterbeschluss vermieden werden.[348]

---

344 Diese Argumente werden genannt bei OLG München, NJW-RR 2012, 612, 614; Gehrlein/Ekkenga/Simon/*Bormann*, § 55a Rn. 22; Ulmer/Habersack/Winter/*Casper*, § 55a Rn. 29; Rischbieter/Gröning/*Hansen*, 11. Kapitel Rn. 101; *Heckschen*, Rn. 653; *Klett*, GmbHR 2008, 1312, 1314; Münch/Komm/*Lieder*, § 55a Rn. 40, 42; *ders.*, DNotZ, 2010, 655, 664; Lutter/Hommelhoff/*Lutter/Bayer*, § 55a Rn. 33; Scholz/*Priester*, § 55a Rn. 31 f.; *ders.*, GmbHR 2008, 1177, 1180; Rowedder/Schmidt-Leithoff/*Schnorbus*, § 55a Rn. 30; *Schnorbus/Donner*, NZG 2009, 1241, 1245; *Terbrack*, DNotZ 2012, 917, 927, 927 f.; Bunnemann/Zirngibl/*Thun*, § 6 Rn. 96; MünchHBdGesR/*Wegmann*, § 53 Rn. 141; *Wicke*, § 55a Rn. 5; etwas abweichend in der Begründung Baumbach/Hueck/*Zöllner/Fastrich*, § 55a Rn. 21, nach denen „*die Satzungsänderung materiell von den GFührern auf Grund der Ermächtigung in eigener Zuständigkeit beschlossen*" werde.

345 OLG München, NJW-RR 2012, 612, 614; zustimmend und ebenfalls die Entscheidung offen lassend *Bormann/Hösler*, jurisPR-HaGesR 4/2012 Anm. 3; offen auch *Grigoleit/Rieder*, Rn. 315 und *Kramer*, GmbHR 2015, 1073, 1074.

346 Gehrlein/Ekkenga/Simon/*Bormann*, § 55a Rn. 23; Ulmer/Habersack/Winter/*Casper*, § 55a Rn. 29, 39; *Fleischer/Wedemann*, GmbHR 2010, 449, 456; Rischbieter/Gröning/*Hansen*, 11. Kapitel Rn. 101; *Nietsch*, FS Schneider, 873, 878; Scholz/*Priester*, § 55a Rn. 32; *ders.*, GmbHR 2008, 1177, 1180; *ders.*, GmbHR 2012, 331, 332; *Schnorbus/Donner*, NZG 2009, 1241, 1245; Baumbach/Hueck/*Zöllner/Fastrich* § 55a Rn. 21.

347 Bunnemann/Zirngibl/*Thun*, § 6 Rn. 97.

348 Ulmer/Habersack/Winter/*Casper*, § 55a Rn. 29, 39; *Nietsch*, FS Schneider, 873, 878; Scholz/*Priester*, § 55a Rn. 32; *ders.*, GmbHR 2008, 1177, 1180; *ders.*, GmbHR 2012,

Ferner wird darauf verwiesen, dass die Annahme einer Annexkompetenz zur lediglich formellen Satzungsänderung keinen *„materiellen Übergriff in die Gesellschafterzuständigkeit bildet“*.[349]

ii. Ermächtigungstheorie

Die eher engere Ermächtigungstheorie geht davon aus, dass die Kompetenz der Geschäftsführer zur Anpassung der Satzung auch bei Ausnutzung des genehmigten Kapitals nur von den Gesellschaftern abgeleitet werden könne und deshalb stets eine ausdrückliche Ermächtigung zur Satzungsanpassung vorhanden sein müsse.[350]

Die Vertreter dieser Theorie stützen sich auf eine (doppelt) analoge Anwendung von § 179 Abs. 1 S. 2 AktG, nach dem die Hauptversammlung die Befugnis zu rein redaktionellen Änderungen der Satzung dem Aufsichtsrat übertragen kann. Der Problematik, dass die GmbH nur unter bestimmten Bedingungen über einen Aufsichtsrat verfügt, wird dadurch begegnet, dass die Ermächtigung auch an die Geschäftsführer erteilt werden kann.[351]

Folgt man dieser Lösung, so können die Geschäftsführer, entsprechend der allgemeinen Meinung zu § 179 AktG,[352] den Beschluss zur förmlichen Satzungsanpassung ohne notarielle Beurkundung fassen.[353]

Teilweise wird es auch als zulässig angesehen, die Ermächtigung zur Satzungsanpassung dem Notar zu erteilen.[354]

331, 332; weniger ausführlich, aber wohl ebenso Rischbieter/Gröning/*Hansen*, 11. Kapitel Rn. 101; *Schnorbus/Donner*, NZG 2009, 1241, 1245.

349 *Fleischer/Wedemann*, GmbHR 2010, 449, 456.

350 Heckschen/Heidinger/*Heidinger*, § 10 Rn. 80p; *Heckschen*, Rn. 653; *Herrler*, DNotZ 2008, 903, 909; Ring/Grziwotz/*Herrler*, § 55a Rn. 12; *Katschinski/Rawert*, ZIP 2008, 1993, 1997; *Klett*, GmbHR 2008, 1312, 1314; Münch/Komm/*Lieder*, § 55a Rn. 43 ff.; *ders.*, DNotZ, 2010, 655, 664 ff.; *ders.*, EWiR 2012, 113, 114; Lutter/Hommelhoff/*Lutter/Bayer*, § 55a Rn. 33 ff.; *Renaud*, ZNotP 2010, 203, 205; *Ries*, AnwBl 2011, 13, 18; *Terbrack*, DNotZ 2012, 917, 927 f.; MünchHBdGesR/*Wegmann*, § 53 Rn. 141; *Wicke*, § 55a Rn. 5; Römermann/*Wiese/Schneider*, § 5 Rn. 213.

351 Siehe vorherige Fußnote, abweichend hierzu nur Lutter/Hommelhoff/*Lutter/Bayer*, § 55a Rn. 35, die für den Fall, dass ein Aufsichtsrat besteht, diesen als vorrangig zu ermächtigendes Organ ansehen.

352 Vgl. nur Spindler/Stilz/*Holzborn*, § 179 Rn. 112; Hüffer/*Koch*, § 179 Rn. 12; Münch/Komm/AktG/*Stein*, § 179 Rn. 175.

353 A.A. innerhalb der Anhänger der Ermächtigungstheorie wohl *Renaud*, ZNotP 2010, 203, 207, der – freilich nicht ohne eine gewisse Widersprüchlichkeit zu seinen sonstigen Ausführungen – darauf abstellt, dass jede Satzungsänderung im GmbH-Recht *„eines Beschlusses in notarieller Form“* bedürfe.

354 Heckschen/Heidinger/*Heidinger*, § 10 Rn. 80r; Münch/Komm/*Lieder*, § 55a Rn. 45; *ders.*, DNotZ, 2010, 655, 668; *Wicke*, § 55a Rn. 5; im Rahmen der Kompetenztheorie ähnlich Scholz/*Priester*, § 55a Rn. 32; *ders.*, GmbHR 2008, 1177, 1180.

Sofern die Vertreter der Ermächtigungstheorie eine tiefgehendere Begründung anführen, wird darauf abgestellt, dass mit der fehlenden Regelung der Kompetenz zur Satzungsanpassung eine planwidrige Regelungslücke entstanden sei, die aufgrund der vergleichbaren Interessenlage mit der Situation beim genehmigten Kapital in der AG durch die dargestellte Analogie gelöst werden könne.[355] Die Annahme einer Annexkompetenz sei unter Berücksichtigung der Auslegung des § 55a GmbHG nach Wortlaut, Normzweck und Entstehungsgeschichte eine nicht notwendige *„gesetzesübersteigende [n] Rechtsfortbildung"*, die *„einer besonderen Legitimationsgrundlage"* bedürfe.[356] Schließlich wird angeführt, dass es stets der ausdrücklichen Entscheidung der Gesellschafter vorbehalten bleiben müsse, ob die Kompetenz zur Satzungsanpassung auf ein anderes Gesellschaftsorgan delegiert werde.[357]

c) Stellungnahme

(1) Historische und teleologische Auslegung

i. Allgemeines

Kern des Meinungsstreits sind Grund, Bedeutung und ggf. Folgerungen aus der fehlenden Regelung über die Befugnis zur Satzungsanpassung in § 55a GmbHG, insbesondere auch, ob es sich um eine unbewusste Regelungslücke handelt (so grundsätzlich die Ermächtigungstheorie) oder nicht (so in der Tendenz die Kompetenztheorie).

Ausgangspunkt für die nachfolgende Stellungnahme müssen daher Vorstellungen und Zwecksetzung des Gesetzgebers in Bezug auf die fehlende Regelung der Befugnis zur Satzungsanpassung sein. Folglich sind die vertretenen Lösungsansätze vorrangig anhand einer historischen und teleologischen Auslegung des § 55a GmbHG nach den oben entwickelten Richtlinien[358] zu prüfen.

Die danach noch in Betracht kommenden Lösungsansätze sind einer systematischen Betrachtung zu unterziehen.

Schließlich muss der nach dieser Auslegung vorzugswürdige Lösungsansatz den Kriterien standhalten, die oben[359] für die Bestimmung der Reichweite einer allgemeinen Ermächtigung i.S.d. § 55a GmbHG entwickelt wurden.

---

355 Lutter/Hommelhoff/*Lutter/Bayer*, § 55a Rn. 33 ff.; *Klett*, GmbHR 2008, 1312, 1314; Münch/Komm/*Lieder*, § 55a Rn. 43; *ders.*, DNotZ, 2010, 655, 664 ff.; *Renaud*, ZNotP 2010, 203, 205.

356 Münch/Komm/*Lieder*, § 55a Rn. 44; *ders.*, DNotZ, 2010, 655, 667; vgl. auch zu *Lieders* Argumentation gegen die Beachtlichkeit der Äußerungen der Bundesregierung im ARUG-Gesetzgebungsverfahren schon oben Punkt A.II.2.b.

357 Münch/Komm/*Lieder*, § 55a Rn. 44; *ders.*, DNotZ, 2010, 655, 667; *Renaud*, ZNotP 2010, 203, 205; *Terbrack*, DNotZ 2012, 917, 928.

358 Siehe dazu oben Punkte A.II.1.b. und 2.b.

359 Siehe hierzu oben Punkt C.IV.1.e.

ii. Die strenge Lösung im Lichte der historischen und teleologischen Auslegung

Die Vorstellungen des Gesetzgebers bei Schaffung des § 55a GmbHG sind eindeutig darauf gerichtet, dass ein satzungsändernder Gesellschafterbeschluss bei Ausnutzung des genehmigten Kapitals nicht mehr erforderlich sein soll.[360]

Hinzu kommt die Zwecksetzung des Gesetzgebers, die klar gegen die strenge Lösung spricht. Gerade die mit der Entbehrlichkeit eines satzungsändernden Gesellschafterbeschlusses verbundene Beschleunigung, Flexibilisierung und Kostenersparnis[361] war die Kernintention des Gesetzgebers bei Schaffung des § 55a GmbHG.[362] Zugleich ist die Möglichkeit der eigenständigen Durchführung der Kapitalerhöhung durch die Geschäftsführer, also die Zuständigkeitsverlagerung, das wesentliche Unterscheidungskriterium des genehmigten Kapitals zur ordentlichen Kapitalerhöhung.[363] Gäbe man dies auf, hätte die Einführung des § 55a GmbHG schlicht keinen Sinn gehabt.

Eine Bejahung der strengen Lösung käme damit einer faktischen Außerkraftsetzung von § 55a GmbHG gleich und würde dessen Sinn und Zweck generell und in jedem denkbaren Anwendungsfall unterlaufen.

iii. Die differenzierten Lösungsansätze im Lichte der historischen und teleologischen Auslegung

Für die sich auf eine Analogie zum Aktienrecht stützende Ermächtigungstheorie spricht zwar zunächst die in den MoMiG-Materialien zum Ausdruck kommende Orientierung des Gesetzgebers an den aktienrechtlichen Vorschriften zum genehmigten Kapital. Allerdings wurde bereits oben[364] herausgearbeitet, dass der Gesetzgeber

360 Darauf verweisen auch Saenger/Inhester/*Inhester*, § 55a Rn. 25; Scholz/*Priester*, § 55a Rn. 32; *Trautmann*, S. 100; vgl. im Übrigen auch schon oben Punkt A.II.1.b.(2).

361 Ob in der Gesamtschau der Schaffung und Ausnutzung des genehmigten Kapitals tatsächlich eine Kostenersparnis eintritt, wird zwar oft bezweifelt, etwa bei *Cramer*, GmbHR 2009, 406, 407 f. Für die Frage der Vereinbarkeit der strengen Lösung mit der gesetzgeberischen Zwecksetzung der Kostenersparnis ist dies aber nicht relevant, weil der Gesetzgeber in BTDrucks. 16/9737, S. 56 ersichtlich nur eine in Bezug auf die Ausnutzung des genehmigten Kapitals isolierte Kostenbetrachtung vornahm und sich eine Kostenersparnis auf der Ausnutzungsebene unstreitig ergibt, wenn ein satzungsändernder, beurkundungspflichtiger Gesellschafterbeschluss entbehrlich ist.

362 Dies ist das uneingeschränkt zutreffende Kernargument der Gegner der strengen Lösung, so vor allem Lutter/Hommelhoff/*Lutter/Bayer*, § 55a Rn. 33; Scholz/*Priester*, § 55a Rn. 32; *Priester*, GmbHR 2008, 1177, 1180; *Terbrack*, DNotZ 2012, 917, 927; die Stellungnahme des Gesetzgebers nicht erwähnenden, aber auf den Widerspruch zum durch § 55a GmbHG erreichten Vorteil abstellend OLG München, NJW-RR 2012, 612, 614; *Wicke*, § 55a Rn. 5.

363 Vgl. etwa Münch/Komm/*Lieder*, § 55a Rn. 1 und auch schon oben Punkt B.II.3.

364 Siehe hierzu oben Punkt A.II.b.(2).

keinesfalls eine unbesehene Übertragung der Rechtslage im Aktienrecht beabsichtigte, sondern die Besonderheiten des GmbH-Rechts berücksichtigt hat. Folglich kann diesbezüglich kein gewichtiges Argument für die Ermächtigungstheorie gewonnen werden. Eher lässt die mit Selbstverständlichkeit vertretene Norminhaltsvorstellung des MoMiG-Gesetzgebers über die Entbehrlichkeit eines satzungsändernden Gesellschafterbeschlusses bei Ausnutzung des genehmigten Kapitals auf seine Überzeugung schließen, dass die Ermächtigung nach § 55a GmbHG den Geschäftsführern die umfassende Durchführung der Kapitalerhöhung ohne Einbindung der Gesellschafterversammlung nicht nur im Grundsatz ermöglichen soll, sondern dass hierfür auch keine besonderen, zusätzlichen Voraussetzungen gegeben sein müssen. Genau eine solche zusätzliche Voraussetzung enthält aber die Ermächtigungstheorie, indem sie die erforderliche Satzungsanpassung durch die Geschäftsführer von einer ausdrücklichen, gesonderten Ermächtigung abhängig macht.

Liegt dagegen nur eine allgemeine Ermächtigung i.S.d. § 55a GmbHG vor, scheitert nach der Ermächtigungstheorie die eigenständige Durchführung der Kapitalerhöhung durch die Geschäftsführer; ein satzungsändernder Gesellschafterbeschluss wird erforderlich.

In diesem Fall widerspricht die Ermächtigungstheorie nicht nur der Norminhaltsvorstellung des Gesetzgebers, sondern ist sogar unter Umständen dazu geeignet, den Sinn und Zweck der Beschleunigung, Flexibilisierung und Kostenersparnis zu unterlaufen.

Zuzugeben ist freilich, dass die Ermächtigungstheorie im Unterschied zur strengen Lösung Sinn und Zweck des § 55a GmbHG nicht generell, sondern nur im Falle einer „unzureichenden" Ermächtigung unterläuft. Die Gefahr einer derartigen „unzureichenden" Ermächtigung erscheint zudem angesichts der mit der Schaffung des genehmigten Kapitals stets verbundenen notariellen Beurkundung (§§ 2 Abs. 1 S. 1, 53 Abs. 2 S. 1 GmbHG) nicht sonderlich groß.[365] Dennoch ist aus teleologischer Sicht eine Tendenz zugunsten der Kompetenztheorie anzunehmen, weil diese die

365 Jedenfalls bei der Gründungssatzung ist die Einhaltung der §§ 8 ff. BeurkG erforderlich, sodass die Belehrungspflicht des Notars nach § 17 Abs. 1 BeurkG greift, vgl. Baumbach/Hueck/*Fastrich*, § 2 Rn. 8 ff.; Münch/Komm/*Mayer*, § 2 Rn. 27 ff. Zur Beurkundung der Satzungsänderung wird oft vertreten, dass diese sich nach § 36 BeurkG richte, sodass grundsätzlich keine Belehrungspflicht nach § 17 BeurkG besteht, vgl. Baumbach/Hueck/*Zöllner/Noack*, § 53 Rn. 70 f.; Münch/Komm/*Harbarth*, § 53 Rn. 68; Ulmer/Habersack/Winter/*Ulmer*, § 53 Rn. 49; nach der Rechtsprechung dient die notarielle Form des § 53 Abs. 2 S. 1 GmbHG aber jedenfalls auch Belehrungszwecken, vgl. BGH NJW 1981, 1160; BGH NJW 1989, 295, 298 f. Auch ist zu berücksichtigen, dass der Notar, auch wenn ihn keine Prüfungs- und Belehrungspflichten nach § 17 BeurkG treffen, nach seinem pflichtgemäßen Ermessen die Vorschriften über die Beurkundung von Willenserklärungen und damit auch § 17 BeurkG anwenden kann, vgl. *Winkler*, vor § 36 Rn. 15.

sichere Gewähr dafür bietet, dass Sinn und Zweck des § 55a GmbHG nicht wegen des Erfordernisses der Satzungsanpassung konterkariert werden.[366]

Von Bedeutung für die Entscheidung zwischen Kompetenz- und Ermächtigungstheorie sind auch die geäußerten Norminhaltsvorstellungen im ARUG-Gesetzgebungsverfahren, die im Ergebnis eindeutig auf eine Geltung der Kompetenztheorie gerichtet sind.[367]

Es ist allerdings zuzugeben, dass diesbezüglich nicht mit hinreichender Sicherheit auf den Willen des Gesetzgebers geschlossen werden kann. Zwar haben die Äußerungen, trotz der zeitlichen Diskrepanz der beiden Gesetzgebungsverfahren, Relevanz für die Auslegung.[368] Hinsichtlich der Abgrenzung zwischen Ermächtigungs- und Kompetenztheorie fällt aber einschränkend ins Gewicht, dass es sich nur um eine Äußerung der Bundesregierung in Bezug auf eine eher theoretisch-dogmatische Frage handelt, deren praktische Auswirkung wohl regelmäßig nicht ins Gewicht fällt, weil das entscheidende Ergebnis, die Entbehrlichkeit eines satzungsändernden Gesellschafterbeschlusses, auch nach der Ermächtigungstheorie erreicht werden kann. Folglich ist es bei dieser eher dogmatisch-theoretischen Fragestellung nicht sicher, dass die sich mit der Entwurfsbegründung befassenden Abgeordneten des Rechtsausschusses die Erwägungen der Bundesregierung in ihren Willen aufgenommen haben.

Auch wenn den Äußerungen der Bundesregierung im ARUG-Gesetzgebungsverfahren daher hier sicherlich keine streitentscheidende Bedeutung zugemessen werden kann, tragen diese doch dazu bei, dass sich die Tendenz zugunsten der Kompetenztheorie weiter verstärkt.

iv. Die weite Lösung im Lichte der historischen und teleologischen Auslegung

Die weite Lösung ist dadurch gekennzeichnet, dass sie die Erforderlichkeit einer Satzungsanpassung generell ablehnt.

Nach der teleologischen Auslegung lassen sich keine Argumente gegen die weite Lösung vorbringen. Auch hier ist kein satzungsändernder Gesellschafterbeschluss erforderlich und die Ziele der Beschleunigung, Flexibilisierung und Kostensenkung der Kapitalaufnahme werden durch die mangelnde Erforderlichkeit einer Satzungsanpassung sogar am wirksamsten erreicht.

Dennoch bedeutet dies nicht, dass die weite Lösung insofern gegenüber der Kompetenztheorie vorzugswürdig wäre. Denn der Zeitaufwand und die notarielle Bescheinigung (§ 54 Abs. 1 S. 2 2. HS GmbHG), die hinsichtlich der Anpassung der Satzung erforderlich sind,[369] fallen kaum ins Gewicht, weil die Anpassung ohne

366 Ähnliche Erwägungen bei Ulmer/Habersack/Winter/*Casper*, § 55a Rn. 29.

367 Siehe dazu oben Punkt A.II.2.

368 Zur Begründung hierfür siehe oben Punkt A.II.2.b.

369 Vgl. zu diesem Erfordernis Ulmer/Habersack/Winter/*Casper*, § 55a Rn. 29, 39; *Wicke*, § 55a Rn. 5; Baumbach/Hueck/*Zöllner/Fastrich*, § 55a Rn. 21.

besondere Voraussetzungen durchgeführt werden kann und die Mitwirkung des Notars ohnehin für die Beglaubigung der Übernahmeerklärungen (§ 55 Abs. 1 GmbHG) erforderlich ist.[370]

Berücksichtigt man weiterhin die Äußerung der Bundesregierung aus dem ARUG-Gesetzgebungsverfahren, so wird das aus teleologischen Gründen folgende, leichte Gewicht zugunsten der weiten Lösung sogar vollständig relativiert.

Die Bundesregierung hat im ARUG-Gesetzgebungsverfahren ausdrücklich die Auffassung vertreten, dass eine Satzungsanpassung im Rahmen der Ausnutzung des genehmigten Kapitals erforderlich sei.[371]

Im Gegensatz zu den obigen Erwägungen bei der Entscheidung zwischen Ermächtigungs- und Kompetenztheorie kommt dieser Äußerung der Bundesregierung eine deutlich höhere Relevanz zu. Dies liegt daran, dass die getätigte Äußerung anders als zuvor nicht eher theoretisch-dogmatischer Natur mit eingeschränkter Praxisrelevanz, sondern in ihrer praktischen Auswirkung (es geht schließlich um die Anforderungen an die Handelsregisteranmeldung und die Geltung des § 54 Abs. 1 S. 2 GmbHG) erheblich ist, sodass diese Äußerung nur schwerlich ohne Gegenreaktion hätte bleiben können, sofern sie im Gegensatz zu den Auffassungen der Mehrheit der Mitglieder des Rechtsausschusses gestanden hätte.

Daraus kann geschlossen werden, dass die Erforderlichkeit einer Satzungsanpassung im Rahmen der Ausnutzung des genehmigten Kapitals mit hoher Wahrscheinlichkeit dem tatsächlichen Willen des Gesetzgebers entspricht.

v. Zusammenfassung und Vorgaben für die weitere Problemlösung

Die strenge Lösung unterläuft in jedem denkbaren Anwendungsfall den eindeutig geäußerten Willen des Gesetzgebers und den klar erkennbaren Sinn und Zweck des § 55a GmbHG.

Sie ist deshalb nicht vertretbar und kann auch nicht mehr durch andere Argumente zu einem vertretbaren Lösungsansatz erwachsen.[372]

Im Rahmen der differenzierten Lösungsansätze lässt sich eine klare Tendenz zugunsten der Kompetenztheorie feststellen, die sich vor allem aus der teleologischen, aber auch aus der historischen Auslegung in Bezug auf das ARUG-Gesetzgebungsverfahren ergibt.

Die weite Lösung verwirklicht zwar optimaler die Zwecksetzungen des MoMiG-Gesetzgebers als die Kompetenztheorie. Dieser Vorsprung wird aber aufgrund der Äußerungen in den ARUG-Materialien relativiert.

Eine abschließende Entscheidung zwischen Kompetenz- und Ermächtigungstheorie sowie der weiten Lösung kann deshalb nur unter Zugrundelegung systematischer

370 Auf letzteres weist Ulmer/Habersack/Winter/*Casper*, § 55a Rn. 29, 39 zutreffend hin.

371 Siehe hierzu schon oben Punkt A.II.2.

372 Vgl. zum Gewicht der Auslegungskriterien allgemein oben Punkt A.II.1.b.(1).

Gesichtspunkte und unter Heranziehung der oben[373] entwickelten Kriterien zur Bestimmung der Reichweite einer allgemeinen Ermächtigung i.S.d. § 55a Abs. 1 GmbHG gewonnen werden.

(2) Systematische Gesichtspunkte

i. Weite Lösung

Der Ansatz der weiten Lösung und die vorgebrachten Begründungen widersprechen der Systematik des GmbH-Rechts.

Wenn *Inhester* vertritt, dass bei der regulären Kapitalerhöhung der Kapitalerhöhungsbeschluss die Stammkapitalziffer automatisch ändere,[374] ist dies, so ausgedrückt, unzutreffend. Zwar ist richtig, dass kein zusätzlicher Satzungsänderungsbeschluss bei der regulären Kapitalerhöhung erforderlich ist. Jedoch muss auch dort der Wortlaut der Satzung angepasst werden, denn dieser ändert sich nicht von selbst.[375] Diese Anpassungsnotwendigkeit besteht genauso bei der Ausnutzung des genehmigten Kapitals mit dem Unterschied und eben dem Problem, dass es hier keinen Kapitalerhöhungsbeschluss der Gesellschafter gibt.

Soweit eine Übertragung der Vorgehensweise bei der Kapitalerhöhung um einen Höchstbetrag vorgeschlagen wird,[376] so werden hier die substantiellen Unterschiede zur Ausnutzung des genehmigten Kapitals verkannt.

Während bei der Kapitalerhöhung um einen Höchstbetrag, bei der es sich um eine reguläre Kapitalerhöhung handelt, ein Kapitalerhöhungsbeschluss der Gesellschafterversammlung gegeben ist, der lediglich den Erhöhungsbetrag davon abhängig macht, wie viele Geschäftsanteile übernommen werden,[377] liegt bei der Ausnutzung eines genehmigten Kapitals ein solcher Kapitalerhöhungsbeschluss gerade nicht vor, sondern nur eine Ermächtigung der Geschäftsführer, die diese nach ihrem Ermessen ausüben können.

Dieser gewichtige Unterschied steht einer Übertragung der Vorgehensweise entgegen.

Schließlich ist der Ansicht *Roths*, dass § 54 Abs. 1 S. 2 GmbHG bei der Kapitalerhöhung durch § 57 GmbHG als lex specialis verdrängt wird,[378] zu widersprechen. Dass die Kapitalerhöhung einen Fall der Satzungsänderung darstellt oder wenigstens einer Satzungsänderung bedarf, ist nicht zu bestreiten, was übrigens auch Roth nicht tut.[379] Es stellt sich dann aber die Frage, weshalb eine für die Satzungsänderung geltende

---

373 Siehe hierzu näher Punkt C.IV.1.e.

374 Saenger/Inhester/*Inhester*, § 55a Rn. 25.

375 So etwa Münch/Komm/*Lieder*, § 55 Rn. 64.

376 Bork/Schäfer/*Arnold/Born*, § 55a Rn. 27; hilfsweise auch Roth/Altmeppen/*Roth*, § 55a Rn. 31.

377 Siehe dazu schon oben Punkt B.II.3.b.(1).

378 Roth/Altmeppen/*Roth*, § 57 Rn. 5.

379 Roth/Altmeppen/*Roth*, § 55 Rn. 1.

Norm (§ 54 Abs. 1 S. 2 GmbHG) nicht auch für deren Unterfall[380] der Kapitalerhöhung gelten sollte. Einen gewichtigen Grund hierfür vermag man nicht zu erkennen, eher besteht die Gefahr der Rechtsunsicherheit, wenn der aktuelle, tatsächliche Betrag des Stammkapitals nicht mit dem einsehbaren[381] Wortlaut der Satzung übereinstimmt.

Im Ergebnis ist deshalb die weite Lösung abzulehnen.

ii. Differenzierte Lösungsansätze

Man könnte der Ermächtigungstheorie aus systematischen Gründen den Vorzug geben, weil diese vermeintlich weniger stark in die Strukturzuständigkeit der Gesellschafter eingreift, da sie eine ausdrückliche Ermächtigung der Geschäftsführer zur Satzungsanpassung fordert.[382]

Diese Erwägungen wären aber nicht zutreffend.

Denn im Hinblick auf die zwingende Strukturzuständigkeit der Gesellschafter wäre die Annahme der Zulässigkeit einer Ermächtigung der Geschäftsführer zur Satzungsanpassung nach allgemeinen kompetenzrechtlichen Grundsätzen (also ohne Beachtung der Besonderheiten des § 55a GmbHG) genauso verfehlt wie die Annahme einer Annexkompetenz der Geschäftsführer zur Satzungsanpassung. Jede Veränderung der Satzung, ganz gleich welche inhaltliche Bedeutung dieser zukommt, ist eine Strukturmaßnahme und grundsätzlich zwingend den Gesellschaftern vorbehalten.[383]

Unter Hinweis auf die geringe Bedeutung einer bloß redaktionellen Anpassung[384] kann eine Ausnahme hiervon nicht gerechtfertigt werden. Dies gilt insbesondere im Hinblick darauf, dass dann aufgrund von Abgrenzungsschwierigkeiten zwischen einer zulässigen redaktionellen und einer unzulässigen inhaltlichen Änderung[385] die Gefahr bestünde, dass sich eine durch die Geschäftsführer vorgenommene Änderung am Wortlaut der Satzung tatsächlich als inhaltliche Satzungsänderung herausstellt, über die zwingend die Gesellschafterversammlung hätte entscheiden müssen.

Unter diesem Aspekt besteht also keine Präferenz zugunsten der Ermächtigungstheorie.

Im Gegenteil liegen in systematischer Hinsicht sogar starke Bedenken gegen den Begründungsansatz der Ermächtigungstheorie vor, soweit er sich auf eine (doppelt) analoge Anwendung des § 179 Abs. 1 S. 2 AktG stützt.

---

380 So zutreffend Baumbach/Hueck/*Zöllner/Fastrich*, § 55 Rn. 4.

381 Der Umfang der Einsicht in das Handelsregister erstreckt sich nach § 9 Abs. 1 HGB auch auf die zum Handelsregister eingereichten Dokumente, also auch die Satzung der GmbH, vgl. etwa Münch/Komm/HGB/*Krafka*, § 9 Rn. 6.

382 In diese Richtung die Vertreter bei Fußnote 357.

383 Vgl. zum Meinungsstreit hinsichtlich redaktioneller Satzungsanpassungen oben Fußnoten 227 und 327.

384 So etwa Münch/Komm/Harbarth, § 53 Rn. 33.

385 Zu Abgrenzungsschwierigkeiten im Anwendungsbereich des § 179 Abs. 1 S. 2 AktG vgl. etwa Münch/Komm/AktG/*Stein*, § 179 Rn. 160.

Zum einen ist § 179 Abs. 1 S. 2 AktG eine spezifisch aktienrechtliche Regelung, die zu allgemeinen kompetenzrechtlichen Grundsätzen der GmbH im Widerspruch steht.[386] Wie soeben ausgeführt, ist eine Ermächtigung der Geschäftsführer oder eines anderen Organs zur Fassungsänderung der Satzung dem GmbH-Recht grundsätzlich fremd und verstößt gegen die zwingende Strukturzuständigkeit der Gesellschafter. Folgerichtig findet § 179 Abs. 1 S. 2 AktG auch dann keine Anwendung auf eine GmbH, wenn diese über einen Aufsichtsrat verfügt.[387]

Ferner zeigt sich die Einordnung des § 179 Abs. 1 S. 2 AktG als Besonderheit des Aktienrechts daran, dass dessen analoge Anwendung auf die GmbH außerhalb des Anwendungsbereichs eines genehmigten Kapitals nicht vertreten wird.

Zum anderen handelt es sich bei § 179 Abs. 1 S. 2 AktG auch nicht um eine Regelung, die den Besonderheiten des aktienrechtlichen genehmigten Kapitals geschuldet ist und deshalb aufgrund vergleichbarer Interessenlage auf § 55a GmbHG analog angewendet werden könnte. Vielmehr gehört § 179 Abs. 1 S. 2 AktG zu den allgemeinen aktienrechtlichen Kompetenzvorschriften, was sich sowohl aufgrund seiner Stellung außerhalb der §§ 202 ff. AktG, als auch aufgrund seines Anwendungsbereichs zeigt, der sich auf jede Fassungsänderung der Satzung der AG erstreckt.[388]

Es ist deshalb äußert fragwürdig, eine aktienrechtliche Regelung, die erstens mit allgemeinen GmbH-rechtlichen Grundsätzen nicht vereinbar ist und zweitens auch keinen spezifischen Regelungszusammenhang mit dem genehmigten Kapital aufweist, sondern einen ganz allgemeinen Regelungsgehalt hat, auf das genehmigte Kapital der GmbH analog anzuwenden.

Unter Zugrundelegung dieser Bedenken ist die Kompetenztheorie vorzugswürdig.

(3) Prüfung der Kompetenztheorie anhand der Kriterien zur Bestimmung der Reichweite einer allgemeinen Ermächtigung i.S.d. § 55a GmbHG

Da die Kompetenztheorie nach bisheriger Auslegung vorzugswürdig ist, kann sich die folgende Prüfung darauf beschränken, ob nach den oben[389] entwickelten Kriterien die allgemeine Ermächtigung der Geschäftsführer i.S.d. § 55a Abs. 1 GmbHG die Befugnis zur Satzungsanpassung umfasst. Ist dies der Fall, so ist der Kompetenztheorie zu folgen, weil dann keine relevanten Gesichtspunkte ihrer Befürwortung mehr im Wege stehen.

---

386 Vgl. ähnlich auch Lutter/Hommelhoff/*Bayer*, § 53 Rn. 35, nach dem § 179 Abs. 1 S. 2 AktG *„nicht Ausdruck eines allgemeinen Prinzips, sondern eine technisch erforderliche Ausnahme ist“*; vgl. auch *Trautmann*, S. 100 f.

387 Dies zeigen die fehlenden Verweisungen in § 52 Abs. 1 GmbHG, § 1 Abs. 1 Nr. 3 DrittelbG, § 25 Abs. 1 S. 1 Nr. 2 MitbestG. Es bleibt auch hier bei dem Grundsatz, dass jede Satzungsänderung allein der Gesellschafterversammlung obliegt.

388 Hölters/*Haberstock/Greitemann*, § 179 Rn. 39; Hüffer/*Koch*, § 179 Rn. 11; Münch/Komm/AktG/*Stein*, § 179 Rn. 164.

389 Vgl. dazu Punkt C.IV.1.e.

i. Untrennbarer Zusammenhang mit der Gesamtmaßnahme „Erhöhung des Stammkapitals"

Da nach hier vertretener Auffassung jeder Anmeldung einer Kapitalerhöhung zum Handelsregister nach § 54 Abs. 1 S. 2 GmbHG der geänderte Wortlaut der Satzung beizufügen ist und die Kapitalerhöhung erst mit der Eintragung ins Handelsregister wirksam wird, §§ 57, 54 Abs. 3 GmbHG, ist die Anpassung der Satzung hinsichtlich der erhöhten Stammkapitalziffer zwingend für die Durchführung der Kapitalerhöhung erforderlich. Damit steht die Anpassung der Stammkapitalziffer in der Satzung im untrennbaren Zusammenhang mit der Gesamtmaßnahme „Erhöhung des Stammkapitals".

ii. Einschränkung aufgrund der Befugnisse des Vorstands

Geht man davon aus, dass das aufgrund einer allgemeinen Ermächtigung i.S.d. § 55a GmbHG übertragene Kompetenzfeld grundsätzlich nicht weiter verstanden werden kann, als die Befugnisse des Vorstands der AG bei der Ausnutzung eines genehmigten Kapitals, so ergeben sich bei der Satzungsanpassung Schwierigkeiten.

Denn bei Ausnutzung des genehmigten Kapitals in der AG ist der Vorstand nicht zur Anpassung der Satzung befugt. Diese Anpassung kann vielmehr nur der Aufsichtsrat aufgrund einer Ermächtigung der Hauptversammlung vornehmen, § 179 Abs. 1 S. 2 AktG.[390]

Nach den oben festgelegten Kriterien[391] gilt die Übertragung der Grenzen der Vorstandskompetenz allerdings nicht, wenn bei der GmbH ausnahmsweise kein vergleichbares Bedürfnis für die Begrenzung der Kompetenz der Geschäftsführer besteht.

Dies ist in Bezug auf die Satzungsanpassung der Fall.

Eine Übertragung der Kompetenzgrenzen aus dem Aktienrecht ist nur dann sinnvoll, wenn die jeweilige Begrenzung dazu dient, die Rechte der Hauptversammlung beim genehmigten Kapital zu wahren und nicht durch eine schrankenlose Ermächtigung auszuhöhlen.[392]

Ein solcher, auch für das Verhältnis zwischen Gesellschafterversammlung und Geschäftsführer relevanter Zweck der Begrenzung kommt § 179 Abs. 1 S. 2 AktG aber gerade nicht zu. § 179 Abs. 1 S. 2 AktG ist nämlich der Dreigliedrigkeit der aktienrechtlichen Kompetenzordnung aus Hauptversammlung, Vorstand und Aufsichtsrat geschuldet, die es in der GmbH so gerade nicht gibt. Die fehlende Befugnis des Vorstands resultiert nicht daraus, dass der Hauptversammlung zwingend die Kompetenz zur Satzungsanpassung verbleiben soll, sondern dass diese eben nur

390 Unstr., vgl. etwa Münch/Komm/AktG/*Bayer*, § 203 Rn. 28; Spindler/Stilz/*Wamser*, § 203 Rn. 39.

391 Vgl. dazu Punkt C.IV.1.e.

392 Diese Erwägung gilt etwa für das Erfordernis einer ausdrücklichen Ermächtigung als Voraussetzung dafür, dass der Vorstand über den Ausschluss des Bezugsrechts entscheiden kann, vgl. etwa Spindler/Stilz/*Wamser*, § 202 Rn. 16.

dem Aufsichtsrat und nicht dem Vorstand übertragen werden kann. Dies ändert aber nichts an der eigentlichen Kernaussage des § 179 Abs. 1 S. 2 AktG, die darin besteht, dass die Hauptversammlung die Zuständigkeit für Satzungsanpassungen an ein anderes Gesellschaftsorgan delegieren kann.

Folglich können aus der fehlenden Befugnis des Vorstands zur Satzungsanpassung keine einschränkenden Schlüsse hinsichtlich der Kompetenzen der Geschäftsführer bei Ausnutzung des genehmigten Kapitals gezogen werden.

iii. Einschränkung aufgrund der strukturellen Wirkung der Satzungsanpassung

Dass die Satzungsanpassung eine Strukturmaßnahme ist, deren Vornahme den Geschäftsführern außerhalb des genehmigten Kapitals verwehrt ist, wurde oben[393] dargelegt.[394]

Es ist jedoch nicht ausgeschlossen, dass die durch die allgemeine Ermächtigung i.S.d. § 55a GmbHG bewirkte Kompetenzfeldübertragung an die Geschäftsführer auch Strukturmaßnahmen einschließt, soweit diese sich in ihrer Wirkung auf die Durchführung der Kapitalerhöhung beschränken und der Eingriff in die Strukturzuständigkeit der Gesellschafter durch die Übertragung der Befugnis zur Erhöhung des Stammkapitals vollständig abgedeckt ist.[395]

Ein unzulässiger Eingriff in die Strukturzuständigkeit ist für die bloße Anpassung der Stammkapitalziffer in der Satzung zu verneinen.

Zwar enthält die Maßnahme der Satzungsanpassung gegenüber dem Beschluss der Erhöhung des Stammkapitals ein „Mehr". Jedoch kommt ihr keine strukturelle Wirkung zu, die nicht auch schon durch die Erhöhung des Stammkapitals bewirkt wird. Vielmehr beschränkt sich die Veränderung im Satzungswortlaut auf die reine Wiedergabe einer strukturellen Maßnahme, die die Geschäftsführer aufgrund ihrer Ausnutzungskompetenz durch die Erhöhungsentscheidung zulässigerweise vorgenommenen haben. Eine gesonderte, ausdrückliche Ermächtigung ist deshalb nicht erforderlich.

Der Kompetenztheorie ist daher im Ergebnis zuzustimmen.

---

393 Vgl. hierzu Punkt C.IV.3.c.(2).ii.

394 Insoweit sind die Ausführungen von *Fleischer/Wedemann*, GmbHR 2010, 449, 456, nicht zutreffend, die hier allein aufgrund der Einschätzung, dass es sich bei der Änderung der Kapitalziffer im Rahmen der Ausnutzung des genehmigten Kapitals um eine formelle Satzungsänderung handele, darauf schließen, dass kein materieller Übergriff in die Gesellschafterzuständigkeit gegeben sei.

395 Vgl. hierzu schon oben Punkt C.IV.1.e.

V. *Kompetenzabgrenzung zwischen den Gesellschaftsorganen bei Ausnutzung des genehmigten Kapitals*

Oben wurde die Reichweite der Ermächtigung der Geschäftsführer untersucht. Unabhängig von den hierfür aufgestellten Einschränkungen hat eine allgemeine Ermächtigung i.S.d. § 55a GmbHG jedenfalls eine beträchtliche Erweiterung der Kompetenzen der Geschäftsführer zur Folge.

Diese Kompetenzerweiterung an sich bedeutet aber noch lange nicht, dass damit auch eine Stärkung der Stellung der Geschäftsführer zulasten der anderen Gesellschaftsorgane einhergeht.[396]

Ob sich eine Stärkung der Stellung der Geschäftsführer durch Auslegung der allgemeinen Ermächtigung i.S.d. § 55a GmbHG ergibt, kann daher nur im Zusammenhang mit den Besonderheiten der jeweiligen Einzelfragen zur Kompetenzabgrenzung zwischen den Organen geklärt werden.

1. *Der Einfluss der Gesellschafterversammlung auf Maßnahmen der Geschäftsführung zur Ausnutzung des genehmigten Kapitals*

a) Bestehen eines Weisungsrechts der Gesellschafterversammlung

(1) Darstellung des Meinungsstands

Es herrscht in der Literatur darüber Streit, ob die aufgrund des § 55a GmbHG erteilte allgemeine Ermächtigung[397] das Weisungsrecht der Gesellschafterversammlung verdrängt oder ob dieses auch im Rahmen des genehmigten Kapitals nach allgemeinen Grundsätzen besteht.

i. Ablehnung eines Weisungsrechts

Von einer Minderheit in der Literatur wird das Bestehen eines Weisungsrechts der Gesellschafterversammlung bei der Ausübung der Ermächtigung abgelehnt.[398]

Dabei werden unterschiedliche Begründungen herangezogen.

---

396 Dies galt schon für die Frage einer zwingenden gesetzlichen Entscheidungshoheit der Geschäftsführer, die allein aus dieser Kompetenzerweiterung nicht abzuleiten war; vgl. hierzu schon oben Punkt B.II.3.a. Auch für die Frage der Kompetenzabgrenzung im Rahmen der Auslegung einer allgemeinen Ermächtigung i.S.d. § 55a GmbHG kann der automatische Schluss von der Kompetenzerweiterung auf eine Stärkung der Stellung nicht gezogen werden.

397 Vgl. dazu nochmals das Formulierungsbeispiel oben unter Punkt C.I.

398 Michalski/*Hermanns*, § 55a Rn. 11; *Sikora*, NWB 2009, 1930, 1935 f.; *Trautmann*, S. 45 ff.; *Wicke*, § 55a Rn. 7; BeckOK/*Ziemons*, § 55a Rn. 52 ff.; oft wird auch *Klett*, GmbHR 2008, 1312, 1315, den Vertretern dieser Ansicht zugerechnet, die jedoch ausdrücklich nur eine Pflicht der Geschäftsführer zur Ausnutzung des genehmigten Kapitals aufgrund dessen ermächtigenden Charakters ablehnt; ob sie aber gegen ein Weisungsrecht im Allgemeinen Stellung bezieht, kommt nicht deutlich zum Ausdruck.

Zum einen wird auf den ermächtigenden Charakter des genehmigten Kapitals abgestellt, mit dem sich Eingriffe durch Weisungen nicht vertrügen.[399]

Ferner wird vertreten, dass Weisungsbeschlüsse, die mit einfacher Mehrheit gefasst werden können, die förmlichen Anforderungen an die Änderung der satzungsmäßigen Ermächtigung unterliefen, sodass ein Wertungswiderspruch zu befürchten sei.[400]

Vereinzelt wird auch das Ziel der Flexibilisierung durch ein Weisungsrecht als gefährdet angesehen und auf die entstehende Rechtsunsicherheit wegen der unklaren Mehrheitsanforderungen an den Weisungsbeschluss verwiesen.[401]

Weitere Argumente legt *Ziemons* dar. Sie stellt einerseits auf die Doppelnatur der Ausnutzung des genehmigten Kapitals auch als Strukturmaßnahme ab und führt aus, die Gesellschafter hätten ihre Dispositionsbefugnis auf die Geschäftsführer übertragen, was das grundsätzlich bestehende Weisungsrecht überlagere.[402] Auch müsse das Interesse des Rechtsverkehrs berücksichtigt werden, weil ein genehmigtes Kapital aus der Satzung erkennbar sei. Diese Publizität sei dann auch für Beschränkungen der Geschäftsführer hinsichtlich der Ausnutzung des genehmigten Kapitals erforderlich, da ansonsten die *„Funktion des Handelsregisters entwertet"* würde.[403] Schließlich führt *Ziemons* unter dem Aspekt des Minderheiten- und Gläubigerschutzes an, dass die Gesellschafter bei einer für die Gesellschaft nachteiligen Weisung nach herrschender Meinung nicht hafteten, wohingegen die Geschäftsführer bei Geschäftsführungsmaßnahmen zum Nachteil der Gesellschaft gemäß § 43 GmbHG in Anspruch genommen werden könnten.[404]

ii. Differenzierende Ansicht

Eine differenzierende Ansicht vertritt *Nietsch*, der nach der Art der Weisung unterscheiden will. Eine Weisung, die die Ausnutzung des genehmigten Kapitals untersage, sei nur bei Verankerung eines solchen Weisungsrechts in der Ermächtigung zulässig. Eine Weisung, die zur Durchführung der Kapitalerhöhung anhalte, sei hingegen grundsätzlich möglich.[405]

Diese Unterscheidung folgt nach *Nietsch* zum einen aus der Rechtsnatur der Ermächtigung zur Kapitalerhöhung als Satzungsregelung. Diese werde im Falle

---

399 *Wicke*, § 55a Rn. 7; BeckOK/*Ziemons*, § 55a Rn. 53.

400 Wicke, § 55a Rn. 7; ebenso BeckOK/*Ziemons*, § 55a Rn. 56, die zudem einen Weisungsbeschluss als unzulässige Satzungsdurchbrechung wertet, soweit die Weisung Beschränkungen der Ausnutzung des genehmigten Kapitals enthalte, die in der Ermächtigung nicht bestünden; in diese Richtung auch Michalski/*Hermanns*, § 55a Rn. 11.

401 *Trautmann*, S. 45 ff.

402 BeckOK/*Ziemons*, § 55a Rn. 53; in diese Richtung auch *Trautmann*, S. 46 f.

403 BeckOK/*Ziemons*, § 55a Rn. 55.

404 BeckOK/*Ziemons*, § 55a Rn. 56a.

405 *Nietsch*, FS Schneider, 873, 880 ff.

einer Untersagungsanweisung unterlaufen, weil dann die einfache Mehrheit der Gesellschafter die Durchsetzung einer Satzungsregelung verhindere. Ferner stünde der Zweck des § 55a GmbHG, die Kapitalbeschaffung durch Verlagerung der Entscheidungskompetenz auf die Geschäftsführung zu beschleunigen, einer Untersagungsanweisung entgegen.[406] Eine Durchführungsanweisung hingegen diene der Verwirklichung des mit der Ermächtigung vorgesehenen Zwecks, sodass keine Bedenken hinsichtlich des Unterlaufens der Satzungsregelung bestünden.[407]

iii. Befürwortung eines Weisungsrechts

Die überwiegende Literatur spricht sich grundsätzlich für ein Weisungsrecht der einfachen Mehrheit der Gesellschafterversammlung in Bezug auf das Ob und Wie der Ausnutzung des genehmigten Kapitals durch die Geschäftsführer aus.[408]

Nur ganz vereinzelt stellen Vertreter dieser überwiegenden Meinung Einschränkungen in Bezug auf das Mehrheitserfordernis des Weisungsbeschlusses auf.[409]

Die Vertreter der herrschenden Ansicht stellen zur Begründung in der Regel auf die allgemeine Kompetenzordnung der GmbH ab, in der das Weisungsrecht der Gesellschafterversammlung (§ 37 Abs. 1 GmbHG) grundsätzlich in Bezug auf jedwede Maßnahme der Geschäftsführung und damit auch hinsichtlich der Ausnutzung des genehmigten Kapitals bestehe.[410]

---

406 *Nietsch*, FS Schneider, 873, 881, 883 f.

407 *Nietsch*, FS Schneider, 873, 884.

408 Bork/Schäfer/*Arnold/Born*, § 55a Rn. 18; *Bayer/Hoffmann/Lieder*, GmbHR 2010, 9, 15; Ulmer/Habersack/Winter/*Casper*, § 55a Rn. 21 f.; *Cramer*, GmbHR 2009, 406, 408 f.; *Eggert*, GmbHR 2014, 856, 859 ff.; *Grigoleit/Rieder*, Rn. 313; Henssler/Strohn/*Gummert*, § 55a Rn. 27; Heckschen/Heidinger/*Heidinger*, § 10 Rn. 80h; *Herrler*, DNotZ 2008, 903, 910; Ring/Grziwotz/*Herrler*, § 55a Rn. 17; Saenger/Inhester/*Inhester*, § 55a Rn. 30; *Katschinski/Rawert*, ZIP 2008, 1993, 1997; Münch/Komm/*Lieder*, § 55a Rn. 30 ff.; *ders.*, ZGR 10, 868, 902 ff.; *ders.*, DNotZ 2010, 655, 661; Lutter/Hommelhoff/*Lutter/Bayer*, § 55a Rn. 9; Scholz/*Priester*, § 55a Rn. 21; *ders.*, GmbHR 2008, 1177, 1179; Heybrock/*Rabe*, § 55a Rn. 16; Roth/Altmeppen/*Roth*, § 55a Rn. 7; Rowedder/Schmidt-Leithoff/*Schnorbus*, § 55a Rn. 24; *Schnorbus/Donner*, NZG 2009, 1241, 1244; *Terbrack*, DNotZ 2012, 917, 926; Baumbach/Hueck/*Zöllner/Fastrich*, § 55a Rn. 12.

409 So *Eggert*, GmbHR 2014, 856, 860 f., der eine qualifizierte Mehrheit zur Verhinderung der Umgehung der Anforderungen der §§ 53 ff. GmbHG fordert; ebenso Bunnemann/Zirngibl/*Thun*, § 6 Rn. 88, der eine qualifizierte Mehrheit fordert mit dem Hinweis darauf, dass auch die Konkretisierungen im Ermächtigungsbeschluss einer qualifizierten Mehrheit bedürften.

410 Ulmer/Habersack/Winter/*Casper*, § 55a Rn. 21; *Cramer*, GmbHR 2009, 406, 408 f.; Saenger/Inhester/*Inhester*, § 55a Rn. 30; Münch/Komm/*Lieder*, § 55a Rn. 30; Scholz/*Priester*, § 55a Rn. 21; *ders.*, GmbHR 2008, 1177, 1179; Rowedder/Schmidt-Leithoff/*Schnorbus*, § 55a Rn. 24; *Schnorbus/Donner*, NZG 2009, 1241, 1244; *Terbrack*, DNotZ 2012, 917, 926; ähnlich *Eggert*, GmbHR 2014, 856, 860.

Insbesondere spreche § 55a GmbHG den Geschäftsführern keinen *„Pflichtenkreis in eigener Verantwortung“* zu.[411]

Teilweise wird auch darauf verwiesen, dass der Zweck des § 55a GmbHG, die Kapitalbeschaffung zu flexibilisieren und zu beschleunigen, durch eine Weisungsbefugnis nicht eingeschränkt werde, da die Gesellschafterversammlung weder der Entscheidung der Geschäftsführer zur Ausnutzung des genehmigten Kapitals vorab zustimmen, noch vorher informiert werden müsse und folglich ihren Einfluss nur dann geltend machen könne, sofern sie sich aktiv in den Entscheidungsprozess der Geschäftsführer einschalte.[412] *Lieder* ist weiterhin der Ansicht, dass die Flexibilität bei Ablehnung eines Weisungsrechts sogar eingeschränkt werden könne, weil die Gesellschafter dann zur Durchsetzung ihres Willens gegenüber den Geschäftsführern stets einen satzungsändernden Beschluss fassen müssten.[413] Ein Schutz der Minderheitsgesellschafter vor nachteiligen Entscheidungen der einfachen Mehrheit werde durch die Treuepflicht und die Pflicht zur Beachtung des Gleichbehandlungsgrundsatzes sichergestellt.[414]

Schließlich wird darauf hingewiesen, dass ein Weisungsrecht auch mit dem Wortsinn einer Ermächtigung vereinbar sei. Hierfür sei es nämlich ausreichend, wenn lediglich die Möglichkeit einer alleinverantwortlichen Entscheidung der Geschäftsführer bestehe.[415]

(2) Stellungnahme

Ob das Weisungsrecht der Gesellschafterversammlung bei Vorliegen einer allgemeinen Ermächtigung i.S.d. § 55a GmbHG besteht, kann wiederum nur durch deren Auslegung geklärt werden.

i. Wortlaut und Entstehungsgeschichte

Die Auslegung nach Wortlaut und Entstehungsgeschichte spricht nicht dafür, dass die Gesellschafterversammlung auf die Ausübung einer allgemeinen Ermächtigung

---

411 Ulmer/Habersack/Winter/*Casper*, § 55a Rn. 21; ebenso *Cramer*, GmbHR 2009, 406, 409.

412 So v.a. Münch/Komm/*Lieder*, § 55a Rn. 31, 33; *ders.*, ZGR 10, 868, 902 f.; *ders.*, DNotZ 2010, 655, 661; ganz ähnlich Ulmer/Habersack/Winter/*Casper*, § 55a Rn. 21; Scholz/*Priester*, § 55a Rn. 22; *ders.*, GmbHR 2008, 1177, 1179; so auch *Eggert*, GmbHR 2014, 856, 859 (allerdings mit dieser Argumentation nur für die *„konstruktive Weisung“*); abweichend für eine umfassende Pflicht zur Vorabinformation *Cramer*, GmbHR 2009, 406, 409.

413 Münch/Komm/*Lieder*, § 55a Rn. 31; *ders.*, ZGR 10, 868, 903; *ders.*, DNotZ 2010, 655, 661.

414 Münch/Komm/*Lieder*, § 55a Rn. 31; *ders.*, ZGR 10, 868, 903; *ders.*, DNotZ 2010, 655, 661; Rowedder/Schmidt-Leithoff/*Schnorbus*, § 55a Rn. 24; *Schnorbus/Donner*, NZG 2009, 1241, 1244.

415 *Cramer*, GmbHR 2009, 406, 409.

i.S.d. § 55a GmbHG durch die Geschäftsführer keinen Einfluss ausüben kann. Die allgemeine rechtliche Bedeutung des Wortes „ermächtigt“ kann mit „Erteilung einer Befugnis“ bestimmt werden.[416] Dass dieser Befugnis ein abschließender Charakter in dem Sinne innewohnt, dass der Ermächtigende keinen Einfluss auf deren Ausübung durch den Ermächtigten hat, lässt sich aus der reinen Wortbedeutung sicherlich nicht herleiten.

Ferner hat die historische Auslegung ergeben, dass der Gesetzgeber § 55a GmbHG trotz der engen Anlehnung an die aktienrechtlichen Vorschriften im Bewusstsein der strukturellen Besonderheiten des GmbH-Rechts geschaffen hat,[417] wozu unzweifelhaft die Führungsrolle der Gesellschafterversammlung mit ihrer grundsätzlich umfassenden Weisungsbefugnis gehört.[418]

ii. Folgerungen aus dem allgemeinen „Charakter einer Ermächtigung“

Soweit von den Gegnern des Weisungsrechts ins Feld geführt wird, dass sich eine Weisungsbefugnis mit dem Charakter einer Ermächtigung nicht vertrüge,[419] so ist dies unter Zugrundelegung einer vergleichenden Betrachtung der Behandlung der „Ermächtigung“ im deutschen Recht zwar nicht ohne Substanz, aber in dieser Pauschalität nicht zutreffend.

Dies liegt zunächst daran, dass es im deutschen Recht kein sich nach allgemein gültigen Regeln bestimmendes Rechtsinstitut der „Ermächtigung“ gibt. Welchen Regeln die jeweilige „Ermächtigung“ unterworfen ist, ergibt sich nur aus den Besonderheiten des jeweiligen Regelungsbereichs, in dem eine solche „Ermächtigung“ zur Anwendung kommt.[420]

Folglich gibt es auch keinen allgemeinen „Charakter einer Ermächtigung“, der bei § 55a GmbHG einem Weisungsrecht entgegenstehen könnte.

Dies soll anhand der nachstehenden Beispiele belegt werden.

Die Grundsätze einer Ermächtigung im staatsrechtlichen Sinne in der Weise, dass der parlamentarische Gesetzgeber der Exekutive eine Ermächtigung zum Erlass von Rechtsverordnungen erteilt (Art. 80 GG), könnten etwa als Argument für die Gegner eines Weisungsrechts herhalten. Denn der Bundestag kann zwar eine Verordnungsermächtigung jederzeit wieder aufheben und in dieser auch Zustimmungsvorbehalte aufstellen,[421] er kann aber nicht dem Ermächtigungsadressaten (etwa die Bundesregierung oder ein Bundesminister) verbindliche Weisungen erteilen.[422]

416 Vgl. zum allgemeinen bürgerlichen Recht Münch/Komm/BGB/*Schramm*, 6. Aufl., Vor § 164 Rn. 38.
417 Siehe dazu bereits oben Punkt A.II.1.b.(2).
418 Vgl. dazu schon oben Punkt A.III.1.a.(1).
419 Wicke, § 55a, Rn. 7; BeckOK/*Ziemons*, § 55a Rn. 53.
420 Münch/Komm/BGB/*Bayreuther*, § 185 Rn. 30.
421 BeckOK/GG/*Uhle*, Art. 80 Rn. 55.
422 BeckOK/GG/*Uhle*, Art. 80 Rn. 56.

Einer Weisungsbefugnis fremd ist auch die Ermächtigung gemäß § 1825 BGB im Rahmen des Vormundschaftsrechts. Die allgemeine Ermächtigung des Familiengerichts ersetzt dort die ansonsten erforderliche, die Vertretungsmacht des Vormunds einschränkende Genehmigungsbedürftigkeit bestimmter Rechtsgeschäfte.[423]

Im allgemeinen bürgerlichen Recht taucht der Begriff der Ermächtigung im Rahmen des § 185 BGB als Unterfall der Einwilligung auf und wird als Befugnis, im eigenen Namen über ein fremdes Recht zu verfügen, verstanden.[424]

Der Begriff der Ermächtigung findet auch Verwendung bei § 113 BGB als Willenserklärung des gesetzlichen Vertreters mit dem Inhalt, dem Minderjährigen einen Handlungsspielraum im Arbeitsleben zu verschaffen.[425]

Da die Ermächtigung im Sinne des § 185 BGB als Unterfall der Einwilligung gilt, ist diese grundsätzlich wie die Vollmacht frei widerruflich.[426] Sie kann auch entsprechend der Regelungen zur Vollmacht nur zu einem Teil widerrufen und somit beschränkt werden.[427]

Die Ermächtigung nach § 113 BGB kann nach § 113 Abs. 2 BGB zurückgenommen und auch nachträglich eingeschränkt werden, was auch konkludent möglich ist.[428]

In beiden Fällen kann sich also folgende Situation ergeben:

Nach Erteilung einer allgemeinen Ermächtigung (entweder für alle die Eingehung und Erfüllung eines Dienst- oder Arbeitsvertrags betreffenden Rechtsgeschäfte, § 113 Abs. 1 BGB, oder für eine bestimmte Art von Verfügungen im Sinne des § 185 BGB) kann der Ermächtigende die Anweisung geben, dieses oder jenes Geschäft bzw. diese oder jene Verfügung nicht vorzunehmen, was im ersten Fall als konkludente Beschränkung (§ 113 Abs. 2 BGB) und im zweiten Fall als Teilwiderruf der Einwilligung auszulegen wäre. Die Ermächtigung würde also bei grundsätzlichem Fortbestehen nachträglich inhaltlich beschränkt. Dies kommt in den Wirkungen einer Weisungsgebundenheit jedenfalls in der Hinsicht gleich, dass die Vornahme bestimmter Rechtshandlungen untersagt werden kann.

Angesichts dieser Rechtslage im bürgerlichen Recht kann jedenfalls nicht pauschalierend behauptet werden, dass der Charakter einer Ermächtigung mit einer Weisungsbefugnis des Ermächtigenden nicht vereinbar sei.

Unabhängig davon wird man ohnehin nicht allein von dem auf die eine oder andere Weise zu interpretierenden Charakter der Ermächtigung Grundentscheidungen für das Kompetenzgefüge beim genehmigten Kapital der GmbH abhängig machen

---

423 Münch/Komm/BGB/*Wagenitz*, § 1825 Rn. 1 ff.

424 BGH NJW 1989, 521, 522; Münch/Komm/BGB/*Bayreuther*, § 185 Rn. 21; Schulze/*Dörner*, § 185, Rn. 6. Diese Ermächtigung kann auch zu einer ganzen Gruppe oder Gattung von Rechtsgeschäften erteilt werden, vgl. Münch/Komm/BGB/*Bayreuther*, § 182 Rn. 9. Die Ermächtigung im Sinne des § 185 BGB ist keine Vollmacht nach §§ 164 ff. BGB, vgl. Münch/Komm/BGB/*Bayreuther*, vor § 182 Rn. 8.

425 Münch/Komm/BGB/*Schmitt*, § 113, Rn 15.

426 Münch/Komm/BGB/*Bayreuther*, § 183 Rn. 9.

427 BeckOK/BGB/*Valenthin*, § 168 Rn. 19.

428 Münch/Komm/BGB/*Schmitt*, § 113 Rn. 37.

können. Hierfür ist es vielmehr erforderlich, sich an den spezifischen Wertungen des GmbH-Rechts auszurichten. Der allgemeine Charakter einer Ermächtigung kann demgegenüber nicht den entscheidenden Ausschlag geben.

iii. Schlussfolgerungen aus Sinn und Zweck des genehmigten Kapitals

Es ist den Befürwortern eines Weisungsrechts zuzustimmen, dass aus teleologischer Sicht keine ernsthaften Bedenken gegen das Weisungsrecht bestehen, weil die Realisierung der Weisungsgebundenheit der Geschäftsführer ein aktives Handeln der Gesellschafterversammlung voraussetzt und ansonsten die Geschäftsführer selbstständig die Ausnutzung des genehmigten Kapitals durchführen können.[429]

In diesem Zusammenhang sei auch nochmals darauf verwiesen, dass Sinn und Zweck des § 55a GmbHG nicht eine Erleichterung der Kapitalaufnahme in der GmbH schlechthin ist. § 55a GmbHG will lediglich eine solche Erleichterung ermöglichen und stellt deren Verwirklichung in das Belieben der Gesellschafter.[430] Schalten die Gesellschafter sich daher aktiv in den Prozess der Ausnutzung ein, so ist die daraus möglicherweise folgende Einschränkung der Flexibilität aus teleologischen Gründen unbedenklich.

Es stellt sich außerdem die Frage, ob aufgrund des Ausschlusses des Weisungsrechts im Allgemeinen tatsächlich ein höheres Maß an Flexibilität gewonnen wäre. Denn die Geschäftsführer werden in der Realität regelmäßig ohnehin dem erkennbaren Willen der Gesellschaftermehrheit folgen,[431] ganz gleich, ob ein Weisungsrecht besteht oder nicht, weil die Geschäftsführer sonst eine Abberufung (§ 38 Abs. 1 GmbHG) fürchten müssten, welche ohne anders lautende Satzungsbestimmung grundsätzlich jederzeit und ohne besonderen Grund durch mit einfacher Mehrheit zu fassenden Gesellschafterbeschluss möglich ist.[432]

Sinn und Zweck des § 55a GmbHG stehen daher im Ergebnis der Annahme eines Weisungsrechts der Gesellschafterversammlung nicht entgegen.

iv. Schlussfolgerungen aus der Rechtsnatur der Ausnutzung des genehmigten Kapitals

Oben wurde dargelegt, dass es sich bei der Ausnutzung des genehmigten Kapitals dem Wesen nach um eine Strukturmaßnahme handelt, für die die Geschäftsführer aufgrund der Ermächtigung in der Satzung zuständig sind.[433]

Würde man die Entscheidung der Geschäftsführer als reine Geschäftsführungsmaßnahme ansehen, so wäre der Schluss naheliegend, dass auch Maßnahmen zur Ausnutzung des genehmigten Kapitals nach den allgemeinen Regeln zur

---

429 Vgl. dazu oben Fußnote 412.
430 Ähnlich Münch/Komm/*Lieder*, § 55a Rn. 2; siehe auch schon oben Punkt B.II.3.a.
431 Vgl. zu diesem Gedanken *Hirte*, S. 105.
432 Vgl. dazu Baumbach/Hueck/*Zöllner/Noack*, § 38 Rn. 3, 29.
433 Siehe oben Punkt B.II.1.

Kompetenzverteilung bei Geschäftsführungsmaßnahmen beurteilt werden müssten.[434] Jedenfalls wird hieraus im Schrifttum oft ein entsprechendes Argument entwickelt.[435] Allerdings werden meist noch weitere Argumente genannt, sodass der Schluss vom Wesen der Ausnutzung auf das Bestehen des Weisungsrechts wohl meist nicht zwingend gezogen wird.[436] Interessanterweise wird auch der gegenteilige Schluss, d.h. aufgrund einer Ablehnung der Einordnung der Ausnutzung als reine Geschäftsführungsmaßnahme ein Weisungsrecht zu verneinen, nicht ausdrücklich vorgenommen.[437]

Für das Schrifttum zu § 55a GmbHG lässt sich also feststellen, dass auf der einen Seite die Qualifizierung der Ausnutzung des genehmigten Kapitals als reine Geschäftsführungsmaßnahme ein gewichtiges Argument dafür darstellt, die Kompetenzfragen nach allgemeinen Grundsätzen zu entscheiden. Zwingend wird dieser Schluss allerdings wohl selten gezogen. Auf der anderen Seite stellt eine Entscheidung gegen die Einordnung der Ausnutzung als reine Geschäftsführungsmaßnahme nach den Ausführungen im Schrifttum noch kein zwingendes Argument gegen eine Lösung der Kompetenzfragen nach allgemeinen Grundsätzen dar.

Insgesamt lässt sich daher sagen, dass die richtigen Folgerungen aus der dogmatischen Einordnung der Ausnutzung des genehmigten Kapitals noch nicht gezogen worden sind. Auch soweit der dogmatischen Einordnung vollständig zuzustimmen ist,[438] wurde bisher übersehen, dass gerade aus dem Wesen der Ausnutzung des genehmigten Kapitals als Strukturmaßnahme zwingend auf die Befürwortung des Weisungsrechts der Gesellschafterversammlung entsprechend allgemeiner Grundsätze[439] geschlossen werden muss.

---

434 Dies spräche also für ein Weisungsrecht (§ 37 Abs. 1 GmbHG).

435 So beziehen sich viele Befürworter eines Weisungsrechts der Gesellschafterversammlung bei Ausnutzung eines genehmigten Kapitals auf deren Einordnung als Maßnahme der Geschäftsführung, vgl. Ulmer/Habersack/Winter/*Casper*, § 55a Rn. 21; *Cramer*, GmbHR 2009, 406, 408 f.; Saenger/Inhester/*Inhester*, § 55a Rn. 30; Scholz/*Priester*, § 55a Rn. 21; *ders.*, GmbHR 2008, 1177, 1179; *Schnorbus/Donner*, NZG 2009, 1241, 1244; *Terbrack*, DNotZ 2012, 917, 926.

436 Baumbach/Hueck/*Zöllner/Fastrich*, § 55a Rn. 12, spricht sich sogar für ein Weisungsrecht aus, obwohl er die Ausnutzungsmaßnahme wesensgemäß nicht als Maßnahme der Geschäftsführung wertet.

437 In diese Richtung noch am ehesten BeckOK/*Ziemons*, § 55a Rn. 53. *Trautmann* spricht sich als Gegner eines Weisungsrechts zwar auch gegen die Einordnung der Ausnutzung des genehmigten Kapitals als reine Geschäftsführungsmaßnahme aus (*Trautmann*, S. 41 f.), stützt seine Argumente gegen das Weisungsrecht jedoch nicht auf die Rechtsnatur der Ausnutzung (*Trautmann*, S. 45 ff.); *Wicke* befürwortet als Gegner eines Weisungsrechts (*Wicke*, § 55a Rn. 7) sogar die Einordnung der Ausnutzung als Maßnahme der Geschäftsführung (*Wicke*, § 55a Rn. 13), ohne näher auf einen möglichen Widerspruch einzugehen.

438 So zu den Ausführungen von Baumbach/Hueck/*Zöllner/Fastrich*, § 55a Rn. 12.

439 Das bedeutet auch, dass der Weisungsbeschluss mit einfacher Mehrheit gefasst werden kann, § 47 Abs. 1 GmbHG. Folgt man diesem Grundsatz ohne Ausnahme,

Dies soll im Folgenden begründet werden.

Zunächst ist zu berücksichtigen, dass § 37 Abs. 1 GmbHG die Frage der Geschäftsführungsbefugnis regelt, also Maßnahmen der Geschäftsführung betrifft.[440] Da die Ausnutzung des genehmigten Kapitals dem Wesen nach gerade keine Maßnahme der Geschäftsführung darstellt, ist § 37 Abs. 1 GmbHG auch nicht unmittelbar auf Maßnahmen zur Ausnutzung des genehmigten Kapitals anwendbar.

Allerdings muss das allgemeine Weisungsrecht der Gesellschafterversammlung erst recht auf Strukturmaßnahmen, zu denen ausnahmsweise die Geschäftsführer ermächtigt werden, Anwendung finden (argumentum a maiore ad minus). Dieser Erst-recht-Schluss folgt aus historischen und teleologischen Überlegungen.

§ 37 Abs. 1 GmbHG ist in seinem Regelungsgehalt seit der Schaffung des GmbHG im Jahre 1892 unverändert geblieben.[441] Der historische Gesetzgeber bezweckte mit der Regelung des § 37 Abs. 1 GmbHG die Sicherstellung des GmbH-rechtlichen Grundsatzes, *„daß die Geschäftsführer als das bestellte Organ der Gesellschaft hinsichtlich des Umfanges und der Ausübung ihrer Funktionen von dem Willen der Gesellschaft, d.h. der Gesamtheit der Gesellschafter abhängig sind."*[442]

Dass das GmbHG von 1892 die Weisungsbefugnis nur in Bezug auf Geschäftsführungsmaßnahmen vorsah, liegt ganz einfach daran, dass die Geschäftsführer bis zur Einführung des § 55a GmbHG nicht zur Vornahme von Strukturmaßnahmen ermächtigt werden konnten. Das deutlich werdende Verständnis des historischen Gesetzgebers von der unbedingten Führungsrolle der Gesellschafter macht es aber auch bei einer Erweiterung der Kompetenzen der Geschäftsführer erforderlich, das Weisungsrecht umfassend zu begreifen, jedenfalls solange der Grundsatz der Führungsrolle der Gesellschafter nicht eindeutig durch den Gesetzgeber beschränkt wird. Eine solche eindeutige Beschränkung ist § 55a GmbHG aber unzweifelhaft nicht zu entnehmen, weil weder Wortlaut noch Entstehungsgeschichte des § 55a GmbHG auch nur einen Anhaltspunkt hierfür enthalten.[443]

Dem folgend, führt der aus der Entstehungsgeschichte deutlich werdende Zweck des § 37 Abs. 1 GmbHG, die Führungsrolle der Gesellschafter im innergesellschaftlichen Kompetenzgefüge sicherzustellen, dazu, dass § 37 Abs. 1 erst recht auf die Ausnutzung des genehmigten Kapitals Anwendung finden muss. Wenn das Gesetz es zur Sicherstellung der Führungsrolle und Allzuständigkeit der Gesellschafterversammlung für erforderlich erachtet, selbst einfache und alltägliche

---

ergeben sich auch nicht die Schwierigkeiten hinsichtlich der Rechtssicherheit, die *Trautmann*, S. 47, befürchtet.

440 Roth/Altmeppen/*Altmeppen*, § 37 Rn. 1; Michalski/*Lenz*, § 37 Rn. 16; Ulmer/Habersack/Löbbe/*Paefgen*, § 37 Rn. 1; Scholz/*Schneider/Schneider*, § 37 Rn. 1; BeckOK/*Wisskirchen/Kuhn*, § 37 Rn. 1; Baumbach/Hueck/*Zöllner/Noack*, § 37 Rn. 1 f.

441 Münch/Komm/*Stephan/Tieves*, § 37 Rn. 3.

442 Amtliche Begründung zum GmbHG 1892, S. 68.

443 Im Gegenteil lässt sich aus der Betonung der strukturellen Besonderheiten der GmbH durch den Gesetzgeber eher ein Argument für das Weisungsrecht ableiten; siehe dazu auch schon oben Punkt C.V.1.a.(2).i.

Geschäftsführungsmaßnahmen von allergeringster Bedeutung der Weisungsbefugnis zu unterstellen,[444] so muss die Weisungsbefugnis doch gerade für besonders gewichtige Maßnahmen gelten, die strukturelle Wirkung entfalten, sofern die Geschäftsführer ausnahmsweise zu deren Vornahme befugt sind.

v. Rechtsgedanke aus § 15 Abs. 5 GmbHG

Schließlich spielt für die Befürwortung eines Weisungsrechts der Rechtsgedanke eine Rolle, der sich aus § 15 Abs. 5 GmbHG gewinnen lässt.

Es handelt sich bei der nach § 15 Abs. 5 GmbHG i.V.m. einer entsprechenden Satzungsbestimmung erforderlichen Zustimmung der Gesellschaft zur Abtretung von Geschäftsanteilen um eine Maßnahme, die Bedeutung für den jeweiligen Geschäftsanteil und die Zusammensetzung des Gesellschafterkreises hat und deshalb grundsätzlich über die (gesellschaftsinterne) Zuständigkeit der Geschäftsführer hinausgeht.[445]

Die Gesellschaft wird hier zwar nach allgemeinen Grundsätzen durch die Geschäftsführer nach außen vertreten.[446] Im Innenverhältnis ist nach allgemeiner Ansicht aber hinsichtlich der Erteilung der Zustimmung mangels anderweitiger Satzungsbestimmung die Gesellschafterversammlung zuständig, d.h. die Geschäftsführer haben deren Zustimmung einzuholen.[447]

Dies wird vor allem damit begründet, dass die Entscheidung über die Zusammensetzung des Gesellschafterkreises im Zweifel Sache der Gesellschafter sei.[448] Es wird auch darauf abgestellt, dass für die Beschränkung der Abtretung nichts anderes gelten könne als für die Fälle des § 46 Nr. 4 GmbHG, für die ein Gesellschafterbeschluss grundsätzlich vorgeschrieben sei.[449]

---

444 Allein aufgrund der (geringen) Bedeutung eines einzelnen Geschäfts können sich keine Einschränkungen der Weisungsbefugnis ergeben, vgl. im Einzelnen zu den Grenzen der Weisungsbefugnis Punkt A.III.1.a.(2).

445 BGH NJW 1988, 2241, 2242; Scholz/*Winter/Seibt*, § 15 Rn. 123. Es handelt sich mithin um eine Maßnahme mit körperschaftlicher Wirkung, vgl. auch Baumbach/Hueck/*Zöllner/Noack*, § 37, Rn. 3, die von einem „*körperschaftsrechtliche*[n] *Akt*[*e*]" sprechen; siehe auch die Begriffsbestimmung oben unter Punkt A.IV.2.

446 BGH NJW 1988, 2241, 2242; Michalski/*Ebbing*, § 15 Rn. 143; Baumbach/Hueck/*Fastrich*, § 15 Rn. 42; Ulmer/Habersack/Löbbe/*Löbbe*, § 15 Rn. 242; Münch/Komm/*Reichert/Weller*, § 15 Rn. 420; Scholz/*Winter/Seibt*, § 15 Rn. 123; BeckOK/*Wilhelmi*, § 15 Rn. 161.

447 BGH NJW 1988, 2241, 2242; Michalski/*Ebbing*, § 15 Rn. 146; Baumbach/Hueck/*Fastrich*, § 15 Rn. 42; Ulmer/Habersack/Löbbe/*Löbbe*, § 15 Rn. 243; Münch/Komm/*Reichert/Weller*, § 15 Rn. 421; Scholz/*Winter/Seibt*, § 15 Rn. 123; BeckOK/*Wilhelmi*, § 15 Rn. 162.

448 BGH NJW 1988, 2241, 2242; Scholz/*Winter/Seibt*, § 15 Rn. 123.

449 Michalski/*Ebbing*, § 15 Rn. 146; Baumbach/Hueck/*Fastrich*, § 15 Rn. 42; Ulmer/Habersack/Löbbe/*Löbbe*, § 15 Rn. 243; Münch/Komm/*Reichert/Weller*, § 15 Rn. 421; Scholz/*Winter/Seibt*, § 15 Rn. 123.

Der aus dieser Behandlung der Zuständigkeitsverteilung deutlich werdende Rechtsgedanke ist folgender: Wenn die Organisationszuständigkeit der Gesellschafter betroffen ist,[450] so hat die Gesellschafterversammlung im Zweifel, d.h. ohne eindeutig abweichende Satzungsregelung, im Innenverhältnis einen bestimmenden Einfluss, selbst wenn die Geschäftsführer die Maßnahme nach außen ausführen können.

Dieser Rechtsgedanke muss entsprechend auch für § 55a GmbHG gelten, weil hier nicht nur die Organisations-, sondern sogar die Strukturzuständigkeit der Gesellschafter berührt ist.

Unter Berücksichtigung der Besonderheiten des genehmigten Kapitals kann man daher folgende Aussage treffen: Selbst wenn die Geschäftsführer bei § 55a GmbHG als Gesellschaftsorgan zur Ausnutzung des genehmigten Kapitals ermächtigt sind (und nicht wie bei § 15 Abs. 5 GmbHG nur als Vertretungsorgan der Gesellschaft handeln, sodass bei § 55a GmbHG grundsätzlich kein Zustimmungserfordernis der Gesellschafterversammlung gegeben ist), so besteht im Zweifel, d.h. mangels eindeutig anders lautender Satzungsregelung, jedenfalls über das Weisungsrecht eine Einflussmöglichkeit der Gesellschafterversammlung.

Kurz gesagt beinhaltet also der aus § 15 Abs. 5 GmbHG abgeleitete und auch bei § 55a GmbHG gültige Rechtsgedanke die Aussage, dass ein gesellschaftsinterner Einfluss der Gesellschafterversammlung auf Maßnahmen mit struktureller oder körperschaftlicher Wirkung nur dann nicht besteht, wenn sich dies eindeutig aus der Satzung ergibt, aber nicht bereits deshalb, weil die Geschäftsführer ausnahmsweise die entsprechenden Maßnahmen durchführen können.

vi. Gesichtspunkte des Schutzes des Rechtsverkehrs

Die Ablehnung eines Weisungsrechts ist auch nicht aus Gründen des Schutzes des Rechtsverkehrs angezeigt.[451]

Hier kann auf die Argumentation bei der dogmatischen Einordnung des § 55a GmbHG verwiesen werden.[452] Ein schutzwürdiges Vertrauen des Rechtsverkehrs in die Weisungsunabhängigkeit der Geschäftsführer kann nicht begründet werden, weil die Weisungsgebundenheit zu den tragenden Grundsätzen des GmbH-Rechts gehört und der Rechtsverkehr deshalb jedenfalls nicht in Bezug auf eine konkrete Einzelmaßnahme damit rechnen kann, dass die Gesellschafter auf deren Vornahme keinen Einfluss ausüben können. Die bloße Eintragung der Bestimmungen über ein genehmigtes Kapital nach § 10 Abs. 2 S. 1 GmbHG reicht für die schutzwürdige Begründung eines solchen Vertrauens keinesfalls aus.

450 Vgl. zur Begriffsbestimmung oben Punkt A.IV.2.
451 So aber BeckOK/*Ziemons*, § 55a Rn. 55.
452 Siehe oben Punkt B.II.3.a.

vii. Gesichtspunkte des gesellschaftsrechtlichen Minderheitenschutzes

Auch der Schutz der Minderheitsgesellschafter fordert, anders als *Ziemons* meint,[453] die Einschränkung des Weisungsrechts aus zweierlei Gründen nicht.

Zum einen ist es keineswegs gesichert, dass die Interessen der Minderheit besser geschützt werden, wenn die Gesellschaftermehrheit durch Weisungen keinen Einfluss auf die Geschäftsführer ausüben kann. Tatsächlich werden sich die Geschäftsführer nämlich schon im Hinblick auf die Abberufungsmöglichkeit nach § 38 Abs. 1 GmbHG in der Regel nach dem erkennbaren Willen der Gesellschaftermehrheit richten, auch wenn kein formales Weisungsrecht besteht.[454]

Zum anderen ist, worauf *Tomat* hinweist, die Mehrheitsherrschaft in der GmbH in Form von Weisungen aufgrund des Mehrheitsprinzips nach § 47 Abs. 1 GmbHG legitim. Den Geschäftsführern komme nicht *„die Funktion von Sachwaltern der Minderheitsinteressen“* zu. Die Minderheitsinteressen würden vielmehr durch die Kontrolle von Mehrheitsbeschlüssen, den Gleichbehandlungsgrundsatz und die Treuepflicht geschützt.[455]

Wie zutreffend diese Ausführungen von *Tomat* sind, zeigt sich auch daran, dass die anerkannten Gründe für die allgemeinen Grenzen der Weisungsbefugnis nicht im Schutz der Minderheit der Gesellschafter zu finden sind.[456]

Zusammenfassend lässt sich also feststellen, dass die Geschäftsführer bei Bestehen einer allgemeinen Ermächtigung i.S.d. § 55a GmbHG im Rahmen der Ausnutzung des genehmigten Kapitals den Weisungen der Gesellschafterversammlung entsprechend den allgemeinen Regeln unterworfen sind.

b) Schranken des Weisungsrechts der Gesellschafterversammlung bei § 55a GmbHG

(1) Allgemeines

i. Unzulässige Weisungen

Dass eine Weisung grundsätzlich nicht gegen gesetzliche Vorschriften oder gegen Bestimmungen des Gesellschaftsvertrags verstoßen darf, ist selbstverständlich.[457]

Jedoch führt ein unzulässiger Weisungsbeschluss der Gesellschafterversammlung nicht ohne weiteres dazu, dass die Geschäftsführer die Weisung nicht beachten dürfen oder müssen. Vielmehr kommt es auf den Grund der Unzulässigkeit der Weisung

---

453 BeckOK/*Ziemons*, § 55a Rn. 56a.

454 Vgl. dazu schon Punkt C.V.1.a.(2).iii.

455 *Tomat*, S. 16 f.

456 Selbst von den Anhängern eines weisungsfreien Kernbereichs wird der Gedanke des Minderheitenschutzes nicht zur Begründung angeführt; das Argument findet sich weder bei *Geißler*, GmbHR 2009, 1071, 1074 f.; *Immenga*, S. 93; Münch/Komm/*Liebscher*, § 45 Rn. 89 noch Baumbach/Hueck/*Zöllner/Noack*, § 37 Rn. 18, 21.

457 Vgl. etwa Scholz/*Schneider/Schneider*, § 37 Rn. 58.

an und ob dieser Grund zur Nichtigkeit oder lediglich zur Anfechtbarkeit des der Weisung zugrundeliegenden Gesellschafterbeschlusses geführt hat.[458]

Der Geschäftsführer darf folglich grundsätzlich einem Weisungsbeschluss nicht nachkommen, der entsprechend § 241 AktG nichtig ist, was jedenfalls im Falle der Verletzung zwingender, im öffentlichen Interesse oder zum Schutz der Gläubiger bestehender gesetzlicher Vorschriften der Fall wäre.[459]

Ist der Weisungsbeschluss dagegen nur anfechtbar (insbesondere falls eine Verletzung des Gesellschaftsvertrags vorliegt), so kommt es auf die Umstände des Einzelfalles an. Ist der Weisungsbeschluss nicht innerhalb der maßgeblichen Frist[460] angefochten worden oder anderweitig nicht mehr anfechtbar (etwa weil kein Gesellschafter mehr eine Anfechtungsbefugnis hat[461]), so besteht eine Folgepflicht der Geschäftsführer.[462]

Handelt es sich ansonsten um einen noch nicht bestandskräftigen, anfechtbaren Weisungsbeschluss, so besteht zwar grundsätzlich keine Folgepflicht der

---

458 Unstrittig, vgl. etwa *Ebert*, GmbHR 2003, 444, 446 ff.; *Eisenhardt*, FS Pfeiffer, 839, 848 ff.; Scholz/*Schneider*, § 43 Rn. 126 ff.; Münch/Komm/*Stephan/Tieves*, § 37 Rn. 118 ff.; Baumbach/Hueck/*Zöllner/Noack*, § 37 Rn. 22 ff.

459 BGH NJW 1974, 1088, 1089 f.; Roth/Altmeppen/*Altmeppen*, § 37 Rn. 18; *Ebert*, GmbHR 2003, 444, 447; *Fleck*, GmbHR 1974, 224, 227; *Keßler*, GmbHR 2000, 71, 74; *Konzen*, NJW 1989, 2977, 2982; Michalski/*Lenz*, § 37 Rn. 19; *Mennicke*, NZG 2000, 622, 624; Scholz/*Schneider*, § 43 Rn. 127; Münch/Komm/*Stephan/Tieves*, § 37 Rn. 118, 120; Baumbach/Hueck/*Zöllner/Noack*, § 37 Rn. 22; i.E. auch *Eisenhardt*, FS Pfeiffer, 839, 849.

460 Wie lange die Anfechtungsfrist im GmbH-Recht betragen kann, ist sehr strittig; zwar kann § 246 AktG als Orientierungsmaßstab dienen, eine analoge Anwendung wird jedoch nach deutlich überwiegender Meinung abgelehnt, vgl. zu diesem Problemkomplex etwa Baumbach/Hueck/*Baumbach/Hueck/Fastrich/Haas/Noack/Zöllner*, Anh. § 47 Rn. 144 ff.

461 Vgl. hierzu etwa Baumbach/Hueck/*Baumbach/Hueck/Fastrich/Haas/Noack/Zöllner*, Anh. § 47 Rn. 137.

462 BGH NJW 1980, 1527, 1528; Roth/Altmeppen/*Altmeppen*, § 37 Rn. 16; *Ebert*, GmbHR 2003, 444, 447; *Eisenhardt*, FS Pfeiffer, 839, 849; *Fleck*, GmbHR 1974, 224, 228; *Keßler*, GmbHR 2000, 71, 74; *Konzen*, NJW 1989, 2977, 2982; Michalski/*Lenz*, § 37 Rn. 19; *Mennicke*, NZG 2000, 622, 624; Scholz/*Schneider*, § 43 Rn. 130; Münch/Komm/*Stephan/Tieves*, § 37 Rn. 122; Oppenländer/Trölitzsch/*Trölitzsch*, § 16 Rn. 22; Baumbach/Hueck/*Zöllner/Noack*, § 37 Rn. 22. Eine hoch umstrittene Frage ist in diesem Zusammenhang, ob die Geschäftsführer oder ein einzelner Geschäftsführer zur Anfechtung von Beschlüssen der Gesellschafterversammlung befugt sind, vgl. zum Streitstand Michalski/*Römermann*, Anh. § 47 Rn. 419 ff. Diese Frage ist aber für die Untersuchung zu § 55a GmbHG von keiner spezifischen Bedeutung; sie wäre auch im Rahmen des § 55a GmbHG nicht anders oder nicht mit zusätzlichen Aspekten zu beantworten als in allgemeiner Hinsicht. Folglich kann eine nähere Befassung unterbleiben.

Geschäftsführer. Sie müssen aber das Ermessen, das ihnen bei der Entscheidung über die Befolgung zukommt, pflichtgemäß ausüben.[463]

ii. Grundsätze des satzungsdurchbrechenden Gesellschafterbeschlusses

Die Grundsätze des satzungsdurchbrechenden Gesellschafterbeschlusses können unter bestimmten Voraussetzungen ebenfalls dazu führen, dass ein Weisungsbeschluss trotz Verstoßes gegen die Satzung zu befolgen ist.

Es geht hierbei um die rechtliche Behandlung eines Gesellschafterbeschlusses, der von den Bestimmungen der Satzung für den Einzelfall abweicht.[464]

Zur Abgrenzung wird von der herrschenden Ansicht unterschieden zwischen zustandsbegründenden und punktuellen Satzungsdurchbrechungen, je nachdem, ob der gegen die Satzung verstoßende Beschluss Dauerwirkung zeitigt oder *„sich die Wirkung des Beschlusses in der betreffenden Maßnahme erschöpft“*.[465]

Eine zustandsbegründende Satzungsdurchbrechung sei ohne Beachtung der für eine Satzungsänderung geltenden Vorschriften (§§ 53, 54 GmbHG) jedenfalls unwirksam,[466] teilweise wird sogar – bei fehlender notarieller Beurkundung – Nichtigkeit angenommen.[467]

---

463 Während hierüber im Grundsatz Einigkeit besteht, sind die jeweils gesetzten Akzente geringfügig verschieden; so wird teilweise die fehlende Folgepflicht und das Ermessen der Geschäftsführer stärker betont, so bei Roth/Altmeppen/*Altmeppen*, § 37 Rn. 17; Michalski/*Lenz*, § 37 Rn. 19; *Mennicke*, NZG 2000, 622, 624; Oppenländer/Trölitzsch/*Trölitzsch*, § 16 Rn. 22; dagegen machen *Fleck*, GmbHR 1974, 224, 227 f. und *Konzen*, NJW 1989, 2977, 2982 deutlich, dass auch anfechtbare Beschlüsse zunächst als wirksam anzusehen sind; *Ebert*, GmbHR 2003, 444, 447; Scholz/*Schneider*, § 43 Rn. 131 und Münch/Komm/*Stephan/Tieves*, § 37 Rn. 122 erkennen zwar die fehlende Folgepflicht an, führen aber aus, dass die Geschäftsführer die Weisung ausführen müssten, wenn mit einer Anfechtung nicht zu rechnen sei; ähnlich betonen Baumbach/Hueck/*Zöllner/Noack*, § 37 Rn. 23 die Pflicht der Geschäftsführer zur Prüfung der Erfolgswahrscheinlichkeit der Anfechtung.

464 Lutter/Hommelhoff/*Bayer*, § 53 Rn. 28; Münch/Komm/*Harbarth*, § 53 Rn. 45; Michalski/*Hoffmann*, § 53 Rn. 35; Scholz/*Priester*, § 53 Rn. 27; Rowedder/Schmidt-Leithoff/*Schnorbus*, § 53 Rn. 44; BeckOK/*Trölitzsch*, § 53 Rn. 27; Ulmer/Habersack/Winter/*Ulmer*, § 53 Rn. 34; Baumbach/Hueck/*Zöllner/Noack*, § 53 Rn. 40.

465 BGH NJW 1993, 2246, 2247 f.; vgl. auch Münch/Komm/*Harbarth*, § 53 Rn. 48; Michalski/*Hoffmann*, § 53 Rn. 39; Scholz/*Priester*, § 53 Rn. 29 ff.; Rowedder/Schmidt-Leithoff/*Schnorbus*, § 53 Rn. 44; BeckOK/*Trölitzsch*, § 53 Rn. 27; Ulmer/Habersack/Winter/*Ulmer*, § 53 Rn. 38.

466 BGH NJW 1993, 2246, 2247 f.; Lutter/Hommelhoff/*Bayer*, § 53 Rn. 30; Münch/Komm/*Harbarth*, § 53 Rn. 49; Michalski/*Hoffmann*, § 53 Rn. 40; Scholz/*Priester*, § 53 Rn. 29 f.; Rowedder/Schmidt-Leithoff/*Schnorbus*, § 53 Rn. 44; BeckOK/*Trölitzsch*, § 53 Rn. 27; Ulmer/Habersack/Winter/*Ulmer*, § 53 Rn. 38.

467 BGH WM 1981, 1218 f.; Münch/Komm/*Harbarth*, § 53 Rn. 49; Michalski/*Hoffmann*, § 53 Rn. 40; Rowedder/Schmidt-Leithoff/*Schnorbus*, § 53 Rn. 46.

Eine punktuelle Satzungsdurchbrechung ohne Beachtung der Satzungsänderungsvorschriften sei dagegen lediglich anfechtbar.[468] Die Anfechtbarkeit soll allerdings ausscheiden, wenn alle Gesellschafter dem Beschluss zugestimmt haben.[469] Nach einer starken Ansicht kann die Anfechtung auch nicht darauf gestützt werden, dass keine Eintragung des Beschlusses im Handelsregister (§ 54 GmbHG) erfolgt; diese sei bei einer nur punktuellen Satzungsdurchbrechung nicht erforderlich.[470]

Die soeben beschriebene Differenzierung zwischen zustandsbegründender und punktueller Satzungsdurchbrechung findet allerdings im Schrifttum nicht schrankenlos Zustimmung.

So wird vertreten, besser danach zu unterscheiden, ob dem Gesellschafterbeschluss, der nicht die Vorschriften über die Satzungsänderung einhalte, ein Wille der Gesellschafter zur Änderung der Satzung zugrunde liege. In diesem Fall sei dann eine unwirksame (§ 54 Abs. 3 GmbHG) Satzungsdurchbrechung anzunehmen, wohingegen bei Fehlen eines Satzungsänderungswillens eine Satzungsverletzung mit der Folge der bloßen Anfechtbarkeit gegeben sei.[471]

Schließlich wird auch angenommen, dass ohne einen im Gesellschafterbeschluss zum Ausdruck gebrachten Satzungsänderungswillen die Anfechtbarkeit die einzige Mangelfolge eines satzungsdurchbrechenden Gesellschafterbeschlusses sei und somit eine Unwirksamkeit nur dann in Betracht komme, wenn der Gesellschafterbeschluss *„eine ihrem Inhalt nach abstrakte, normative Regelung trifft, die zur bisher geltenden Satzungsregelung in Widerspruch steht."*[472]

---

468 Lutter/Hommelhoff/*Bayer*, § 53 Rn. 31; Münch/Komm/*Harbarth*, § 53 Rn. 51; Michalski/*Hoffmann*, § 53 Rn. 40; Scholz/*Priester*, § 53 Rn. 30a; Rowedder/Schmidt-Leithoff/*Schnorbus*, § 53 Rn. 47; BeckOK/*Trölitzsch*, § 53 Rn. 27; Ulmer/Habersack/Winter/*Ulmer*, § 53 Rn. 39; offengelassen bei BGH WM 1981, 1218 f. und BGH NJW 1993, 2246, 2247 f., jedenfalls sei der Beschluss aber *„nicht nichtig"*.

469 Lutter/Hommelhoff/*Bayer*, § 53 Rn. 31; Münch/Komm/*Harbarth*, § 53 Rn. 51; Scholz/*Priester*, § 53 Rn. 30a; Rowedder/Schmidt-Leithoff/*Schnorbus*, § 53 Rn. 47; BeckOK/*Trölitzsch*, § 53 Rn. 28; Ulmer/Habersack/Winter/*Ulmer*, § 53 Rn. 39.

470 Zur Begründung wird darauf verwiesen, dass die nur punktuelle Satzungsdurchbrechung keine über den Einzelfall hinausgehende Folgewirkungen entfalte und ausschließlich die Belange der gegenwärtigen Gesellschafter betreffe, Münch/Komm/*Harbarth*, § 53 Rn. 51; Scholz/*Priester*, § 53 Rn. 30a; Ulmer/Habersack/Winter/*Ulmer*, § 53 Rn. 39; i.E. auch Rowedder/Schmidt-Leithoff/*Schnorbus*, § 53 Rn. 46; nach a.A. ist die Eintragung (zumindest bezugnehmend) erforderlich Lutter/Hommelhoff/*Bayer*, § 53 Rn. 32; Michalski/*Hoffmann*, § 53 Rn. 35.

471 *Habersack*, ZGR 1994, 354, 362 ff.; nach dieser Differenzierung ist auch für eine „punktuelle" Satzungsdurchbrechung die Einhaltung aller Vorschriften für die Satzungsänderung und damit auch die Eintragung ins Handelsregister erforderlich, sofern sich ein Wille der Gesellschafter zur vorübergehenden Änderung der Satzung bei Beschlussfassung feststellen lasse, S. 365 ff.

472 Baumbach/Hueck/*Zöllner/Noack*, § 53 Rn. 45, 48; ähnlich *Zöllner*, FS Priester, 879, 884 ff.

iii. Wirkung der Weisung nur im Innenverhältnis

Schließlich ist zu berücksichtigen, dass die Geschäftsführer ungeachtet eines Verstoßes gegen eine Weisung nach außen grundsätzlich wirksam handeln und die Gesellschaft vertreten können, weil Beschränkungen im Innenverhältnis mit eng begrenzten Ausnahmen nicht auf das Außenverhältnis durchschlagen.[473]

(2) Meinungsstand zu § 55a GmbHG

Von den Befürwortern eines Weisungsrechts wird oft die Prämisse aufgestellt, dass sich die Weisung im Rahmen der satzungsmäßigen Ermächtigungsgrundlage hält.[474]

Vereinzelt wird aber auch ausgeführt, dass eine Weisung mit *„quasi satzungsdurchbrechende* [m] *Charakter"* möglich sei, die den Umfang des genehmigten Kapitals erweitere, sofern zumindest eine Mehrheit von drei Vierteln der Stimmen den Weisungsbeschluss unterstütze und nicht eine Erhöhung der Summe oder der Laufzeit des genehmigten Kapitals Inhalt des Weisungsbeschlusses sei.[475]

Ähnlich wird darauf hingewiesen, dass ein Weisungsbeschluss, der von der satzungsmäßigen Ermächtigung abweiche, mit satzungsändernder Mehrheit gefasst werden müsse[476] bzw. dass eine einfache Mehrheit ausreichend sei, sofern der Weisungsbeschluss nicht die Ermächtigung abändere.[477]

Auch *Gummert* befasst sich mit dieser Problematik, indem er Weisungen der Gesellschafterversammlung zwar grundsätzlich für beachtlich erklärt, gleichzeitig aber betont, eine Weisung könne unbeachtlich sein, sofern erstens die satzungsmäßige Ermächtigung ein freies Ermessen der Geschäftsführer ohne Rücksicht auf einen Weisungsbeschluss ausdrücklich vorsehe und zweitens die Voraussetzung einer wirksamen Satzungsdurchbrechung nicht vorlägen.[478]

Ferner ist anerkannt, dass aufgrund einer Weisung getroffene Einschränkungen oder inhaltliche Vorgaben hinsichtlich der Befugnis der Geschäftsführer zur Ausnutzung des genehmigten Kapitals sich nicht auf Maßnahmen durchschlagen, die die Geschäftsführer mit Wirkung nach außen getroffen haben. Daher werden die aufgrund der Ausnutzung des genehmigten Kapitals von den Geschäftsführern

473 Die wichtigste Ausnahme ist hierbei die Rechtsfigur des Missbrauchs der Vertretungsmacht, vgl. etwa Roth/Altmeppen/*Altmeppen*, § 37 Rn. 37 ff.; Michalski/*Lenz*, § 37 Rn. 41; Münch/Komm/*Stephan/Tieves*, § 37 Rn. 172 ff.; BeckOK/*Wisskirchen/Kuhn*, § 37 Rn. 48 ff.

474 Saenger/Inhester/*Inhester*, § 55a Rn. 30; Münch/Komm/*Lieder*, § 55a Rn. 32; Scholz/*Priester*, § 55a Rn. 21; *ders.*, GmbHR 2008, 1177, 1179; Baumbach/Hueck/*Zöllner/Fastrich*, § 55a Rn. 12.

475 Ulmer/Habersack/Winter/*Casper*, § 55a Rn. 22.

476 Lieder, DNotZ 2010, 655, 661.

477 Gehrlein/Ekkenga/Simon/*Bormann*, § 55a Rn. 44; Terbrack, DNotZ 2012, 917, 926.

478 Henssler/Strohn/*Gummert*, § 55a Rn. 27.

in Vertretung der Gesellschaft abgeschlossenen Übernahmeverträge[479] trotz einer internen Kompetenzverletzung als wirksam angesehen.[480]

Ebenso soll die Kapitalerhöhung nach erfolgter Eintragung ins Handelsregister bei bloßen Kompetenzmängeln der Ausnutzungsentscheidung wirksam sein.[481]

(3) Stellungnahme

Es ist kein Grund ersichtlich, die Schranken des Weisungsrechts beim genehmigten Kapital abweichend von allgemeinen Grundsätzen zu entscheiden.

Da die Weisungsbefugnis bei der Ausnutzung des genehmigten Kapitals entsprechend den allgemeinen Regeln besteht, sollten sich auch deren Schranken nach allgemeinen Regeln richten. Alles andere wäre inkonsequent und widersprüchlich.

Es ist auch keine Stimme innerhalb des Schrifttums erkennbar, die bei Befürwortung eines Weisungsrechts eine Abweichung von den allgemeinen Regeln hinsichtlich dessen Schranken fordert.

Damit ergeben sich zusammengefasst unter Berücksichtigung des soeben dargestellten Meinungsstands für die Ausübung der Weisungsbefugnis hinsichtlich der Ausnutzung des genehmigten Kapitals folgende Richtlinien:

Der einfache Weisungsbeschluss der Gesellschafterversammlung muss sich innerhalb der Grenzen halten, die aus der Satzungsbestimmung zum genehmigten Kapital folgen. Satzungsmäßige Grenzen der Ermächtigung darf auch der Weisungsbeschluss nicht überschreiten. Ein Weisungsbeschluss ist unzulässig, soweit

479 Zur Kompetenz der Geschäftsführer zu deren Abschluss aufgrund einer allgemeinen Ermächtigung, vgl. schon oben Punkt C.IV.1.c.

480 Münch/Komm/*Lieder*, § 55a Rn. 87; Roth/Altmeppen/*Roth*, § 55a Rn. 34; dies entspricht der wohl h.M. zum aktienrechtlichen genehmigten Kapital zur Wirksamkeit der Zeichnungsverträge, wenn nur die Vorstandsentscheidung fehlerhaft ist, vgl. Hölters/*v.Dryander/Niggemann*, § 204 Rn. 14; Hüffer/*Koch*, § 204 Rn. 8; Köln/Komm/*Lutter*, § 204 Rn. 24; wohl auch Münch/Komm/AktG/*Bayer*, § 204 Rn. 29; abweichend Großkomm/AktG/*Hirte*, § 204 Rn. 21.

481 Gehrlein/Ekkenga/Simon/*Bormann*, § 55a Rn. 60; Münch/Komm/*Lieder*, § 55a Rn. 87; Roth/Altmeppen/*Roth*, § 55a Rn. 34; Rowedder/Schmidt-Leithoff/*Schnorbus*, § 55a Rn. 38; *Schnorbus/Donner*, NZG 2009, 1241, 1246; *Wicke*, § 55a Rn. 17. Der Registerrichter soll nach einer Ansicht sogar trotz interner Kompetenzverletzungen zur Eintragung verpflichtet sein, weil es sich nur um Mängel handele, die die Interessen der Gesellschafter in ihrem Verhältnis zur Gesellschaft betreffen, so Rowedder/Schmidt-Leithoff/*Schnorbus*, § 55a Rn. 37; *Schnorbus/Donner*, NZG 2009, 1241, 1245; *Wicke*, § 55a Rn. 17; wohl auch Roth/Altmeppen/*Roth*, § 55a Rn. 34; a.A. wohl Gehrlein/Ekkenga/Simon/*Bormann*, § 55a Rn. 60 und Münch/Komm/*Lieder*, § 55a Rn. 87. Für das Aktienrecht entspricht es der h.M., dass jedenfalls eine einmal eingetragene Kapitalerhöhung wirksam ist, auch wenn dieser eine fehlerhafte Vorstandsentscheidung zugrunde lag, vgl. BGH NJW 2006, 374, 376; Münch/Komm/AktG/*Bayer*, § 203 Rn. 33; Hölters/*v.Dryander/Niggemann*, § 204 Rn. 15; Köln/Komm/*Lutter*, § 204 Rn. 25; Spindler/Stilz/*Wamser*, § 204 Rn. 44 ff.; m.E. auch Großkomm/AktG/*Hirte*, § 204 Rn. 21; Hüffer/*Koch*, § 204 Rn. 9.

die Satzungsbestimmung die Weisungsbefugnis der Gesellschafterversammlung ausgeschlossen oder beschränkt hat.

Eine Verletzung der Beschränkungen der Weisungsbefugnis, die sich aus der Satzung ergeben, führt (nur) zur Anfechtbarkeit des Gesellschafterbeschlusses.[482] Nach allgemeinen Grundsätzen kann deshalb ein die Satzung verletzender Weisungsbeschluss beachtlich sein, wenn er nicht mehr anfechtbar ist.

Ferner kann nach allgemeinen Grundsätzen ein satzungsdurchbrechender Gesellschafterbeschluss gegeben sein. Folgt man der Differenzierung, die die herrschende Ansicht hierzu vornimmt, so würde es sich bei einem Weisungsbeschluss in Bezug auf eine konkrete Ausnutzung des genehmigten Kapitals, der den Vorgaben in der Ermächtigung zuwiderläuft, wohl regelmäßig (nur) um eine „punktuelle" Satzungsdurchbrechung handeln. Sofern man mit der anderen Ansicht den Satzungsänderungswillen der Gesellschafter für maßgeblich hält, so kommt es darauf an, ob sich bei Fassung des Weisungsbeschlusses ein Wille der Gesellschafter feststellen lässt, der auf die – vorübergehende – Änderung der Satzung gerichtet ist.

Schließlich wirkt der Weisungsbeschluss grundsätzlich nur im Innenverhältnis und steht nach einer erfolgten Eintragung der Kapitalerhöhung deren Wirksamkeit nicht entgegen.

c) Vorlage- und Vorabinformationspflichten bei beabsichtigter Ausnutzung des genehmigten Kapitals

Damit die Gesellschafterversammlung ihr Weisungsrecht effektiv ausüben kann, könnte man es als erforderlich ansehen, dass die Geschäftsführer der Gesellschafterversammlung jede geplante Ausnutzung des genehmigten Kapitals vorlegen oder vorab ankündigen.

(1) Darstellung des Meinungsstands

Wie zu erwarten war, ist die Ablehnung einer generellen Pflicht zur Vorlage oder Vorabinformation ganz herrschende Meinung im Lager der Gegner eines Weisungsrechts.[483]

Interessant ist aber, dass sich auch nahezu sämtliche Befürworter eines Weisungsrechts in der Ablehnung einer umfassenden Pflicht zur Vorlage oder Vorabinformation

---

482 Es wird hier stets unterstellt, dass eine wirksame Ermächtigung i.S.d. § 55a Abs. 1 GmbHG vorhanden ist. Hält die Satzungsregelung zum genehmigten Kapital die zwingenden gesetzlichen Bedingungen des § 55a GmbHG nicht ein, so kommt Nichtigkeit analog § 241 Nr. 3 AktG in Betracht, vgl. Münch/Komm/*Lieder*, § 55a Rn. 85; Scholz/*Priester*, § 55a Rn. 50.

483 Michalski/*Hermanns*, § 55a Rn. 11; *Wicke*, § 55a Rn. 7, 13; BeckOK/*Ziemons*, § 55a Rn. 52 ff.; überraschenderweise spricht sich *Nietsch*, der zumindest die Untersagungsweisung ablehnt, für eine generelle Pflicht zur Ankündigung der Kapitalerhöhung gegenüber den Gesellschaftern aus und verweist dabei auf *„die möglichen Konsequenzen für die Beteiligungsstruktur"*, FS Schneider, 873, 879 ff.

einig sind.[484] Um den Zweck des § 55a GmbHG – Flexibilisierung und Beschleunigung der Kapitalbeschaffung – nicht ad absurdum zu führen, könne eine Pflicht zur Vorabinformation bzw. zur Einholung der Zustimmung der Gesellschafterversammlung nur nach allgemeinen Regeln angenommen werden.[485]

(2) Stellungnahme

Der Ablehnung einer generellen Vorlage- oder Vorabinformationspflicht[486] aufgrund einer allgemeinen Ermächtigung i.S.d. § 55a GmbHG ist uneingeschränkt beizupflichten.[487]

Die Gesellschafter wollen, falls sie eine allgemeine Ermächtigung i.S.d. § 55a GmbHG in der Satzung verankern, die Möglichkeit zur Erleichterung der

---

484 Anders nur Gehrlein/Ekkenga/Simon/*Bormann*, § 55a Rn. 43 (für eine Pflicht zur Vorabinformation) und *Cramer*, GmbHR 2009, 406, 409 (für eine Vorlagepflicht), die beide zur Begründung ihrer Ansicht einen Zusammenhang mit der Durchsetzung des Weisungsrechts der Gesellschafterversammlung herstellen. *Eggert*, GmbHR 2014, 856, 862 f., bezieht sich in seiner Befürwortung eines Vorabberichts nur auf die Ausnutzung des genehmigten Kapitals mit verbundenem Bezugsrechtsausschluss, auch wenn dies nicht hinreichend deutlich in seinen Ausführungen zum Ausdruck kommt.

485 Bork/Schäfer/*Arnold/Born*, § 55a Rn. 18; Ulmer/Habersack/Winter/*Casper*, § 55a Rn. 21, der als Beispiel den zwischenzeitlichen Eintritt der Insolvenz nennt; Münch/Komm/*Lieder*, § 55a Rn. 33; *ders.*, ZGR 10, 868, 904 ff.; der sich auf die Vorlagepflicht bei grundlegenden Maßnahmen i.S.d. § 49 Abs. 2 GmbHG bezieht; Baumbach/Hueck/*Zöllner/Fastrich*, § 55a Rn. 12; i.E. ebenso *Schnorbus/Donner*, NZG 2009, 1241, 1245; etwas strenger Roth/Altmeppen/*Roth*, § 55a Rn. 7, der neben einer außergewöhnlichen Angelegenheit zusätzlich noch besondere Umstände für eine Pflicht zur Einholung von Weisungen fordert. Vgl. zur Vorlagepflicht nach allgemeinen Grundsätzen oben Punkt A.III.1.a.(3).
Die Frage der Pflicht zur Vorlage oder Vorabinformation bei einem beabsichtigten Bezugsrechtsausschluss wird gesondert im 2. Kapitel behandelt.

486 Zwar ist eine Vorlagepflicht mit der Einberufung einer Gesellschafterversammlung verbunden, vgl. etwa BeckOK/*Wisskirchen/Kuhn*, § 37 Rn. 5, und geht damit weiter als eine Pflicht zur Vorabinformation. Im Ergebnis führt aber auch letztere dazu, dass die Ausnutzung des genehmigten Kapitals nur erfolgen kann, wenn zuvor der Gesellschafterversammlung die Möglichkeit zur Einflussnahme gegeben wurde. Im Allgemeinen ist eine Pflicht zur Vorabberichterstattung dem GmbH-Recht nicht fremd, sondern kann nach starker Ansicht aus der Pflicht der Geschäftsführer zur loyalen und vertrauensvollen Zusammenarbeit (§ 43 Abs. 1 GmbHG) mit den anderen bestehenden Gesellschaftsorganen folgen, vgl. etwa Michalski/*Haas/Ziemons*, § 43 Rn. 53 f.; Lutter/Hommelhoff/*Kleindiek*, § 43 Rn. 17; Rowedder/Schmidt-Leithoff/*Koppensteiner/Gruber*, § 43 Rn. 15; Scholz/*Schneider*, § 43 Rn. 142 ff.; a.A. Baumbach/Hueck/*Zöllner*, § 51a Rn. 59.

487 Ohne Bedenken zulässig wäre es aber, eine solche Pflicht in der Ermächtigung ausdrücklich vorzusehen, vgl. etwa Rowedder/Schmidt-Leithoff/*Schnorbus*, § 55a Rn. 34 und auch schon oben Punkte C.I. und II.1.

Kapitalbeschaffung, die ihnen § 55a GmbHG anheimstellt, nutzen und den Geschäftsführern einen gewissen Gestaltungsspielraum bei der Ausnutzung des genehmigten Kapitals zubilligen, sodass es sich aus teleologischen Gründen[488] verbietet, die allgemeine Ermächtigung i.S.d. § 55a Abs. 1 GmbHG so auszulegen, dass sich aus ihr eine generelle Vorlage- oder Vorabinformationspflicht ergibt. Dies gilt gerade dann, wenn man wie hier das Weisungsrecht der Gesellschafterversammlung auch für die Ausnutzung des genehmigten Kapitals befürwortet.

Eine Vorlagepflicht oder Pflicht zur Vorabinformation kann sich demnach auch beim genehmigten Kapital nur aus allgemeinen Grundsätzen ergeben.

Dabei ist aber darauf zu achten, dass sich die „Ungewöhnlichkeit" eines Geschäfts, die zur Begründung einer Vorlagepflicht geeignet ist,[489] nicht allein aus der Ausnutzung des genehmigten Kapitals ergeben kann, selbst wenn dies in Bezug auf die Verhältnisse der jeweiligen Gesellschaft ganz selten geschieht oder bisher überhaupt noch nicht vorgekommen ist. Auch aus dem Erhöhungsbetrag der Ausnutzung allein kann sich eine solche „Ungewöhnlichkeit" nicht ergeben.

Hintergrund der Vorlagepflicht ist vor allem, dass aufgrund der Bedeutung oder der Ungewöhnlichkeit der Maßnahme davon ausgegangen werden muss, dass die Gesellschafter die Entscheidung über die Maßnahme selbst treffen wollten, hätten sie von ihr Kenntnis.[490]

Dieser Hintergrund ist bei Ausnutzung des genehmigten Kapitals aber regelmäßig nicht einschlägig. Die Gesellschafter haben durch die Schaffung des genehmigten Kapitals in der Satzung ohne ausdrückliche Begründung einer Vorlagepflicht den Geschäftsführern bewusst einen gewissen Entscheidungs- und Gestaltungsspielraum zugebilligt und müssen deshalb auch nicht geschützt werden. Soweit sich die Ausnutzung des genehmigten Kapitals im Rahmen der erteilten Ermächtigung hält, ist diese Ausnutzung an sich also keinesfalls ungewöhnlich in dem Sinne, dass sie eine Vorlagepflicht begründen könnte. Vielmehr ist die der Vorlagepflicht zugrundeliegende Vermutung, dass die Gesellschafter die Entscheidung über eine besonders bedeutsame oder außergewöhnliche Maßnahme selbst treffen oder die Maßnahme jedenfalls vorab überprüfen wollen, aufgrund und im Rahmen der Ermächtigung widerlegt.[491]

Das bedeutet auf der anderen Seite natürlich nicht, dass die Ausnutzung des genehmigten Kapitals eine Vorlagepflicht niemals begründen könnte. Die Ungewöhnlichkeit muss sich aber aus anderen Umständen ergeben, als denjenigen, die

---

488 Vgl. auch die Argumentation der ganz herrschenden Meinung, soeben Fußnote 485.

489 Siehe zu den allgemeinen Grundsätzen der Vorlagepflicht oben Punkt A.III.1.a.(3).

490 Siehe dazu oben Punkt A.III.1.a.(3).

491 Ähnlich in der Begründung Münch/Komm/*Lieder*, § 55a Rn. 33; Roth/Altmeppen/*Roth*, § 55a Rn. 7; Baumbach/Hueck/*Zöllner/Fastrich*, § 55a Rn. 12.

unmittelbar in der Satzungsermächtigung enthalten sind. Diese sind für eine Begründung der Vorlagepflicht grundsätzlich gesperrt.[492]

Die gleichen Erwägungen gelten für eine Pflicht zur Vorabinformation. Aufgrund einer allgemeinen Ermächtigung i.S.d. § 55a GmbHG, die einen gewissen Gestaltungsspielraum für die Geschäftsführer beinhaltet, kann die Ausnutzung des genehmigten Kapitals für sich gesehen keine Pflicht zur Vorabinformation auslösen.

2. *Der Einfluss eines fakultativen oder obligatorischen Aufsichtsrats in der GmbH auf Maßnahmen zur Ausnutzung des genehmigten Kapitals*

a) Allgemeine Grundsätze zur Rolle eines Aufsichtsrats in der Kompetenzordnung der GmbH

(1) Der fakultative Aufsichtsrat

i. Gesetzliche Grundkonzeption als Verweisung auf das Aktiengesetz

Entscheiden sich die Gesellschafter für die Bestellung eines Aufsichtsrats in der Satzung, gilt nach der gesetzlichen Grundordnung die Regelung des § 52 GmbHG, der in Absatz 1 in weitem Umfang auf das Aktiengesetz verweist.

Die dem Aufsichtsrat nach dieser Verweisungskette zukommenden Aufgaben sind dabei für diese Arbeit nur insoweit interessant, als sie im Rahmen des Anwendungsbereichs des § 55a GmbHG von spezifischer Bedeutung sind.

Wichtig für die spätere Untersuchung ist deshalb vor allem der Einfluss des Aufsichtsrats auf Entscheidungen der Geschäftsführer, namentlich, ob und inwieweit nach dem gesetzlichen Grundkonzept Zustimmungsvorbehalte des Aufsichtsrats bestehen, §§ 52 Abs. 1 GmbHG, 111 Abs. 4 S. 2 AktG.

Ferner ist von Bedeutung, wie die Berichtspflichten der Geschäftsführer an den Aufsichtsrat ausgestaltet sind, §§ 52 Abs. 1 GmbHG, 90 Abs. 3, 4, 5 S. 1 und 2 AktG.

Nach der gesetzlichen Regelung ist der Aufsichtsrat nicht zur Geschäftsführung befugt (§§ 52 Abs. 1 GmbHG i.V.m. 111 Abs. 4 S. 1 AktG). Seiner Überwachungsfunktion entsprechend (§§ 52 Abs. 1 GmbHG i.V.m. 111 Abs. 1 AktG) müssen aber

492 Solche gesperrten Gründe sind: Die Ausnutzung an sich, die Zeitdauer zwischen Ermächtigung und Ausnutzung sowie der Erhöhungsbetrag, sofern jeweils die Grenzen der Satzungsermächtigung eingehalten werden. Es würde deshalb für die Begründung der Ungewöhnlichkeit an sich noch nicht ausreichen, wenn das genehmigte Kapital kurz vor Ablauf der Fünf-Jahres-Frist erstmalig und in vollem Umfang ausgenutzt wird. Kommen andere, in den individuellen Verhältnissen der Gesellschaft liegende Umstände hinzu, so kann die Ungewöhnlichkeit allerdings auch im Zusammenhang mit einem grundsätzlich gesperrten Grund angenommen werden: Überschritten z.B. in einer GmbH wegen spezifischer Verhältnisse des Gesellschafterkreises Kapitalerhöhungen noch nie einen bestimmten, im Verhältnis zum Stammkapital sehr geringen Erhöhungsbetrag, so kann die Ausnutzung des Maximalbetrags des genehmigten Kapitals eine ungewöhnliche Maßnahme sein, die zur Vorlage an die Gesellschafterversammlung verpflichtet.

die Satzung oder der Aufsichtsrat selbst für *„bestimmte Arten von Geschäften“* Zustimmungsvorbehalte aufstellen, §§ 52 Abs. 1 GmbHG i.V.m. 111 Abs. 4 S. 2 AktG.

ii. Begriffsbestimmung des „Geschäfts“ i.S.d. § 111 Abs. 4 S. 2 AktG

Relevant für die Untersuchung zu § 55a GmbHG wird vor allem sein, was – bei Zugrundelegung einer GmbH-rechtlichen Betrachtungsweise – unter „Geschäft“ i.S.d. § 111 Abs. 4 S. 2 AktG zu verstehen ist.

Der Begriff des „Geschäfts“ i.S.d. § 111 Abs. 4 S. 2 AktG wird weit ausgelegt. Danach umfasst er *„alle internen und nach außen wirkenden tatsächlichen und rechtlichen Maßnahmen“* der Geschäftsführung.[493]

Für die Anwendbarkeit des § 111 Abs. 4 S. 2 AktG auf die GmbH kommt es entscheidend darauf an, dass die Maßnahme durch die Geschäftsführer und nicht durch die Gesellschafter, die ebenfalls die Geschäftsführung bestimmen können, vorgenommen wurde, weil der Aufsichtsrat nur die Tätigkeit der Geschäftsführer, nicht aber diejenige der Gesellschafterversammlung zu überwachen befugt ist.[494]

Die grundsätzliche Zulässigkeit von Zustimmungsvorbehalten richtet sich demnach nicht nach dem Wesen der Maßnahme, sondern nach dem sie ausführenden Gesellschaftsorgan.[495]

---

493 Scholz/*Schneider*, § 52 Rn. 132; zur AG: *Brouwer*, S. 92; *Lange*, DStR 2003, 376, 376; GroßKomm/AktG/*Hopt/Roth*, § 111, Rn 638; ähnlich *Dietrich*, DStR 2003, 1577.

494 *Deilmann*, BB 2004, 2253, 2255; *Gaul/Otto*, GmbHR 2003, 6, 11; Scholz/*Schneider*, § 52 Rn. 132; Münch/Komm/*Spindler*, § 52 Rn. 372; ebenso wohl Ulmer/Habersack/Löbbe/*Heermann*, § 52 Rn. 111, die von *„Maßnahmen, welche in die Zuständigkeit der Gesellschafter fallen“* sprechen; abweichend *Duden*, FS Fischer, 95, 99, der die Überwachungsaufgabe des Aufsichtsrats auf alle Maßnahmen erstrecken will, die qualitativ Geschäftsführungsmaßnahmen sind, unabhängig davon, welches Organ sie entschieden hat; allerdings befasst sich Duden nicht mit Zustimmungsvorbehalten des Aufsichtsrats, er hält sogar im Verhältnis zu den Gesellschaftern *„weithin nur* [...] *Vortrag, Rat und Warnung“* für zulässig, S. 102. Auch für die AG gilt der Grundsatz, dass Entscheidungen der Hauptversammlung nicht aufgrund eines Zustimmungsvorbehalts aufgehoben werden können, so kann der Aufsichtsrat etwa Maßnahmen, zu deren Vornahme der Vorstand nach § 83 Abs. 2 AktG verpflichtet ist, nicht seiner Zustimmung unterwerfen, *Brouwer*, S. 117; Münch/Komm/AktG/*Habersack*, § 111 Rn. 114; Köln/Komm/AktG/*Mertens/Cahn*, § 111 Rn. 89.

495 Nach verbreiteter Auffassung zur AG soll, wenn bei einer Vorstandsmaßnahme lediglich auch die Zuständigkeit der Hauptversammlung berührt oder die Maßnahme als grundsätzliche zu qualifizieren ist, dies allein die Möglichkeit eines Zustimmungsvorbehalts des Aufsichtsrats noch nicht ausschließen (vorbehaltlich der Einschränkungen in der vorherigen Fußnote a.E.), vgl. *Brouwer*, S. 113 ff.; Münch/Komm/AktG/*Habersack*, § 111 Rn. 114; GroßKomm/AktG/*Hopt/Roth*, § 111 Rn. 640; Köln/Komm/AktG/*Mertens/Cahn*, § 111 Rn. 89. Dies zeigt, dass es auch in der AG für die Zulässigkeit eines Zustimmungsvorbehalts grundsätzlich darauf ankommt, welches Organ die Entscheidung trifft und nicht welches Wesen der Entscheidung innewohnt.

iii. Reichweite der Zustimmungsvorbehalte

Sofern die Satzung zu Zustimmungsvorbehalten des Aufsichtsrats schweigt, muss der Aufsichtsrat im Rahmen seines pflichtgemäßen Ermessens gemäß §§ 52 Abs. 1 GmbHG, 111 Abs. 4 S. 2 AktG einen nach generellen Merkmalen beschriebenen, über eine bloße Generalklausel hinausgehenden Katalog von Geschäften aufstellen, die seiner Zustimmung bedürfen.[496]

Zur näheren Bestimmung dieser Art von Geschäften kann auf die aktienrechtliche Rechtslage und hierbei zum einen auf die Gesetzesbegründung zu § 111 Abs. 4 S. 2 AktG zurückgegriffen werden, die als Beispiel „*grundlegende Entscheidungen zur Unternehmensstrategie oder bedeutsame Investitionsentscheidungen, die nach den Planungen oder Erwartungen die Ertragsaussichten der Gesellschaft grundlegend verändern werden*", anführt.[497]

Zum anderen bietet auch der Deutsche Corporate Governance Kodex (DCGK) einen Orientierungsmaßstab, der Geschäfte von grundlegender Bedeutung als „*Entscheidungen oder Maßnahmen, die die Vermögens-, Finanz- oder Ertragslage des Unternehmens grundlegend verändern*" versteht.[498]

Nach herrschender Ansicht werden deshalb von der Zustimmungspflichtigkeit zum einen Geschäfte erfasst, denen aufgrund ihrer Eignung zur erheblichen Veränderung der Vermögens-, Finanz- oder Ertragslage grundlegende Bedeutung zukommt (wobei eine potentielle Existenzgefährdung nicht erforderlich sei).[499] Zum anderen sollen aber auch Geschäfte einbezogen werden, die ihrer strategischen Art nach – unabhängig vom damit verbundenen Geschäftsrisiko – für die zukünftige Entwicklung der Gesellschaft besonders bedeutsam sind.[500]

---

496 Michalski/*Giedinghagen*, § 52 Rn. 229 f.; Ulmer/Habersack/Löbbe/*Heermann*, § 52 Rn. 111; Scholz/*Schneider*, § 52 Rn. 141 f.; Münch/Komm/*Spindler*, § 52 Rn. 367 ff.; Baumbach/Hueck/*Zöllner/Noack*, § 52 Rn. 123. Zur AG: Münch/Komm/AktG/*Habersack*, § 111 Rn. 106; GroßKomm/AktG/*Hopt/Roth*, § 111 Rn. 627; a.A. Köln/Komm/AktG/*Mertens/Cahn*, § 111 Rn. 104 f.

497 BTDrucks. 14/8769, S. 17.

498 Ziffer 3.3 DCGK.

499 *Gaul/Otto*, GmbHR 2003, 6, 10 f.; Ulmer/Habersack/Löbbe/*Heermann*, § 52 Rn. 110; Scholz/*Schneider*, § 52 Rn. 142; Münch/Komm/*Spindler*, § 52 Rn. 368. Zur AG: *Brouwer*, S. 100; *Fonk*, ZGR 2006, 841, 847; Münch/Komm/AktG/*Habersack*, § 111 Rn. 109; *Lieder*, DB 2004, 2251, 2252 f.; ähnlich *Götz*, NZG 2002, 599, 602, der von Geschäften „*im Sinne einer für das künftige Schicksal der Gesellschaft „herausragenden" Bedeutung*" spricht; ähnlich auch GroßKomm/AktG/*Hopt/Roth*, § 111 Rn. 641; nach a.A. wird eine potentielle Existenzgefährdung gefordert, MünchHBdGesR/AG/*Hoffmann-Becking*, § 29 Rn. 53; *Dietrich*, DStR 2003, 1577; *Lange*, DStR 2003, 376, 377.

500 *Gaul/Otto*, GmbHR 2003, 6, 10 f.; Ulmer/Habersack/Löbbe/*Heermann*, § 52 Rn. 110; Scholz/*Schneider*, § 52 Rn. 142. Zur AG: *Brouwer*, S. 100; *Fonk*, ZGR 2006, 841, 847; Münch/Komm/AktG/*Habersack*, § 111 Rn. 110 ff.; GroßKomm/AktG/*Hopt/Roth*, § 111 Rn. 652 ff.; *Lieder*, DB 2004, 2251, 2255.

Umstritten ist, ob alle als grundlegend anzusehenden Geschäfte einem Zustimmungsvorbehalt unterstellt werden müssen oder ob der Aufsichtsrat auch in Bezug auf die grundlegenden Geschäfte einen Ermessensspielraum hat.[501]

Schon zur AG ist die sich gegen eine zwingende Einbeziehung aller grundlegenden Geschäfte in den Zustimmungsvorbehaltskatalog aussprechende Ansicht überzeugend. Dies liegt zunächst an nicht zutreffenden Argumenten der Gegenansicht, die sich auf die Auslegung der Gesetzesmaterialien (BTDrucks. 14/8769, S. 17) beruft und den darin zum Ausdruck kommenden Zweck der Regelung nur bei Ablehnung eines Ermessensspielraums in Bezug auf die Einbeziehung grundlegender Geschäfte verwirklicht sieht.[502]

Die Gesetzesmaterialien lassen nämlich bei genauerer Betrachtung gerade den gegenteiligen Schluss zu.[503] Der Gesetzgeber hat aufgrund der individuellen Besonderheiten jeder Gesellschaft bewusst von der Aufstellung eines gesetzlichen Zustimmungskatalogs abgesehen und dies der Satzung bzw. dem Aufsichtsrat überlassen, das Ermessen des Aufsichtsrats also zum wesentlichen Faktor für die Auswahl der zustimmungspflichtigen Geschäfte gemacht.[504] Auch die konkreten Aussagen der Materialien zum Inhalt des Zustimmungskatalogs sind nicht wie eine verbindliche Vorgabe, sondern eher wie ein Vorschlag formuliert.[505]

Schließlich wird der Zweck der Verschärfung des § 111 Abs. 4 S. 2 AktG von einer „Kann“- in eine „Muss“-Vorschrift, den Einfluss des Aufsichtsrats bei grundlegenden

---

501 Gegen einen Ermessensspielraum wohl Scholz/*Schneider*, § 52 Rn. 142 f.; dafür wohl Ulmer/Habersack/Löbbe/*Heermann*, § 52 Rn. 242. Insgesamt ist diese Frage bisher nicht GmbH-spezifisch diskutiert worden. Zur AG: Gegen einen Ermessenspielraum *Brouwer*, S. 101 f.; *Götz*, NZG 2002, 599, 602; *Lange*, DStR 2003, 376, 380, *Lieder*, DB 2004, 2251, 2252 f.; dagegen für einen Ermessensspielraum Münch/Komm/AktG/*Habersack*, § 111 Rn. 108 f.; GroßKomm/AktG/*Hopt/Roth*, § 111 Rn. 622 ff.; Hüffer/*Koch*, § 111 Rn. 36; Köln/Komm/AktG/*Mertens/Cahn*, § 111 Rn. 105.

502 *Brouwer*, S. 101 f.; *Lange*, DStR 2003, 376, 380, *Lieder*, DB 2004, 2251, 2252 f.

503 So die überzeugende Argumentation von GroßKomm/AktG/*Hopt/Roth*, § 111, Rn. 609 ff., die darüber hinaus in Rn. 608 nachvollziehbar bezweifeln, ob ein solcher umfassender Katalog überhaupt praxisfest formulierbar ist und ob hierfür angesichts der Möglichkeit der Aufstellung von ad-hoc-Zustimmungsvorbehalten überhaupt ein Bedürfnis besteht; ebenso Münch/Komm/AktG/*Habersack*, § 111 Rn. 109; ähnlich Köln/Komm/AktG/*Mertens/Cahn*, § 111 Rn. 104 f.

504 Vgl. dazu BTDrucks. 14/8769, S. 17: „*Allerdings empfiehlt es sich nicht im Aktiengesetz selbst einen Katalog zustimmungspflichtiger Maßnahmen festzulegen.* [...] *Vorzugswürdig ist es daher, die Entscheidung darüber, welche Maßnahmen im Einzelnen einem Zustimmungsvorbehalt unterliegen, dem Aufsichtsrat bzw. der Hauptversammlung zu überlassen*“.

505 Vgl. dazu BTDrucks. 14/8769, S. 17: „*Hierzu* ***können*** [Hervorhebung durch den Verfasser] *etwa grundlegende Entscheidungen zur Unternehmensstrategie oder bedeutsame Investitionsentscheidungen, die nach den Planungen oder Erwartungen die Ertragsaussichten der Gesellschaft grundlegend verändern werden, rechnen.*“

Entscheidungen in der Gesellschaft zu stärken,[506] auch dann erreicht, wenn dem Aufsichtsrat ein Ermessen hinsichtlich der Geschäfte von grundlegender Bedeutung zugesprochen wird. Denn dieser ist dennoch in der Festlegung der zustimmungspflichtigen Geschäfte alles andere als frei. Vielmehr kann er sein Ermessen nur dann pflichtgemäß im Sinne einer *„angemessene* [n] *Wahrnehmung der Überwachungsaufgabe nach § 111 Abs. 4 S. 2*"[507] ausüben, wenn er einen sachgerechten, den Verhältnissen der Gesellschaft entsprechenden Zustimmungskatalog aufstellt. Ließe der Aufsichtsrat eine erhebliche Anzahl grundlegender Geschäfte unberücksichtigt, würde er damit dem Erfordernis einer pflichtgemäßen Ermessensausübung zweifellos nicht genügen.[508] Folglich wird auch bei Annahme eines Ermessensspielraums der Einfluss des Aufsichtsrats bei grundlegenden Entscheidungen gegenüber der vorherigen Rechtlage deutlich gestärkt.

Lässt sich also bereits für die AG nicht von einer Pflicht des Aufsichtsrats sprechen, ausnahmslos alle grundlegenden Geschäfte einem Zustimmungsvorbehalt zu unterstellen, so muss dies erst recht für die GmbH gelten. Neben den soeben aufgeführten Argumenten kommt hier hinzu, dass Regelung und Regelungszweck der Neufassung des § 111 Abs. 4 S. 2 AktG mit der Kompetenzverteilung der GmbH nicht ohne weiteres vereinbar sind.

Zum einen ist das Bedürfnis für eine stärkere Kontrolle von Geschäftsführungsentscheidungen durch den Aufsichtsrat angesichts der umfassenden Führungsrolle und Kontrollmöglichkeiten der Gesellschafterversammlung stark anzuzweifeln.[509] Zum anderen werden die Geschäftsführer grundlegende Entscheidungen ohnehin nur selten eigenständig treffen dürfen, sondern regelmäßig hierzu die Zustimmung der Gesellschafterversammlung einholen müssen.[510] Unter diesem Aspekt muss zwar eine teleologische Reduktion der Geltung der Pflicht des Aufsichtsrats gemäß § 111

506 Vgl. hierzu *Brouwer*, S. 101 f.; *Lieder*, DB 2004, 2251, 2252 f.

507 Münch/Komm/AktG/*Habersack*, § 111 Rn. 108.

508 Insofern kann die Ansicht, dass die eingeführte Pflicht nach § 111 Abs. 4 S. 2 nicht weiter führt, als das frühere pflichtgebundene Ermessen, so GroßKomm/AktG/*Hopt/Roth*, § 111 Rn. 622, nicht überzeugen, weil etwa der zu § 111 Abs. 4 S. 2 a.F. teilweise vertretenen Meinung, der Aufsichtsrat sei zur Aufstellung von Zustimmungsvorbehalten nicht generell verpflichtet (vgl. die Nachweise bei GroßKomm/AktG/*Hopt/Roth*, § 111 Rn. 602 ff.), nun durch die Neufassung der Regelung die Grundlage entzogen ist.

509 In diese Richtung auch Scholz/*Schneider*, § 52 Rn. 141.

510 Scholz/*Schneider*, § 52 Rn. 141; kritisch zur Geltung des § 111 Abs. 4 S. 2 AktG für die GmbH auch *Gaul/Otto*, GmbHR 2003, 6, 11; die Geltung für die GmbH wurde auch im Gesetzgebungsverfahren angezweifelt, so der Abgeordnete Rainer Funke (FDP), Plenarprotokoll 14/231, S. 23055; auch gab es laut *Seibert*, NZG 2002, 608, 610, im Bundesrat einen diesbezüglichen Änderungsantrag, der jedoch keine Mehrheit gefunden habe.

Abs. 4 S. 2 AktG für die GmbH angesichts der eindeutigen und gesetzgeberisch bewussten Verweisung (§ 52 Abs. 1 GmbHG) ausscheiden.[511]

Jedenfalls aber ist eine Pflicht des Aufsichtsrats, alle grundlegenden Geschäfte einem Zustimmungsvorbehalt zu unterstellen, für das GmbH-Recht abzulehnen, weil die Annahme einer solchen umfassenden Pflicht noch schwerer mit dem Kompetenzgefüge der GmbH in Einklang zu bringen wäre, als dies die Regelung des § 111 Abs. 4 S. 2 AktG ohnehin schon ist.

In Bezug auf Geschäfte, die unterhalb der Schwelle der grundlegenden Bedeutung anzusiedeln sind, kann der Aufsichtsrat nach seinem pflichtgemäßen Ermessen Zustimmungsvorbehalte aufstellen.[512]

Dem Aufsichtsrat ist es ferner möglich, für eine bevorstehende Einzelmaßnahme der Geschäftsführung einen Ad-hoc-Zustimmungsvorbehalt aufzustellen.[513]

Das Ermessen des Aufsichtsrats zur Statuierung von Zustimmungsvorbehalten findet dort seine Grenzen, wo der Kern der Leitungskompetenz der Geschäftsführer zur Unternehmensführung betroffen ist, denn der Aufsichtsrat ist kein zweites Geschäftsführungsorgan (§§ 52 Abs. 1 GmbHG, 111 Abs. 4 S. 1 AktG).[514] Belanglose oder gewöhnliche Geschäfte dürfen daher nicht einem Zustimmungsvorbehalt unterstellt werden.[515]

---

511 Gerade die ausdrücklich vorgebrachten Zweifel (siehe vorherige Fußnote) im Gesetzgebungsverfahren und deren Nichtberücksichtigung in der gesetzlichen Regelung schließen es aus, dass sich der Gesetzgeber nicht über die Geltung des § 111 Abs. 4 S. 2 AktG für die GmbH bewusst war.

512 Scholz/*Schneider*, § 52 Rn. 143. Zur AG: *Brouwer*, S. 102; *Götz*, NZG 2002, 599, 602; MünchHBdGesR/AG/*Hoffmann-Becking*, § 29 Rn. 54; *Lieder*, DB 2004, 2251, 2254.

513 Er kann auch dazu verpflichtet sein, wenn sich nur auf diesem Weg eine rechtswidrige Maßnahme der Geschäftsführung verhindern lässt, Michalski/*Giedinghagen*, § 52 Rn. 230; Lutter/Hommelhoff/*Lutter*, § 52 Rn. 15; Ulmer/Habersack/Löbbe/*Heermann*, § 52 Rn. 111; Scholz/*Schneider*, § 52 Rn. 143; Münch/Komm/*Spindler*, § 52 Rn. 373; zur AG: Münch/Komm/AktG/*Habersack*, § 111 Rn. 115; MünchHBdGesR/AG/*Hoffmann-Becking*, § 29 Rn. 54 f.; GroßKomm/AktG/*Hopt/Roth*, § 111 Rn. 595, 650; *Lieder*, DB 2004, 2251, 2253 f.

514 *Deilmann*, BB 2004, 2253, 2254 f.; *Gaul/Otto*, GmbHR 2003, 6, 11; Michalski/*Giedinghagen*, § 52 Rn. 229; Lutter/Hommelhoff/*Lutter*, § 52 Rn. 15; Ulmer/Habersack/Löbbe/*Heermann*, § 52 Rn. 111; Scholz/*Schneider*, § 52 Rn. 136; Münch/Komm/*Spindler*, § 52 Rn. 368 f., 371.

515 *Deilmann*, BB 2004, 2253, 2255; Scholz/*Schneider*, § 52 Rn. 136; Münch/Komm/*Spindler*, § 52 Rn. 368; zur AG: *Brouwer*, S. 104 f.; *Fonk*, ZGR 2006, 841, 846; Münch/Komm/AktG/*Habersack*, § 111 Rn. 106; MünchHBdGesR/AG/*Hoffmann-Becking*, § 29 Rn. 56; Hölters/*Hambloch-Gesinn/Gesinn*, § 111 Rn. 72; GroßKomm/AktG/*Hopt/Roth*, § 111 Rn. 641; *Lieder*, DB 2004, 2251, 2254; Spindler/Stilz/*Spindler*, § 111 Rn. 64.

iv. Das Verhältnis von Aufsichtsrat und Gesellschafterversammlung

Trifft der Gesellschaftsvertrag beim fakultativen Aufsichtsrat keine besonderen Regelungen, entspricht es nach weit überwiegender Ansicht dem gesetzlichen Leitbild, dass Beschlüsse der Gesellschafterversammlung einem Zustimmungsvorbehalt vorgehen. Dies bedeutet konkret, dass zum einen auf mit einfacher Mehrheit getroffenen verbindlichen Weisungsbeschlüssen der Gesellschafterversammlung beruhende Maßnahmen der Geschäftsführer nicht einem Zustimmungsvorbehalt des Aufsichtsrats unterliegen und zum anderen eine verweigerte Zustimmung des Aufsichtsrats von der Gesellschafterversammlung mit einfacher Mehrheit und ohne vorherige Vorlage durch die Geschäftsführer ersetzt werden kann.[516]

Diese Abweichung von §§ 52 Abs. 1 GmbHG, 111 Abs. 4 S. 3 und 4 AktG wird mit strukturellen Besonderheiten der GmbH im Vergleich zur AG, namentlich mit der umfassenden Führungsrolle der Gesellschafterversammlung, begründet.[517]

v. Berichtspflichten

Relevant für die spätere Untersuchung zu § 55a GmbHG ist auch, ob und inwieweit nach der gesetzlichen Verweisungskette Berichtspflichten der Geschäftsführer an den fakultativen Aufsichtsrat bestehen.

---

516 Roth/Altmeppen/*Altmeppen*, § 52 Rn. 63 f.; *Deilmann*, BB 2004, 2253, 2256; *Gaul/Otto*, GmbHR 2003, 6, 11 f.; Michalski/*Giedinghagen*, § 52 Rn. 232 ff.; Lutter/Hommelhoff/*Lutter*, § 52 Rn. 15; Ulmer/Habersack/Löbbe/*Heermann*, § 52 Rn. 112; Scholz/*Schneider*, § 52 Rn. 133, 146 f.; Münch/Komm/*Spindler*, § 52 Rn. 365, 381; Baumbach/Hueck/*Zöllner/Noack*, § 52 Rn. 124; a.A. *Brouwer*, S. 136 ff.; 214 ff., der bei Fehlen einer von § 111 Abs. 4 S. 2 AktG ausdrücklich abweichenden Satzungsbestimmung davon ausgeht, dass sich die Gesellschafter selbst in ihrer Weisungsbefugnis beschränken, weil sie die Anordnung von Zustimmungsvorbehalten dem fakultativen Aufsichtsrat überlassen (S. 141 f.); hiergegen ist aber einzuwenden, dass die Einschränkung des Weisungsrechts der Gesellschafterversammlung, jedenfalls in der nicht mitbestimmten GmbH, eine eindeutige Satzungsbestimmung erfordert (siehe hierzu auch Punkt A.III.1.b.); die Ansicht von Brouwer läuft aber auf eine Herleitung der Einschränkung des Weisungsrechts allein aus der Bestellung eines fakultativen Aufsichtsrats hinaus, was viel zu weit geht; *Eisenhardt*, FS Pfeiffer, 839, 848, nimmt zwar das Erfordernis einer Dreiviertelmehrheit für ersetzende Weisungsbeschlüsse an, ohne dies jedoch spezifisch zu begründen; seine Argumentationsführung liegt eher auf der Linie der ganz herrschenden Ansicht; unklar ist ferner, ob Rowedder/Schmidt-Leithoff/*Koppensteiner/Gruber*, § 37 Rn. 33 f. hier gegen die h.M. Stellung beziehen, weil sie sich in ihrer Begründung auf mitbestimmungsrechtliche Argumente berufen.

517 Roth/Altmeppen/*Altmeppen*, § 52 Rn. 62; *Deilmann*, BB 2004, 2253, 2256; *Gaul/Otto*, GmbHR 2003, 6, 11; Michalski/*Giedinghagen*, § 52 Rn. 232; Ulmer/Habersack/Löbbe/*Heermann*, § 52 Rn. 112; Scholz/*Schneider*, § 52 Rn. 146; Münch/Komm/*Spindler*, § 52 Rn. 365; Baumbach/Hueck/*Zöllner/Noack*, § 52 Rn. 124.

§ 52 Abs. 1 GmbHG verweist nur auf § 90 Abs. 3, 4 und 5, nicht jedoch auf § 90 Abs. 1 und 2 AktG. Da nur diese ersten beiden Absätze eine regelmäßige und aufforderungsunabhängige Berichterstattung an den Aufsichtsrat vorsehen, nimmt die wohl herrschende Meinung an, dass aufgrund der fehlenden Verweisung auf § 90 Abs. 1 und 2 AktG die Geschäftsführer dem Aufsichtsrat nicht regelmäßig, sondern nur in bestimmten Einzelfällen aus eigener Initiative Bericht erstatten müssen.[518] Diese Einzelfälle, in denen die Geschäftsführer aufgrund eigener Initiative einen Bericht erstatten müssen, werden unter den Gegnern einer regelmäßigen Berichtspflicht geringfügig abweichend beurteilt.[519]

Unabhängig von der Frage nach der eigenständigen Berichtspflicht kann der Aufsichtsrat jedenfalls im Rahmen des §§ 52 Abs. 1 GmbHG, 90 Abs. 3 AktG generell und im Vorhinein Berichtspflichten aufstellen („*Informationsordnung*").[520]

vi. Konsequenzen aus der Satzungsfreiheit

Dem in § 52 Abs. 1 a.E. GmbHG ausgesprochenen Grundsatz der Satzungsfreiheit folgend, kann der Gesellschaftsvertrag in weit reichendem Umfang die Kompetenzen des fakultativen Aufsichtsrats bestimmen und dabei dessen sich aus der Verweisungskette des § 52 Abs. 1 GmbHG ergebende Stellung schwächen oder verstärken, genauso, wie er auch andere Organe schaffen und deren Stellung weitgehend frei gestalten kann.[521]

---

518 Michalski/*Giedinghagen*, § 52 Rn. 253 f.; BeckOK/*Jaeger*, § 52 Rn. 32; Lutter/Hommelhoff/*Lutter*, § 52 Rn. 22; Scholz/*Schneider*, § 52 Rn. 105, 107; Münch/Komm/*Spindler*, § 52 Rn. 322 f.; Baumbach/Hueck/*Zöllner/Noack*, § 52 Rn. 134; a.A. Rowedder/Schmidt-Leithoff/*Koppensteiner/Schnorbus*, § 52 Rn. 32, die davon ausgehen, dass trotz der fehlenden Verweisung eine laufende Informationspflicht zur Erfüllung der Überwachungsaufgabe des Aufsichtsrats erforderlich sei; ähnlich Ulmer/Habersack/Löbbe/*Heermann*, § 52 Rn. 115.

519 Nach Münch/Komm/*Spindler*, § 52 Rn. 323, muss die Geschäftsführung den Aufsichtsrat „*ungefragt über wesentliche Entwicklungen*" unterrichten; nach Michalski/*Giedinghagen*, § 52 Rn. 254, soll die eigenständige Berichtspflicht „*in extremen Fällen, zB. bei drohendem Insolvenzrisiko*" eingreifen; nach Scholz/*Schneider*, § 52 Rn. 107, geht es um Maßnahmen, die „*für die Entwicklung der Gesellschaft von wesentlicher Bedeutung sind.*"; nach BeckOK/*Jaeger*, § 52 Rn. 32 und Lutter/Hommelhoff/*Lutter*, § 52 Rn. 22 sind die Geschäftsführer dann zur Berichterstattung ohne Aufforderung verpflichtet, wenn für die Maßnahme ein Zustimmungsvorbehalt des Aufsichtsrats besteht. Im Ergebnis werden sich diese differenzierenden Formulierungen regelmäßig nicht wesentlich unterscheiden.

520 BeckOK/*Jaeger*, § 52 Rn. 32; Lutter/Hommelhoff/*Lutter*, § 52 Rn. 23; Münch/Komm/*Spindler*, § 52 Rn. 325; Baumbach/Hueck/*Zöllner/Noack*, § 52 Rn. 134; a.A. Michalski/*Giedinghagen*, § 52 Rn. 254, falls eine solche Informationsordnung zu einer laufenden Berichterstattung verpflichtet, weil damit die gesetzgeberische Entscheidung zur Nichteinbeziehung von § 90 Abs. 1 und 2 AktG unterlaufen werde.

521 Vom Grundsatz her unstrittig, vgl. etwa BGH NJW 1965, 1378; Münch/Komm/*Liebscher*, § 45 Rn. 90 f.; Michalski/Römermann, § 45 Rn. 38 und 66; Scholz/*Schmidt*;

Namentlich kann die Satzung nicht nur keine Zustimmungsvorbehalte des Aufsichtsrats vorsehen, sondern sogar das Recht und die Pflicht des Aufsichtsrats zur Aufstellung von Zustimmungsvorbehalten gänzlich ausschließen.[522]

Brouwer wendet gegen diese ganz h.M. ein, dass ein Aufsichtsrat ohne konstitutives Überwachungsmoment die Erwartung des Rechtsverkehrs, neben der Gesellschafterversammlung ein weiteres Kontrollgremium vorhanden zu wissen, enttäuschen würde.[523]

Hiergegen lässt sich mit einigen Vertretern der h.M. anführen, dass auch bei fehlenden Zustimmungsrechten die Aufsichtsratsqualität wegen weiterhin gegebener Überwachungsmöglichkeiten (etwa §§ 52 Abs. 1 GmbHG, 111 Abs. 3 AktG) nicht in Frage stünde.[524]

Die Berichtspflichten hingegen können nicht wesentlich durch die Satzung abgeschwächt oder gar ausgeschlossen werden, weil auch dem fakultativen Aufsichtsrat ein Mindestmaß an Informationsrechten zur Erfüllung seiner Überwachungsaufgabe zustehen muss.[525]

(2) Der Aufsichtsrat nach den Mitbestimmungsgesetzen

Verweisungen ähnlichen Inhalts wie für den fakultativen Aufsichtsrat gelten für den nach den Mitbestimmungsgesetzen obligatorischen Aufsichtsrat (§§ 1 Abs. 1 Nr. 3 DrittelbG, 1 Abs. 1, 6 Abs. 1, 25 Abs. 1 S. 1 Nr. 2 MitbestG).[526]

---

§ 45 Rn. 8; Baumbach/Hueck/*Zöllner*, § 45 Rn. 17 und § 46 Rn. 94. Die Grenzen der Übertragbarkeit von Kompetenzen auf andere Organe ergeben sich auch hier vor allem aus den zwingenden Kompetenzen von Geschäftsführern auf der einen und Gesellschafterversammlung auf der anderen Seite, vgl. hierzu auch schon Punkt A.III.1.c.

522 Ganz h.M., *Deilmann*, BB 2004, 2253, 2254; *Gaul/Otto*, GmbHR 2003, 6, 12; Michalski/*Giedinghagen*, § 52 Rn. 230; Lutter/Hommelhoff/*Lutter*, § 52 Rn. 15; Ulmer/Habersack/Löbbe/*Heermann*, § 52 Rn. 110; Scholz/*Schneider*, § 52 Rn. 130; Münch/Komm/*Spindler*, § 52 Rn. 362, 378; Baumbach/Hueck/*Zöllner/Noack*, § 52 Rn. 123.

523 *Brouwer*, S. 129 f.

524 Scholz/*Schneider*, § 52 Rn. 130; Münch/Komm/*Spindler*, § 52 Rn. 362.

525 Michalski/*Giedinghagen*, § 52 Rn. 9, 264; BeckOK/*Jaeger*, § 52 Rn. 32; Lutter/Hommelhoff/*Lutter*, § 52 Rn. 22, Münch/Komm/*Spindler*, § 52 Rn. 333; Baumbach/Hueck/*Zöllner/Noack*, § 52 Rn. 28, 135.

526 Einen Sonderfall der Mitbestimmungsgesetze stellt das Montan-Mitbestimmungsgesetz dar. Zwar gelten dessen Vorschriften auch für eine GmbH mit entsprechendem Unternehmensgegenstand und in der Regel mehr als tausend Arbeitnehmern (§ 1 Abs. 1, 2 Montan-MitbestG). Allerdings ist die praktische Relevanz des Montan-MitbestG für GmbHs sehr gering, vgl. Wlotzke/Wißmann/Koberski/Kleinsorge/*Wißmann*, § 3 Montan-MitbestG Rn. 3; Baumbach/Hueck/*Zöllner/Noack*, § 52 Rn. 310. Hinzu kommt, dass zwar § 3 Abs. 2 Montan-MitbestG hinsichtlich der Stellung des Aufsichtsrats in der GmbH in allgemeiner Weise auf die aktienrechtlichen Vorschriften verweist und keinen konkret bestimmten Verweisungskatalog wie § 1 Abs. 1 Nr. 3 DrittelbG und § 25 Abs. 1 S. 1 Nr. 2 MitbestG beinhaltet; nach

Wesentlicher Unterschied aber ist hier der zwingende Charakter der Verweisungsnormen, sodass insbesondere von der Pflicht zur Aufstellung von Zustimmungsvorbehalten in der Satzung oder durch den Aufsichtsrat selbst nicht abgewichen werden kann.[527]

Weder die Bestellung noch die Ausgestaltung der Befugnisse des Aufsichtsrats steht hier im Belieben der Gesellschafter, da die Mitbestimmungsgesetze den Zweck haben, das Recht der Arbeitnehmer auf Mitbestimmung *„durch eine kraft objektivem Recht veränderte institutionelle Unternehmensverfassung"* zu verwirklichen.[528]

Nach deutlich überwiegender Ansicht kann der Gesellschaftsvertrag daher auch die Möglichkeit des Aufsichtsrats zur Aufstellung von Zustimmungsvorbehalten weder ausschließen noch einschränken, da die effektive Wahrnehmung der gesetzlich vorgeschriebenen Überwachungsaufgabe des mitbestimmten Aufsichtsrats dessen Möglichkeit zur Aufstellung von Zustimmungsvorbehalten voraussetze.[529]

---

wohl allgemeiner Ansicht finden aber trotzdem aktienrechtlichen Vorschriften keine Anwendung, *„soweit diese der Struktur der GmbH"*, so Erf/Komm/*Oetker*, § 3 Montan-MitbestG Rn. 1; bzw. den *„Wesensmerkmalen der GmbH"*, so Wlotzke/Wißmann/Koberski/Kleinsorge/*Wißmann*, § 3 Montan-MitbestG Rn. 3 widersprechen; Baumbach/Hueck/17. Aufl./*Zöllner*, § 52 Rn. 195 geht davon aus, dass auch bei Geltung des § 3 Abs. 2 Montan-MitbestG die Ziele der Mitbestimmung und die GmbH-Verfassung *„zu sinnvollem Ausgleich zu bringen"* seien; namentlich seien die Frage des Weisungsrechts der Gesellschafterversammlung und *„Kompetenzzuweisungen im übrigen* [...] *in gleicher Weise zu beurteilen* [...] *wie unter dem MitbestG."* Folglich werden sich kaum relevante Unterschiede zwischen dem Montan-MitbestG und dem DrittelbG sowie dem MitbestG hinsichtlich der im Folgenden durchzuführenden Untersuchung ergeben. Sofern allerdings eine unterschiedliche Behandlung denkbar erscheint, wird kurz auf das Montan-MitbestG eingegangen.

527 Insoweit unstrittig, vgl. nur *Deilmann*, BB 2004, 2253, 2254; Michalski/*Giedinghagen*, § 52 Rn. 230; Lutter/Hommelhoff/*Lutter*, § 52 Rn. 47; Ulmer/Habersack/Löbbe/*Heermann*, § 52 Rn. 242; Scholz/*Schneider*, § 52 Rn. 131; Münch/Komm/*Spindler*, § 52 Rn. 377; Baumbach/Hueck/*Zöllner/Noack*, § 52 Rn. 253.

528 Münch/Komm/AktG/*Gach*, Band 2, Anhang: Die Mitbestimmung der Arbeitnehmer, § 1 MitbestG Rn. 2.

529 *Brouwer*, S. 170 f. *Deilmann*, BB 2004, 2253, 2254; Scholz/*Schneider*, § 52 Rn. 131; Ulmer/Habersack/Löbbe/*Heermann*, § 52 Rn. 242; Münch/Komm/*Spindler*, § 52 Rn. 377; ebenso die mitbestimmungsrechtliche Literatur, Ulmer/Habersack/Henssler/*Habersack*, § 1 DrittelbG Rn. 36 und Ulmer/Habersack/Henssler/*Ulmer/Habersack*, § 25 MitbestG Rn. 64, 61; Wlotzke/Wißmann/Koberski/Kleinsorge/*Koberski*, § 25 MitbestG Rn. 68; Raiser/Veil/MitbestG, § 25 Rn. 95; *Säcker*, DB 1977, 1845, 1848; a.A. *Hölters*, BB 1978, 640, 643; jedenfalls für eine Einschränkungsmöglichkeit Lutter/Hommelhoff/*Lutter*, § 52 Rn. 47; mit Verweis darauf, dass die Gesellschafterversammlung jederzeit anders entscheiden und die Geschäftsführung zu anderem Verhalten zwingen könne; ähnlich Baumbach/Hueck/*Zöllner/Noack*, § 52 Rn. 253, nach denen jedenfalls die Satzung selbst Zustimmungsvorbehalte

Hinsichtlich der Pflicht des Aufsichtsrats einer mitbestimmten GmbH, für sämtliche grundlegenden Geschäfte einen Zustimmungsvorbehalt aufzustellen, gilt insoweit aber nichts anderes als für den fakultativen Aufsichtsrat.[530]

Erheblich umstritten ist das Verhältnis zwischen einem Zustimmungsvorbehalt des obligatorischen Aufsichtsrats und dem Weisungsrecht der Gesellschafterversammlung.[531] Dies wird von einer Ansicht wie beim fakultativen Aufsichtsrat gelöst,[532] da die Mitbestimmungsgesetze nichts an der umfassenden Leitungskompetenz der Gesellschafterversammlung geändert hätten.[533]

Nach anderer Ansicht dagegen setzen sich mitbestimmungsrechtliche Wertungen insoweit durch, als ein mit einfacher Mehrheit gefasster Weisungsbeschluss nicht einem Zustimmungsvorbehalt des obligatorischen Aufsichtsrats vorgeht. Zum einen müsse der obligatorische Aufsichtsrat trotz einer bestehenden Weisung in jedem Fall mit einer Maßnahme der Geschäftsführer befasst werden, wenn diese einem Zustimmungsvorbehalt unterliege,[534] zum anderen sei zur Ersetzung einer verweigerten Zustimmung des Aufsichtsrats eine Dreiviertelmehrheit erforderlich.[535]

---

formulieren und *„damit für den benannten Gegenstand die Festlegung weiterer Vorbehalte durch den AR sperren“* könne.

530 Siehe hierzu oben Punkt C.V.2.a.(1).iii.

531 Dass das Weisungsrecht allerdings im Grundsatz auch in der mitbestimmten GmbH besteht, ist nicht strittig, vgl. nur Ulmer/Habersack/Henssler/*Ulmer/Habersack*, Einl. MitbestG Rn. 58; § 30 MitbestG, Rn. 19; Ulmer/Habersack/Henssler/*Habersack*, § 1 DrittelbG Rn. 35.

532 Siehe hierzu oben Punkt C.V.2.a.(1).iv.

533 Roth/Altmeppen/*Altmeppen*, § 52 Rn. 63 f.; *Deilmann*, BB 2004, 2253, 2256; *Gaul/Otto*, GmbHR 2003, 6, 12; Michalski/*Giedinghagen*, § 52 Rn. 232 ff.; Lutter/Hommelhoff/*Lutter*, § 52 Rn. 47; Lutter/Krieger, § 15 Rn. 1120, 1127 f.; Scholz/*Schneider*, § 52 Rn. 131, 133, 146; Baumbach/Hueck/*Zöllner/Noack*, § 52 Rn. 254.

534 *Brouwer*, S. 136 ff.; Raiser/Veil/MitbestG, § 25 Rn. 92; Ulmer/Habersack/Henssler/*Ulmer/Habersack*, § 25 MitbestG Rn. 67.

535 Allerdings soll § 111 Abs. 4 S. 3 AktG insoweit keine Anwendung finden, als die Gesellschafterversammlung die Zustimmung ohne Anrufung durch die Geschäftsführer ersetzen kann, wenn die Initiative zu der Maßnahme von ihr ausgegangen war, Wlotzke/Wißmann/Koberski/Kleinsorge/*Koberski*, § 25 MitbestG Rn. 69; Ulmer/Habersack/Henssler/*Ulmer/Habersack*, § 25 MitbestG Rn. 66 f.; nach ähnlicher Ansicht soll in diesen Fällen jedenfalls eine Pflicht der Geschäftsführer zur Vorlage an die Gesellschafterversammlung bestehen; so *Brouwer*, S. 140, Rowedder/Schmidt-Leithoff/*Koppensteiner/Gruber*, § 37 Rn. 34; abweichend *Hommelhoff*, ZGR 1978, 129, 153; *Raiser/Veil*/MitbestG, § 25 Rn. 92 f., wonach die Gesellschafter die Vorlage der Angelegenheit verlangen können; vgl. auch die differenzierende Ansicht von Ulmer/Habersack/Löbbe/*Heermann*, § 52 Rn. 298 und Rn. 243 und *Raiser/Veil*, § 45, Rn. 9, 16, die für den nach dem MitbestG bestehenden Aufsichtsrat vertreten, dass dessen Zustimmung nur mit einer Dreiviertelmehrheit der Gesellschafter ersetzt werden könne; für den AR nach dem DrittelbG gelte dies jedoch nur dann, wenn die Geschäftsführer nach der Satzung nur mit qualifizierter Mehrheit oder aus wichtigem Grund abberufen werden können. Auch

Angesichts der in Bezug auf § 90 Abs. 3, 4, 5 S. 1 und 2 AktG mit § 52 Abs. 1 GmbHG übereinstimmenden mitbestimmungsrechtlichen Verweisungsnormen (§§ 1 Abs. 1 Nr. 3 DrittelbG, 25 Abs. 1 S. 1 Nr. 2 MitbestG) stellt sich auch hier die Frage nach einer regelmäßigen Berichtspflicht der Geschäftsführer im Umfang von § 90 Abs. 1 und 2 AktG.

Das Meinungsbild stellt sich diesbezüglich ähnlich dar wie beim fakultativen Aufsichtsrat.[536] Allerdings kann die Satzung hier keine, die Berichtspflicht gemäß § 90 Abs. 3 AktG einschränkende Regelung erlassen.[537]

b) Allgemeines zur Rolle eines Aufsichtsrats bei Ausnutzung des genehmigten Kapitals

Die allgemeinen Einflussmöglichkeiten eines fakultativen oder nach den Mitbestimmungsgesetzen obligatorischen Aufsichtsrats auf Maßnahmen der Geschäftsführer wurden soeben dargestellt.

Wirft man nun konkret die Frage nach dem Einfluss eines bestehenden Aufsichtsrats auf Maßnahmen zur Ausnutzung eines genehmigten Kapitals auf, so sind wiederum Besonderheiten zu berücksichtigen.

---

für das Montan-MitbestG muss sich der Streitstand ähnlich darstellen, weil auch unter Geltung dieses Gesetzes das Weisungsrecht der Gesellschafterversammlung gegenüber den Geschäftsführern weiterhin besteht, vgl. etwa Wlotzke/Wißmann/Koberski/Kleinsorge/*Wißmann*, § 3 Montan-MitbestG Rn. 4; Baumbach/Hueck/17. Aufl./*Zöllner*, § 52 Rn. 195, 205.

536 Gegen eine regelmäßige Berichtspflicht: Michalski/*Giedinghagen*, § 52 Rn. 253; *v. Hoyningen-Huene/Powietzka*, BB 2001, 529, 530; Lutter/Hommelhoff/*Lutter*, § 52 Rn. 52; Lutter/Krieger, § 15 Rn. 1122; Scholz/*Schneider*, § 52 Rn. 105, 107; Münch/Komm/*Spindler*, § 52 Rn. 322; Ulmer/Habersack/Henssler/*Ulmer/Habersack*, § 25 MitbestG Rn. 55; Ulmer/Habersack/Henssler/*Habersack*, § 1 DrittelbG Rn. 35; Baumbach/Hueck/*Zöllner/Noack*, § 52 Rn. 260, 307, 134. Für eine laufende Informationspflicht zur Erfüllung der Überwachungsaufgabe des Aufsichtsrats trotz fehlender gesetzlicher Anordnung *Duden*, ZHR 141, 145, 177; Rowedder/Schmidt-Leithoff/*Koppensteiner/Schnorbus*, § 52 Rn. 32; ähnlich *Schulze-Osterloh*, ZIP 1998, 2129, 2130, nach dem der Aufsichtsrat in Unternehmen mit *„entsprechender Größe“* sein Berichtsverlangen analog § 90 Abs. 1 und 2 auszuüben hat. Wegen der allgemeinen Verweisung des § 3 Abs. 2 Montan-MitbestG wird unter dessen Geltung wohl eine regelmäßige Berichtspflicht der Geschäftsführer an den Aufsichtsrat entsprechend § 90 Abs. 1, 2 AktG zu befürworten sein, so Michalski/*Giedinghagen*, § 52 Rn. 253; Münch/Komm/*Spindler*, § 52 Rn. 322; wohl a.A. Baumbach/Hueck/17. Aufl./*Zöllner*, § 52 Rn. 209. Für die Geltung von § 90 Abs. 1, 2 AktG bei Eingreifen des § 3 Abs. 2 Montan-MitbestG spricht, dass durch eine regelmäßige Berichtspflicht keine wesentlichen Grundsätze des GmbH-Rechts eingeschränkt werden.

537 Michalski/*Giedinghagen*, § 52 Rn. 264; Münch/Komm/*Spindler*, § 52 Rn. 333; Baumbach/Hueck/*Zöllner/Noack*, § 52 Rn. 260, 307.

Zum einen hat sich der Gesetzgeber bei der Schaffung des § 55a GmbHG eng an die aktienrechtlichen Vorschriften angelehnt,[538] freilich ohne zur Stellung des Aufsichtsrats bei § 55a GmbHG ein Wort zu verlieren. Diese enge Anlehnung des Gesetzgebers an das Aktienrecht spielt hier eine besondere Rolle, weil das aktienrechtliche genehmigte Kapital zwingende Zustimmungserfordernisse des Aufsichtsrats vorsieht (siehe dazu sogleich).

Zum anderen bezieht sich § 111 Abs. 4 S. 2 AktG grundsätzlich nur auf Maßnahmen der Geschäftsführung.[539] Folglich wird auch hier wieder von Bedeutung sein, dass es sich bei der Ausnutzung des genehmigten Kapitals dem Wesen nach um eine Strukturmaßnahme handelt.[540]

Nach der hier vertretenen Auffassung bedürfte es eigentlich keiner ausdrücklichen Erwähnung, dass die Satzung einen Zustimmungsvorbehalt des fakultativen und auch obligatorischen[541] Aufsichtsrats für Maßnahmen der Geschäftsführer nach § 55a GmbHG ausdrücklich vorsehen kann.[542]

Allerdings bestreitet *Hermanns*, dass die Ausnutzung des genehmigten Kapitals unter einen Zustimmungsvorbehalt gestellt werden könne, da *„der eindeutige Wortlaut des Gesetzes“* dagegenstünde.[543]

Blickt man auf den Wortlaut des § 55a GmbHG, so spricht dieser ausdrücklich nur davon, dass der Gesellschaftsvertrag die Geschäftsführer zur Kapitalerhöhung *„ermächtigen“* kann. Abgesehen von dieser Ermächtigung der Geschäftsführer durch den Gesellschaftsvertrag schweigt § 55a GmbHG vollständig zum gesellschaftsinternen Entscheidungsprozess, zu anderen Gesellschaftsorganen und zu möglichen Zustimmungsvorbehalten, sodass dieses Wortlautargument von *Hermanns* nicht tragfähig ist.[544]

Unter Berücksichtigung dieser Besonderheiten geht es bei der Klärung des Einflusses des GmbH-Aufsichtsrats auf Maßnahmen zur Ausnutzung des genehmigten Kapitals um folgende Fragen:

---

538 Siehe hierzu schon oben Punkt A.II.1.b.(2).

539 Vgl. dazu oben Punkte C.V.2.a.(1).ii. und iii.

540 Vgl. zur dogmatischen Einordnung der Ausnutzung oben Punkt B.II.1.

541 Nach h.M. dürfen die Zustimmungsvorbehalte beim obligatorischen Aufsichtsrat nur nicht abschließend in der Satzung geregelt werden, vgl. oben Fußnote 529.

542 Nahezu allgemeine Meinung, Bork/Schäfer/*Arnold/Born*, § 55a Rn. 17; Gehrlein/Ekkenga/Simon/*Bormann*, § 55a Rn. 10; Ulmer/Habersack/Winter/*Casper*, § 55a Rn. 28; Henssler/Strohn/*Gummert*; § 55a Rn. 25; *Kramer*, GmbHR 2015, 1073, 1074; Münch/Komm/*Lieder*, § 55a Rn. 34; Lutter/Hommelhoff/*Lutter/Bayer*, § 55a Rn. 18; *Nietsch*, FS Schneider, 873, 879; Scholz/*Priester*, § 55a Rn. 30; Roth/Altmeppen/*Roth*, § 55a Rn. 8; *Schnorbus/Donner*, NZG 2009, 1241, 1245; *Wicke*, § 55a Rn. 13; Baumbach/Hueck/*Zöllner/Fastrich*, § 55a Rn. 12.

543 Michalski/*Hermanns*, § 55a Rn. 6.

544 Dass den Geschäftsführern bei § 55a GmbHG keine gesetzlich zwingende, alleinige Entscheidungshoheit zukommt, ist oben unter Punkt B.II.3.a. dargelegt worden.

Muss aufgrund der engen Anlehnung des § 55a GmbHG an das Aktienrecht ein Zustimmungserfordernis des fakultativen oder wenigstens des obligatorischen Aufsichtsrats analog der aktienrechtlichen Vorschriften angenommen werden?

Für den Fall, dass die erste Frage zu verneinen ist, stellen sich folgende Fragen:

Kann oder muss der fakultative oder obligatorische Aufsichtsrat für die Ausnutzung des genehmigten Kapitals einen Zustimmungsvorbehalt nach §§ 52 Abs. 1 GmbHG oder 1 Abs. 1 Nr. 3 DrittelbG, 25 Abs. 1 S. 1 Nr. 2 MitbestG jeweils i.V.m. 111 Abs. 4 S. 2 AktG aufstellen?

Besteht eine Berichtspflicht der Geschäftsführer an den fakultativen oder obligatorischen Aufsichtsrat vor Ausnutzung des genehmigten Kapitals?

Wie verhalten sich ein Zustimmungsvorbehalt des Aufsichtsrats und das Weisungsrecht der Gesellschafterversammlung im Anwendungsbereich des genehmigten Kapitals zueinander?

Voraussetzung für die Klärung dieser Fragen ist zunächst die Darstellung des Einflusses des Aufsichtsrats einer AG im Rahmen eines genehmigten Kapitals (Punkt c). Anschließend soll der Meinungsstand zum Einfluss eines Aufsichtsrats bei § 55a GmbHG aufgezeigt werden (Punkt d). Schließlich erfolgt unter Punkt e die Stellungnahme unter Vornahme einer Differenzierung zwischen dem Einfluss eines fakultativen und obligatorischen Aufsichtsrats.

c) Einfluss des Aufsichtsrats der AG auf die Ausnutzung des genehmigten Kapitals

Führt der Vorstand der AG eine Kapitalerhöhung im Rahmen des genehmigten Kapitals durch, ist die Zustimmung des Aufsichtsrats hinsichtlich des Inhalts der Aktienrechte und der Bedingungen der Aktienausgabe gemäß § 204 Abs. 1 S. 2 AktG zwingend erforderlich und damit Wirksamkeitsvoraussetzung der Maßnahme.[545]

Dagegen ist die Zustimmung des Aufsichtsrats nach § 202 Abs. 3 S. 2 AktG hinsichtlich der Entscheidung des Vorstands über die Ausgabe der Aktien, d.h. die Ausnutzung des genehmigten Kapitals an sich,[546] keine Wirksamkeitsvoraussetzung der Maßnahme. Allerdings handelt der Vorstand bei Nichteinholung der Zustimmung regelmäßig pflichtwidrig.[547]

Diese Diskrepanz zwischen § 204 Abs. 1 S. 2 und § 202 Abs. 3 S. 2 AktG wird in der Praxis ganz wesentlich abgemildert, da es kaum vorkommt, dass Inhalt und Bedingungen der Aktienausgabe in der Ermächtigung zum genehmigten Kapital vollständig geregelt sind und ein Ermessen des Vorstands nur noch über die Aktienausgabe an sich besteht, was den einzigen Fall darstellte, in dem keine Zustimmung

---

545 Münch/Komm/AktG/*Bayer*, § 204 Rn. 23 ff.; Hüffer/*Koch*, § 204 Rn. 6; Spindler/Stilz/*Wamser*, § 204 Rn. 39. Gleiches gilt für die Entscheidung des Vorstands über den Ausschluss des Bezugsrechts, § 204 Abs. 1 S. 2 HS 2 AktG.

546 Münch/Komm/AktG/*Bayer*, § 202 Rn. 91; Spindler/Stilz/*Wamser*, § 204 Rn. 39.

547 Münch/Komm/AktG/*Bayer*, § 202 Rn. 93 f.; Hölters/*v. Dryander/Niggemann*, § 202, Rn 60 ff.

nach § 204 Abs. 1 S. 2 AktG einzuholen wäre.[548] In allen anderen Fällen muss der Aufsichtsrat nach § 204 Abs. 1 S. 2 AktG zustimmen. Dies impliziert stets auch eine Zustimmung nach § 202 Abs. 3 S. 2 AktG.[549]

Zusammenfassend lässt sich demnach für die weitere Untersuchung festhalten, dass Maßnahmen des Vorstands zur Ausnutzung des genehmigten Kapitals in nahezu allen praxisrelevanten Konstellationen der zwingenden Zustimmung des Aufsichtsrats bedürfen.

d) Darstellung des Meinungsstands zum Einfluss eines Aufsichtsrats bei § 55a GmbHG

(1) Zustimmungserfordernis analog §§ 204 Abs. 1 S. 2, 202 Abs. 3 S. 2 AktG

Nach herrschender Ansicht in der Literatur sind die Bestimmungen zu den Zustimmungserfordernissen des Aufsichtsrats der AG nicht auf die GmbH übertragbar, sodass ein gesetzliches Zustimmungserfordernis weder für den fakultativen noch für den obligatorischen Aufsichtsrat angenommen wird.[550]

Die Mindermeinung befürwortet ein gesetzliches Zustimmungserfordernis entsprechend dem Aktienrecht nur bei Bestehen eines obligatorischen Aufsichtsrats.[551]

Für ein gesetzliches Zustimmungserfordernis eines fakultativen Aufsichtsrats findet sich keine Stimme im Schrifttum.

Von einigen Vertretern der herrschenden Meinung wird zur Begründung lediglich darauf verwiesen, dass § 55a GmbHG ein Zustimmungserfordernis eines Aufsichtsrats nicht vorsehe.[552]

Teilweise wird auch der Wortlaut des § 52 GmbHG, der keinen Verweis auf §§ 202, 204 AktG enthält, zur Begründung herangezogen.[553]

---

548 Münch/Komm/AktG/*Bayer*, § 202 Rn. 91; Spindler/Stilz/*Wamser*, § 204 Rn. 39.

549 Münch/Komm/AktG/*Bayer*, § 202 Rn. 91.

550 Bork/Schäfer/*Arnold/Born*, § 55a Rn. 17; Gehrlein/Ekkenga/Simon/*Bormann*, § 55a Rn. 42; Ulmer/Habersack/Winter/*Casper*, § 55a Rn. 28; Henssler/Strohn/*Gummert*; § 55a Rn. 25; Michalski/*Hermanns*, § 55a Rn. 6; *Klett*, GmbHR 2008, 1312, 1315; *Kramer*, GmbHR 2015, 1073, 1074; Münch/Komm/*Lieder*, § 55a Rn. 34 f.; *ders.*, ZGR 10, 868, 908 f.; *ders.*, DNotZ 2010, 655, 662; Lutter/Hommelhoff/*Lutter/Bayer*, § 55a Rn. 18; Roth/Altmeppen/*Roth*, § 55a Rn. 8; Saenger/Inhester/*Inhester*, § 55a Rn. 29; Kroiß/Everts/Poller/*Poller*, Rn. 499; Scholz/*Priester*, § 55a Rn. 30; *ders.*, GmbHR 2008, 1177, 1180; Rowedder/Schmidt-Leithoff/*Schnorbus*, § 55a Rn. 32; *Schnorbus/Donner*, NZG 2009, 1241, 1245; Bunnemann/Zirngibl/*Thun*, § 6 Rn. 91; *Trautmann*, S. 61 f.; *Wicke*, § 55a Rn. 13; Baumbach/Hueck/*Zöllner/Fastrich*, § 55a Rn. 12.

551 *Nietsch*, FS Schneider, 873, 879; BeckOK/*Ziemons*, § 55a Rn. 57a.

552 Gehrlein/Ekkenga/Simon/*Bormann*, § 55a Rn. 42; Lutter/Hommelhoff/*Lutter/Bayer*, § 55a Rn. 18; Bunnemann/Zirngibl/*Thun*, § 6 Rn. 91.

553 Henssler/Strohn/*Gummert*, § 55a Rn. 25.

Casper erkennt in der mangelnden Einführung eines Zustimmungserfordernisses eine „*bewusste Entscheidung*“ des Gesetzgebers.[554]

Andere Vertreter der herrschenden Meinung befassen sich auch mit einer denkbaren analogen Anwendung der aktienrechtlichen Zustimmungserfordernisse und betonen hierbei vor allem die systematischen Besonderheiten des dreigliedrigen aktienrechtlichen Kompetenzgefüges, das bei der GmbH nicht vorhanden sei.[555]

In eine ähnliche Richtung geht auch das von anderen Anhängern der herrschenden Meinung angeführte Argument, das Zustimmungserfordernis beim aktienrechtlichen genehmigten Kapital sei vor allem der Eigenverantwortlichkeit der Vorstandsentscheidung zur Ausnutzung des genehmigten Kapitals geschuldet, während in der GmbH aufgrund der Weisungsabhängigkeit der Geschäftsführer auch bei Ausnutzung des genehmigten Kapitals kein vergleichbares Kontrollbedürfnis bestünde.[556]

Vereinzelt wird das Bedürfnis für eine Analogie abgelehnt, weil nach den allgemeinen Grundsätzen des § 111 Abs. 4 S. 2 AktG ein Aufsichtsrat einen Zustimmungsvorbehalt für die Ausnutzung des genehmigten Kapitals aufstellen könne.[557]

Schließlich existieren auch Vertreter der herrschenden Meinung, die ganz grundsätzlich eine Beteiligung des Aufsichtsrats an Maßnahmen zur Ausnutzung des GmbH-rechtlichen genehmigten Kapitals ablehnen.[558]

Als Vertreter der Mindermeinung hält *Nietsch* die fehlende Verweisung auf die aktienrechtlichen Zustimmungspflichten für ein „*Anpassungsversäumnis*“ und weist auf die funktionale Ähnlichkeit zwischen obligatorischem Aufsichtsrat in der GmbH und dem Aufsichtsrat in der AG hin.[559]

Ziemons ist der Ansicht, Sinn und Zweck des aktienrechtlichen Zustimmungserfordernisses (Kontrolle des Handelns der Geschäftsführung) seien auch beim genehmigten Kapital der GmbH einschlägig.[560]

(2) Zustimmungsvorbehalt und Berichtspflicht

Sofern man mit der herrschenden Meinung eine analoge Anwendung der Zustimmungserfordernisse beim aktienrechtlichen genehmigten Kapital ablehnt, stellt sich die Frage, ob der Aufsichtsrat der GmbH in Bezug auf die Ausnutzung des

554 So Ulmer/Habersack/Winter/*Casper*, § 55a Rn. 28, der allerdings für diese Aussage einen Beleg schuldig bleibt.

555 Scholz/*Priester*, § 55a Rn. 30; *ders.*, GmbHR 2008, 1177, 1180; *Schnorbus/Donner*, NZG 2009, 1241, 1245.

556 Ulmer/Habersack/Winter/*Casper*, § 55a Rn. 28; Münch/Komm/*Lieder*, § 55a Rn. 35; *ders.*, ZGR 10, 868, 908 f.; *ders.*, DNotZ 2010, 655, 662.

557 *Trautmann*, S. 61.

558 Baumbach/Hueck/*Zöllner/Fastrich*, § 55a Rn. 12; Michalski/*Hermanns*, § 55a Rn. 6, lehnt sogar die Zulässigkeit einer Satzungsregelung ab, die ein Zustimmungserfordernis des Aufsichtsrats vorsieht.

559 *Nietsch*, FS Schneider, 873, 879.

560 BeckOK/*Ziemons*, § 55a Rn. 57a.

genehmigten Kapitals einen Zustimmungsvorbehalt aufstellen kann oder muss und ob die Geschäftsführer eine Pflicht zur Berichterstattung an den Aufsichtsrat vor der Ausnutzung haben.

Im Schrifttum zu § 55a GmbHG werden diese Fragen sehr uneinheitlich und oft oberflächlich behandelt.

Teilweise wird ein Mitwirkungsrecht des Aufsichtsrats im Rahmen des § 55a GmbHG ohne entsprechende Grundlage in der Satzung ganz grundsätzlich abgelehnt.[561] *Zöllner/Fastrich* begründen dies mit der – an sich zutreffenden[562] – Einstufung der Ausnutzung als strukturelle Maßnahme, die von § 111 Abs. 4 S. 2 AktG, der nur Maßnahmen der Geschäftsführung betreffe, nicht erfasst sei.[563]

Es wird ferner die Argumentation vorgebracht, dass der Aufsichtsrat mit der Aufstellung eines Zustimmungsvorbehalts die Entscheidung der Gesellschafter, in der Satzung kein Zustimmungserfordernis des Aufsichtsrats vorzusehen, unterlaufen würde.[564]

Teilweise wird auf der anderen Seite auch ohne weiteres und ohne besondere Begründung das Recht des Aufsichtsrats befürwortet, in Bezug auf die Ausnutzung des genehmigten Kapitals durch die Geschäftsführer einen Zustimmungsvorbehalt aufzustellen.[565]

Vereinzelt findet sich aber auch eine Begründung für diese Ansicht. So wird argumentiert, dass die Ausnutzung des genehmigten Kapitals auch im Aktienrecht grundsätzlich unter den Tatbestand des § 111 Abs. 4 S. 2 AktG fiele, wäre dieser nicht aufgrund der gesetzlichen Zustimmungserfordernisse beim aktienrechtlichen genehmigten Kapital verdrängt.[566]

Eine allgemeine Vorabberichterstattungspflicht wird von einer Ansicht abgelehnt. Eine Berichtspflicht vor Ausnutzung des genehmigten Kapitals an den Aufsichtsrat bestünde vielmehr nur unter der Bedingung, dass die Zustimmung des Aufsichtsrats nach Satzung oder Ermächtigungsbeschluss vorgesehen sei.[567] *Lieder* begründet seine Ablehnung einer generellen Berichtspflicht mit dem fehlenden Verweis auf § 90 Abs. 1 und 2 AktG in § 52 Abs. 1 GmbHG.[568]

---

561 Lutter/Hommelhoff/*Lutter/Bayer*, § 55a Rn. 18; Baumbach/Hueck/*Zöllner/Fastrich*, § 55a Rn. 12; ebenso, ohne nähere Begründung Münch/Komm/*Lieder*, § 55a Rn. 34.

562 Siehe hierzu oben Punkt B.II.1.

563 Baumbach/Hueck/*Zöllner/Fastrich*, § 55a Rn. 12; ebenso Rowedder/Schmidt-Leithoff/*Schnorbus*, § 55a in Rn. 32, der aber dennoch in Rn. 24 die Ausübung des genehmigten Kapitals als Geschäftsführungsmaßnahme bezeichnet.

564 Gehrlein/Ekkenga/Simon/*Bormann*, § 55a Rn. 10.

565 Bork/Schäfer/*Arnold/Born*, § 55a Rn. 17; BeckOK/*Ziemons*, § 55a Rn. 57b.

566 *Trautmann*, S. 60 f.

567 Münch/Komm/*Lieder*, § 55a Rn. 34; *ders.*, ZGR 10, 868, 909; Lutter/Hommelhoff/*Lutter/Bayer*, § 55a Rn. 18; unentschieden *Kramer*, GmbHR 2015, 1073, 1076, der lediglich darauf hinweist, dass sich die Streitfrage bei entsprechender Regelung in der Satzung erledige.

568 *Lieder*, ZGR 10, 868, 909.

Nach anderer Ansicht hingegen soll eine allgemeine Vorabberichterstattungspflicht der Geschäftsführer an einen bestehenden Aufsichtsrat erforderlich sein.[569] *Casper* argumentiert hierbei mit der Verweisung auf § 90 Abs. 3 AktG in § 52 Abs. 1 GmbHG.[570] *Ziemons* begründet ihre Auffassung mit der Notwendigkeit, dem Aufsichtsrat die Aufstellung eines Ad-hoc-Zustimmungsvorbehalts zu ermöglichen.[571]

e) Stellungnahme zum Einfluss eines Aufsichtsrats bei § 55a GmbHG

(1) Allgemeines

Nachdem zunächst allgemeine Grundsätze zur Rolle eines Aufsichtsrats in der GmbH, der Einfluss des aktienrechtlichen Aufsichtsrats auf die Ausnutzung des genehmigten Kapitals in der AG sowie der Meinungsstand zum Einfluss eines Aufsichtsrats bei § 55a GmbHG dargestellt wurden, soll nun die Stellungnahme zum Einfluss eines Aufsichtsrats auf die Ausnutzung eines genehmigten Kapitals in der GmbH erfolgen.

Zwischen dem fakultativen und dem nach den Mitbestimmungsgesetzen obligatorischen Aufsichtsrat bestehen gewichtige Unterschiede. Während für ersteren die Satzungsfreiheit der Gesellschafter die maßgebliche gesetzliche Wertung darstellt, steht bei letzterem die aus Mitbestimmungsgesichtspunkten folgende gesetzlich zwingende Veränderung der Unternehmensverfassung im Vordergrund. Daraus folgen differenzierende Bewertungen hinsichtlich der Abdingbarkeit der für den Aufsichtsrat maßgeblichen Vorschriften und des Verhältnisses zwischen den Gesellschaftsorganen.[572]

Infolgedessen ist es zweckmäßig, zum Einfluss des fakultativen und des obligatorischen Aufsichtsrats auf die Ausnutzung des genehmigten Kapitals getrennt Stellung zu beziehen, wobei zunächst zum fakultativen Aufsichtsrat Stellung genommen und anschließend überprüft werden soll, ob mitbestimmungsrechtliche Gesichtspunkte beim obligatorischen Aufsichtsrat ein abweichendes Ergebnis fordern.

Abgrenzend zum Bezugsrechtsausschluss wird das Zustimmungserfordernis des Aufsichtsrats hinsichtlich des Ausschlusses des Bezugsrechts hier nicht thematisiert, weil die diesbezügliche Stellungnahme die Berücksichtigung spezifischer Wertungen zum Bezugsrechtsausschluss notwendig macht.[573]

---

569 Ulmer/Habersack/Winter/*Casper*, § 55a Rn. 28; Scholz/*Priester*, § 55a Rn. 30; BeckOK/*Ziemons*, § 55a Rn. 57b.

570 Ulmer/Habersack/Winter/*Casper*, § 55a Rn. 28.

571 BeckOK/*Ziemons*, § 55a Rn. 57b.

572 Siehe zu allem schon oben Punkt C.V.2.a.

573 Siehe hierzu 2. Kapitel.

(2) Einfluss des fakultativen Aufsichtsrats auf die Ausnutzung des genehmigten Kapitals

i. Zustimmungserfordernisse analog §§ 204 Abs. 1 S. 2 1. HS, 202 Abs. 3 S. 2 AktG

Zur möglichen analogen Anwendung der Zustimmungserfordernisse nach §§ 204 Abs. 1 S. 2 1. HS, 202 Abs. 3 S. 2 AktG auf den fakultativen Aufsichtsrat der GmbH ist zunächst zu beachten, dass die analoge Anwendung unbeschränkt oder begrenzt verstanden werden kann.

Ein unbeschränktes Verständnis hätte zur Folge, dass die analoge Anwendung ausschließlich und unbedingt an das bloße Bestehen eines fakultativen Aufsichtsrats anknüpfte. Ein begrenztes Verständnis hätte dagegen zur Folge, dass die analoge Anwendung nur dann gelten würde, wenn die Satzung keine abweichende Regelung träfe (also bei Bestehen einer nur allgemeinen Ermächtigung i.S.d. § 55a GmbHG).

Ein unbeschränktes Verständnis der analogen Anwendung scheidet beim fakultativen Aufsichtsrat unzweifelhaft aus, weil es mit der Satzungsfreiheit nicht vereinbar wäre.[574]

Die Kompetenzen eines fakultativen Aufsichtsrats können (bis auf wenige, hier nicht einschlägige Ausnahmen) nach Belieben der Gesellschafter in der Satzung gestaltet werden.[575]

Ein zwingendes Zustimmungserfordernis entsprechend dem Aktienrecht würde diesem Grundsatz zuwiderlaufen und könnte überdies den Sinn und Zweck von Zustimmungserfordernissen[576] ins Gegenteil verkehren, da sich die Gesellschafter einer gesetzlich vorgeschriebenen Zustimmung des fakultativen Aufsichtsrats jedenfalls dadurch entziehen könnten, dass sie einen solchen gar nicht erst schaffen, sodass dann gar keine Kontrolle durch einen Aufsichtsrat mehr vorhanden wäre.

Ist also eine unbeschränkte analoge Anwendung der aktienrechtlichen Zustimmungserfordernisse bei Bestehen eines fakultativen Aufsichtsrats aus den genannten Gründen klar abzulehnen, erfordert die Ablehnung einer analogen Anwendung, soweit die Satzung keine Regelung hierzu trifft, einen höheren Begründungsaufwand.

Die Literatur macht es sich dabei oft zu leicht, wenn allein aufgrund des Fehlens eines Zustimmungserfordernisses bei § 55a GmbHG bzw. eines entsprechenden Verweises in § 52 Abs. 1 GmbHG eine analoge Anwendung verneint wird.[577]

Der ausdrückliche Regelungsinhalt des § 55a GmbHG beschränkt sich auf die bedingte Erweiterung der Satzungsfreiheit und trifft im Übrigen zur Kompetenzabgrenzung zwischen den Gesellschaftsorganen keine Aussagen. Die Kompetenzordnung

---

574 Ähnlich auch schon oben *Nietsch*, FS Schneider, 873, 879.

575 Vgl. dazu oben Punkt C.V.2.a.(1).vi.

576 Zweck des Erfordernisses der Zustimmung des Aufsichtsrats beim genehmigten Kapital des Aktienrechts ist die erhöhte Kontrolldichte in Bezug auf das Handeln des Geschäftsführungsorgans, vgl. etwa Münch/Komm/AktG/*Bayer*, § 204 Rn. 1.

577 Siehe dazu oben Punkt C.V.2.d.(1).

muss deshalb bei § 55a GmbHG durch Auslegung erarbeitet werden, für die weniger der Wortlaut des § 55a, sondern andere Auslegungskriterien und auch der Regelungsgehalt der §§ 202 ff. AktG relevant werden.

Folglich können aus dem Fehlen einer Regelung in § 55a GmbHG regelmäßig keine Schlüsse auf die Kompetenzabgrenzung gezogen werden. Dies gilt ebenso für das Fehlen einer Verweisung in § 52 Abs. 1 GmbHG, da die Vorschrift lange vor der Einführung des § 55a GmbHG geschaffen wurde, sodass ein Verweis auf §§ 204 Abs. 1 S. 2 1. HS, 202 Abs. 3 S. 2 AktG zunächst gar nicht in Betracht kam.[578] Aber auch die fehlende Anpassung des § 52 Abs. 1 GmbHG bei Schaffung des § 55a GmbHG kann nicht als Beleg dafür angeführt werden, dass sich der Gesetzgeber bewusst gegen ein solches Zustimmungserfordernis entschieden hätte.[579] In den Materialien zu § 55a GmbHG findet sich kein Hinweis darauf, dass der Gesetzgeber ein Zustimmungserfordernis des Aufsichtsrats bewusst nicht vorgesehen hat. Es liegt wohl eher der Schluss nahe, dass sich der Gesetzgeber über derart konkrete Kompetenzfragen überhaupt keine Gedanken gemacht hat.

Folglich steht einer analogiefähigen Regelungslücke grundsätzlich nichts entgegen.[580]

Allerdings fehlt es für eine Analogie in Bezug auf den fakultativen Aufsichtsrat der GmbH an einer Vergleichbarkeit der Interessenlagen. Dies liegt an den grundsätzlichen kompetenzrechtlichen Unterschieden zwischen GmbH und AG und an der Reichweite der Kompetenz der Geschäftsführer bei Ausnutzung des genehmigten Kapitals, die gegenüber derjenigen des Vorstands der AG deutlich geringer ist.[581]

Der oben[582] dargestellten Ansicht ist im Ergebnis uneingeschränkt zuzustimmen. In der GmbH werden die Geschäftsführer nach der Grundkonzeption nicht durch den Aufsichtsrat, sondern durch die Gesellschafterversammlung kontrolliert (insbesondere über ihre Weisungsbefugnis). Dies gilt nach hier vertretener Ansicht auch und gerade bei der Ausnutzung des genehmigten Kapitals. Wollen die Gesellschafter die Kontrolle auf einen Aufsichtsrat verlagern, so können sie diesen schaffen und mit entsprechenden Kompetenzen ausstatten. Die Annahme eines gesetzlichen Zustimmungserfordernisses des Aufsichtsrats bei der GmbH würde, selbst wenn man

---

578 Zur Entstehungsgeschichte des § 52 Abs. 1, Münch/Komm/*Spindler*, § 52 Rn. 4 ff.

579 So aber Ulmer/Habersack/Winter/*Casper*, § 55a Rn. 28.

580 Gegen das Bestehen einer analogiefähigen Regelungslücke kann auch nicht eingewendet werden, dass der Aufsichtsrat jedenfalls einen Zustimmungsvorbehalt entsprechend § 111 Abs. 4 S. 2 AktG aufstellen könne (in diese Richtung aber *Trautmann*, S. 61 f.), da ein gesetzliches Zustimmungserfordernis ein substantielles Mehr gegenüber der bloß ermessensgebundenen Möglichkeit des Aufsichtsrats, einen Zustimmungsvorbehalt aufzustellen, darstellt.

581 Siehe hierzu oben Punkt C.IV.2.b.(3).

582 Siehe hierzu Punkt C.V.2.d.(1).

davon ausgeht, dass dieses durch die Satzung abbedungen werden kann, gegen diese Kompetenzgrundsätze verstoßen.[583]

Insbesondere fehlt es an der Vergleichbarkeit des Kontrollbedürfnisses aber auch aufgrund des eingeschränkten Umfangs der Kompetenz der Geschäftsführer bei Vorliegen einer allgemeinen Ermächtigung i.S.d. § 55a GmbHG, da § 204 Abs. 1 S. 1 AktG gerade keine analoge Anwendung findet, sondern sich die Zugehörigkeit einer Maßnahme zum Kompetenzfeld der Geschäftsführer nach einem Kriterienkatalog bestimmt, der anhand der Besonderheiten des GmbH-Rechts auszurichten ist.[584]

Der Zustimmungsvorbehalt des § 204 Abs. 1 S. 2 1. HS AktG ist aber gerade auch eine Reaktion auf den weiten Ermessensspielraum des Vorstands nach § 204 Abs. 1 S. 1 AktG.[585]

Daher ist eine analoge Anwendung der aktienrechtlichen Zustimmungserfordernisse auf den fakultativen Aufsichtsrat der GmbH abzulehnen.

ii. Aufstellung eines Zustimmungsvorbehalts durch den fakultativen Aufsichtsrat

Hinsichtlich des Rechts bzw. der Pflicht zur Aufstellung eines Zustimmungsvorbehalts, der sich auf (Teile der) Ausübung des genehmigten Kapitals bezieht, sind beim fakultativen Aufsichtsrat mehrere Aspekte auseinanderzuhalten.

Vorab ist klarzustellen, dass die Satzung über einen Zustimmungsvorbehalt beim fakultativen Aufsichtsrat umfassend bestimmen kann. Das bedeutet konkret, dass in der Satzung hinsichtlich der Ausnutzung des genehmigten Kapitals, den allgemeinen Grundsätzen entsprechend, Zustimmungsvorbehalte aufgestellt oder ausgeschlossen werden können.[586]

Nur wenn die Satzung diesbezüglich keine Regelung trifft und lediglich eine allgemeine Ermächtigung i.S.d. § 55a GmbHG vorsieht, wird die Frage nach Recht bzw. Pflicht des Aufsichtsrats zur Aufstellung von Zustimmungsvorbehalten in Bezug auf die Ausnutzung des genehmigten Kapitals relevant.

Soweit vereinzelt aus der zutreffenden Einordnung der Ausnutzung des genehmigten Kapitals als strukturelle Maßnahme geschlossen wird, dass es dem Aufsichtsrat verwehrt sei, hinsichtlich der Ausnutzung Zustimmungsvorbehalte aufzustellen, weil § 111 Abs. 4 S. 2 AktG nur für Maßnahmen der Geschäftsführung Anwendung finde,[587] ist diesem Schluss nicht zuzustimmen.

Im Ergebnis (freilich nicht in der Begründung) gilt hier das gleiche wie für die oben im Wege des Erst-recht-Schlusses vorgenommene Befürwortung der

583 I.E. ebenso und in der Begründung ähnlich Ulmer/Habersack/Winter/*Casper*, § 55a Rn. 28; Münch/Komm/*Lieder*, § 55a Rn. 35; Scholz/*Priester*, § 55a Rn. 30.

584 Vgl. zu diesem Kriterienkatalog oben Punkt C.IV.1.e.

585 Spindler/Stilz/*Wamser*, § 204 Rn. 38.

586 Siehe dazu auch oben Punkt C.V.2.a.(1).vi.

587 Baumbach/Hueck/*Zöllner/Fastrich*, § 55a Rn. 12.

Weisungsgebundenheit der Geschäftsführer bei Ausnutzung des genehmigten Kapitals.[588]

Zweck des §§ 52 Abs. 1 GmbHG i.V.m. 111 Abs. 4 S. 2 AktG ist es, dem Aufsichtsrat ein wirksames Mittel an die Hand zu geben, um seine Aufgabe, die Geschäftsführung zu überwachen, zu erfüllen.[589]

Dabei zielt § 111 Abs. 4 S. 2 AktG maßgeblich auf Geschäftsführungsmaßnahmen, die von erheblicher Bedeutung sind, weil hier im Vergleich zu gewöhnlichen Maßnahmen der Geschäftsführung ein erhöhtes Kontrollbedürfnis besteht.[590]

Führt man sich in diesem Zusammenhang vor Augen, dass Geschäftsführungsmaßnahmen regelmäßig alltäglichen und gewöhnlichen Charakter haben und eine erhebliche Bedeutung eher den Ausnahmefall darstellt, demgegenüber aber Maßnahmen mit struktureller Wirkung (wie die Kapitalerhöhung aufgrund genehmigten Kapitals) ganz regelmäßig erhebliche Bedeutung für die Gesellschaft haben, so wäre es widersinnig, dem Aufsichtsrat allein aufgrund der strukturellen Wirkung einer Maßnahme die Aufstellung eines Zustimmungsvorbehalts zu verwehren. Im Gegenteil muss für Strukturmaßnahmen aufgrund deren regelmäßig erheblicher Bedeutung erst recht die Möglichkeit bestehen, einen Zustimmungsvorbehalt aufzustellen.

Darüber hinaus ist das Wesen einer Maßnahme für das Eingreifen der Kontrollfunktion eines Aufsichtsrats nicht entscheidend, sondern allein der Umstand, dass die Maßnahme vom Gesellschaftsorgan der Geschäftsführer entschieden und vorgenommen wird.[591] Der Zweck eines Aufsichtsrats besteht nämlich typischerweise gerade darin, das gesamte Handeln der Geschäftsführer zu kontrollieren,[592] nicht aber lediglich in der Überprüfung von Maßnahmen, die dem Wesen nach Geschäftsführungsmaßnahmen sind, auch wenn dies außerhalb des § 55a GmbHG in aller Regel zusammenfällt.

In diesem Zusammenhang sei auch nochmals daran erinnert, dass die mit der Schaffung des genehmigten Kapitals verbundene Kompetenzerweiterung der Geschäftsführer für sich gesehen keine Stärkung ihrer Stellung im Kompetenzgefüge der GmbH beinhaltet.[593] Folglich führt die Einstufung der Ausnutzung des genehmigten Kapitals als Strukturmaßnahme nicht dazu, dass der fakultative Aufsichtsrat an der Aufstellung eines Zustimmungsvorbehalts gehindert wäre. Es handelt es sich aufgrund der strukturellen Wirkung der Ausnutzung des genehmigten Kapitals auch sicherlich nicht um ein alltägliches, gewöhnliches oder belangloses Geschäft.[594]

---

588 Siehe oben Punkt C.V.1.a.(2).iv.
589 Vgl. etwa Michalski/*Giedinghagen*, § 52 Rn. 227.
590 Siehe dazu oben Punkt C.V.2.a.(1).iii.
591 Vgl. dazu oben Punkt C.V.2.a.(1).ii.
592 Münch/Komm/*Spindler*, § 52 Rn. 273; Baumbach/Hueck/*Zöllner/Noack*, § 52 Rn. 100.
593 Siehe dazu bereits oben Punkt B.II.3.a.
594 Zur Begrenzung des Ermessens des Aufsichtsrats in diesen Fällen siehe oben Punkt C.V.2.a.(1).iii.

Daher kann der fakultative Aufsichtsrat mangels entgegenstehender Satzungsregelung hinsichtlich der Ausnutzung des genehmigten Kapitals Zustimmungsvorbehalte aufstellen.

Angesichts der Ausgestaltung des § 111 Abs. 4 S. 2 AktG als „Muss"-Vorschrift[595] stellt sich die Frage, ob der Aufsichtsrat hinsichtlich der Ausnutzung des genehmigten Kapitals einen Zustimmungsvorbehalt nicht nur aufstellen darf, sondern hierzu sogar verpflichtet ist.

Um dies bejahen zu können, müssten zwei Voraussetzungen gegeben sein.

Zum einen müsste hierzu der Aufsichtsrat die Pflicht haben, jedes Geschäft von grundlegender Bedeutung einem Zustimmungsvorbehalt zu unterwerfen und zusätzlich müsste die Ausnutzung des genehmigten Kapitals stets als Geschäft von grundlegender Bedeutung im Sinne der Regelung des § 111 Abs. 4 S. 2 AktG zu qualifizieren sein.

Beide Voraussetzungen treffen nicht zu.

Oben wurde bereits dargelegt, dass der Aufsichtsrat nicht zur Aufstellung von Zustimmungsvorbehalten für alle Geschäfte von grundlegender Bedeutung verpflichtet ist.[596]

Darüber hinaus unterfällt die Ausnutzung des genehmigten Kapitals auch nicht zwingend dem Begriff des grundlegenden Geschäfts im Sinne des § 111 Abs. 4 S. 2 AktG.

Zwar kommt der Ausnutzung eine strukturelle Wirkung zu, die darin besteht, dass das Stammkapital der Gesellschaft erhöht wird. Vergleicht man hierzu aber die gängigen Definitionen zur Bestimmung des grundlegenden Geschäfts im Sinne des § 111 Abs. 4 S. 2 AktG,[597] so wird deutlich, dass eine Subsumtion der Ausnutzung des genehmigten Kapitals unter den Begriff des grundlegenden Geschäfts keineswegs pauschal befürwortet werden kann.

Zwar wird man wohl oft eine „*grundlegende Veränderung der Vermögens- und Finanzlage*" bei der Ausnutzung des genehmigten Kapitals annehmen können, weil die GmbH mit zusätzlichem Eigenkapital ausgestattet wird.[598]

Insbesondere in Bezug auf den jeweiligen Ausnutzungsbetrag, um den das Stammkapital erhöht wird, kann eine solche „*grundlegende Veränderung*" aber nicht pauschal, sondern nur unter Berücksichtigung der jeweiligen Verhältnisse der Gesellschaft angenommen werden.

---

595 Vgl. dazu oben Punkt C.V.2.a.(1).iii.

596 Vgl. dazu oben Punkt C.V.2.a.(1).iii.

597 „*Grundlegende Entscheidungen zur Unternehmensstrategie oder bedeutsame Investitionsentscheidungen, die nach den Planungen oder Erwartungen die Ertragsaussichten der Gesellschaft grundlegend verändern werden*", bzw. „*Entscheidungen oder Maßnahmen, die die Vermögens-, Finanz- oder Ertragslage des Unternehmens grundlegend verändern*", vgl. auch schon oben Punkt C.V.2.a.(1).iii.

598 Das Eigenkapital ist deshalb für die Finanz- und Vermögenslage der Gesellschaft von Bedeutung, weil es den Gläubigern als Haftungsfond und der Gesellschaft als Betriebsvermögensreserve dient, vgl. dazu Münch/Komm/*Schwandtner*, § 5 Rn. 27.

Insgesamt ist also eine generelle Pflicht des Aufsichtsrats, hinsichtlich der Ausnutzung des genehmigten Kapitals einen Zustimmungsvorbehalt aufzustellen, nicht zu befürworten.

Im Einzelfall kann sich freilich das diesbezügliche Ermessen des Aufsichtsrats zu einer Pflicht verdichten.[599]

Vorstellbar ist es auch, dass es ermessensfehlerhaft wäre, wenn der Katalog der zustimmungspflichtigen Geschäfte keinerlei Maßnahmen im Zusammenhang mit der Ausnutzung eines genehmigten Kapitals enthielte. Dies kann aber wiederum nicht pauschal, sondern nur aufgrund der spezifischen Verhältnisse in der jeweiligen Gesellschaft beurteilt werden.

iii. Berichtspflicht gegenüber dem fakultativen Aufsichtsrat vor Ausnutzung des genehmigten Kapitals

Die Berichtspflicht der Geschäftsführer gegenüber dem fakultativen Aufsichtsrat bestimmt sich zunächst wiederum nach der Regelung in der Satzung.

Gibt die Satzung in Bezug auf eine Berichtspflicht nichts her, so findet § 90 Abs. 3 AktG über § 52 Abs. 1 GmbHG auch hinsichtlich der Ausnutzung des genehmigten Kapitals Anwendung. Der strukturelle Charakter der Ausnutzungsmaßnahmen steht der Anwendbarkeit des § 90 Abs. 3 AktG genauso wenig entgegen, wie der Zulässigkeit der Aufstellung von Zustimmungsvorbehalten.[600] Die diesbezüglich entwickelte Begründung ist insoweit auch hier einschlägig.[601]

Besteht demnach keine einschlägige Satzungsbestimmung, ist weiter zu prüfen, ob der Aufsichtsrat eine Informationsordnung aufgestellt hat, die die Geschäftsführer zu einer Berichterstattung vor Ausnutzung des genehmigten Kapitals verpflichtet, was bedenkenlos zulässig wäre.[602]

Wertungsmäßig einer ausdrücklich durch den Aufsichtsrat aufgestellten Berichtspflicht kommt es gleich, wenn der Aufsichtsrat hinsichtlich der Ausnutzung eines genehmigten Kapitals einen Zustimmungsvorbehalt aufgestellt hat. Um den Zustimmungsvorbehalt nicht zu unterlaufen, müssen die Geschäftsführer dem Aufsichtsrat die einem Zustimmungsvorbehalt unterliegende Maßnahme vorlegen.[603]

Fehlt eine solche Informationsordnung oder ein Zustimmungsvorbehalt, so muss die Wertung, die § 52 Abs. 1 GmbHG mit der Verweisung auf § 90 Abs. 3, aber gerade nicht auf Absatz 1 und 2, getroffen hat, ernst genommen werden, d.h. der

---

599 Hat etwa der Aufsichtsrat Grund zu der Befürchtung, dass die Geschäftsführer bei Ausnutzung des genehmigten Kapitals die Grenzen der Ermächtigung verletzen könnten, so kann sich eine Pflicht zur Aufstellung eines ad-hoc-Zustimmungsvorbehalts ergeben; siehe dazu auch oben Punkt C.V.2.a.(1).iii.

600 Anders aber (für beide Fälle) Baumbach/Hueck/*Zöllner/Fastrich*, § 55a Rn. 12.

601 Siehe zur Begründung Punkt C.V.2.e.(2).ii.

602 Siehe dazu allgemein schon oben Punkt C.V.2.a.(1).v.

603 So schon zutreffend oben BeckOK/*Jaeger*, § 52 Rn. 32 und Lutter/Hommelhoff/*Lutter*, § 52 Rn. 22.

Aufsichtsrat muss grundsätzlich selbst aktiv werden, will er einen Bericht der Geschäftsführer erhalten. Nur in bestimmten Einzelfällen (etwa bei Geschäften mit wesentlicher Bedeutung für die Entwicklung der Gesellschaft) können entsprechend der überwiegenden Ansicht Berichtspflichten aus eigener Initiative der Geschäftsführer erforderlich sein.[604]

Vergleichbar mit der Behandlung der Pflicht zur Vorlage an die Gesellschafterversammlung kann auch hier die Ausnutzung des genehmigten Kapitals, trotz deren strukturellen Charakters, eine Berichtspflicht der Geschäftsführer aus eigener Initiative nicht generell begründen. Hier wirkt sich nämlich wieder die Kompetenzerweiterung der Geschäftsführer aus, denen durch eine allgemeine Ermächtigung i.S.d. § 55a GmbHG eine Zuständigkeit mit gewissem Gestaltungsspielraum übertragen wird. Wird nun diese Zuständigkeit innerhalb des vorgegebenen Rahmens ausgeübt, so kann dies für sich gesehen noch keine Kontroll- oder Schutzmechanismen auslösen, die ihrem Zweck nach auf solche Maßnahmen gerichtet sind, die aufgrund deren besonderer Bedeutung von den Geschäftsführern im Innenverhältnis nicht allein bzw. nicht ohne Überprüfung entschieden werden dürfen.

Ob eine Berichtspflicht aus eigener Initiative im Einzelfall vor der Ausnutzung des genehmigten Kapitals erforderlich sein kann, richtet sich also wiederum nach den Verhältnissen in der jeweiligen Gesellschaft. Der bloße Umstand aber, dass ein genehmigtes Kapital ausgenutzt wird, reicht hierfür nicht aus.

iv. Verhältnis zum Weisungsrecht der Gesellschafterversammlung

Da auch bei der Ausnutzung des genehmigten Kapitals nach der hier vertretenen Auffassung ein Weisungsrecht der Gesellschafterversammlung entsprechend den allgemeinen Regeln besteht, geht auch hier nach der überzeugenden ganz herrschenden Meinung das Weisungsrecht einem Zustimmungsvorbehalt des fakultativen Aufsichtsrats vor.[605]

Denn der Zweck der Bestellung eines fakultativen Aufsichtsrats liegt in der (zusätzlichen) Kontrolle der Geschäftsführer, sicherlich aber nicht in der Schaffung von Einschränkungen hinsichtlich der Wirkung von Weisungen der Gesellschafterversammlung, die bei der Geltung von § 111 Abs. 4 S. 3 und 4 AktG einträten.

Eine Begrenzung der Wirkungen des Weisungsrechts ist also auch bei Bestehen eines fakultativen Aufsichtsrats allein der Satzung vorbehalten.

---

604 Siehe oben Punkt C.V.2.a.(1).v.

605 Siehe dazu oben Punkt C.V.2.a.(1).iv.

(3) Einfluss des obligatorischen Aufsichtsrats (§§ 1 Abs. 1 Nr. 3 DrittelbG, 25 Abs. 1 S. 1 Nr. 2 MitbestG, 3 Abs. 2 Montan-MitbestG)

i. Allgemeines zur Auswirkung der Rechtsnatur der Ausnutzung des genehmigten Kapitals

Besteht aufgrund der Mitbestimmungsgesetze ein obligatorischer Aufsichtsrat, so sind für dessen Kompetenzen nicht in erster Linie Gesichtspunkte der Satzungsfreiheit, sondern solche der Mitbestimmung entscheidend. Diese soll den Arbeitnehmern über den paritätisch (§§ 7 Abs. 1 MitbestG, 4 Abs. 1 Montan-MitbestG) bzw. drittelparitätisch (§ 4 Abs. 1 DrittelbG) besetzten Aufsichtsrat einen gewichtigen Einfluss auf die Kontrolle der Geschäftsführung und die Mitwirkung an deren zentralen Entscheidungen eröffnen.[606]

Der Einfluss eines obligatorischen Aufsichtsrats ist deshalb aufgrund mitbestimmungsrechtlicher Aspekte zum Teil größer als derjenige eines fakultativen Aufsichtsrats.[607]

Nun handelt es sich allerdings bei der Ausnutzung des genehmigten Kapitals dem Wesen nach nicht um eine Maßnahme der Geschäftsführung, sondern um eine Strukturmaßnahme, die aber aufgrund der Ermächtigung nach § 55a GmbHG in die Kompetenz der Geschäftsführer fällt. Hierzu muss man berücksichtigen, dass die Mitbestimmungsgesetze die Grundlagenkompetenz der Anteilseignerversammlung unberührt lassen, sich also auf die Kontrolle des Geschäftsführungsorgans beschränken.[608]

Die Ausübung der Strukturzuständigkeit durch die Gesellschafter unterliegt daher in keinem Fall der Mitbestimmung.

Ob die mitbestimmungsrechtlichen Wertungen auch in Bezug auf eine Maßnahme maßgeblich sind, zu der die Geschäftsführer zwar zuständig sind, die aber dem Wesen nach eine Strukturmaßnahme darstellt, ist bisher noch nicht diskutiert worden und war auch bisher im GmbH-Recht nicht relevant, weil § 55a GmbHG zum ersten Mal die Satzungsfreiheit dahingehend erweitert, dass eine Strukturmaßnahme auf die Geschäftsführer delegiert werden kann.[609]

---

606 Ulmer/Habersack/Henssler/*Ulmer/Habersack*, Einl. MitbestG Rn. 11; vgl. auch Wlotzke/Wißmann/Koberski/Kleinsorge/*Wißmann*, § 4 Montan-MitbestG Rn. 1; zum DrittelbG Ulmer/Habersack/Henssler/*Henssler*, Einl. DrittelbG Rn. 6.

607 So kommt etwa den Verweisungen auf das Aktienrecht in den Mitbestimmungsgesetzen grundsätzlich zwingender Charakter zu; nach herrschender Meinung bestehen ferner einschränkende Wirkungen für das Weisungsrecht der einfachen Gesellschaftermehrheit bei einem Konflikt mit einem Zustimmungsvorbehalt, siehe dazu oben Punkt C.V.2.a.(2).

608 Vgl. hierzu Ulmer/Habersack/Henssler/*Ulmer/Habersack*, § 25 MitbestG Rn. 47, 49, Ulmer/Habersack/Henssler/*Habersack*, § 1 DrittelbG Rn. 35; Wlotzke/Wißmann/Koberski/Kleinsorge/*Wißmann*, Vorbem. Rn. 52 f.

609 Siehe dazu oben Punkt B.II.3.c.

Richtigerweise kann die, auch verfassungsrechtlich relevante,[610] Entscheidung der Mitbestimmungsgesetze, die Strukturzuständigkeit der Gesellschafter unberührt zu lassen, nicht ohne Auswirkung darauf bleiben, dass die Geschäftsführer der GmbH, die zwar grundsätzlich der Kontrolle und Einwirkung des obligatorischen Aufsichtsrats unterliegen,[611] bei der Ausnutzung des genehmigten Kapitals eine Maßnahme durchführen, die vom Wesen her Teil der Strukturzuständigkeit der Gesellschafter ist. Würden nämlich die Gesellschafter, wie gewöhnlich, die Strukturmaßnahme der Kapitalerhöhung selbst beschließen und durchführen, wäre unzweifelhaft keine Mitbestimmungsmöglichkeit gegeben. Delegieren nun die Gesellschafter die Kompetenz für eine Kapitalerhöhung in den Grenzen des § 55a GmbHG auf die Geschäftsführer, so ändert sich durch die Kompetenzübertragung nicht das Wesen der Strukturmaßnahme der Kapitalerhöhung, diese wird nur von einem anderen Gesellschaftsorgan durchgeführt.

Die Strukturzuständigkeit der Gesellschafter realisiert sich dann zwar nicht unmittelbar durch die Vornahme einer Kapitalerhöhung aufgrund eines Beschlusses der Gesellschafterversammlung, aber mittelbar durch die Ausnutzung des genehmigten Kapitals, weil die Ausnutzungskompetenz der Geschäftsführer von den Gesellschaftern gewährt und entzogen sowie durch deren verbindliche Vorgaben (mindestens hinsichtlich Ausübungsfrist und Höchstbetrag, § 55a Abs. 1 GmbHG) bestimmt wird.

Da die Mitbestimmungsgesetze aber die Strukturzuständigkeit der Gesellschafter insgesamt, d.h. auch wenn diese sich nur mittelbar realisiert, nicht berühren dürfen, kann dem obligatorischen Aufsichtsrat auf die Ausnutzung des genehmigten Kapitals aufgrund der Mitbestimmungsgesetze kein größerer Einfluss zukommen als einem fakultativen Aufsichtsrat, weil die mitbestimmungsrechtlichen Wertungen, die diesen größeren Einfluss des obligatorischen Aufsichtsrats begründen, mit dem Grundsatz der umfassenden Führungsrolle der Gesellschafterversammlung in Konflikt stehen.[612] Dieser Konflikt muss aber in Bezug auf eine bestimmte Maßnahme ausnahmsweise vollständig zulasten der Mitbestimmung gelöst werden,[613] wenn sich die Maßnahme als mittelbare Realisierung der Strukturzuständigkeit der Gesellschafter darstellt.

Die dogmatische Einordnung der Ausnutzung des genehmigten Kapitals als Strukturmaßnahme wirkt sich folglich im Hinblick auf die Geltung der mitbestimmungsrechtlichen Regelungen einschränkend aus.

Das Gegenteil hierzu, nämlich die Geltung der allgemeinen Regelungen im Wege des Erst-recht-Schlusses, wurde oben aufgrund der Einordnung der Ausnutzung

610 Zur verfassungsrechtlichen Problematik der Mitbestimmung Ulmer/Habersack/Henssler/*Ulmer/Habersack*, Einl. MitbestG Rn. 26 ff.; Wlotzke/Wißmann/Koberski/Kleinsorge/*Wißmann*, Vorbem. Rn. 45 ff.

611 Vgl. etwa Ulmer/Habersack/Henssler/*Ulmer/Habersack*, § 25 MitbestG Rn. 49 ff, Ulmer/Habersack/Henssler/*Habersack*, § 1 DrittelbG Rn. 34 ff.

612 Vgl. zu diesem Konflikt etwa Münch/Komm/*Spindler*, § 52 Rn. 2.

613 Was grundsätzlich nicht zulässig ist, vgl. etwa Münch/Komm/*Spindler*, § 52 Rn. 14.

des genehmigten Kapitals als Strukturmaßnahme für das Weisungsrecht der Gesellschafterversammlung und die entsprechende Geltung der Regelung des § 111 Abs. 4 S. 2 AktG für den fakultativen Aufsichtsrat angenommen.[614]

Dies ist kein Widerspruch, sondern erklärt sich daraus, dass diese Einflussmöglichkeiten auf die Geschäftsführer im Interesse der Gesellschafter bestehen. Die gesetzlich zwingende Verstärkung des Einflusses des Aufsichtsrats auf die Geschäftsführer aufgrund der Mitbestimmungsgesetze liegt dagegen nicht im Interesse der Gesellschafter, sondern soll eine institutionell abgesicherte Mitbestimmung der Arbeitnehmer im Aufsichtsrat verwirklichen.[615]

Aus diesen Erwägungen folgt natürlich nicht, dass der obligatorische Aufsichtsrat keinen oder einen geringeren Einfluss auf die Ausnutzung des genehmigten Kapitals ausüben kann als der fakultative Aufsichtsrat. Soweit aber dem obligatorischen Aufsichtsrat aufgrund der Mitbestimmungsgesetze ein größerer Einfluss zukäme, kann dies im Anwendungsbereich eines genehmigten Kapitals keine Geltung beanspruchen.

Welche konkreten Schlüsse aus diesen Erwägungen für den Einfluss eines obligatorischen Aufsichtsrats bei § 55a GmbHG zu ziehen sind, wird im Folgenden dargestellt.

ii. Zustimmungserfordernis analog §§ 204 Abs. 1 S. 2 1. HS, 202 Abs. 3 S. 2 AktG

Es wäre denkbar, die Frage der analogen Anwendung der aktienrechtlichen Zustimmungserfordernisse beim genehmigten Kapital auf den obligatorischen Aufsichtsrat anders zu entscheiden, weil wesentliche Grundlage des Bestehens des Aufsichtsrats hier der Gedanke der Arbeitnehmermitbestimmung ist und die Kompetenzen des Aufsichtsrats (§§ 1 Abs. 1 Nr. 3 DrittelbG, 25 Abs. 1 S. 1 Nr. 2 MitbestG) grundsätzlich nicht zur Disposition der Satzung stehen.[616]

Allerdings können die oben getroffenen Erwägungen zur analogen Anwendung der Zustimmungserfordernisse beim fakultativen Aufsichtsrat im Wesentlichen übertragen werden, weil diese von mitbestimmungsrechtlichen Aspekten unabhängig sind. Für die Frage der ausfüllungsbedürftigen Regelungslücke ist es zwar irrelevant, dass die Verweisungsnormen (§§ 1 Abs. 1 Nr. 3 DrittelbG, 25 Abs. 1 S. 1 Nr. 2 MitbestG) die Bestimmungen des §§ 204 Abs. 1 S. 2 1. HS, 202 Abs. 3 S. 2 AktG nicht enthalten.[617]

---

614 Vgl. oben Punkt C.V.1.a.(2).iv. und Punkt 2.e.(2).ii.

615 Vgl. hierzu allgemein Ulmer/Habersack/Henssler/*Ulmer/Habersack*, Einl. MitbestG Rn. 6.

616 Für die analoge Anwendung (nur) beim obligatorischen Aufsichtsrat *Nietsch*, FS Schneider, 873, 879; BeckOK/*Ziemons*, § 55a Rn. 57a.

617 Insoweit gelten die gleichen Erwägungen wie zum fakultativen Aufsichtsrat, siehe oben Punkt C.V.2.e.(2).i.

Wie beim fakultativen Aufsichtsrat ist eine Vergleichbarkeit in Bezug auf das Kontrollbedürfnis aber nicht gegeben.

Denn zum einen besteht die Weisungsgebundenheit der Geschäftsführer bei Ausnutzung des genehmigten Kapitals auch bei einer GmbH mit obligatorischem Aufsichtsrat,[618] sodass sich schon daraus im Vergleich zur AG ein erheblich gemindertes Kontrollbedürfnis ergibt.

Zum anderen fällt, wie oben schon dargestellt, bei einer allgemeinen Ermächtigung i.S.d. § 55a GmbHG die Reichweite des Ermessens der Geschäftsführer deutlich geringer aus als diejenige des Ermessens des Vorstands beim aktienrechtlichen genehmigten Kapital.[619]

Ferner können auch spezifische mitbestimmungsrechtliche Aspekte die analoge Anwendung nicht begründen.

In diesem Zusammenhang wird wiederum der Charakter der Ausnutzung des genehmigten Kapitals als Strukturmaßnahme relevant. Ein zwingendes gesetzliches Zustimmungserfordernis des mitbestimmten Aufsichtsrats der GmbH hinsichtlich der Ausnutzung des genehmigten Kapitals allein aus mitbestimmungsrechtlichen Aspekten anzunehmen, würde dem Grundsatz, dass sich die Mitbestimmung nicht auf die Strukturzuständigkeit der Gesellschafter bezieht, widersprechen, weil die Ausnutzung des genehmigten Kapitals als mittelbare Realisierung dieser Strukturzuständigkeit anzusehen ist.

Es ist auch kein Widerspruch, dass der mitbestimmte Aufsichtsrat der AG der Ausnutzung des genehmigten Kapitals zustimmen muss, denn dies ist der aktienrechtlichen Kompetenzstruktur und nicht spezifischen mitbestimmungsrechtlichen Aspekten geschuldet.[620]

Im Ergebnis ist daher auch bei Bestehen eines obligatorischen Aufsichtsrats eine analoge Anwendung der §§ 204 Abs. 1 S. 2 1. HS, 202 Abs. 3 S. 2 AktG nicht gerechtfertigt.

iii. Aufstellung eines Zustimmungsvorbehalts durch den obligatorischen Aufsichtsrat

Für die Aufstellung von Zustimmungsvorbehalten im Allgemeinen gilt für den obligatorischen Aufsichtsrat im Wesentlichen die gleiche Bewertung wie für den fakultativen Aufsichtsrat. Es besteht allerdings der Unterschied, dass die Satzung nach deutlich herrschender Ansicht wegen des zwingenden Charakters der mitbestimmungsrechtlichen Verweisungen auf § 111 Abs. 4 S. 2 AktG das Recht des Aufsichtsrats zur Aufstellung eines Zustimmungsvorbehalts weder ausschließen noch beschränken kann.[621]

618 Vgl. dazu oben Punkt C.V.2.a.(2).

619 Siehe hierzu oben Punkt C.V.2.e.(2).i.

620 Siehe zu den Zustimmungserfordernissen beim aktienrechtlichen genehmigten Kapital oben Punkt C.V.2.c.

621 Siehe dazu oben Punkt C.V.2.a.(2).

Grundsätzlich kann daher der obligatorische Aufsichtsrat entsprechend der Ergebnisse zum fakultativen Aufsichtsrat Zustimmungsvorbehalte für die Ausnutzung des genehmigten Kapitals aufstellen; er ist hierzu aber nicht verpflichtet.[622]

Noch nicht diskutiert wurde die Frage, ob die Satzung spezifisch einen Zustimmungsvorbehalt des obligatorischen Aufsichtsrats für die Ausnutzung des genehmigten Kapitals ausschließen kann, wenn sie im Übrigen das Recht des Aufsichtsrats zur Aufstellung von Zustimmungsvorbehalten unangetastet lässt.

Für eine Stellungnahme hierzu kommt es zunächst darauf an, ob man die Beschränkung des Rechts des Aufsichtsrats zur Aufstellung von Zustimmungsvorbehalten generell für unzulässig oder – mit Einschränkungen – für möglich hält.[623] Richtigerweise ist nach allgemeiner Betrachtung eine solche Beschränkung in der Satzung generell ausgeschlossen, auch wenn diese sich nur auf bestimmte Geschäfte bezieht und im Übrigen das Recht des Aufsichtsrats entsprechend § 111 Abs. 4 S. 2 AktG unberührt lässt. Die Gegenansicht berücksichtigt nicht ausreichend, dass die Verweisung in den Mitbestimmungsgesetzen auf § 111 AktG zwingenden Charakter hat und die wirksame Mitbestimmung der Arbeitnehmer sicherstellen soll.[624] Hierfür spielt die Möglichkeit der Festlegung von Zustimmungsvorbehalten eine ganz wesentliche Rolle.[625] Diesbezüglich darf deshalb zur Sicherstellung einer wirksamen Mitbestimmung grundsätzlich keine Beschränkung durch die Satzung erfolgen.

Allerdings muss unter Berücksichtigung der Einordnung der Ausnutzung des genehmigten Kapitals als Strukturmaßnahme ausnahmsweise anders entschieden werden.

Oben wurde dargelegt, dass der Einfluss des obligatorischen Aufsichtsrats auf die Ausnutzung des genehmigten Kapitals allein aus mitbestimmungsrechtlichen Aspekten nicht größer sein kann, als derjenige des fakultativen Aufsichtsrats, weil sich die Ausnutzung des genehmigten Kapitals als mittelbare Realisierung der Strukturzuständigkeit der Gesellschafter darstellt.[626] Aus diesen Gründen kann daher die Satzung das Recht des obligatorischen Aufsichtsrats ausschließen, hinsichtlich der Ausnutzung des genehmigten Kapitals und aller damit unmittelbar verbundenen Maßnahmen einen Zustimmungsvorbehalt aufzustellen, wenn im Übrigen das Recht zur Aufstellung von Zustimmungsvorbehalten unberührt bleibt.

iv. Berichtspflicht an den obligatorischen Aufsichtsrat vor Ausnutzung des genehmigten Kapitals

Auch für den obligatorischen Aufsichtsrat der GmbH verweisen die mitbestimmungsrechtlichen Normen nicht auf § 90 Abs. 1 und 2 AktG. Daher gilt hinsichtlich des Umfangs der Berichtspflicht das gleiche wie beim fakultativen Aufsichtsrat,

---

622 Vgl. dazu oben Punkt C.V.2.e.(2).ii.
623 Vgl. zum Meinungsstand oben Fußnote 529.
624 Vgl. dazu etwa *Raiser/Veil*/MitbestG, § 25 Rn. 95.
625 Vgl. dazu etwa Ulmer/Habersack/Henssler/*Ulmer/Habersack*, § 25 MitbestG Rn. 61.
626 Siehe oben Punkt V.2.e.(3).i.

sodass eine Berichterstattung der Geschäftsführer an den obligatorischen Aufsichtsrat aus eigener Initiative nur dann erfolgen muss, wenn dies entsprechend der Darstellung beim fakultativen Aufsichtsrat nach den jeweiligen Verhältnissen der Gesellschaft erforderlich ist.[627]

Allerdings ist es auch hier aufgrund des Wesens der Ausnutzung des genehmigten Kapitals als Strukturmaßnahme möglich, dass die Satzung, wie beim fakultativen Aufsichtsrat, die Berichtspflicht hinsichtlich der Ausnutzung des genehmigten Kapitals einschränkt, soweit die Berichtspflicht an den obligatorischen Aufsichtsrat im Übrigen unberührt bleibt.

v. Verhältnis zum Weisungsrecht der Gesellschafterversammlung

Die Frage des Verhältnisses zwischen dem Weisungsrecht der Gesellschafterversammlung, das auch bei der Ausnutzung des genehmigten Kapitals besteht und einem diesbezüglichen Zustimmungsvorbehalt des obligatorischen Aufsichtsrats ist im Ergebnis nicht anders zu beantworten als beim fakultativen Aufsichtsrat.[628]

Zwar ist grundsätzlich der Ansicht zuzustimmen, die fordert, dass sich die Gesellschafterversammlung nur mit Dreiviertelmehrheit entsprechend § 111 Abs. 4 S. 4 AktG über einen Zustimmungsvorbehalt des obligatorischen Aufsichtsrats hinwegsetzen kann und diesem in jedem Fall die Gelegenheit zu geben ist, sich mit der Angelegenheit zu befassen (eine Einhaltung des Verfahrens nach § 111 Abs. 4 S. 3 AktG ist dagegen nicht erforderlich).[629]

Ausschlaggebend für diese Ansicht sind wiederum Erwägungen der Mitbestimmungsgesetze, deren Zweck es ist, die Arbeitnehmer wirksam an der Kontrolle der erfassten Unternehmen zu beteiligen. Selbstverständlich müssen die Besonderheiten der jeweiligen Rechtsform des Unternehmens Berücksichtigung finden, jedoch darf diese Berücksichtigung nicht zum Unterlaufen der wirksamen Arbeitnehmermitbestimmung führen.[630] Den uneingeschränkten Vorrang des Weisungsrechts könnte die einfache Mehrheit in der Gesellschafterversammlung aber nutzen, um die Kontrollmöglichkeiten des Aufsichtsrats (in welchem sie weder nach dem Drittelbeteiligungsgesetz (§ 4 Abs. 1 DrittelbG), geschweige denn nach dem Mitbestimmungsgesetz (§ 7 Abs. 1 MitbestG) die Mehrheit hat) faktisch auszuhebeln, indem etwa für alle relevanten Geschäftsführungsmaßnahmen Weisungen aufgestellt werden.

Den Besonderheiten des GmbH-Rechts im Sinne der Führungsrolle der Gesellschafterversammlung trägt die zustimmungswürdige Ansicht dadurch Rechnung, dass eine Anrufung durch die Geschäftsführer nach § 111 Abs. 4 S. 3 AktG nach Verweigerung der Zustimmung nicht erforderlich ist bzw. dass die Geschäftsführer

627 Siehe zum fakultativen Aufsichtsrat Punkt C.V.2.e.(2).iii.

628 Siehe hierzu Punkt C.V.2.e.(2).iv.

629 Siehe zu dieser zutreffenden Ansicht oben Fußnoten 534 und 535.

630 Vgl. etwa Münch/Komm/*Spindler*, § 52 Rn. 14.

zu einer solchen Anrufung auf Verlangen der Gesellschafterversammlung verpflichtet sind.[631]

Eine andere Bewertung muss hier aber wiederum aufgrund der Einordnung der Ausnutzung des genehmigten Kapitals als Strukturmaßnahme folgen.

Will die Gesellschafterversammlung hinsichtlich der Ausnutzung des genehmigten Kapitals durch die Geschäftsführer ihr Weisungsrecht ausüben, so kann ein vom obligatorischen Aufsichtsrat im Rahmen des § 111 Abs. 4 S. 2 AktG aufgestellter Zustimmungsvorbehalt nicht zu einer Einschränkung des Weisungsrechts führen, da sich der Weisungsbeschluss auf eine Strukturmaßnahme bezieht, die vom Wesen her nicht der Mitbestimmung unterworfen ist. Würde man auch hier das Verhältnis zwischen Zustimmungsvorbehalt und Weisung nach den bei Bestehen eines obligatorischen Aufsichtsrats grundsätzlich zu befürwortenden Regeln bestimmen, so wäre der Einfluss des obligatorischen Aufsichtsrats auf eine Strukturmaßnahme größer als derjenige eines fakultativen Aufsichtsrats. Dies ist aber aus mitbestimmungsrechtlichen Erwägungen weder geboten noch zulässig.[632]

Sofern also der obligatorische Aufsichtsrat in Bezug auf die Ausnutzung des genehmigten Kapitals oder eine damit unmittelbar zusammenhängende Maßnahme einen Zustimmungsvorbehalt aufgestellt hat, gelten für das Verhältnis zum Weisungsrecht der Gesellschafterversammlung die gleichen Regeln wie bei Bestehen eines fakultativen Aufsichtsrats.

D. Zusammenfassung der Ergebnisse

Da § 55a GmbHG es ermöglicht, die Kompetenz zur Erhöhung des Stammkapitals, bei der es sich um eine nach herkömmlichen Grundsätzen allein der Zuständigkeit der Gesellschafter obliegenden Strukturmaßnahme handelt, auf das Gesellschaftsorgan der Geschäftsführer zu übertragen, ist die Regelung als Erweiterung der Satzungsfreiheit der Gesellschafter unter einer personellen, zeitlichen und betragsmäßigen Bedingung zu verstehen.

§ 55a GmbHG hat daher nicht bloß formale Bedeutung, sondern beinhaltet eine Wirkung, die mittels anderer Gestaltungen außerhalb des § 55a GmbHG nicht erzielt werden kann.

Auf der anderen Seite wird den Geschäftsführern aber auch nicht gesetzlich zwingend die alleinige Entscheidungshoheit über die Ausnutzung des genehmigten Kapitals zugewiesen.

Aufgrund dieser Einstufung des § 55a GmbHG bestimmt sich die Reichweite der Kompetenz der Geschäftsführer und die Abgrenzung der Kompetenzen zwischen den Gesellschaftsorganen bei Ausnutzung des genehmigten Kapitals allein nach den Regelungen in der Ermächtigung nach § 55a GmbHG, soweit diese die

---

631 Vgl. zur ersten Alternative Ulmer/Habersack/Henssler/*Ulmer/Habersack*, § 25 MitbestG Rn. 67; zur zweiten Alternative *Raiser/Veil*/MitbestG, § 25 Rn. 93.

632 Vgl. dazu oben Punkt C.V.2.e.(3).i.

gesetzlichen Bedingungen für die Erweiterung der Satzungsfreiheit und die Grenzen der Satzungsgestaltung einhält. Die Satzung kann den Geschäftsführern deshalb nicht die Kompetenz zu Strukturmaßnahmen einräumen, die nicht im unmittelbaren Zusammenhang mit der Gesamtmaßnahme „Erhöhung des Stammkapitals“ stehen.

Enthält die Satzungsbestimmung keine Regelung zur Kompetenzordnung und beschränkt sich auf eine allgemeine Ermächtigung i.S.d. § 55a GmbHG, muss die Kompetenzordnung bei Ausnutzung des genehmigten Kapitals durch Auslegung unter Berücksichtigung der allgemeinen kompetenzrechtlichen Grundsätze und der Besonderheiten eines genehmigten Kapitals ermittelt werden.

Diese Auslegung bringt folgende Ergebnisse:

Die Geschäftsführer sind befugt, eine Kapitalerhöhung innerhalb der in der Ermächtigung bestimmten Grenzen zu planen, zu initiieren, über deren Durchführung und deren Ausgestaltung zu entscheiden und alle Maßnahmen zu ergreifen, die zur Herbeiführung ihrer Wirksamkeit erforderlich sind. Handelt es sich um Maßnahmen mit struktureller oder körperschaftlicher Wirkung, so werden diese Maßnahmen von der allgemeinen Ermächtigung i.S.d. § 55a GmbHG unter folgenden Voraussetzungen erfasst:

- Die Maßnahme steht im unmittelbaren Zusammenhang mit der Gesamtmaßnahme „Erhöhung des Stammkapitals“.
- Der Vorstand der AG ist ebenfalls zur Vornahme der Maßnahme befugt, soweit im Hinblick auf die Geltung dieses Kriteriums nicht eine abweichende, spezifische GmbH-rechtliche Bewertung angezeigt ist.
- Die Maßnahme greift nicht unzulässig in die Struktur- und Organisationszuständigkeit der Gesellschafter ein, da sie sich in ihrer strukturellen und/oder körperschaftlichen Wirkung auf die Durchführung der Kapitalerhöhung beschränkt.

Konkret erfasst die Befugnis der Geschäftsführer kraft allgemeiner Ermächtigung i.S.d. § 55a GmbHG folgende Maßnahmen:

- Ermessensentscheidung über die Ausnutzung des genehmigten Kapitals;
- Festlegungen hinsichtlich der Bedingungen der Anteilsausgabe und der Rechte und Pflichten, die die neuen Geschäftsanteile vermitteln; ohne ausdrückliche Ermächtigung in der Satzung sind aber keine Festlegungen möglich, die Sonderrechte, regelmäßige und dauerhafte Nebenleistungspflichten und eine rückwirkende Gewinnberechtigung, soweit nicht alle Altgesellschafter verhältniswahrend an der Kapitalerhöhung partizipieren, begründen. Der Zeitpunkt der Gewinnberechtigung kann schließlich ohne ausdrückliche Ermächtigung nur soweit hinausgeschoben werden, dass er die Gewinnberechtigung für das Geschäftsjahr, das dem Jahr der Entstehung der Geschäftsanteile nachfolgt, weder ausschließt noch beschränkt;
- ggf. den Zulassungsbeschluss;
- Abschluss der Übernahmeverträge;
- Anpassung des Wortlauts der Satzung hinsichtlich der Stammkapitalziffer sowie
- Anmeldung der Kapitalerhöhung zum Handelsregister.

Die Gesellschafterversammlung hat auch bei der Ausnutzung des genehmigten Kapitals ein umfassendes Weisungsrecht entsprechend den allgemeinen Regeln.

Eine Pflicht zur Vorlage an die Gesellschafterversammlung besteht nicht schon allein aufgrund der Ausnutzung des genehmigten Kapitals, sondern, wie auch sonst, nur im Einzelfall bei Hinzutreten besonderer Umstände. Gleiches gilt für eine Pflicht zur Vorabinformation.

Die Zustimmungserfordernisse der §§ 204 Abs. 1 S. 2 1. HS, 202 Abs. 3 S. 2 AktG sind weder auf den fakultativen noch auf den obligatorischen Aufsichtsrat analog anzuwenden.

Sowohl der fakultative als auch der obligatorische Aufsichtsrat kann aber entsprechend § 111 Abs. 4 S. 2 AktG Zustimmungsvorbehalte hinsichtlich der Ausnutzung des genehmigten Kapitals aufstellen. Eine spezifische, auf die Ausnutzung des genehmigten Kapitals bezogene Pflicht des Aufsichtsrats hierzu besteht aber grundsätzlich nicht.

Eine Berichtspflicht der Geschäftsführer aus eigener Initiative kann bei Ausnutzung des genehmigten Kapitals nicht generell, sondern nur bei Hinzutreten besonderer Umstände in der jeweiligen Gesellschaft angenommen werden.

Der obligatorische Aufsichtsrat hat, abweichend von allgemeinen Grundsätzen, auf die Ausnutzung des genehmigten Kapitals keinen größeren Einfluss als der fakultative Aufsichtsrat, weil mitbestimmungsrechtliche Wertungen für die Ausnutzung des genehmigten Kapitals keine Geltung beanspruchen.

Dies bedeutet insbesondere, dass die Satzung das Recht des obligatorischen Aufsichtsrats, im Hinblick auf die Ausnutzung des genehmigten Kapitals Zustimmungsvorbehalte aufzustellen, ausschließen kann. Ferner kann das Weisungsrecht der einfachen Gesellschaftermehrheit Vorrang vor Zustimmungsvorbehalten auch des obligatorischen Aufsichtsrats beanspruchen, soweit diese sich auf die Ausnutzung des genehmigten Kapitals beziehen.

2. Kapitel: Der Bezugsrechtsausschluss beim genehmigten Kapital – Zuständigkeit, Verfahren, Voraussetzungen

A. Vorfragen

I. Einführung in die Problematik

Bei § 55a GmbHG bleibt ein Bezugsrecht der Gesellschafter wie auch die Möglichkeit eines Ausschlusses desselben unerwähnt.

Allerdings handelt es sich bei der Kapitalerhöhung aufgrund genehmigten Kapitals im Ergebnis um eine Kapitalerhöhung wie jede andere.[1] Deshalb befürwortet die allgemeine Auffassung im Schrifttum ein Bezugsrecht sowie dessen grundsätzliche Ausschließbarkeit bei einer Kapitalerhöhung aufgrund genehmigten Kapitals. Die mangelnde Erwähnung des Bezugsrechts in § 55a GmbHG sei nicht einer bewussten Entscheidung des Gesetzgebers, sondern der generell fehlenden gesetzlichen Regelung der Problematik im GmbHG geschuldet.[2] Auch das OLG München hat sich dieser allgemeinen Auffassung angeschlossen.[3]

Sofern man vom Bestehen eines Bezugsrechts der Gesellschafter ausgeht,[4] so muss man im Anwendungsbereich eines genehmigten Kapitals berücksichtigen, dass das Bezugsrecht nicht unmittelbar aufgrund eines Kapitalerhöhungsbeschlusses der Gesellschafterversammlung ausgeschlossen werden kann, weil es diesen beim genehmigten Kapital nicht gibt. Vielmehr sind die Geschäftsführer zur Erhöhung des Stammkapitals in den Grenzen der Ermächtigung, die ihnen durch die Gesellschafter erteilt wurde, zuständig.[5]

Die Problematik des Bezugsrechtsausschlusses kann deshalb im Rahmen der Erteilung der Ermächtigung durch die Gesellschafter (Ermächtigungsebene) sowie der Ausnutzungsentscheidung der Geschäftsführer (Ausnutzungsebene) relevant werden.

---

1 Unstr. vgl. Münch/Komm/*Lieder*, § 55a Rn. 46.

2 Bork/Schäfer/*Arnold/Born*, § 55a Rn. 21; Ulmer/Habersack/Winter/*Casper*, § 55a Rn. 30; Henssler/Strohn/*Gummert*, § 55a Rn. 14; Saenger/Inhester/*Inhester*, § 55a Rn. 22 f.; Scholz/*Priester*, § 55a Rn. 34; *ders.*, GmbHR 2008, 1177, 1181; Roth/Altmeppen/*Roth*, § 55a Rn. 20; Baumbach/Hueck/*Zöllner/Fastrich*, § 55a Rn. 7; i.E. ebenso Heckschen/Heidinger/*Heidinger*, § 10 Rn. 81a; Ring/Grziwotz/*Herrler*, § 55a Rn. 11; Münch/Komm/*Lieder*, § 55a Rn. 61 f.; Lutter/Hommelhoff/*Lutter/Bayer*, § 55a Rn. 20, 23; *Terbrack*, DNotZ 2012, 917, 923; BeckOK/*Ziemons*, § 55a Rn. 58; weitergehend *Cramer*, GmbHR 2009, 406, 409, der annimmt, der Gesetzgeber habe durch die Schaffung des § 55a GmbHG ein Bezugsrecht anerkannt.

3 OLG München, NJW-RR, 2012, 612, 613.

4 Zum Streitstand siehe unten Punkt A.II. In dieser Einführung wird der besseren Übersichtlichkeit halber vom Bestehen eines gesetzlichen Bezugsrechts ausgegangen, auch wenn in dieser Arbeit keine explizite Stellungnahme diesbezüglich erfolgt.

5 Die Kompetenzaufteilung beim genehmigten Kapital wurde im 1. Kapitel behandelt.

Wird auf Ermächtigungsebene eine bezugsrechtsrelevante Entscheidung getroffen, so stellt sich die Frage, welche Voraussetzungen diese Entscheidung der Gesellschafter erfüllen muss, insbesondere unter Berücksichtigung der möglicherweise erheblichen zeitlichen Spanne (bis zu fünf Jahre, § 55a Abs. 1, 2 GmbHG) zwischen der Ermächtigung und der tatsächlichen Durchführung der Kapitalerhöhung.

Hinsichtlich der Ausnutzungsebene sind dann vor allem folgende Fragen zu beantworten:

Können die Geschäftsführer die Entscheidung über einen Bezugsrechtsausschluss nur dann treffen, wenn diese Möglichkeit ausdrücklich in der Ermächtigung enthalten ist oder genügt eine allgemeine Ermächtigung i.S.d. § 55a GmbHG?

Gilt das Weisungsrecht der Gesellschafterversammlung auch für den Bezugsrechtsausschluss bei Ausnutzung des genehmigten Kapitals?

Sind die Geschäftsführer verpflichtet, die Gesellschafterversammlung vorab zu informieren, falls sie einen Bezugsrechtsausschluss beabsichtigen?

Wie stellt sich der Einfluss des fakultativen oder obligatorischen Aufsichtsrats hinsichtlich eines Bezugsrechtsausschlusses bei Ausnutzung des genehmigten Kapitals dar?

Bevor eine Darstellung des Meinungsstands und eine Stellungnahme hinsichtlich der soeben aufgeworfenen Fragen erfolgen können, ist es zunächst zur Schaffung einer sicheren und verständlichen Argumentationsgrundlage von Nöten, die Grundsätze des Bezugsrechtsausschlusses bei der regulären Kapitalerhöhung in der GmbH darzustellen.

Ferner ist zu beachten, dass die allgemeine Meinung zu § 55a GmbHG jedenfalls im Ausgangspunkt die Lösungsansätze heranzieht, die sich zum Bezugsrechtsausschluss beim aktienrechtlichen genehmigten Kapital entwickelt haben.[6] Daher muss vorab auch die Rechtslage zum Bezugsrechtsausschluss beim aktienrechtlichen genehmigten Kapital erläutert werden.

II. Der Bezugsrechtsausschluss bei der regulären Kapitalerhöhung in der GmbH

1. Bestehen eines Bezugsrechts für GmbH-Gesellschafter

Im GmbHG – ganz anders als im AktG (vgl. v.a. § 186 AktG) – findet ein Bezugsrecht für die Gesellschafter keine Erwähnung.

Es ist zwar heute nicht mehr umstritten, dass das Recht aller Gesellschafter, an einer Kapitalerhöhung verhältniswahrend zu partizipieren, nicht beliebig aufgrund

6 Vgl. nur OLG München, NJW-RR, 2012, 612, 613; Bork/Schäfer/*Arnold/Born*, § 55a Rn. 21; *Cramer*, GmbHR 2009, 406, 410 f.; Münch/Komm/*Lieder*, § 55a Rn. 62; Bunnemann/Zirngibl/*Thun*, § 6 Rn. 82 ff.; im Einzelnen ist aber zum Teil sehr umstritten, inwieweit sich die Problembehandlung im Aktienrecht auf das genehmigte Kapital der GmbH übertragen lässt; siehe hierzu unten Punkt B.

eines einfachen Gesellschafterbeschlusses übergangen werden kann.[7] Aufgrund der fehlenden Regelung eines Bezugsrechts im GmbHG besteht jedoch immer noch Streit, ob den GmbH-Gesellschaftern ein gesetzliches Bezugsrecht analog § 186 AktG zukommt[8] oder ob der Schutz der Gesellschafter vor Verwässerung ihrer Beteiligung durch bestimmte Anforderungen an den Zulassungsbeschluss nach § 55 Abs. 2 S. 1 GmbHG[9] sichergestellt werden kann und ein gesetzliches Bezugsrecht somit abzulehnen ist.[10]

Der BGH hat sich bisher keiner Ansicht angeschlossen.[11]

a) Argumente gegen ein gesetzliches Bezugsrecht

Die Gegner eines gesetzlichen Bezugsrechts berufen sich zunächst auf den Wortlaut des § 55 Abs. 2 S. 1 GmbHG, welcher einen Zulassungsbeschluss klar voraussetze

---

7 Vgl. etwa Ulmer/Habersack/Winter/*Ulmer*, § 55 Rn. 44; anders noch Meyer-Landrut/Müller/Niehus/*Meyer-Landrut*, § 55 Rn. 14, 19. Schon das Reichsgericht (RGZ 122, 159) hat für einen solchen Gesellschafterbeschluss gewisse Schranken aufgestellt. Zwar hat es einerseits kein gesetzliches Bezugsrecht angenommen, vgl. v.a. S. 163. Jedoch wird aus dem Urteil andererseits deutlich, dass der Zulassungsbeschluss der Gesellschafterversammlung den Gleichbehandlungsgrundsatz (im konkreten Fall bejaht, weil alle Gesellschafter gleichmäßig vom Ausschluss getroffen wurden, S. 163) und die guten Sitten beachten muss (im konkreten Fall verneint, S. 165 ff.).

8 *Heckschen*, DStR 2001, 1437, 1438; Michalski/*Hermanns*, § 55 Rn. 39; Münch/Komm/*Lieder*, § 55 Rn. 70 f.; Lutter/Hommelhoff/*Lutter/Bayer*, § 55 Rn. 17; Scholz/*Priester*, § 55 Rn. 45 ff.; *ders.*, DB 1980, 1925, 1927 f.; Schmidt, § 37 V.1.a.ee.; BeckOK/*Ziemons*, § 55 Rn. 71; Baumbach/Hueck/*Zöllner/Fastrich*, § 55 Rn. 20; wohl auch Henssler/Strohn/*Gummert*, § 55a Rn. 16. Zumindest argumentativ in die gleiche Richtung wie die Befürworter eines Bezugsrechts geht auch *Immenga*, S. 228 ff., der für die Einführung eines gesetzlichen Bezugsrechts in der GmbH zu einem Zeitpunkt (1969) wirbt, als das Scheitern der umfassenden GmbH-Reform von 1969 noch nicht abzusehen war.

9 Für den Zulassungsbeschluss ist aufgrund dessen körperschaftlichen Charakters die Gesellschafterversammlung zuständig, Ulmer/Habersack/Winter/*Ulmer*, § 55 Rn. 40; BeckOK/*Ziemons*, § 55 Rn. 89; Baumbach/Hueck/*Zöllner/Fastrich*, § 55 Rn. 28; BGH WM 1966, 1262, 1263 betont, dass die Gesellschafterversammlung jedenfalls die Zulassungsentscheidung an sich ziehen könne. Nicht ausgeschlossen soll es allerdings sein, dass die Gesellschafterversammlung die Geschäftsführer zur Bestimmung der Übernahmeberechtigten ermächtigt, so BeckOK/*Ziemons*, § 55 Rn. 89; Baumbach/Hueck/*Zöllner/Fastrich*, § 55 Rn. 28; auch Ulmer/Habersack/Winter/*Ulmer*, § 55 Rn. 40, betont, dass die Kompetenz für die Entscheidung über die Zulassung bei der Gesellschafterversammlung liege, „*wenn die Satzung oder der Kapitalerhöhungsbeschluss keine abweichende Regelung enthält*“.; implizit auch BGH WM 1966, 1262, 1263.

10 Roth/Altmeppen/*Roth*, § 55 Rn. 20 ff.; Rowedder/Schmidt-Leithoff/*Schnorbus*, § 55 Rn. 35 ff.; Ulmer/Habersack/Winter/*Ulmer*, § 55 Rn. 45 ff.; *Winter*, S. 266 ff.; i.E. ebenso RGZ 122, 163.

11 Zuletzt offengelassen in BGH NZG 2005, 551, 552.

und insoweit der Annahme einer Regelungslücke als Voraussetzung für die Analogie zu § 186 AktG entgegenstünde.[12]

Auch die Kompetenzverteilung der GmbH spreche gegen die Anerkennung eines gesetzlichen Bezugsrechts.[13]

Da die Geschäftsführer zum Abschluss der Übernahmeverträge, anders als der Vorstand in der AG,[14] durch die Gesellschafter besonders ermächtigt werden müssten, sei ein Zulassungsbeschluss schon deshalb erforderlich. Dem folgend, könne auch kein unmittelbarer Anspruch eines bei der Kapitalerhöhung übergangenen Gesellschafters gegen die Gesellschaft auf Abschluss des Übernahmevertrags (wie nach den Befürwortern eines gesetzlichen Bezugsrechts), sondern nur gegen die Mitgesellschafter auf Zustimmung zu einem entsprechenden Zulassungsbeschluss bestehen.[15]

Schließlich werden historische Argumente ins Feld geführt. Obwohl das gesetzliche Bezugsrecht in früheren Reformentwürfen vorgesehen war,[16] sei es nie Gesetz (auch nicht durch das MoMiG, das sogar den Wortlaut des § 55 GmbHG geändert habe) geworden, was eine Regelungslücke ausschließe.[17]

b) Argumente für ein gesetzliches Bezugsrecht

Die Befürworter eines gesetzlichen Bezugsrechts analog § 186 AktG führen gegen das historische Argument und die Argumentation mit dem Wortlaut des § 55 Abs. 2 S. 1 GmbHG mehrere Gegenargumente an.

So komme dem Wortlaut des § 55 Abs. 2 S. 1 GmbHG eher klarstellende Bedeutung in dem Sinne zu, dass das neue Kapital nicht notwendigerweise von den bisherigen Gesellschaftern übernommen werden müsse.[18] Aufgrund der historischen

---

12 Ulmer/Habersack/Winter/*Ulmer*, § 55 Rn. 46; ähnlich Rowedder/Schmidt-Leithoff/*Schnorbus*, § 55 Rn. 35, der auf den „*unmissverständlichen*" Wortlaut des § 55 Abs. 2 S. 1 GmbHG verweist; ähnlich auch Meyer-Landrut/Müller/Niehus/*Meyer-Landrut*, § 55 Rn. 14, der schlicht das Fehlen einer § 186 AktG entsprechenden Regelung herausstellt.

13 Rowedder/Schmidt-Leithoff/*Schnorbus*, § 55 Rn. 35; Ulmer/Habersack/Winter/*Ulmer*, § 55 Rn. 47; *Winter*, S. 267.

14 Zur AG ist anerkannt, dass zum Abschluss des Zeichnungsvertrags der Vorstand zuständig ist, vgl. nur MünchHBdGesR/AG/*Scholz*, § 57 Rn. 174 ff.

15 Ulmer/Habersack/Winter/*Ulmer*, § 55 Rn. 47; *Winter*, S. 267 f.

16 Vgl. z.B. § 103 GmbHGE v. 1939, vgl. Schubert, RefE GmbHG v. 1939, S. 123 f.

17 Rowedder/Schmidt-Leithoff/*Schnorbus*, § 55 Rn. 35; ähnlich Meyer-Landrut/Müller/Niehus/*Meyer-Landrut*, § 55 Rn. 14, der aus den (nicht Gesetz gewordenen) Reformentwürfen schließt, dass der Gesetzgeber davon ausging, dass „*das geltende Recht ein gesetzliches anteiliges Bezugsrecht nicht kennt*".

18 *Heckschen*, DStR 2001, 1437, 1439; Scholz/*Priester*, § 55 Rn. 47; *ders.*, DB 1980, 1925, 1928; Baumbach/Hueck/*Zöllner/Fastrich*, § 55 Rn. 20; ähnlich auch BeckOK/*Ziemons*, § 55 Rn. 71, die der Regelung des § 55 Abs. 2 S. 1 GmbHG lediglich formale Bedeutung beimisst.

Auslegung könne eine Regelungslücke gerade nicht ausgeschlossen werden. So sei im Zeitpunkt der Schaffung des § 55 GmbHG (1892) auch im AktG noch kein Bezugsrecht der Aktionäre vorgesehen gewesen und die unterlassene spätere Einfügung in das GmbHG sei entweder eine Folge des Scheiterns der Reformversuche von 1939 und 1969 oder der Beschränkung der Novelle von 1980 auf wenige Änderungen im Gläubigerinteresse, sodass die Annahme, der Gesetzgeber habe sich bewusst gegen ein Bezugsrecht entschieden, fernliege.[19]

Schließlich wird mit einem Vergleich der Situation beim Ausschluss eines Gesellschafters aus der GmbH argumentiert, der ebenfalls nur aus wichtigem Grund möglich sei und sich zum Bezugsrechtsausschluss nur quantitativ unterscheide.[20]

Das wesentliche Argument der Befürworter des gesetzlichen Bezugsrechts ist aber ein systematisch-teleologisches. Aus der Verknüpfung des Zwecks der Schaffung des Bezugsrechts bei der AG (Schutz vor Beeinträchtigungen der Mitgliedschaft in der Gesellschaft und der aus dieser folgenden Stimm- und Gewinnanteile)[21] und den systematischen Besonderheiten der GmbH (personalistische Gesellschaftsstruktur) wird gefolgert, dass ein Bezugsrecht der Gesellschafter der GmbH erst recht anzunehmen sei.[22]

---

19 So v.a. *Priester*, DB 1980, 1925, 1928; ganz ähnlich Scholz/*Priester*, § 55 Rn. 47 und Münch/Komm/*Lieder*, § 55 Rn. 70, i.E. auch *Heckschen*, DStR 2001, 1437, 1439; vgl. zur historischen Argumentation auch schon *Immenga*, S. 232, wobei zu berücksichtigen ist, dass er seine Abhandlung 1969 verfasste und daher ein Scheitern des Entwurfs von 1969 noch nicht vorhersehen konnte. Eine ähnliche Erwägung wie zur GmbH-Novelle von 1980 muss auch für das MoMiG gelten. Auch das MoMiG bezweckte keine umfassende Gesamtreform des GmbHG, sondern hatte, zugegeben umfangreiche, aber doch spezifische Regelungsziele (vgl. BTDrucks. 16/6140, S. 1: Modernisierung und Deregulierung des GmbH-Rechts; Erleichterung von Existenzgründungen; Beschleunigung der Registereintragung; Stärkung der internationalen Wettbewerbsfähigkeit der GmbH; Bekämpfung von Missbrauchsfällen am Ende des Lebens der GmbH), sodass auch hier aus der mangelnden Einfügung einer Regelung zum Bezugsrecht nicht auf eine bewusste Entscheidung des Gesetzgebers gegen ein Bezugsrecht der GmbH-Gesellschafter geschlossen werden kann; ähnlich Münch/Komm/*Lieder*, § 55 Rn. 70, der es für unerheblich erachtet, dass sich das MoMiG nicht zur Streitfrage geäußert habe.

20 Michalski/*Hermanns*, § 55 Rn. 39.

21 Vgl. zu diesen Erwägungen etwa BGH NJW 1978, 1316, 1317 („Kali/Salz").

22 *Heckschen*, DStR 2001, 1437, 1438; Münch/Komm/*Lieder*, § 55 Rn. 70; Scholz/*Priester*, § 55 Rn. 45; *ders.*, DB 1980, 1925, 1928; Schmidt, § 37 V.1.a.ee.; Baumbach/Hueck/*Zöllner/Fastrich*, § 55 Rn. 20; ähnlich Lutter/Hommelhoff/*Lutter/Bayer*, § 55 Rn. 17, der zur Begründung des Bezugsrechts auf den personalistischen Charakter der GmbH verweist; vgl. auch schon *Immenga*, S. 232 f., der auf die *„in der GmbH weniger strenge Unterscheidung zwischen der Korporation und ihren Mitgliedern"* aufmerksam macht.

2. *Anforderungen an den Zulassungsbeschluss und an den Ausschluss des Bezugsrechts*

a) Anforderungen an den Zulassungsbeschluss

Die Gegner eines Bezugsrechts lassen einen Beschluss, der nicht alle Gesellschafter im Verhältnis ihrer bisherigen Beteiligungen zur Übernahme der neuen Anteile zulässt (nicht verhältniswahrender Zulassungsbeschluss[23]), nur unter Einhaltung bestimmter Hürden (Gleichbehandlungsgrundsatz und Treuepflicht) zu.[24] So sei eine Abweichung vom Gleichbehandlungsgrundsatz nur bei Vorliegen besonderer, im überwiegenden Gesellschaftsinteresse liegender Gründe möglich.[25] Um beim Ausschluss aller bisherigen Gesellschafter von der Kapitalerhöhung die Treuepflicht nicht zu verletzen, müsse dieser Ausschluss zur Erreichung eines Gesellschaftsinteresses erforderlich und verhältnismäßig (unter Berücksichtigung der Interessen der Minderheit) sein.[26]

Oft wird ausdrücklich hervorgehoben, dass für die Zulässigkeit der Abweichung von Gleichbehandlungsgrundsatz und Treuepflicht mindestens die zum Aktienrecht entwickelten materiellen Voraussetzungen für einen Bezugsrechtsausschluss gelten sollten.[27]

Umstritten ist bei den Gegnern eines Bezugsrechts das Mehrheitserfordernis hinsichtlich eines nicht verhältniswahrenden Zulassungsbeschlusses. Zwar ist man sich einig, dass ein Zulassungsbeschluss nach § 55 Abs. 2 S. 1 GmbHG grundsätzlich mit einfacher Mehrheit gefasst werden kann,[28] jedoch wird teilweise eine analoge Anwendung des § 186 Abs. 3 S. 2 AktG (Dreiviertelmehrheit) angenommen.[29]

Im Übrigen muss der Zulassungsbeschluss weder mit dem Kapitalerhöhungsbeschluss verbunden werden, noch bedarf es einer besonderen Form.[30]

---

23 Vgl. zu diesem Begriff ähnlich Münch/Komm/*Lieder*, § 55 Rn. 71.

24 Wohl anders noch Meyer-Landrut/Müller/Niehus/*Meyer-Landrut*, § 55 Rn. 14, 19, nach dem das Ermessen der Gesellschaftermehrheit grundsätzlich nicht eingeschränkt sein soll. Unter welchen Umständen dieser Grundsatz einmal nicht gelten soll, kommt bei seinen Ausführungen allerdings nicht ganz klar zum Ausdruck.

25 Rowedder/Schmidt-Leithoff/*Schnorbus*, § 55 Rn. 36; Ulmer/Habersack/Winter/*Ulmer*, § 55 Rn. 51; i.E. ebenso Roth/Altmeppen/*Roth*, § 55 Rn. 23 f.; *Winter*, S. 266, 268 ff.

26 Rowedder/Schmidt-Leithoff/*Schnorbus*, § 55 Rn. 36; Ulmer/Habersack/Winter/*Ulmer*, § 55 Rn. 52; i.E. ebenso Roth/Altmeppen/*Roth*, § 55 Rn. 23 f.; *Winter*, S. 266, 268 ff.

27 Rowedder/Schmidt-Leithoff/*Schnorbus*, § 55 Rn. 36; Ulmer/Habersack/Winter/*Ulmer*, § 55 Rn. 51; i.E. auch *Winter*, S. 266.

28 Meyer-Landrut/Müller/Niehus/*Meyer-Landrut*, § 55 Rn. 15; Roth/Altmeppen/*Roth*, § 55 Rn. 26; Rowedder/Schmidt-Leithoff/*Schnorbus*, § 55 Rn. 30; Ulmer/Habersack/Winter/*Ulmer*, § 55 Rn. 41.

29 Ulmer/Habersack/Winter/*Ulmer*, § 55 Rn. 41; ebenso Roth/Altmeppen/*Roth*, § 55 Rn. 26; a.A. Rowedder/Schmidt-Leithoff/*Schnorbus*, § 55 Rn. 38 und wohl auch Meyer-Landrut/Müller/Niehus/*Meyer-Landrut*, § 55 Rn. 15.

30 Rowedder/Schmidt-Leithoff/*Schnorbus*, § 55 Rn. 30; Ulmer/Habersack/Winter/*Ulmer*, § 55 Rn. 39, 42; ähnlich Roth/Altmeppen/*Roth*, § 55 Rn. 26, der allerdings die

b) Anforderungen an den Bezugsrechtsausschluss

Die Befürworter eines gesetzlichen Bezugsrechts gehen davon aus, dass mit Beschluss der Kapitalerhöhung ein Bezugsrecht der bisherigen Gesellschafter und damit ein Anspruch gegen die Gesellschaft auf Abschluss eines Übernahmevertrags entsprechend der Beteiligungsquote entsteht, es sei denn, das Bezugsrecht wurde zulässigerweise ausgeschlossen.[31]

Stimmen alle Gesellschafter zu, so sind an den Bezugsrechtsausschluss keine besonderen formellen oder materiellen Anforderungen zu stellen.[32]

Ist dies aber nicht der Fall, so muss der Ausschluss zunächst nach § 186 Abs. 3 S. 1 AktG analog im Kapitalerhöhungsbeschluss selbst geschehen und folglich auch mit der entsprechenden satzungsändernden Mehrheit gefasst werden sowie den Formerfordernissen genügen.[33] Umstritten ist unter den Anhängern eines Bezugsrechts, ob in der GmbH eine analoge Anwendung des § 186 Abs. 4 S. 2 AktG angezeigt ist.

Nach einer Ansicht passt das Erfordernis eines schriftlichen Berichts nicht zur GmbH mit ihrem regelmäßig im Vergleich zur AG viel kleineren Gesellschafterkreis. Solange eine ausreichende Information der Gesellschafter gewährleistet sei, könne das Erfordernis flexibel gehandhabt werden.[34]

Nach anderer Ansicht ist eine analoge Anwendung des § 186 Abs. 4 S. 2 AktG zu befürworten.[35] Begründet wird dies damit, dass die Anforderungen an einen sachgerechten Bericht vom Umfang des Gesellschafterkreises unabhängig seien

---

Notwendigkeit einer Ankündigung in der Tagesordnung und ausreichenden Begründung betont.

31 Michalski/*Hermanns*, § 55 Rn. 56; Münch/Komm/*Lieder*, § 55 Rn. 73; Lutter/Hommelhoff/*Lutter/Bayer*, § 55 Rn. 18; Scholz/*Priester*, § 55 Rn. 48 f.; *ders.*, DB 1980, 1925, 1930 f.; BeckOK/*Ziemons*, § 55 Rn. 71a f.; Baumbach/Hueck/*Zöllner/Fastrich*, § 55 Rn. 21.

32 Vgl. etwa Michalski/*Hermanns*, § 55 Rn. 48; Baumbach/Hueck/*Zöllner/Fastrich*, § 55 Rn. 25.

33 *Heckschen*, DStR 2001, 1437, 1439 f.; Michalski/*Hermanns*, § 55 Rn. 46; Münch/Komm/*Lieder*, § 55 Rn. 83; Lutter/Hommelhoff/*Lutter/Bayer*, § 55 Rn. 21; Scholz/*Priester*, § 55 Rn. 61; *ders.*, DB 1980, 1925, 1931; BeckOK/*Ziemons*, § 55 Rn. 79 f.; noch weitergehend Baumbach/Hueck/*Zöllner/Fastrich*, § 55 Rn. 25, die aus Gesichtspunkten des Minderheitenschutzes eine § 186 Abs. 3 S. 2 AktG entsprechende Kapitalmehrheit verlangen; hiergegen Münch/Komm/*Lieder*, § 55 Rn. 83; Scholz/*Priester*, § 55 Rn. 61, die der überzeugenden Ansicht sind, dass die Mehrheitserfordernisse der AG und der GmbH bei Satzungsänderungen grundsätzlich voneinander abwichen und der Minderheitenschutz durch die materiellen Anforderungen an den Bezugsrechtsausschluss sichergestellt werde; i.E. ebenso BeckOK/*Ziemons*, § 55 Rn. 80.

34 Scholz/*Priester*, § 55 Rn. 61a; *ders.*, DB 1980, 1925, 1931; zustimmend Michalski/*Hermanns*, § 55 Rn. 46.

35 *Heckschen*, DStR 2001, 1437, 1440; Münch/Komm/*Lieder*, § 55 Rn. 84; Lutter/Hommelhoff/*Lutter/Bayer*, § 55 Rn. 21; BeckOK/*Ziemons*, § 55 Rn. 81; Baumbach/Hueck/*Zöllner/Fastrich*, § 55 Rn. 25.

und eine schriftliche Begründung die Durchführung eines möglichen späteren Gerichtsverfahrens erleichtere.[36]

Teilweise wird gefordert, der Bericht müsse der Einberufung beigefügt werden,[37] teilweise wird eine analoge Anwendung des § 175 Abs. 2 S. 1 AktG für ausreichend erachtet.[38]

Jedenfalls Einigkeit herrscht über das Erfordernis der Ankündigung eines Bezugsrechtsausschlusses entsprechend § 186 Abs. 4 S. 1 AktG in der Tagesordnung (§ 51 Abs. 2 GmbHG).[39]

In materieller Hinsicht müsse der Ausschluss zur Erreichung eines wichtigen Belangs der Gesellschaft erforderlich und unter Beachtung der Interessen übergangener Gesellschafter verhältnismäßig sein.[40]

3. Vergleich der Auswirkungen der beiden Ansichten

Ein Vergleich der beiden Ansichten zeigt, dass in vielen Punkten übereinstimmende Auswirkungen bestehen, vor allem, wenn man derjenigen Ausprägung der Ansicht der Gegner eines Bezugsrechts folgt, die für den nicht verhältniswahrenden Zulassungsbeschluss eine satzungsändernde Mehrheit fordert. Die formellen und materiellen Schranken für einen Ausschluss von Gesellschaftern von der Beteiligung an einer Kapitalerhöhung laufen dann in wesentlichen Punkten gleich.[41]

Falls mit der Kapitalerhöhung ein Bezugsrechtsausschluss einhergeht, muss auch nach den Befürwortern eines gesetzlichen Bezugsrechts ein Zulassungsbeschluss nach § 55 Abs. 2 S. 1 GmbHG erfolgen,[42] sodass auch diesbezüglich und für die hier

---

36 *Heckschen*, DStR 2001, 1437, 1440; Münch/Komm/*Lieder*, § 55 Rn. 84.

37 BeckOK/*Ziemons*, § 55 Rn. 81.

38 Münch/Komm/*Lieder*, § 55 Rn. 85.

39 Münch/Komm/*Lieder*, § 55 Rn. 84; Lutter/Hommelhoff/*Lutter/Bayer*, § 55 Rn. 21; Scholz/*Priester*, § 55 Rn. 61; *ders.*, DB 1980, 1925, 1931; BeckOK/*Ziemons*, § 55 Rn. 81; Baumbach/Hueck/*Zöllner/Fastrich*, § 55 Rn. 25; wohl auch Michalski/*Hermanns*, § 55 Rn. 46.

40 *Heckschen*, DStR 2001, 1437, 1440 f.; Michalski/*Hermanns*, § 55 Rn. 47 ff.; Münch/Komm/*Lieder*, § 55 Rn. 86 ff.; Lutter/Hommelhoff/*Lutter/Bayer*, § 55 Rn. 22; Scholz/*Priester*, § 55 Rn. 54 f.; *ders.*, DB 1980, 1925, 1928 f.; BeckOK/*Ziemons*, § 55 Rn. 82 ff.; Baumbach/Hueck/*Zöllner/Fastrich*, § 55 Rn. 26 f.

41 Dies betonen sowohl Anhänger der einen Ansicht, vgl. Münch/Komm/*Lieder*, § 55 Rn. 72, als auch der anderen Ansicht, vgl. Ulmer/Habersack/Winter/*Ulmer*, § 55 Rn. 48; so auch die Einschätzung einer neutralen Betrachtung von *Fleischer*, GmbHR 2008, 674, 680.

42 *Heckschen*, DStR 2001, 1437, 1439; Münch/Komm/*Lieder*, § 55 Rn. 71; Scholz/*Priester*, § 55 Rn. 62; *ders.*, DB 1980, 1925, 1930; stets für einen Zulassungsbeschluss BeckOK/*Ziemons*, § 55 Rn. 90. Lutter/Hommelhoff/*Lutter/Bayer*, § 55 Rn. 27 und Baumbach/Hueck/*Zöllner/Fastrich*, § 55 Rn. 28, stimmen dem grundsätzlich zu, betonen aber, dass ein Zulassungsbeschluss trotz Bezugsrechtsausschluss dann nicht erforderlich sei, wenn nur einzelne Gesellschafter vom Bezugsrecht ausgeschlossen werden und

relevante Untersuchung keine wesentlichen Unterschiede bestehen (es kommt für die weitere Untersuchung nicht auf reguläre Kapitalerhöhungen ohne Bezugsrechtsausschluss an).

Aus den unterschiedlichen Anknüpfungspunkten für den Ausschluss von der Teilnahme an einer Kapitalerhöhung (Kapitalerhöhungsbeschluss mit zwingend enthaltendem Bezugsrechtsausschluss auf der einen Seite – Zulassungsbeschluss, der nicht zwingend mit dem Kapitalerhöhungsbeschluss verbunden werden muss, auf der anderen Seite) ergeben sich Differenzierungen bei den Folgen eines Mangels des Bezugsrechtsausschlusses bzw. des nicht verhältniswahrenden Zulassungsbeschlusses. Während nach dem Konzept des gesetzlichen Bezugsrechts der gesamte Kapitalerhöhungsbeschluss anfechtbar wird, ist nach dem gegenteiligen Konzept – eine Trennung der Beschlüsse vorausgesetzt – lediglich der Zulassungsbeschluss mängelbehaftet und damit anfechtbar, der Kapitalerhöhungsbeschluss an sich aber wirksam.[43]

Auch in Bezug auf die Durchsetzung der Beteiligung an der Kapitalerhöhung gibt es Unterschiede.[44]

III. Bezugsrechtsausschluss beim aktienrechtlichen genehmigten Kapital

1. Allgemeines

Für die Behandlung des Bezugsrechtsausschlusses im Rahmen des aktienrechtlichen genehmigten Kapitals (§§ 202 ff. AktG) finden sich mehrere gesetzliche Anknüpfungspunkte. Zum einen muss die Verweisung des § 203 Abs. 1 S. 1 AktG berücksichtigt werden, die auch § 186 AktG umfasst. Ferner finden sich in den §§ 203 Abs. 2, 204 Abs. 1 S. 2 2. HS AktG gesonderte Regelungen.

Wegen der Verweisung auf § 186 AktG ist anerkannt, dass den Aktionären auch bei einer Kapitalerhöhung aufgrund genehmigten Kapitals ein Bezugsrecht zusteht.[45]

---

die neuen Anteile, die ihnen ohne Ausschluss zustünden, bei den anderen Gesellschaftern anteilig verblieben. Allerdings erscheint es unter dem Gesichtspunkt der Rechtsklarheit (auf diesen Aspekt des Zulassungsbeschlusses weist BeckOK/*Ziemons*, § 55 Rn. 90.1, hin) vorzugswürdiger, auch in diesem Fall einen ausdrücklichen Zulassungsbeschluss zu verlangen, weil die Entstehung von Unklarheiten ansonsten nicht gänzlich ausgeschlossen werden könnte.

43 Scholz/*Priester*, § 55 Rn. 46; Baumbach/Hueck/*Zöllner/Fastrich*, § 55 Rn. 20.

44 Bei Annahme eines gesetzlichen Bezugsrechts: Klage gegen die Gesellschaft auf Abgabe einer Annahmeerklärung in Bezug auf die der Beteiligung des klagenden Gesellschafters entsprechenden Übernahmeerklärung, vgl. Scholz/*Priester*, § 55 Rn. 49; bei gegenteiliger Annahme: Klage gegen die anderen Gesellschafter auf Zustimmung zu einem entsprechenden Zulassungsbeschluss, vgl. Ulmer/Habersack/Winter/*Ulmer*, § 55 Rn. 47, 54; *Winter*, S. 267 f.

45 Münch/KommAktG/*Bayer*, § 203 Rn. 82; Hölters/*v.Dryander/Niggemann*, § 203 Rn. 12; GroßKomm/AktG/*Hirte*, § 203 Rn. 16; Hüffer/*Koch*, § 203 Rn. 7; Köln/Komm/AktG/*Lutter*, § 203 Rn. 7; Schmidt/Lutter/*Veil*, § 203 Rn. 9; Spindler/Stilz/*Wamser*, § 203 Rn. 57.

Entsprechend der Regelungssystematik beim genehmigten Kapital wird der Bezugsrechtsausschluss auf zwei Ebenen relevant. Zu einen kann das Bezugsrecht bereits in der Ermächtigung ausgeschlossen werden (Direktausschluss), mit der Folge, dass der Vorstand das genehmigte Kapital nur unter Beachtung dieses Bezugsrechtsausschlusses ausnutzen kann.[46] Zum anderen kann der Vorstand auch dazu ermächtigt werden, bei der Ausnutzung des genehmigten Kapitals das Bezugsrecht auszuschließen (Ausschlussermächtigung), was nach § 203 Abs. 2 S. 1 AktG ausdrücklich in der Ermächtigung zum genehmigten Kapital erfolgen muss.[47]

Entscheidet der Vorstand, bei Ausnutzung des genehmigten Kapitals das Bezugsrecht auszuschließen, ist hierfür die Zustimmung des Aufsichtsrats erforderlich, § 204 Abs. 1 S. 2 2. HS AktG.

2. *Im Wesentlichen unstrittige Voraussetzungen*

a) Direktausschluss

Ein Direktausschluss im Zuge der Schaffung des genehmigten Kapitals in der Gründungssatzung (§ 202 Abs. 1 AktG) ist ohne weitere formelle oder materielle Voraussetzungen gültig.[48]

Ausdrücklich wird teilweise hervorgehoben, dass aber auch in diesem Fall die Vorstandsentscheidung zur Ausnutzung des genehmigten Kapitals mit Bezugsrechtsausschluss einer Inhaltskontrolle bedürfe.[49]

Wird das genehmigte Kapital mit Direktausschluss dagegen durch die Hauptversammlung und damit als Satzungsänderung beschlossen, so müssen in formeller Hinsicht kraft der Verweisung nach § 203 Abs. 1 S. 1 AktG die Anforderungen des § 186 Abs. 3 und 4 AktG beachtet werden. Der Bezugsrechtsausschluss muss folglich Bestandteil des Ermächtigungsbeschlusses sein und dem Mehrheitserfordernis des § 186 Abs. 3 S. 2 sowie den formellen Anforderungen des § 186 Abs. 4 – wobei der Inhalt des Berichts von den materiellen Anforderungen an den Bezugsrechtsausschluss abhängig ist – genügen.[50]

---

46 Münch/KommAktG/*Bayer*, § 203 Rn. 83; Hölters/*v.Dryander/Niggemann*, § 203 Rn. 13; GroßKomm/AktG/*Hirte*, § 203 Rn. 56; Hüffer/*Koch*, § 203 Rn. 8; Köln/Komm/AktG/*Lutter*, § 203 Rn. 9; Schmidt/Lutter/*Veil*, § 203 Rn. 10; Spindler/Stilz/*Wamser*, § 203 Rn. 60.

47 Münch/KommAktG/*Bayer*, § 203 Rn. 84; Hölters/*v.Dryander/Niggemann*, § 203 Rn. 13; GroßKomm/AktG/*Hirte*, § 203 Rn. 56; Hüffer/*Koch*, § 203 Rn. 8; Köln/Komm/AktG/*Lutter*, § 203 Rn. 9; Schmidt/Lutter/*Veil*, § 203 Rn. 10; Spindler/Stilz/*Wamser*, § 203 Rn. 60.

48 Münch/Komm/AktG/*Bayer*, § 203 Rn. 85; Hölters/*v.Dryander/Niggemann*, § 203 Rn. 14; GroßKomm/AktG/*Hirte*, § 203 Rn. 19; Hüffer/*Koch*, § 203 Rn. 9; Spindler/Stilz/*Wamser*, § 203 Rn. 61.

49 Münch/Komm/AktG/*Bayer*, § 203 Rn. 85; Spindler/Stilz/*Wamser*, § 203 Rn. 61.

50 Münch/Komm/AktG/*Bayer*, § 203 Rn. 86 ff.; Hölters/*v.Dryander/Niggemann*, § 203 Rn. 15, 21 f.; GroßKomm/AktG/*Hirte*, § 203 Rn. 19; Hüffer/*Koch*, § 203 Rn. 10, 11;

b) Ermächtigung zum Bezugsrechtsausschluss

Wird die Ermächtigung des Vorstands, im Rahmen der Ausnutzung des genehmigten Kapitals das Bezugsrecht auszuschließen, bereits in die Gründungssatzung aufgenommen, so werden an diese Regelung ebenfalls keine weiteren formellen oder materiellen Anforderungen gestellt.[51]

Wird die entsprechende Ermächtigung des Vorstands dagegen durch Satzungsänderung geschaffen, so verweist § 203 Abs. 2 S. 2 auf § 186 Abs. 4, nicht aber auf § 186 Abs. 3 AktG. Daraus wird gefolgert, dass zwar Bekanntmachung und Berichterstattung entsprechend § 186 Abs. 4 AktG erfolgen müssten, das Mehrheitserfordernis sich aber nicht aus § 186 Abs. 3, sondern aus § 202 Abs. 2 S. 2 AktG ergebe, was allerdings aufgrund der gleichlaufenden Anforderungen in der Sache keinen Unterschied ausmache.[52]

Ferner soll nach weit überwiegender Meinung aus der fehlenden Verweisung auf § 186 Abs. 3 AktG folgen, dass die Ermächtigung nach § 203 Abs. 2 AktG nicht zwingend Bestandteil des Beschlusses zur Schaffung des genehmigten Kapitals sein müsse, sondern auch noch zu einem späteren Zeitpunkt erteilt werden könne, freilich nur, sofern hierbei wiederum die Anforderungen an die satzungsändernde Ermächtigung eingehalten würden.[53]

c) Entscheidung des Vorstands zur Ausnutzung des genehmigten Kapitals

Unabhängig davon, ob ein Direktausschluss oder eine Ermächtigung des Vorstands zum Ausschluss des Bezugsrechts gegeben ist, muss die Entscheidung des Vorstands entweder zur Ausnutzung eines bezugsrechtsfreien genehmigten Kapitals[54] oder zur

---

Köln/Komm/AktG/*Lutter*, § 203 Rn. 10; Schmidt/Lutter/*Veil*, § 203 Rn. 24. Für den Umfang und die Art und Weise der Bekanntmachung soll es nach überwiegender Ansicht ausreichend sein, wenn der Bericht seinem wesentlichen Inhalt nach bekannt gemacht wird (vgl. BGH NJW 1993, 400, 404; für das Schrifttum vgl. etwa Münch/Komm/AktG/*Bayer*, § 203 Rn. 88) und von der Einberufung an in den Gesellschaftsräumen zur Einsicht ausliegt (vgl. nur Münch/Komm/AktG/*Bayer*, § 203 Rn. 88, offengelassen allerdings in BGH NJW 1993, 400, 404).

51 Münch/Komm/AktG/*Bayer*, § 203 Rn. 85; Hölters/*v.Dryander/Niggemann*, § 203 Rn. 39; Hüffer/*Koch*, § 203 Rn. 22; Spindler/Stilz/*Wamser*, § 203 Rn. 61.

52 Münch/Komm/AktG/*Bayer*, § 203 Rn. 90 f.; Hölters/*v.Dryander/Niggemann*, § 203 Rn. 40; GroßKomm/AktG/*Hirte*, § 203 Rn. 57 f.; Hüffer/*Koch*, § 203 Rn. 23 ff.; Schmidt/Lutter/*Veil*, § 203 Rn. 27; Spindler/Stilz/*Wamser*, § 203 Rn. 63 ff.

53 Hölters/*v.Dryander/Niggemann*, § 203 Rn. 40, 43; GroßKomm/AktG/*Hirte*, § 203 Rn. 58; Hüffer/*Koch*, § 203 Rn. 40; Köln/Komm/AktG/*Lutter*, § 203 Rn. 17; Schmidt/Lutter/*Veil*, § 203 Rn. 27; Spindler/Stilz/*Wamser*, § 203 Rn. 74; im Ergebnis aus *„praktischen Gründen"* ebenso Münch/Komm/AktG/*Bayer*, § 203 Rn. 92.

54 Vgl. zu diesem Begriff Münch/Komm/AktG/*Bayer*, § 203 Rn. 127.

Ausübung der Ermächtigung zum Bezugsrechtsausschluss sachlich gerechtfertigt sein.[55]

3. *Umstrittene Fragen des Bezugsrechtsausschlusses beim aktienrechtlichen genehmigten Kapital*

a) Materielle Anforderungen an den Direktausschluss bzw. an die Ermächtigung des Vorstands zum Bezugsrechtsausschluss

(1) Die Entwicklung der Rechtsprechung

Betrachtet man den Wortlaut des § 186 AktG, so werden auf den ersten Blick durch diese Vorschrift an den Bezugsrechtsausschluss keine materiellen, sondern nur formelle Anforderungen gestellt. Der BGH hat aber schon frühzeitig geurteilt, dass der Bezugsrechtsausschluss nur zulässig ist, wenn zusätzlich zu den ausdrücklich in § 186 AktG aufgestellten Voraussetzungen auch eine sachliche Rechtfertigung für den Bezugsrechtsausschluss gegeben ist, namentlich, *„wenn er aus der Sicht im Zeitpunkt der Beschlußfassung auch bei gebührender Berücksichtigung der Folgen für die ausgeschlossenen Aktionäre durch sachliche Gründe im Interesse der Gesellschaft gerechtfertigt ist.“*[56] In der Begründung stützt sich der BGH auf das mit dem Ausschluss von der Kapitalerhöhung verbundene Absinken des Gewinn- und Liquidationsanteils sowie die Verschiebung der Stimmrechtsquoten und kommt zu der Einschätzung, dass für den Aktionär *„der Entzug des Vorrechts, Kapital in „seinem“ Unternehmen investieren zu können, im allgemeinen einen schweren Eingriff in seine Mitgliedschaft bedeutet“*.[57]

Dieses zur regulären Kapitalerhöhung aufgestellte Erfordernis der sachlichen Rechtfertigung erstreckte der BGH bald darauf in der „Holzmann“-Entscheidung auf die Kapitalerhöhung aufgrund genehmigten Kapitals.[58]

In dieser Entscheidung macht der BGH deutlich, dass nicht nur die Ausübung der Ermächtigung zum Bezugsrechtsausschluss durch den Vorstand, sondern aufgrund der mit einem Bezugsrechtsausschluss verbundenen Gefahren für die Aktionäre schon die Ermächtigung durch die Hauptversammlung selbst einer sachlichen Rechtfertigung bedürfe und somit bereits im Zeitpunkt der Beschlussfassung der Hauptversammlung bestimmte tatsächliche Anzeichen im Hinblick auf die Notwendigkeit eines späteren Bezugsrechtsausschlusses durch den Vorstand gegeben sein müssten.[59] Diesen strengen Anforderungen gemäß stellt der BGH auch hinsichtlich des Vorstandsberichts nach § 186 Abs. 4 S. 2 AktG hohe Hürden auf. Dieser dürfe nicht *„nur abstrakt“* die Gründe für einen Bezugsrechtsausschluss umschreiben

55 Wohl unstr., vgl. etwa Münch/Komm/AktG/*Bayer*, § 203 Rn. 127, Rn. 110 ff., Rn. 61 ff.; Hölters/*v.Dryander/Niggemann*, § 203 Rn. 18.

56 BGH NJW 1978, 1316, 1317 („Kali/Salz“).

57 BGH NJW 1978, 1316, 1317 („Kali/Salz“).

58 BGH NJW 1982, 2444 („Holzmann“).

59 BGH NJW 1982, 2444, 2445 („Holzmann“).

oder *„einfach eine Reihe theoretischer Möglichkeiten"* auflisten, sondern der Bericht müsse grundsätzlich so detailliert sein, dass *„sich die Hauptversammlung ein Bild von der Stichhaltigkeit des Wunsches nach einer Ermächtigung gem. § 203 II AktG machen kann."*[60]

Die Praktikabilität seiner in der „Holzmann"-Entscheidung aufgestellten Anforderungen bezweifelnd, vollzog der BGH schließlich eine beachtliche Wende und entschärfte die Anforderungen an den Beschluss der Hauptversammlung deutlich, um die Flexibilität des genehmigten Kapitals zu erhalten.[61]

Der BGH führt hierzu aus, dass die Anforderungen der „Holzmann"-Entscheidung das Instrument des genehmigten Kapitals erheblich einschränkten und darüber hinaus wegen deren Unbestimmtheit zu erheblicher Rechtsunsicherheit führten. Dies gelte sowohl für den Direktausschluss als auch für eine Ermächtigung des Vorstands.[62] Vielmehr solle es in beiden Fällen ausreichen, wenn die spätere, einen Bezugsrechtsausschluss beinhaltende Maßnahme abstrakt beschrieben und anhand dieser Beschreibung die Übereinstimmung mit dem Interesse der Gesellschaft durch die Hauptversammlung geprüft werden könne. Für die jeweils zu treffende Ausnutzungsentscheidung (entweder zur Ausnutzung des bezugsrechtsfreien genehmigten Kapitals oder zur Entscheidung über den Bezugsrechtsausschluss bei der Ausnutzung) sei der Vorstand an konkrete Vorgaben gebunden, denn entweder habe er *„sorgfältig zu prüfen, ob der [...] Sachverhalt die Durchführung des Hauptversammlungsbeschlusses, der den Ausschluß des Bezugsrechts der Aktionäre umfaßt, im Gesellschaftsinteresse rechtfertigt"* oder dürfe *„von der Ermächtigung nur dann Gebrauch machen, wenn die Durchführung im wohlverstandenen Interesse der Gesellschaft liegt."*[63]

(2) Die Ansichten in der Literatur

i. Interpretation der Rechtsprechungswende in „Siemens/Nold"

Bereits die Interpretation der „Siemens/Nold"-Entscheidung wird in der Literatur nicht ganz einheitlich beurteilt.

So wird teilweise vertreten, dass die „Siemens/Nold"-Entscheidung nicht nur die materiellen Anforderungen an die Entscheidung der Hauptversammlung, sondern auch an den Ausschluss des Bezugsrechts beim genehmigten Kapital insgesamt abgeschwächt habe.[64]

---

60 BGH NJW 1982, 2444, 2446 („Holzmann").
61 BGH NJW 1997, 2815 („Siemens/Nold").
62 BGH NJW 1997, 2815, 2816 („Siemens/Nold").
63 BGH NJW 1997, 2815, 2816 („Siemens/Nold").
64 So v.a. *Lutter*, JZ 1998, 50, 51; m.E. auch *Henze*, FS Priester, 201, 209 ff.; nach *Cahn*, ZHR 163 (1999), 554, 574, ist es *„offen"*, ob ein Bezugsrechtsausschluss noch einer sachlichen Rechtfertigung bedarf; wohl auch das OLG Stuttgart, NZG 1998, 822, 824, das von *„weniger strengen Anforderungen, die der BGH neuerdings an den Bezugsrechtsausschluß im Rahmen des genehmigten Kapitals stellt"*, spricht.

Nach anderer Auffassung kommt der „Siemens/Nold"-Entscheidung dagegen nur die Bedeutung einer weitgehenden Verlagerung der Prüfung der materiellen Rechtfertigung des Bezugsrechtsausschlusses auf die Ebene der Geschäftsführung zu. Die materiellen Anforderungen an einen Bezugsrechtsausschluss insgesamt seien dagegen gleich geblieben und das „Siemens/Nold"-Urteil sei nicht in diesem Sinne einschränkend zu verstehen.[65]

Zur Bestärkung der letztgenannten Ansicht wird auch auf Ausführungen im „Mangusta/Commerzbank II"-Urteil verwiesen.[66]

Es wird auch angeführt, dass die besondere Betonung der Pflichten des Vorstands im „Siemens/Nold"-Urteil, die noch dazu für den zu entscheidenden Sachverhalt gar nicht relevant war, einer die sachliche Rechtfertigung insgesamt einschränkenden Interpretation widerspräche.[67]

ii. Zustimmung und Ablehnung zur „Siemens/Nold"-Entscheidung

Vor der „Siemens/Nold"-Entscheidung lag eine starke Ansicht in der Literatur auf der Linie der „Holzmann"-Rechtsprechung und war dabei besonders von dem Ziel getrieben, im Interesse des Schutzes der Aktionäre *„Blankettermächtigungen"* zu verhindern.[68]

Demgemäß wurde die „Siemens/Nold"-Entscheidung auch aus Gesichtspunkten des Schutzes von Minderheitsaktionären kritisiert.[69] Nach dieser Auffassung müssen also bereits bei Fassung des Hauptversammlungsbeschlusses konkrete

---

65 Münch/Komm/AktG/*Bayer*, § 203 Rn. 116 f.; Hölters/*v.Dryander/Niggemann*, § 203 Rn. 18; GroßKomm/AktG/*Hirte*, § 203 Rn. 79; *Krieger*, FS Wiedemann, 1081, 1084; *Zöllner*, AG 2002, 585, 587; i.E. auch Hüffer/*Koch*, § 203 Rn. 35. Auch das LG Darmstadt, NJW-RR 1999, 1122, 1123, geht offensichtlich von dieser Interpretation der „Siemens/Nold"-Entscheidung aus.

66 Münch/Komm/AktG/*Bayer*, § 203 Rn. 116; in der Tat führt der BGH im „Mangusta/ Commerzbank II"-Urteil (BGH NJW 2006, 374, 375) aus: *„Mit dem Absenken der Anforderungen an den Ermächtigungsbeschluss zur Schaffung genehmigten Kapitals wurde allein auf die Erfordernisse des Wirtschaftslebens reagiert* [...]. *Keinesfalls sollte aber der vom Gesetzgeber beabsichtigte Schutz der Aktionäre herabgesetzt* [...] *werden"*. Ferner weisen Hölters/*v.Dryander/Niggemann*, § 203 Rn. 18 auf die Ausführungen in BGH NZG 2006, 229, 230 hin, wo der BGH ausdrücklich betont, dass der Vorstand bei einem Bezugsrechtsausschluss bei Ausnutzung des genehmigten Kapitals prüfen muss, ob dieser sachlich gerechtfertigt ist.

67 GroßKomm/AktG/*Hirte*, § 203 Rn. 79.

68 V.a. Köln/Komm/AktG/*Lutter*, § 203 Rn. 22 ff.; *Quack*, ZGR 1983, 257, 260 ff.

69 So v.a. *Lutter*, JZ 1998, 50 ff., zum Teil mit drastischen Äußerungen (Urteil ist *„Unglück"*, BGH hat *„Trümmer"* hinterlassen; *„radikale Lösung des BGH"*); kritisch auch *Cahn*, ZHR 163 (1999), 554, 574 ff., der allerdings auf S. 581 die Einschätzung äußert, dass im Ergebnis die Aufweichung durch die „Siemens/Nold"-Entscheidung *„in der praktischen Umsetzung* [...] *vernachlässigbar ist."*; Hüffer/*Koch*, § 203 Rn. 11a, hält den *„deutlichen Rückbau treupflichtgesteuerten Aktienrechts"* zumindest für *„jede AG"* für problematisch.

Anhaltspunkte für die sachliche Rechtfertigung des späteren Bezugsrechtsausschlusses gegeben sein.[70]

Auf der anderen Seite hat sich ein großer Teil des Schrifttums den „Siemens/Nold"-Grundsätzen angeschlossen.[71]

Zur Begründung wird ausgeführt, dass das Erfordernis konkreter Anhaltspunkte im Zeitpunkt des Hauptversammlungsbeschlusses nicht mit der gesetzlichen Konzeption des genehmigten Kapitals, die eine Entscheidungsfreiheit des Vorstands für einen gewissen Zeitraum vor Augen habe, vereinbar sei und erhebliche praktische Anwendungsschwierigkeiten verursache.[72]

Vereinzelt wurden auch schon vor der „Siemens/Nold"-Entscheidung die Grundsätze der „Holzmann"-Rechtsprechung in Frage gestellt, indem deren Praxistauglichkeit und Vereinbarkeit mit Sinn und Zweck des genehmigten Kapitals (Flexibilität) bezweifelt wurden.[73]

Schließlich findet sich auch eine differenzierende Ansicht in der Literatur, die zwar die praktischen Schwierigkeiten der „Holzmann"-Entscheidung erkennt, jedoch die undifferenzierte Anwendung der „Siemens/Nold"-Grundsätze als zu weitgehend erachtet.[74]

Nach dieser differenzierenden Ansicht sollen die „Siemens/Nold"-Grundsätze nur für die Ermächtigung des Vorstands zum Bezugsrechtsausschluss gelten, nicht aber für den Direktausschluss in der Ermächtigung selbst. Wenn es keinen konkreten Anlass und keine konkreten Anhaltspunkte für eine sachliche Rechtfertigung des Bezugsrechtsausschlusses gebe, bestehe für einen Direktausschluss angesichts der Möglichkeit zur Ermächtigung des Vorstands, bei der dieser in die *„volle Verantwortung"* genommen werde, kein praktisches Bedürfnis.[75]

---

70 Köln/Komm/AktG/*Lutter*, § 203 Rn. 26; *ders.*, JZ 1998, 50, 51; *Quack*, ZGR 1983, 257, 265 f.

71 Hölters/*v.Dryander/Niggemann*, § 203 Rn. 18; *Henze*, FS Priester, 201, 210 ff.; GroßKomm/AktG/*Hirte*, § 203 Rn. 72 ff.; *Krieger*, FS Wiedemann, 1081, 1084; MünchHBdGesR/AG/*Scholz*, § 59 Rn. 31 ff.; Schmidt/Lutter/*Veil*, § 203 Rn. 26; i.E. wohl auch Hüffer/*Koch*, § 203 Rn. 29.

72 *Henze*, FS Priester, 201, 211; GroßKomm/AktG/*Hirte*, § 203 Rn. 73, der weiterhin der Auffassung ist, dass im Zeitpunkt des Ermächtigungsbeschlusses Aktionärsinteressen *„erst abstrakt gefährdet"* seien.

73 V.a. *Hirte*, S. 113 ff.

74 Münch/Komm/AktG/*Bayer*, § 203 Rn. 130 f.; *Natterer*, ZIP 2002, 1672, 1678 f.; ebenfalls kritisch zur Geltung der Grundsätze außerhalb von Publikumsgesellschaften Hüffer/*Koch*, § 203 Rn. 11a; jedoch im Ergebnis wie die Befürworter von „Siemens/Nold", vgl. Rn. 29.

75 Münch/Komm/AktG/*Bayer*, § 203 Rn. 131; i.E. ebenso *Natterer*, ZIP 2002, 1672, 1678 f.

b) Pflicht des Vorstands zur Berichterstattung vor Ausnutzung des genehmigten Kapitals mit Bezugsrechtsausschluss

(1) Die Ansicht der Rechtsprechung

Ob der Vorstand über die gewöhnlichen Berichtspflichten beim genehmigten Kapital hinaus (§§ 203 Abs. 1 S. 1, Abs. 2 S. 2, 186 Abs. 4 AktG) auch vor Ausnutzung des genehmigten Kapitals und einem damit verbundenen Bezugsrechtsausschluss zu einer Berichterstattung an die Aktionäre verpflichtet ist, lässt der BGH in der „Holzmann"-Entscheidung noch offen.[76]

In einer späteren Entscheidung spricht sich der BGH dann ausdrücklich gegen eine derartige Vorabberichterstattungspflicht aus und betont stattdessen die Pflicht des Vorstands, über sein Vorgehen bei Ausnutzung des genehmigten Kapitals auf der nächsten Hauptversammlung der Gesellschaft zu berichten.[77]

Für seine Ansicht führt der BGH mehrere Argumente an. Eine Vorabberichterstattungspflicht lasse sich dem AktG nicht entnehmen; § 186 Abs. 4 AktG finde ausschließlich auf die Vorbereitung eines Hauptversammlungsbeschlusses Anwendung. Der Gesetzgeber habe mit § 186 Abs. 4 S. 2 AktG Art. 29 Abs. 4 der Zweiten Gesellschaftsrechtlichen Richtlinie[78] umsetzen wollen, der sich jedoch nur auf den Bezugsrechtsausschluss unmittelbar durch die Hauptversammlung beziehe. Sinn und Zweck des genehmigten Kapitals (rasche und flexible Kapitalbeschaffung) würden durch eine Pflicht zur Vorabberichterstattung und der damit verbundenen Verzögerung (gesteigert noch bei Annahme einer Wartefrist zur Geltendmachung von Einwänden durch Aktionäre) unterminiert. Durch die Offenlegung würden Diskretions- und Geheimhaltungsinteressen der AG verletzt. Ferner erhöhe sich die Gefahr missbräuchlicher Aktionärsklagen. Die Interessen der Aktionäre würden schließlich durch ein *„dichtes Netz der „Nachkontrolle"“* geschützt.[79]

(2) Die Ansichten in der Literatur

i. Befürworter einer Pflicht zur Vorabberichterstattung

Nach einer Ansicht in der Literatur ist der Vorstand verpflichtet, vor Ausnutzung des genehmigten Kapitals die Aktionäre schriftlich über den geplanten Bezugsrechtsausschluss zu informieren.[80] Meist wird zusätzlich noch die

76 BGH NJW 1982, 2444, 2446 („Holzmann").

77 BGH NJW 2006, 371, 372 („Mangusta/Commerzbank I").

78 RL des Rates (77/91/EWG) vom 13.12.1976.

79 BGH NJW 2006, 371, 372 f. („Mangusta/Commerzbank I"). Dieses Kontrollnetz führt der BGH in "Siemens/Nold", NJW 1997, 2815, 2816 und "Mangusta/Commerzbank II", NJW 2006, 374, 375 näher aus: Kontrolle durch den Aufsichtsrat, Verweigerung der Entlastung auf der nächsten Hauptversammlung, Schadensersatzansprüche gegen den Vorstand nach § 93 II AktG sowie Unterlassungs- oder Feststellungsklage.

80 *Bayer in* ZHR 168 (2004), 132, 154 ff.; GroßKomm/AktG/*Hirte*, § 203 Rn. 84 ff.; ders., S. 120 ff.; Köln/Komm/AktG/*Lutter*, § 203 Rn. 31; *Meilicke/Heidel*, DB 2000, 2358, 2359 f.;

Voraussetzung aufgestellt, dass der Vorstand nach der Berichterstattung eine an § 246 AktG angelehnte Wartefrist von einem Monat zur Berücksichtigung von Einwendungen gegen den Bezugsrechtsausschluss einhält, bevor er die Maßnahme durchführt.[81]

Begründet wird diese Ansicht oft mit einer entsprechenden Anwendung des § 186 Abs. 4 S. 2 AktG, der seinen Sinn zur angemessenen Information nur dann erfüllen könne, wenn vor der Ausnutzung des genehmigten Kapitals und dem damit verbundenen Bezugsrechtsausschluss eine Kompensation bzw. ein Ausgleich der eingeschränkten Berichtserfordernisse vor der Entscheidung der Hauptversammlung erfolge.[82] Die Pflicht zur Vorabberichterstattung sei deshalb gerade kein „*Mehr*" im Verhältnis zu der nach § 186 Abs. 4 S. 2 AktG geforderten Information.[83] Zudem sei eine Vorabberichterstattung aus unionsrechtlichen Gesichtspunkten geboten.[84]

Vor allem aber wird ein Vorabbericht als unabdingbar für einen angemessenen Rechtsschutz der benachteiligten Aktionäre angesehen.[85]

---

differenzierend *Cahn*, ZHR 163 (1999), 554, 581 f., der die Berichtspflicht auf Maßnahmen von ganz außergewöhnlicher Bedeutung beschränken will, „*mit deren Vornahme die Hauptversammlung aufgrund der Angaben im Vorstandsbericht bei Erteilung der Ermächtigung nicht rechnen mußte*"; S. 582. Zur Ansicht von *Cahn* stellt sich allerdings die Frage, ob in einem solchen Fall nicht bereits eine unzulässige Überschreitung der Ermächtigung anzunehmen wäre. An einer solchen unzulässigen Überschreitung würde aber auch ein Vorabbericht an die Aktionäre nichts ändern. Hinzuzufügen ist schließlich, dass *Bayer* seine bisherige Auffassung nicht mehr aufrechterhält, die von ihm gegen die Ansicht des BGH vorgebrachten Argumente aber immer noch für richtig erachtet, vgl. Münch/Komm/AktG/*Bayer*, § 203 Rn. 156 ff.

81 GroßKomm/AktG/*Hirte*, § 203 Rn. 86; *ders.*, S. 122; Köln/Komm/AktG/*Lutter*, § 203 Rn. 31; ähnlich (im Rahmen seiner nunmehr aufgegebenen Auffassung) Münch/Komm/AktG/*Bayer*, § 203 Rn. 159; *ders.*, ZHR 168 (2004), 132, 156, der eine „*angemessene Interventionsfrist*" von wenigstens 14 Tagen fordert.

82 Münch/Komm/AktG/*Bayer*, § 203 Rn. 158; *ders.*, ZHR 168 (2004), 132, 155; GroßKomm/AktG/*Hirte*, § 203 Rn. 87; ders., S. 121 f.; ähnlich Köln/Komm/AktG/*Lutter*, § 203 Rn. 31, der den Bericht vor der Ausnutzung als Vervollständigung der Berichtspflicht nach §§ 203 Abs. 2 S. 2, 186 Abs. 4 S. 2 ansieht (hier ist freilich zu berücksichtigen, dass *Lutter* als Gegner der „Siemens/Nold"-Entscheidung keine reduzierten Anforderungen an den Bericht nach §§ 203 Abs. 2 S. 2, 186 Abs. 4 S. 2 vor der Hauptversammlungsentscheidung stellt, vgl. Rn. 22 ff.); auch *Cahn*, ZHR 163 (1999), 554, 581, beschreibt „*das Informationsdefizit durch die abstrakte Fassung des Vorstandsberichts.*"

83 GroßKomm/AktG/*Hirte*, § 203 Rn. 87; *ders.*, S. 121; Köln/Komm/AktG/*Lutter*, § 203 Rn. 31.

84 GroßKomm/AktG/*Hirte*, § 203 Rn. 86; *ders.*, § 202 Rn. 46.

85 Münch/Komm/AktG/*Bayer*, § 203 Rn. 158, 160, der die Begründung für seine alte Auffassung weiterhin aufrechterhält; *ders.*, ZHR 168 (2004), 132, 154 f.; GroßKomm/AktG/*Hirte*, § 203 Rn. 86; *ders.*, S. 120 f.; Köln/Komm/AktG/*Lutter*, § 203 Rn. 31;

Die mit dieser Ansicht verbundenen Nachteile wie Zeitverlust, Aufwand und Missbrauchsgefahr sollen schließlich weniger schwer wiegen als der Schutz der Aktionäre vor einem fehlerhaften Bezugsrechtsausschluss.[86]

ii. Gegner einer Pflicht zur Vorabberichterstattung

Nach anderer, stark vertretener Auffassung in der Literatur gibt es dagegen keine Pflicht des Vorstands, die Aktionäre vor Ausnutzung des genehmigten Kapitals mit verbundenem Bezugsrechtsausschluss zu informieren.[87]

Die Begründungen stimmen dabei weitgehend mit derjenigen des BGH im „Mangusta/Commerzbank I"-Urteil überein.

So finde eine Berichterstattungspflicht vor Ausnutzung des genehmigten Kapitals keine Grundlage im Wortlaut des Gesetzes.[88]

Eine historische Auslegung (bezugnehmend auf den Umsetzungswillen des Gesetzgebers hinsichtlich Art. 29 Abs. 4 der Zweiten Gesellschaftsrechtlichen Richtlinie) des § 186 Abs. 4 S. 2 AktG könne nicht zur Begründung einer Pflicht zur Vorabberichterstattung des Vorstands führen, da nach Wortlaut und Entstehungsgeschichte der Richtlinie lediglich der Fall des direkten Bezugsrechtsausschlusses durch die Hauptversammlung geregelt sei, also noch nicht einmal der Fall der Ermächtigung des Vorstands zum Bezugsrechtsausschluss, auf den der Gesetzgeber bei der Umsetzung der Richtlinie die Berichtspflicht aufgrund der damals schon bestehenden Verweisung in § 203 Abs. 2 S. 2 AktG ausgedehnt habe.[89]

Schließlich würden Sinn und Zweck des genehmigten Kapitals, eine flexible und rasche Kapitalaufnahme zu ermöglichen, durch die Anfertigung und Versendung des Berichts und die Wartefrist in Frage gestellt.[90]

Meilicke/Heidel, DB 2000, 2358, 2359 f.; ähnliche Erwägungen bei *Cahn*, ZHR 163 (1999), 554, 581.

86 GroßKomm/AktG/*Hirte*, § 203 Rn. 87; Köln/Komm/AktG/*Lutter*, § 203 Rn. 31.

87 *Bosse*, ZIP 2001, 104, 106 f.; *Bungert*, BB 2005, 2757; Hölters/*v.Dryander/Niggemann*, § 203 Rn. 48; *Henze*, FS Priester, 201, 220; Hüffer/*Koch*, § 203 Rn. 36; *Krieger*, FS Wiedemann, 1081, 1087 ff.; *Natterer*, ZIP 2002, 1672, 1676 f.; *Paschos*, WM 2005, 356, 358 ff.; *Quack*, ZGR 1983, 257, 264; MünchHBdGesR/AG/*Scholz*, § 59 Rn. 63; *Sinewe*, ZIP 2001, 403, 404; Schmidt/Lutter/*Veil*, § 203 Rn. 31; *Wilsing*, ZGR 2006, 722, 728 ff.

88 *Bosse*, ZIP 2001, 104, 106; *Krieger*, FS Wiedemann, 1081, 1087 f.; *Natterer*, ZIP 2002, 1672, 1676; *Paschos*, WM 2005, 356, 359 f.; *Quack*, ZGR 1983, 257, 264; *Wilsing*, ZGR 2006, 722, 728 f.

89 *Krieger*, FS Wiedemann, 1081, 1088 ff.; *Paschos*, WM 2005, 356, 360; *Wilsing*, ZGR 2006, 722, 729 f.; ähnlich *Natterer*, ZIP 2002, 1672, 1676, der einen zusätzlichen Bericht im Zeitpunkt der Ausübung *„aus europarechtlicher Sicht"* nicht für geboten hält.

90 *Bosse*, ZIP 2001, 104, 106; *Bungert*, BB 2005, 2757; *Henze*, FS Priester, 201, 220; *Krieger*, FS Wiedemann, 1081, 1092 f.; *Paschos*, WM 2005, 356, 363; *Sinewe*, ZIP 2001, 403, 404; mit diesen Erwägungen gegen eine Monatsfrist, Hüffer/*Koch*, § 203 Rn. 37a; *Cahn*, ZHR 163 (1999), 554, 582, sieht die Flexibilität und die Möglichkeit zur raschen Ausnutzung der Ermächtigung *„nicht unerheblich beeinträchtigt."*

Ferner stünde die Kompetenzverteilung beim genehmigten Kapital in der AG einer nochmaligen Pflicht zur Berichterstattung entgegen. Aufgrund und im Rahmen der Ermächtigung werde nämlich die Entscheidungsgewalt über die Kapitalerhöhung und den damit verbundenen Bezugsrechtsausschluss von der Hauptversammlung auf den Vorstand übertragen. Dieser werde jedoch nicht von den Aktionären, sondern vom Aufsichtsrat kontrolliert. Eine Berichtspflicht an die an der Vorstandsentscheidung nicht beteiligten Aktionäre stünde zu dieser Kompetenzverteilung in Widerspruch.[91]

Darüber hinaus werde nicht einmal in den „Holzmüller“-Konstellationen[92], also falls ungeschriebene Zuständigkeiten der Hauptversammlung in Betracht kämen, eine Berichtspflicht des Vorstands vor Ausübung der betreffenden Maßnahme vertreten, sollte dieser zum Ergebnis kommen, dass eine ungeschriebene Zuständigkeit der Hauptversammlung nicht gegeben sei.[93]

Zuletzt sei auch aus Gründen des angemessenen Rechtsschutzes der Aktionäre ein Vorabbericht nicht erforderlich, weil anderweitige Schutzmechanismen vorhanden seien (verwiesen wird meist auf die Zustimmungspflicht des Aufsichtsrats nach § 204 Abs. 1 S. 2 2. HS AktG, die Berichterstattung auf der nächsten ordentlichen Hauptversammlung nach § 160 Abs. 1 Nr. 3 und 4 AktG, die Vorstandshaftung bei Pflichtwidrigkeit oder die Rechtsschutzmöglichkeiten nach der „Mangusta/Commerzbank II“-Entscheidung des BGH.[94]

c) Folgen bei fehlerhaftem Bezugsrechtsausschluss durch die Vorstandsentscheidung

(1) Die Ansicht der Rechtsprechung

Werden die Voraussetzungen für einen Ausschluss des Bezugsrechts durch die Ausnutzungsentscheidung des Vorstands verletzt, so hat nach dem BGH zunächst der Aufsichtsrat die Möglichkeit, seine Zustimmung (§ 204 Abs. 1 S. 2 2. HS AktG) zu verweigern. Ferner könne sich der Vorstand nach § 93 Abs. 2 AktG schadensersatzpflichtig machen.[95]

Eine Anfechtungsklage gegen Entscheidungen des Vorstands ist nach dem BGH nicht möglich, da dies die Kompetenzordnung der AG, in der die Kontrolle des Vorstands dem Aufsichtsrat obliege und die Hauptversammlung grundsätzlich weder an Maßnahmen der Geschäftsführung mitwirke, noch darauf Einfluss nehmen könne,

---

91 *Krieger*, FS Wiedemann, 1081, 1093 f.; *Paschos*, WM 2005, 356, 363; *Wilsing*, ZGR 2006, 722, 731 f.; ähnlich Hüffer/*Koch*, § 203 Rn. 36.

92 Vgl. dazu BGH NJW 1982, 1703 („Holzmüller“).

93 *Krieger*, FS Wiedemann, 1081, 1094 f.

94 *Bungert*, BB 2005, 2757 f.; Hüffer/*Koch*, § 203 Rn. 37; *Krieger*, FS Wiedemann, 1081, 1094; *Paschos*, WM 2005, 356, 364; *Quack*, ZGR 1983, 257, 264; *Wilsing*, ZGR 2006, 722, 733 ff. Zum Rechtsschutzsystem nach der „Mangusta/Commerzbank II“-Entscheidung siehe sogleich.

95 BGH NJW 1997, 2815, 2816 („Siemens/Nold“).

systemwidrig veränderte.[96] Stattdessen verwirkliche sich der Rechtsschutz für den betroffenen Aktionär durch die Möglichkeit einer Feststellungsklage, die gegen die Gesellschaft auf Feststellung der Nichtigkeit des dem Bezugsrechtsausschluss zugrunde liegenden Handelns des Vorstands zu richten sei. Auch eine vorbeugende Unterlassungsklage sei möglich, sofern diese zeitlich noch Sinn ergebe.[97]

Die Aufrechterhaltung der geschaffenen Lage durch die Gesellschaft entgegen einem Feststellungsurteil könne für die benachteiligten Aktionäre *„die Grundlage für die Geltendmachung konkreter Sekundäransprüche im Klagewege bilden sowie entsprechende Anträge in der Hauptversammlung*“.[98]

Bedenken gegen die Zulässigkeit einer Feststellungklage im Hinblick auf eine Umgehung des § 147 AktG und das Kompetenzgefüge der AG teilt der BGH nicht, da lediglich die Nichtigkeit der Maßnahme festgestellt und damit der Gesellschaft die Möglichkeit zur Selbstregulierung gegeben werde. Auch der Grundsatz der Subsidiarität der Feststellungsklage finde keine Anwendung, da es um die Schließung einer Rechtsschutzlücke gehe.[99]

Weiterhin stellt der BGH klar, dass die Kapitalerhöhung mit der Eintragung ins Handelsregister wirksam werde, selbst wenn eine *„nichtige Entscheidung des Vorstands* [...] *einschließlich einer Verletzung des Bezugsrechts*“ gegeben sei.[100]

Die Frage nach einer bestimmten Frist für die Feststellungsklage hat der BGH offen gelassen und stattdessen betont, dass Aktionäre bei rechtswidrigem Verwaltungshandeln einen Anspruch *„ohne unangemessene Verzögerung*“ geltend machen müssten.[101]

(2) Die Auffassungen in der Literatur

Die meisten Stimmen in der Literatur stimmen, trotz zum Teil kritischen Anmerkungen, im Grundsatz mit dem vom BGH entwickelten Rechtsschutzkonzept, wie oben gerade dargestellt, überein.[102]

---

96 BGH NJW 2006, 374 („Mangusta/Commerzbank II").

97 BGH NJW 1997, 2815, 2816 („Siemens/Nold“); BGH NJW 2006, 374, 375 („Mangusta/Commerzbank II").

98 BGH NJW 2006, 374, 375 („Mangusta/Commerzbank II").

99 BGH NJW 2006, 374, 376 („Mangusta/Commerzbank II").

100 BGH NJW 2006, 374, 376 („Mangusta/Commerzbank II").

101 BGH NJW 2006, 374, 376 f. („Mangusta/Commerzbank II").

102 Münch/Komm/AktG/*Bayer*, § 203 Rn. 170 ff.; *ders.*, ZHR 168 (2004), 132, 158 f.; *Bungert*, BB 2005, 2757, 2758; *Busch*, NZG 2006, 81, 82 ff.; Hölters/*v.Dryander/Niggemann*, § 203 Rn. 54 ff.; *Henze*, FS Priester, 201, 213 ff.; Hüffer/*Koch*, § 203 Rn. 38 f.; MünchHBdGesR/AG/*Scholz*, § 59 Rn. 65; Schmidt/Lutter/*Veil*, § 203 Rn. 31a f.; *Wilsing*, ZGR 2006, 722, 736 ff.; vor der „Mangusta/Commerzbank II“-Entscheidung zeigten Köln/Komm/AktG/*Lutter*, § 203 Rn. 44 ff. und vor allem GroßKomm/AktG/*Hirte*, § 203 Rn. 127 ff.; *ders.*, S. 206 ff. ein Konzept auf, das dem des BGH sehr ähnlich ist.

Zum Teil wird ergänzend hinzugefügt, dass die Aktionäre aufgrund der Verletzung ihres Mitgliedschaftsrechts grundsätzlich von der Gesellschaft Schadensersatz (über eine Zurechnung des Handelns des Vorstands entsprechend § 31 BGB) verlangen könnten.[103]

Von einigen Vertretern wird das Konzept des BGH trotz grundsätzlicher Zustimmung kritisiert, zum einen im Hinblick auf die Gefahr der missbräuchlichen Erhebung der Feststellungsklage,[104] zum anderen bezüglich der Argumentation des BGH hinsichtlich der Subsidiarität der Feststellungsklage.[105]

Zum Teil wird auch kritisiert, dass die Rechtsschutzmöglichkeiten, die der BGH aufgezeigt habe, nicht ausreichend seien.[106]

Es wird gefordert, dass die Feststellungsklage entsprechend § 246 Abs. 1 AktG innerhalb eines Monats erhoben werden müsse (diese Frage hatte der BGH ausdrücklich offen gelassen).[107]

Die entsprechende Zulassung einer Anfechtungsklage wird dagegen seit dem BGH-Urteil nicht mehr ausdrücklich vertreten.[108]

Einigkeit besteht auch dahingehend, dass eine Verletzung des Bezugsrechts durch die Vorstandsentscheidung die Wirksamkeit einer einmal eingetragenen Kapitalerhöhung nicht berührt.[109]

---

103 Münch/Komm/AktG/*Bayer*, § 203 Rn. 173; *ders.*, ZHR 168 (2004), 132, 158 f.; *Busch*, NZG 2006, 81, 87 f.; ähnlich Hölters/*v.Dryander/Niggemann*, § 203 Rn. 63; i.E. ebenso Köln/Komm/AktG/*Lutter*, § 203 Rn. 47, der hierbei als mögliche Anspruchsgrundlagen §§ 276, 280, 823 Abs. 2 BGB i.V.m. 186 AktG nennt; diese Anspruchsgrundlagen sowie § 823 Abs. 1 wegen Verletzung des Mitgliedschaftsrechts und § 826 BGB nennen auch Hölters/*v.Dryander/Niggemann*, § 203 Rn. 63 und *Busch*, NZG 2006, 81, 87 f.; abweichend GroßKomm/AktG/*Hirte*, § 203 Rn. 146 ff.: Schadensersatzansprüche gegen vom Bezugsrechtsausschluss begünstigte Gesellschafter (Rn. 149).

104 *Bungert*, BB 2005, 2757, 2758; ähnlich *Wilsing*, ZGR 2006, 722, 739 ff.; ähnlich auch MünchHBdGesR/AG/*Scholz*, § 59 Rn. 65, der die Flexibilität des genehmigten Kapitals durch die neue Klagemöglichkeit in Gefahr sieht.

105 *Bungert*, BB 2005, 2757, 2758; *Busch*, NZG 2006, 81, 85 f.; *Wilsing*, ZGR 2006, 722, 743 f.

106 Münch/Komm/AktG/*Bayer*, § 203 Rn. 160; ebenfalls an der Funktionsfähigkeit des Rechtsschutzsystems zweifelnd Schmidt/Lutter/*Veil*, § 203 Rn. 31b.

107 *Wilsing*, ZGR 2006, 722, 744 f.; jedenfalls für die Unterlassungsklage ebenso GroßKomm/AktG/*Hirte*, § 203 Rn. 132 und Köln/Komm/AktG/*Lutter*, § 204 Rn. 44; einschränkend Hüffer/*Koch*, § 203 Rn. 39, der die Monatsfrist nur als „*Leitbild*" heranziehen will.

108 Zuvor anders noch *Paefgen*, ZIP 2004, 145, 149 ff.

109 Münch/Komm/AktG/*Bayer*, § 203 Rn. 172; *Busch*, NZG 2006, 81, 86 f.; Hölters/*v.Dryander/Niggemann*, § 203 Rn. 62; Hüffer/*Koch*, § 203 Rn. 39; Köln/Komm/AktG/*Lutter*, § 204 Rn. 27; MünchHBdGesR/AG/*Scholz*, § 59 Rn. 65; wohl auch GroßKomm/AktG/*Hirte*, § 203 Rn. 139 f.

B. Bezugsrechtsausschluss bei § 55a GmbHG

I. Allgemeine Erwägungen

1. Verortung der wesentlichen Probleme des Bezugsrechtsausschlusses beim genehmigten Kapital

Für eine Untersuchung des Bezugsrechtsausschlusses bei § 55a GmbHG ist es zunächst wichtig, sich zu vergegenwärtigen, worin der spezifische Kern der Problematik des Bezugsrechtsausschlusses beim genehmigten Kapital besteht.

Hierzu muss man beachten, dass die Besonderheit des genehmigten Kapitals nicht in dessen Ergebnis, der Erhöhung des Stammkapitals, sondern in der Kompetenzverlagerung auf die Geschäftsführer liegt und daher nur der Entscheidungs- und Durchführungsprozess von der regulären Kapitalerhöhung abweicht.

Daher verwundert es nicht, dass es sich nach wohl allgemeiner Ansicht weder auf die Frage des Bestehens eines gesetzlichen Bezugsrechts, noch auf die Frage, welche sachlichen Voraussetzungen an den konkreten Ausschluss bei einer Kapitalerhöhung zu stellen sind, auswirkt, ob die Kapitalerhöhung im regulären Verfahren oder aufgrund genehmigten Kapitals erfolgt.[110]

Sämtliche umstrittene Fragen zum Bezugsrechtsausschluss beim genehmigten Kapital haben deshalb einen kompetenzrechtlichen Kerngehalt: die Zuständigkeit der Geschäftsführer zur Entscheidung und Durchführung einer Kapitalerhöhung und einem möglicherweise damit verbundenen Bezugsrechtsausschluss. Unterschieden werden kann dabei zwischen unmittelbaren kompetenzrechtlichen Problempunkten (Erforderlichkeit einer ausdrücklichen Ermächtigung, Weisungsbefugnis der Gesellschafterversammlung, Pflicht der Geschäftsführer zur Vorabinformation oder Vorlage) und den sachlichen Anforderungen an einen Direktausschluss oder eine Ermächtigung der Geschäftsführer zum Ausschluss, die jedenfalls mittelbar durch kompetenzrechtliche Umstände beeinflusst werden, weil es darum geht, inwieweit Entscheidungen, die das Bezugsrecht betreffen, dem Ermessen der Geschäftsführer anheimgestellt werden können.[111]

Somit lässt sich feststellen, dass alle wesentlichen Probleme des Bezugsrechtsausschlusses beim genehmigten Kapital jedenfalls mittelbar kompetenzrechtlicher Natur sind und entweder die Reichweite der Kompetenz der Geschäftsführer oder die Kompetenzabgrenzung zwischen den Gesellschaftsorganen bei Ausnutzung des genehmigten Kapitals betreffen.

---

110 Es wird nicht vertreten, dass hinsichtlich dieser Fragen Differenzierungen zwischen regulärer Kapitalerhöhung und einer solchen aufgrund genehmigten Kapitals vorzunehmen seien.

111 Die Zuständigkeit des Vorstands hinsichtlich des Bezugsrechtsausschlusses beim genehmigten Kapital sieht etwa Köln/Komm/AktG/*Lutter*, § 203 Rn. 19, wegen der verminderten Kontrolldichte als problematisch an; diese Kontrolle sei dagegen bei einem Ausschluss durch die Hauptversammlung durch die Debatte und eine mögliche gerichtliche Nachkontrolle gewährleistet.

Es ist deshalb für die weitere Untersuchung möglich und angezeigt, auf die Ergebnisse, die im ersten Kapitel erzielt wurden, zurückzugreifen.

2. *Einfluss des Streits um das Bestehen eines gesetzlichen Bezugsrechts in der GmbH für die nachfolgende Untersuchung*

Es ist nicht das Ziel dieser Arbeit, allgemeine Streitigkeiten des GmbH-Rechts ohne spezifischen Bezug zum genehmigten Kapital zu entscheiden. Deshalb soll auch keine ausführliche Stellungnahme zum Bestehen eines gesetzlichen Bezugsrechts der GmbH-Gesellschafter erfolgen.[112]

Für den Untersuchungsgegenstand dieser Arbeit ist es zweckmäßig, zunächst zu allen unten dargestellten Problempunkten unter Zugrundelegung eines gesetzlichen Bezugsrechts Stellung zu beziehen und anschließend in einem zweiten Schritt zu untersuchen, ob die gewonnenen Ergebnisse anders zu beurteilen wären, würde man den Lösungsansatz der Gegner eines gesetzlichen Bezugsrechts als maßgeblich betrachten.

Die nachfolgende Untersuchung befasst sich zunächst mit den bezugsrechtsrelevanten Fragen auf der Ebene der Ermächtigung nach § 55a GmbHG, um anschließend auf die Probleme des Bezugsrechtsausschlusses einzugehen, die sich auf der Ebene der Ausnutzung des genehmigten Kapitals stellen.

II. Ermächtigungsebene – Darstellung des Meinungsstands

1. Anforderungen an einen Direktausschluss

Nach allgemeiner Ansicht kann das Bezugsrecht bereits in der satzungsmäßigen Ermächtigung nach § 55a GmbHG ausgeschlossen werden (Direktausschluss).[113]

Dabei sind allerdings teilweise die formellen und insbesondere die materiellen Anforderungen streitig.

a) Einstimmig beschlossener Bezugsrechtsausschluss

Regelungen in der Gründungssatzung können nur einstimmig und unter notarieller Beurkundung getroffen werden, § 2 Abs. 1 GmbHG. Deshalb stellt die wohl

---

112 Es soll aber nicht verschwiegen werden, dass der Verfasser dieser Arbeit der Annahme eines gesetzlichen Bezugsrechts analog § 186 AktG zuneigt. Während die Gegner eines gesetzlichen Bezugsrechts nicht belegen können, dass der Gesetzgeber ein solches bewusst nicht vorgesehen hat, überzeugen die Befürworter mit dem systematisch-teleologischen Argument, dass dem Bezugsrecht aufgrund der personalistischen Struktur der GmbH regelmäßig für den Gesellschafter der GmbH eine noch höhere Bedeutung zukommt als für den Aktionär der AG, vgl. zum Meinungsstand oben Punkt A.II.1.

113 Vgl. etwa Münch/Komm/*Lieder*, § 55a Rn. 62.

allgemeine Ansicht keine zusätzlichen formellen oder materiellen Anforderungen an einen Bezugsrechtsausschluss in der Gründungssatzung.[114]

Die gleichen Erwägungen wie zum Direktausschluss in der Gründungssatzung gelten, wenn der Direktausschluss durch spätere, einstimmig getroffene Satzungsänderung im Rahmen des § 55a Abs. 2 GmbHG erfolgt. Besondere zusätzliche Voraussetzungen sollen hierbei nicht aufzustellen sein.[115]

b) Nicht einstimmig beschlossener Bezugsrechtsausschluss

Wird die eine Ermächtigung zur Ausnutzung eines genehmigten Kapitals mit Direktausschluss enthaltende Satzungsänderung nicht einstimmig beschlossen, so muss dieser Beschluss bestimmte weitgehend unumstrittene formelle und – umstrittene – materielle Voraussetzungen einhalten.

Die formellen Anforderungen werden meist in vergleichbarer Weise beschrieben wie beim Bezugsrechtsausschluss im Rahmen einer regulären Kapitalerhöhung.[116]

Nicht ganz einig ist man sich auch hier in Bezug auf das Erfordernis einer schriftlichen Begründung analog § 182 Abs. 4 S. 2 AktG.[117]

Übereinstimmend wird aber vertreten, dass der Direktausschluss analog § 186 Abs. 3 S. 1 AktG im Ermächtigungsbeschluss selbst enthalten sein muss.[118]

In Hinblick auf die materiellen Voraussetzungen des Direktausschlusses spricht sich ein Teil der Literatur grundsätzlich für eine Übertragung der Erleichterungen

---

114 Gehrlein/Ekkenga/Simon/*Bormann*, § 55a Rn. 20; *Herrler*, DNotZ 2008, 903, 912; Ring/Grziwotz/*Herrler*, § 55a Rn. 11; Münch/Komm/*Lieder*, § 55a Rn. 63; *Trautmann*, S. 92.

115 So Michalski/*Hermanns*, § 55a Rn. 10; *Trautmann*, S. 92 f.; nur für die formellen Voraussetzungen ausdrücklich *Terbrack*, DNotZ 2012, 917, 924; im Übrigen wird dieser Fall in der Literatur zu § 55a GmbHG nicht ausdrücklich angesprochen.

116 Gehrlein/Ekkenga/Simon/*Bormann*, § 55a Rn. 32; *Cramer*, GmbHR 2009, 406, 410; Ring/Grziwotz/*Herrler*, § 55a Rn. 31; Münch/Komm/*Lieder*, § 55a Rn. 64 ff.; *ders.*, DNotZ 2010, 655, 671; Roth/Altmeppen/*Roth*, § 55a Rn. 20; *Terbrack*, DNotZ 2012, 917, 924 f.; BeckOK/*Ziemons*, § 55a Rn. 59. Zu diesen formellen Voraussetzungen siehe oben Punkt A.II.2.b.

117 Dafür ausdrücklich *Cramer*, GmbHR 2009, 406, 410; Münch/Komm/*Lieder*, § 55a Rn. 65; *Terbrack*, DNotZ 2012, 917, 925; *Trautmann*, S. 83 ff., nach dem der schriftliche Bericht aber grundsätzlich erst in der Gesellschafterversammlung vorliegen muss; einschränkend hinsichtlich des Erfordernisses eines schriftlichen Berichts Ulmer/Habersack/Winter/*Casper*, § 55a Rn. 32; gänzlich dagegen Gehrlein/Ekkenga/Simon/*Bormann*, § 55a Rn. 32.

118 Gehrlein/Ekkenga/Simon/*Bormann*, § 55a Rn. 31; *Cramer*, GmbHR 2009, 406, 410; Ring/Grziwotz/*Herrler*, § 55a Rn. 31; Münch/Komm/*Lieder*, § 55a Rn. 64; Scholz/*Priester*, § 55a Rn. 35; *ders.*, GmbHR 2008, 1177, 1182; Roth/Altmeppen/*Roth*, § 55a Rn. 20; BeckOK/*Ziemons*, § 55a Rn. 59.

aus, die die Rechtsprechung beim genehmigten Kapital der AG in der „Siemens/ Nold"-Entscheidung[119] vollzogen hat.[120]

Begründet wird dies vor allem damit, dass die genauen Umstände des möglichen Bezugsrechtsausschlusses im Zeitpunkt der Schaffung des genehmigten Kapitals naturgemäß noch nicht bekannt sein könnten.[121]

Zum Teil wird auch auf den Zweck des § 55a GmbHG (mehr Flexibilität bei der Kapitalbeschaffung) verwiesen.[122]

Von einem Teil der Anhänger der grundsätzlichen Übertragung der „Siemens/ Nold"-Grundsätze wird allerdings einschränkend dahingehend differenziert, ob im Zeitpunkt der Beschlussfassung konkrete Anhaltspunkte für die Ausnutzung des bezugsrechtsfreien genehmigten Kapitals vorhanden sind. Sofern dies der Fall wäre, sei anhand dieser konkreten Anhaltspunkte die Übereinstimmung mit einem berechtigten Interesse der Gesellschaft zu prüfen. Ohne konkrete Anhaltspunkte für die Umstände der späteren Ausnutzung sei anhand generell-abstrakter Erwägungen festzustellen, ob der Bezugsrechtsausschluss in bestimmten, näher ausgeführten Situationen zur Förderung des Gesellschaftszwecks notwendig sein könne.[123]

Nach anderer Ansicht soll der Direktausschluss den strengeren Anforderungen der „Holzmann"-Rechtsprechung[124] unterworfen sein.[125] Die Gründe für die strengeren Anforderungen seien in der personalistischen Struktur der GmbH zu sehen, aufgrund derer sich ein Bezugsrechtsausschluss regelmäßig für die Rechtsstellung des GmbH-Gesellschafters weitaus gravierender auswirke als für die Rechtsstellung

---

119 Zur Darstellung der Entscheidung siehe oben Punkt A.III.3.a.(1).

120 Gehrlein/Ekkenga/Simon/*Bormann*, § 55a Rn. 34; Ulmer/Habersack/Winter/*Casper*, § 55a Rn. 33; *Herrler*, DNotZ 2008, 903, 912 f.; Ring/Grziwotz/*Herrler*, § 55a Rn. 34; Saenger/Inhester/*Inhester*, § 55a Rn. 24; Münch/Komm/*Lieder*, § 55a Rn. 66; *ders.*, DNotZ 2010, 655, 674; *Trautmann*, S. 94 ff.; wohl auch Lutter/Hommelhoff/*Lutter/Bayer*, § 55a Rn. 23; Rowedder/Schmidt-Leithoff/*Schnorbus*, § 55a Rn. 27; *Schnorbus/Donner*, NZG 2009, 1241, 1244; *Terbrack*, DNotZ 2012, 917, 925.

121 Gehrlein/Ekkenga/Simon/*Bormann*, § 55a Rn. 34; Münch/Komm/*Lieder*, § 55a Rn. 66 f.; ähnlich *Trautmann*, S. 94 f.

122 Ulmer/Habersack/Winter/*Casper*, § 55a Rn. 33.

123 Münch/Komm/*Lieder*, § 55a Rn. 66 ff.; *ders.*, DNotZ 2010, 655, 674; diese von ihm vertretenen Anforderungen wertet *Lieder* in DNotZ 2010, 655, 674 als *„strenger als die vom BGH in Siemens/Nold zur AG entwickelten Grundsätze"*; ähnlich Gehrlein/Ekkenga/Simon/*Bormann*, § 55a Rn. 33 und Ring/Grziwotz/*Herrler*, § 55a Rn. 34; ähnlich auch *Trautmann*, S. 96, der sich für eine konkrete Verhältnismäßigkeitsprüfung ausspricht, falls die Voraussetzungen im Ermächtigungszeitpunkt ausnahmsweise überprüfbar seien sollten.

124 Zur Darstellung der Entscheidung siehe oben Punkt A.III.3.a.(1).

125 *Cramer*, GmbHR 2009, 406, 411; Ensthaler/Füller/Schmidt/*Hannewald*, § 55a Rn. 12; Rischbieter/Gröning/*Hansen*, 11. Kapitel, Rn. 97; Scholz/*Priester*, § 55a Rn. 37; *ders.*, GmbHR 2008, 1177, 1182; Bunnemann/Zirngibl/*Thun*, § 6 Rn. 85 f.; BeckOK/*Ziemons*, § 55a Rn. 59a; wohl auch Bork/Schäfer/*Arnold/Born*, § 55a Rn. 23 und Heckschen/Heidinger/*Heidinger*, § 10 Rn. 81c.

eines Aktionärs.[126] *Priester* begründet seine Ansicht auch mit der im Unterschied zur AG grundsätzlich fehlenden Kontrolle der Entscheidung der Geschäftsführer durch einen Aufsichtsrat.[127]

2. *Anforderungen an die Ermächtigung der Geschäftsführer zum Bezugsrechtssauschluss*

Nach nahezu einhelliger Auffassung führt die analoge Anwendung der aktienrechtlichen Regelungen bei § 55a GmbHG dazu, dass die Entscheidung über einen Bezugsrechtsausschluss auch den Geschäftsführern überantwortet werden kann (§ 203 Abs. 2 S. 1 AktG analog).[128] Wie beim Direktausschluss ist auch bei der Ermächtigung zum Bezugsrechtausschluss für die formellen und materiellen Voraussetzungen entscheidend, ob die Ermächtigung einstimmig beschlossen wurde. Bei einer Ermächtigung in der Gründungsatzung oder durch spätere einstimmige Satzungsänderung gelten die obigen Ausführungen zum Direktausschluss entsprechend.[129]

Auch bei einer nicht einstimmig gefassten, die Ermächtigung der Geschäftsführer zum Bezugsrechtsausschluss umfassenden Satzungsänderung gelten zu den formellen Anforderungen grundsätzlich die obigen Ausführungen.[130]

---

126 *Cramer*, GmbHR 2009, 406, 411; Scholz/*Priester*, § 55a Rn. 37; *ders.*, GmbHR 2008, 1177, 1182.

127 Scholz/*Priester*, § 55a Rn. 37; *ders.*, GmbHR 2008, 1177, 1182.

128 OLG München, NJW-RR 2012, 612, 613; Ulmer/Habersack/Winter/*Casper*, § 55a Rn. 32; *Cramer*, GmbHR 2009, 406, 409; Henssler/Strohn/*Gummert*, § 55a Rn. 16; Ring/Grziwotz/*Herrler*, § 55a Rn. 11; Saenger/Inhester/*Inhester*, § 55a Rn. 24; Münch/Komm/*Lieder*, § 55a Rn. 69; *ders.*, DNotZ 2010, 655, 670; Lutter/Hommelhoff/*Lutter/Bayer*, § 55a Rn. 23; *Klett*, GmbHR 2008, 1312, 1314; *Nietsch*, FS Schneider, 873, 885; Scholz/*Priester*, § 55a Rn. 35.; *ders.*, GmbHR 2008, 1177, 1182; Heybrock/*Rabe*, § 55a Rn. 20; Roth/Altmeppen/*Roth*, § 55a Rn. 20; Rowedder/Schmidt-Leithoff/*Schnorbus*, § 55a Rn. 27; *Schnorbus/Donner*, NZG 2009, 1241, 1244; *Trautmann*, S. 79; Römermann/*Wiese/Schneider*, § 5 Rn. 213; Baumbach/Hueck/*Zöllner/Fastrich*, § 55a Rn. 7; a.A. Rischbieter/Gröning/*Hansen*, § 6 Rn. 96, die aus der fehlenden Regelung der Frage in § 55a GmbHG und den im Vergleich zum Aktienrecht eher höheren Anforderungen an einen Ausschluss des Bezugsrechts des GmbH-Gesellschafters folgert, dass das Bezugsrecht auch beim genehmigten Kapital nur unmittelbar durch die Gesellschafterversammlung ausgeschlossen werden könne; i.E. ebenso, allerdings ohne Begründung *Wachter*, NotBZ 2008, 361, 374.

129 Vgl. nur OLG München, NJW-RR 2012, 612, 613; Gehrlein/Ekkenga/Simon/*Bormann*, § 55a Rn. 21; *Herrler*, DNotZ 2008, 903, 912; Ring/Grziwotz/*Herrler*, § 55a Rn. 35; Münch/Komm/*Lieder*, § 55a Rn. 69; *ders.*, DNotZ 2010, 655, 670; abweichend wohl *Nietsch*, FS Schneider, 873, 885, der die Ermächtigung zum Bezugsrechtsausschluss in der Gründungssatzung davon abhängig machen will, dass der Geschäftsführer allgemein die Befugnis zu eigenverantwortlichem Handeln erhält.

130 *Cramer*, GmbHR 2009, 406, 410; Münch/Komm/*Lieder*, § 55a Rn. 70; *ders.*, DNotZ 2010, 655, 671; *Terbrack*, DNotZ 2012, 917, 924 f.; BeckOK/*Ziemons*, § 55a Rn. 59.

Umstritten ist allerdings, ob die Ermächtigung zum Bezugsrechtsausschluss nur im Ermächtigungsbeschluss nach § 55a GmbHG oder auch später erteilt werden kann. Letzteres wird von der herrschenden Ansicht unter Verweis auf die entsprechende Behandlung im Aktienrecht bejaht.[131]

Nach anderer Ansicht muss die Ermächtigung im Ermächtigungsbeschluss nach § 55a GmbHG selbst enthalten sein.[132]

In Bezug auf die materiellen Voraussetzungen der Ermächtigung der Geschäftsführer zum Bezugsrechtsausschluss stellt sich das Meinungsbild nun im Vergleich zum Direktausschluss insofern anders dar, als nach ganz herrschender Meinung für die Ermächtigung der Geschäftsführer die „Siemens/Nold"-Grundsätze gelten sollen.[133]

Einen ganz eigenen Weg geht hingegen *Nietsch*, der sowohl eine Anwendung der „Holzmann"-Kriterien als zu wenig praktikabel, als auch eine Anwendung der „Siemens/Nold"-Entscheidung als zu weitgehend ablehnt und stattdessen vorschlägt, dass der Bezugsrechtsausschluss stets mit bestimmten Zwecken (Sacheinlage oder satzungsmäßige Option eines Gesellschafters zur Anteilserhöhung) verbunden werden müsse.[134]

III. Ermächtigungsebene – Stellungnahme

1. Allgemeine Zulässigkeit des Bezugsrechtsausschlusses beim genehmigten Kapital

Die Regelung des § 55a GmbHG ist als bedingte Erweiterung der Satzungsfreiheit zu qualifizieren. Die Gesellschafter können den Geschäftsführern nicht nur die allgemeine Kompetenz zur Entscheidung und Durchführung einer Kapitalerhöhung übertragen, sondern ihre Befugnisse im Zusammenhang mit der Durchführung der Kapitalerhöhung auch beliebig erweitern, soweit nicht die drei Bedingungen, die

---

131 Ulmer/Habersack/Winter/*Casper*, § 55a Rn. 32; *Cramer*, GmbHR 2009, 406, 410; Münch/Komm/*Lieder*, § 55a Rn. 70; wohl auch *Kramer*, GmbHR 2015, 1073, 1076; siehe zur Behandlung der Frage im Aktienrecht oben Punkt A.III.2.b.

132 BeckOK/*Ziemons*, § 55a Rn. 59, die ihre Ansicht mit einer Analogie zu § 186 Abs. 3 AktG begründet.

133 Auch die meisten Anhänger einer Übertragung der „Holzmann"-Grundsätze auf den Direktausschluss (vgl. hierzu oben Fußnote 125) stimmen nun hier dieser Ansicht zu, vgl. Scholz/*Priester*, § 55a Rn. 38; *ders.*, GmbHR 2008, 1177, 1182; BeckOK/*Ziemons*, § 55a Rn. 59a; wohl auch Bork/Schäfer/*Arnold/Born*, § 55a Rn. 23; a.A. *Cramer*, GmbHR 2009, 406, 411, der die „Holzmann"-Kriterien auch auf die Ermächtigung der Geschäftsführer anwenden will; so wohl auch Ensthaler/Füller/Schmidt/*Hannewald*, § 55a Rn. 12 und Heckschen/Heidinger/*Heidinger*, § 10 Rn. 81c. Die Ansicht, die die „Siemens/Nold"-Grundsätze bereits auf den Direktausschluss anwenden will, entscheidet konsequenterweise für die Ermächtigung der Geschäftsführer zum Bezugsrechtsausschluss nicht anders., vgl. zu dieser Ansicht oben Fußnote 120.

134 *Nietsch*, FS Schneider, 873, 887.

§ 55a GmbHG an die Erweiterung der Satzungsfreiheit stellt, verletzt werden und soweit eine übertragene Strukturmaßnahme noch im untrennbaren Zusammenhang mit der Gesamtmaßnahme „Erhöhung des Stammkapitals“ steht.[135]

Im Sinne der oben vorgenommenen Begriffsbestimmungen ist der Ausschluss des Bezugsrechts keine Strukturmaßnahme, weil er die Struktur der Gesellschaft nicht unmittelbar gestaltet. Er ist aber eine Maßnahme mit körperschaftlicher Wirkung, weil er auf die Rechtsstellung der benachteiligten Gesellschafter einwirkt und das Verhältnis der Beteiligung am Stammkapital verändert.[136]

Trotz des „nur“ körperschaftlichen Charakters ist bei der regulären Kapitalerhöhung die Übertragung der Maßnahme des Bezugsrechtsausschlusses auf die Geschäftsführer nicht möglich, weil der Bezugsrechtsausschluss zwingender Bestandteil des Kapitalerhöhungsbeschlusses der Gesellschafterversammlung sein muss, § 186 Abs. 3 S. 1 AktG analog.[137]

Betrachtet man allerdings rein isoliert die Wirkung der Entscheidung über den Bezugsrechtsausschluss, so könnte diese Maßnahme theoretisch wegen des bloß körperschaftlichen Charakters auf die Geschäftsführer übertragen werden.

Deshalb und weil es bei der Ausnutzung des genehmigten Kapitals keinen Kapitalerhöhungsbeschluss der Gesellschafterversammlung gibt, ist es ohne Zweifel zulässig, dass die Gesellschafter den Geschäftsführern in der Ermächtigung nach § 55a GmbHG ausdrücklich die Befugnis einräumen, bei Ausnutzung des genehmigten Kapitals auch über den Ausschluss des Bezugsrechts zu entscheiden. Die Schranken der Satzungsgestaltung bei § 55a GmbHG werden hierdurch nicht überschritten.

Die Vorschrift des § 203 Abs. 2 S. 1 AktG ist für dieses Ergebnis, trotz der grundsätzlich engen Anlehnung des Gesetzgebers an die aktienrechtlichen Regelungen, nicht ausschlaggebend, weil die Bestimmung der Schranken der Satzungsgestaltung im Anwendungsbereich des § 55a GmbHG aufgrund GmbH-rechtlicher Wertungen erfolgen muss.[138] Es ist daher weder ausreichend noch erforderlich, sich zur Begründung der Annahme, dass die Geschäftsführer zum Ausschluss des Bezugsrechts ermächtigt werden können, auf eine analoge Anwendung des § 203 Abs. 2 S. 1 AktG zu stützen.[139]

---

135 Vgl. im Einzelnen hierzu oben im 1. Kapitel.

136 Zu den Begriffsbestimmungen und den daran anknüpfenden Folgen im Einzelnen siehe oben, 1. Kapitel, Punkt A.IV.2.

137 Siehe hierzu schon oben Punkt A.II.2.b.

138 Die Kompetenzen des Vorstands beim aktienrechtlichen genehmigten Kapital und deren Schranken sind für die kompetenzrechtliche Untersuchung des § 55a GmbHG nur ein Gesichtspunkt unter mehreren, vgl. hierzu die Ausführungen zur Kompetenzordnung im 1. Kapitel, insbesondere unter Punkt C.IV.

139 So aber die ganz herrschende Meinung, siehe hierzu oben Fußnote 128.

2. *Regelungen in der Gründungssatzung und einstimmige Beschlüsse*

Werden in der Gründungssatzung Regelungen über den Bezugsrechtsausschluss beim genehmigten Kapital aufgenommen, so sind hierfür keine zusätzlichen Voraussetzungen erforderlich, gleich ob es sich um einen Direktausschluss oder um eine Ermächtigung der Geschäftsführer handelt. Diese Erwägungen gelten entsprechend für die einstimmige nachträgliche Satzungsänderung im Sinne des § 55a Abs. 2 GmbHG.[140]

3. *Formelle Anforderungen bei nicht einstimmig erfolgter Erteilung der Ermächtigung nach § 55a Abs. 2 GmbHG*

Enthält die nicht einstimmig erfolgte Schaffung des genehmigten Kapitals durch Satzungsänderung (§ 55a Abs. 2 GmbHG) einen Direktausschluss oder eine Ermächtigung der Geschäftsführer zum Bezugsrechtsausschluss, so entsprechen die formellen Anforderungen zunächst denjenigen, die an eine Satzungsänderung zu stellen sind.[141]

a) Schriftlicher Bericht analog § 186 Abs. 4 S. 2 AktG

Den Besonderheiten des Bezugsrechtsausschlusses ist entsprechend der wohl herrschenden Meinung[142] dadurch Rechnung zu tragen, dass einem satzungsändernden Gesellschafterbeschluss im Sinne des § 55a Abs. 2 GmbHG, der einen Direktausschluss oder eine Ermächtigung zum Ausschluss beinhaltet, analog § 186 Abs. 4 S. 2 AktG ein schriftlicher Bericht der Geschäftsführer vorausgehen muss. Nur dies wird der Bedeutung eines solchen Beschlusses für die Gesellschafter gerecht. Form und Zeitpunkt der Bekanntmachung des Berichts sind nach § 186 Abs. 4 S. 2 AktG nicht vorgegeben. Die vorgeschlagenen Lösungsansätze zum Aktienrecht greifen auf allgemeine Vorschriften des AktG zurück.[143]

Hinsichtlich des schriftlichen Berichts der Geschäftsführer ist es vorzugswürdig, dass sich Form und Zeitpunkt der Bekanntmachung in das GmbH-rechtliche Regelungswerk einfügen. Der schriftliche Bericht muss folglich der Ankündigung der Tagesordnung, die regelmäßig mit der Einberufung erfolgt (§§ 51 Abs. 2, 4 GmbHG), beigefügt sein.[144] § 175 Abs. 2 S. 1 AktG findet keine analoge Anwendung,[145] da die

---

140 Der allgemeinen Ansicht, die hier Gesichtspunkte des Minderheitenschutzes nicht berührt sieht, ist uneingeschränkt beizupflichten, siehe hierzu oben Punkt B.II.1.a.

141 So auch die herrschende Meinung, vgl. oben Fußnote 116.

142 Siehe dazu oben Fußnote 117.

143 Vgl. dazu etwa Hüffer/*Koch*, § 186 Rn. 23.

144 I.E. auch BeckOK/*Ziemons*, § 55 Rn. 81; a.A. *Trautmann*, S. 86. Vgl. im Einzelnen zum Inhalt der Einberufung nach § 51 Abs. 2 und 4 GmbHG Münch/Komm/*Liebscher*, § 51 Rn. 32 ff.

145 So aber Münch/Komm/*Lieder*, § 55a Rn. 66, § 55 Rn. 85.

die Einberufung der Anteilseignerversammlungen betreffenden Vorschriften des AktG und des GmbHG erheblich voneinander abweichen.[146]

Man wird aber hinsichtlich der Art und Weise der Mitteilung des schriftlichen Berichts Modifikationen durch die Satzung zulassen können,[147] solange die Satzungsregelung weiterhin eine zumutbare Möglichkeit der Kenntnisnahme aller Gesellschafter vom Inhalt des schriftlichen Berichts beinhaltet.[148] Dem liegt die Erwägung zugrunde, dass auch die Form der Einberufung nach § 51 GmbHG gewissen Erleichterungen durch die Satzung zugänglich ist.[149]

Zu beachten ist schließlich, dass das Erfordernis eines schriftlichen Berichts gänzlich entfällt, wenn alle Gesellschafter darauf verzichten.[150]

Die inhaltlichen Anforderungen an den Bericht ergeben sich dann aus den materiellen Voraussetzungen, die auf der Ebene der Ermächtigung erfüllt sein müssen (siehe hierzu sogleich).

b) Zeitpunkt des Beschlusses

Nach allgemeiner Ansicht[151] muss der Direktausschluss entsprechend § 186 Abs. 3 S. 1 AktG zusammen mit der Ermächtigung im Sinne des § 55a GmbHG beschlossen werden. Dieser Ansicht ist deswegen beizupflichten, weil ein Direktausschluss in der Ermächtigung das geschaffene genehmigte Kapital derart bestimmt, dass dessen Ausnutzung nur bei gleichzeitiger Durchführung eines Bezugsrechtsausschlusses möglich ist.

---

146 § 51 Abs. 1 GmbHG (mittel eingeschriebener Briefe an jeden Gesellschafter); § 121 Abs. 4 S. 1 AktG (Bekanntmachung in den Gesellschaftsblättern).

147 A.A. wohl BeckOK/*Ziemons*, § 55 Rn. 81.

148 Mit Blick auf die gesetzliche Wertung des § 51 Abs. 4 GmbHG (nach herrschender Meinung kann die Ankündigungsfrist des § 51 Abs. 4 GmbHG nicht durch die Satzung verkürzt werden, vgl. Münch/Komm/*Liebscher*, § 51 Rn. 67; Michalski/*Römermann*, § 51 Rn. 124; Baumbach/Hueck/*Zöllner*, § 51 Rn. 39; a.A. Scholz/*Seibt*, § 51 Rn. 4) wird man dabei aber zu fordern haben, dass die Möglichkeit der Kenntnisnahme spätestens drei Tage vor Abhaltung der Gesellschafterversammlung gegeben sein muss. Beispielsweise könnte vor diesem Hintergrund eine Satzungsregelung, dass der schriftliche Bericht spätestens drei Tage vor der Versammlung in den Geschäftsräumen der Gesellschaft auszulegen ist und die Gesellschafter hierüber zu informieren sind, nicht beanstandet werden. Der Unterschied zur Ansicht von Münch/Komm/*Lieder*, § 55a Rn. 66, § 55, Rn. 85, besteht darin, dass nach hier vertretener Auffassung dieses Ergebnis nur aufgrund einer Satzungsregelung erreicht werden kann, während *Lieder* allgemein eine Anlehnung an § 175 Abs. 2 S. 1 AktG für möglich hält.

149 Vgl. hierzu Münch/Komm/*Liebscher*, § 51 Rn. 66; Scholz/*Seibt*, § 51 Rn. 4; Baumbach/Hueck/*Zöllner*, § 51 Rn. 39.

150 Münch/Komm/*Lieder*, § 55 Rn. 84; Baumbach/Hueck/*Zöllner/Fastrich*, § 55 Rn. 25.

151 Siehe hierzu die Nachweise in Fußnote 118.

Daher muss auch ein Direktausschluss, entsprechend den Erwägungen zu einem Bezugsrechtsausschluss bei der regulären Kapitalerhöhung,[152] untrennbarer Bestandteil der Ermächtigung im Sinne des § 55a GmbHG sein.

Etwas anderes gilt für die Ermächtigung der Geschäftsführer zum Ausschluss des Bezugsrechts, die das genehmigte Kapital nicht bestimmt, sondern lediglich die Modalitäten der Ausnutzung des genehmigten Kapitals um die Möglichkeit des Bezugsrechtsausschlusses erweitert. Daher bestehen hier keine Bedenken, entsprechend der ganz herrschenden Meinung zum Aktienrecht,[153] die Einfügung der Ermächtigung in die Satzungsbestimmung zum genehmigten Kapital auch nachträglich zuzulassen, sofern alle formellen und materiellen Anforderungen an die diesbezügliche Satzungsänderung erfüllt werden.[154]

4. Anwendbarkeit der „Siemens/Nold"-Grundsätze

Die Frage, ob die Grundsätze der „Siemens/Nold"-Entscheidung auf das genehmigte Kapital der GmbH übertragbar sind, muss in zwei Schritten geklärt werden. In einem ersten Schritt muss festgestellt werden, ob die „Siemens/Nold"-Grundsätze aufgrund allgemeiner Erwägungen vorzugswürdig sind. In einem zweiten Schritt muss geprüft werden, ob die „Siemens/Nold"-Grundsätze auch mit der Dogmatik des § 55a GmbHG in Einklang zu bringen sind.

a) Allgemeine Erwägungen zu den „Siemens/Nold"-Grundsätzen

Bei einer Auseinandersetzung mit den „Siemens/Nold"-Grundsätzen des BGH ist vor allem zu berücksichtigen, dass gerade solche Situationen, in denen es im Interesse der Gesellschaft besonders wichtig ist, schnell zu reagieren und eine Kapitalerhöhung ohne Verzögerung durchzuführen, oft notwendigerweise mit einem Bezugsrechtsausschluss verbunden sind.

Bestes Beispiel hierfür ist der Erwerb von Unternehmen und Unternehmensbeteiligungen durch die Gesellschaft. Dieser wird sowohl beim aktienrechtlichen genehmigten Kapital als auch bei § 55a GmbHG oft als zentraler Anwendungsfall für das Erfordernis einer schnellen und flexiblen Kapitalaufnahme genannt.[155] Beim

152 Vgl. hierzu etwa Hüffer/*Koch*, § 186 Rn. 20.

153 Siehe hierzu die Nachweise in Fußnote 53.

154 Zu § 55a GmbHG ist die Zulässigkeit einer nachträglichen Einfügung nicht ganz unumstritten, siehe hierzu oben Punkt B.II.2.

155 So ausdrücklich der Bundesrat in seinem Vorschlag zur Einführung eines genehmigten Kapitals bei der GmbH, BTDrucks. 16/6140, S. 68; ebenso Münch/Komm/*Lieder*, § 55a Rn. 1.
Auch der Sachverhalt in BGH NJW 1997, 2815 („Siemens/Nold") betraf den Fall eines angestrebten Erwerbs von Unternehmensbeteiligungen durch die Gesellschaft und der BGH betont ausdrücklich auf Seite 2816: *„Insbesondere Unternehmenserweiterungen, die durch einen Unternehmens– oder Beteiligungserwerb erfolgen und nur gegen Ausgabe von Aktien vorgenommen werden können, weil die Übertragung*

Erwerb von Unternehmensbeteiligungen ergibt sich auch häufig die Notwendigkeit eines Bezugsrechtsausschlusses, weil es oft zu einer Gestaltung kommt, bei der die Gesellschaft, deren Anteile übernommen werden, oder deren Gesellschafter Anteile an der übernehmenden Gesellschaft erhalten sollen („*Überkreuzbeteiligungen*").[156]

Das Erfordernis konkreter Anhaltspunkte für eine Ermächtigung zum Bezugsrechtsausschluss im Sinne der „Holzmann"-Grundsätze, würde eine rasche und flexible Kapitalbeschaffung daher gerade in solchen Situationen erschweren, in denen die Gesellschaft ganz besonders darauf angewiesen ist.

Aber auch die Zuständigkeitsverteilung beim genehmigten Kapital spricht für eine Anwendung der „Siemens/Nold"-Grundsätze.

Der konkrete Bezugsrechtsausschluss findet immer erst bei der Ausnutzung des genehmigten Kapitals durch die Geschäftsführer statt.[157] Dies gilt auch für den Fall eines Direktausschlusses, weil es auch hier im Ermessen der Geschäftsführer liegt, ob das – bezugsrechtsfreie – genehmigte Kapital überhaupt ausgenutzt wird.

Bei der regulären Kapitalerhöhung wird der Bezugsrechtsausschluss im Kapitalerhöhungsbeschluss vorgenommen und bezieht sich dabei auf eine konkrete, rechtfertigungsbedürftige Situation. Er muss deshalb auch anhand konkreter Umstände des Einzelfalls gerechtfertigt sein.[158] Es liegt damit ein Gleichlauf zwischen der Intensität der Einwirkung auf das Bezugsrecht und den Anforderungen für deren Rechtfertigung vor. Ein solcher Gleichlauf von Einwirkungsintensität und Rechtfertigungsanforderungen wäre beim genehmigten Kapital nicht gegeben, würde man bereits auf Ermächtigungsebene das Erfordernis einer Rechtfertigung anhand konkreter Einzelfallumstände aufstellen. Weder der Direktausschluss noch die Ermächtigung der Geschäftsführer zum Bezugsrechtsausschluss haben eine Einwirkungsintensität auf das Bezugsrecht, die mit dem tatsächlichen Ausschluss bei der Durchführung der Kapitalerhöhung vergleichbar ist.[159]

Folglich müssen sich auch die Rechtfertigungsanforderungen dieser geringeren Eingriffsintensität anpassen, sodass auf Ermächtigungsebene eine generell-abstrakte Beschreibung und deren Überprüfung anhand eines wohlverstandenen Interesses der Gesellschaft nach den Grundsätzen des „Siemens/Nold"-Urteils ausreichend ist.

---

von dem Aktienerwerb abhängig gemacht wird, erfordern in der Regel rasche Entscheidungen."; ebenso für die §§ 202 ff. AktG Münch/Komm/AktG/*Bayer*, § 202 Rn. 1.

156 Michalski/*Hermanns*, § 55 Rn. 54; Münch/Komm/*Lieder*, § 55 Rn. 98; Scholz/*Priester*, § 55 Rn. 58; speziell zu § 55a GmbHG Münch/Komm/*Lieder*, § 55a Rn. 68.

157 Zu diesem Gedanken GroßKomm/AktG/*Hirte*, § 203 Rn. 73 f.

158 Vgl. dazu etwa Münch/Komm/*Lieder*, § 55 Rn. 86 ff.

159 Ähnlich GroßKomm/AktG/*Hirte*, § 203 Rn. 73 f.

b) Vereinbarkeit der „Siemens/Nold"-Grundsätze mit der Dogmatik des § 55a GmbHG

Wie bereits im ersten Kapitel dargestellt, steht es im Belieben der Gesellschafter, die Möglichkeit, die ihnen § 55a GmbHG eröffnet, zu nutzen.[160] Die Gesellschafter sind also in der Lage, den Geschäftsführern eine Kompetenz zur Kapitalerhöhung einzuräumen und damit den Ausnutzungsbeschluss der Geschäftsführer an die Stelle des Kapitalerhöhungsbeschlusses der Gesellschafterversammlung zu setzen, ohne dass diese Kompetenzeinräumung irgendwie sachlich gerechtfertigt sein müsste. Diese Möglichkeit darf nun nicht dadurch unterlaufen werden, dass man sachliche Voraussetzungen, die unter Umständen bei der regulären Kapitalerhöhung zu beachten sind, uneingeschränkt auf den Ermächtigungsbeschluss zur Schaffung des genehmigten Kapitals überträgt. Dieser stellt nämlich im Vergleich zum Kapitalerhöhungsbeschluss bei der regulären Kapitalerhöhung ein Minus dar, weil er nicht die Erhöhung des Stammkapitals beinhaltet.

Aufgrund der besonderen Bedeutung des Bezugsrechts für die Gesellschafter unterliegt zwar auch der Ermächtigungsbeschluss abweichend von allgemeinen Regeln dem Erfordernis einer sachlichen Rechtfertigung, wenn er einen Direktausschluss oder eine Ermächtigung der Geschäftsführer zum Bezugsrechtsausschluss enthält.

Bei der Bestimmung der Anforderungen an diese sachliche Rechtfertigung muss man aber berücksichtigen, dass nicht der Ermächtigungsbeschluss der Gesellschafterversammlung, sondern der Ausnutzungsbeschluss der Geschäftsführer den Kapitalerhöhungsbeschluss bei der regulären Kapitelerhöhung ersetzt. Es genügt daher jedenfalls, wenn im Sinne der „Siemens/Nold"-Grundsätze die Situationen, in denen das Bezugsrecht ausgeschlossen werden kann, allgemein umschrieben werden und ein Bezugsrechtsausschluss in einer derart umschriebenen Situation bei abstrakter Betrachtung im wohlverstandenen Interesse der Gesellschaft liegt.

Gleiches gilt für die Fälle des Direktausschlusses des Bezugsrechts.[161]

Die Differenzierung zwischen Direktausschluss und Ermächtigung der Geschäftsführer hinsichtlich der Geltung der „Siemens/Nold"-Grundsätze, die schon teilweise im Aktienrecht anklingt und von der wohl herrschenden Ansicht zu § 55a GmbHG vertreten wird,[162] ist nicht gerechtfertigt.

Die Eingriffsintensität hinsichtlich des Bezugsrechts ist nämlich auch beim Direktausschluss nicht höher als bei einer Ermächtigung der Geschäftsführer. Vielmehr liegt auch bei einem bezugsrechtsfreien genehmigten Kapital eine vollständige

---

160 Es besteht insbesondere keine Subsidiarität des genehmigten Kapitals, vgl. hierzu schon im 1. Kapitel.

161 Oft wird sich ein solcher Direktausschluss nur auf eines von mehreren genehmigten Kapitalien beziehen (sog. Genehmigtes Kapital I und II), was zulässig ist, vgl. etwa Ulmer/Habersack/Winter/*Casper*, § 55a Rn. 34; Scholz/*Priester*, § 55a Rn. 18. So auch der Sachverhalt bei BGH NJW 1997, 2815 („Siemens/Nold").

162 Siehe zum Aktienrecht oben Punkt A.III.3.a.(2).ii.; zu § 55a GmbHG vgl. oben Punkt B.II.2.

Ersetzung des Kapitalerhöhungsbeschlusses der Gesellschafterversammlung erst durch den Beschluss der Geschäftsführer vor. Auch wenn das genehmigte Kapital nur unter Ausschluss des Bezugsrechts ausgenutzt werden kann, so müssen die Geschäftsführer dabei dennoch im Rahmen ihres eigenen Ermessens feststellen, ob die auf Ermächtigungsebene abstrakt umschriebene Situation gegeben und die Ausnutzung des genehmigten Kapitals im Interesse der Gesellschaft gerechtfertigt ist.[163]

Die Gesellschafter treffen also auch beim Direktausschluss keine abschließende Entscheidung darüber, ob tatsächlich eine Kapitalerhöhung unter Ausschluss des Bezugsrechts stattfindet. Nur dies könnte es aber rechtfertigen, an den Direktausschluss im Ermächtigungsbeschluss höhere Anforderungen als nach den „Siemens/Nold"-Grundsätzen zu stellen.

Folglich sind die „Siemens/Nold"-Grundsätze auch auf einen Direktausschluss anwendbar.

Sollte sich schließlich im Zeitpunkt der Ermächtigung bereits konkret eine Situation abzeichnen, in der eine Ausnutzung des genehmigten Kapitals mit verbundenem Bezugsrechtsausschluss erforderlich sein könnte, so ist dies, entgegen einer Ansicht in der Literatur, nicht bei der Prüfung der sachlichen Rechtfertigung der Ermächtigung miteinzubeziehen.[164] Vielmehr ist allein eine Prüfung anhand der generell-abstrakten Umschreibungen vorzunehmen, da sich die Ermächtigung gerade nicht auf eine konkrete Ausnutzungssituation bezieht, sondern in allgemeiner Weise den Geschäftsführern für einen gewissen Zeitraum die Kompetenz zur Ausnutzung des genehmigten Kapitals und zum Bezugsrechtsausschluss einräumt. Eine Berücksichtigung von konkreten Anhaltspunkten dagegen könnte zu Unsicherheiten bei der Bestimmung der sachlichen Anforderungen an die Ermächtigung führen, was wiederum mit Sinn und Zweck des genehmigten Kapitals in Konflikt geriete.

IV. Ausnutzungsebene – Darstellung des Meinungsstands

Hinsichtlich der Ausnutzung eines bezugsrechtsfreien genehmigten Kapitals oder der Ausübung der Ermächtigung zum Bezugsrechtsausschluss durch die Geschäftsführer tauchen im Schrifttum zu § 55a GmbHG eine ganze Reihe von Fragen auf. Dabei stellt sich neben die Problematik der materiellen Anforderungen an die Entscheidung der Geschäftsführer die Frage der Kompetenzabgrenzung zwischen Gesellschafterversammlung und Geschäftsführer.

1. Fragen der Kompetenzabgrenzung

Da der Bezugsrechtsausschluss durch die Geschäftsführer im Rahmen der Ausnutzung des genehmigten Kapitals entschieden wird, stellen sich die allgemeinen kompetenzrechtlichen Fragen, die im ersten Kapitel behandelt wurden, auch hier. Allerdings wird zum Teil unter den Besonderheiten des Bezugsrechtsausschlusses

163 So zum Direktausschluss BGH NJW 1997, 2815, 2816 („Siemens/Nold").
164 Vgl. zu dieser Ansicht oben Fußnote 123.

eine von allgemeinen Grundsätzen abweichende oder jedenfalls spezifische Behandlung der jeweiligen kompetenzrechtlichen Frage in der Literatur vertreten.

a) Erforderlichkeit einer ausdrücklichen Ermächtigung der Geschäftsführer zum Bezugsrechtsausschluss

Die Frage, ob die Geschäftsführer das Bezugsrecht nur dann ausschließen können, wenn die Satzungsgrundlage des genehmigten Kapitals sie hierzu ausdrücklich ermächtigt, gehört zum Problemkreis der Reichweite einer allgemeinen Ermächtigung i.S.d. § 55a GmbHG.[165]

Die ganz herrschende Meinung befürwortet hierbei – meist unter Verweis auf die entsprechende Rechtslage bei der AG (§ 203 Abs. 2 S. 1 AktG) – das Erfordernis einer ausdrücklichen Ermächtigung als Voraussetzung dafür, dass die Geschäftsführer bei Ausnutzung des genehmigten Kapitals zur Entscheidung über einen Bezugsrechtsausschluss befugt sind.[166]

Lediglich eine sich deutlich in der Minderheit befindliche Ansicht geht – ohne dies ausdrücklich zu benennen – von der Möglichkeit eines Bezugsrechtsausschlusses durch die Geschäftsführer auch ohne ausdrückliche satzungsmäßige Ermächtigung aus.[167]

b) Weisungsbefugnis der Gesellschafterversammlung hinsichtlich der Entscheidung der Geschäftsführer zum Bezugsrechtsausschluss

Eine weitere Facette im Rahmen der Kompetenzabgrenzung beim Bezugsrechtsausschluss ist die Frage, ob der Gesellschafterversammlung ein Weisungsrecht hinsichtlich des Ausschlusses des Bezugsrechts durch die Geschäftsführer bei Ausnutzung

---

165 Siehe die allgemeine Untersuchung hierzu 1. Kapitel, Punkt C.IV.

166 OLG München, NJW-RR 2012, 612, 613; Bork/Schäfer/*Arnold/Born*, § 55a Rn. 21; Ulmer/Habersack/Winter/*Casper*, § 55a Rn. 32; Ring/Grziwotz/*Herrler*, § 55a Rn. 11, 35; Saenger/Inhester/*Inhester*, § 55a Rn. 24, 31; Münch/Komm/*Lieder*, § 55a Rn. 69; Lutter/Hommelhoff/*Lutter/Bayer*, § 55a Rn. 23; Scholz/*Priester*, § 55a Rn. 35; *ders.*, GmbHR 2008, 1177, 1182; Roth/Altmeppen/*Roth*, § 55a Rn. 20; *Terbrack*, DNotZ 2012, 917, 924; Römermann/*Wiese/Schneider*, § 5 Rn. 213; BeckOK/*Ziemons*, § 55a Rn. 60; Baumbach/Hueck/*Zöllner/Fastrich*, § 55a Rn. 14.

167 Henssler/Strohn/*Gummert*, § 55a Rn. 15 nimmt für den Fall, dass die Satzungsgrundlage oder der Gesellschafterbeschluss über das Bezugsrecht „*nichts enthält*", an, dass das Bezugsrecht von den Geschäftsführern „*in gleicher Weise berücksichtigt werden*" müsse, „*in welcher dies bei einer Kapitalerhöhung nach § 55*" die Gesellschafter würden berücksichtigen müssen; MünchHBdGesR/*Wegmann*, § 53 Rn. 147 geht davon aus, dass die Geschäftsführer nur aufgrund eines „*sachlichen Grundes*" vom Bezugsrecht der Altgesellschafter abweichen dürften, „*wenn die Ermächtigung selbst keine eindeutigen Festlegungen der Bezugsberechtigten enthält*". Implizit gehen also beide davon aus, dass die Geschäftsführer einen Bezugsrechtsausschluss ohne ausdrückliche Ermächtigung durchführen können, sofern dessen materielle Voraussetzungen gegeben sind.

des genehmigten Kapitals zusteht. Diese Frage wird selbstverständlich nur relevant, wenn man – richtigerweise[168] – ein Weisungsrecht bei der Ausnutzung des genehmigten Kapitals im Allgemeinen befürwortet.

Hierzu wird teilweise die – nicht näher begründete – Ansicht vertreten, dass die Gesellschafterversammlung im Rahmen der Ausnutzung des genehmigten Kapitals nicht zu einem Bezugsrechtsausschluss anweisen dürfe, obwohl ansonsten ein Weisungsrecht befürwortet wird.[169]

Andere halten eine Weisung zum Bezugsrechtsausschluss ausdrücklich für zulässig.[170]

Bormann befürwortet die Möglichkeit einer Weisung hinsichtlich der Entscheidung der Geschäftsführer über den Bezugsrechtsausschluss, betont aber einschränkend, dass der Weisungsbeschluss der gleichen Mehrheit bedürfe wie ein Beschluss, der einen Bezugsrechtsausschluss im Rahmen einer ordentlichen Kapitalerhöhung zum Gegenstand habe.[171]

c) Pflicht zur Information der Gesellschafterversammlung vor Durchführung einer Kapitalerhöhung mit Bezugsrechtsausschluss

Eine generelle Pflicht zur Vorabinformation oder Vorlage vor Ausnutzung des genehmigten Kapitals besteht nach fast allgemeiner Ansicht nicht.[172]

Wollen die Geschäftsführer allerdings von der Ermächtigung zum Bezugsrechtsausschluss Gebrauch machen, nimmt eine überwiegende Ansicht in der Literatur eine Pflicht zur Vorabinformation an.[173] Teilweise wird sogar eine Vorlagepflicht befürwortet, jedenfalls dann, wenn nicht ein rasches Handeln im Interesse der Gesellschaft erforderlich sei.[174]

---

168 Siehe hierzu 1. Kapitel, Punkt C.V.1.a.(2).

169 Henssler/Strohn/*Gummert*; § 55a Rn. 27; Scholz/*Priester*, § 55a Rn. 21; *ders.*, GmbHR 2008, 1177, 1179.

170 Bork/Schäfer/*Arnold/Born*, § 55a Rn. 24; Münch/Komm/*Lieder*, § 55a Rn. 72; *ders.*, DNotZ 2010, 655, 675; *Terbrack*, DNotZ 2012, 917, 925. Die anderen Anhänger eines Weisungsrechts gehen nicht näher auf den Sonderfall des Bezugsrechtsausschlusses durch die Geschäftsführer ein, vgl. allgemein zum Meinungsbild 1. Kapitel, Punkt C.V.1.a.(1).

171 Gehrlein/Ekkenga/Simon/*Bormann*, § 55a Rn. 48; ebenso Ring/Grziwotz/*Herrler*, § 55a Rn. 36.

172 Siehe 1. Kapitel, Punkt C.V.1.c.

173 Gehrlein/Ekkenga/Simon/*Bormann*, § 55a Rn. 49; *Eggert*, GmbHR 2014, 856, 862 f.; Ring/Grziwotz/*Herrler*, § 55a Rn. 36; Münch/Komm/*Lieder*, § 55a Rn. 73; *ders.*, ZGR 10, 868, 906 f.; *ders.*, DNotZ 2010, 655, 675 f.; *Nietsch*, FS Schneider, 873, 888; Bunnemann/Zirngibl/*Thun*, § 6 Rn. 86; Baumbach/Hueck/*Zöllner/Fastrich*, § 55a Rn. 14; ebenso, allerdings ausdrücklich gegen eine Wartefrist *Trautmann*, S. 88 ff.

174 Scholz/*Priester*, § 55a Rn. 38; *ders.*, GmbHR 2008, 1177, 1182; ähnlich Bork/Schäfer/*Arnold/Born*, § 55a Rn. 23; Bunnemann/Zirngibl/*Thun*, § 6 Rn. 86; wohl auch *Katschinski/Rawert*, ZIP 2008, 1993, 1997; ausdrücklich gegen diese Ansicht *Terbrack*,

Begründet wird diese Ansicht oft mit der größeren Bedeutung des Bezugsrechts für den Gesellschafter in der personalistisch strukturierten GmbH im Vergleich zur AG.[175] Weiterhin wird vertreten, dass die Gesellschafter nur so die effektive Möglichkeit hätten, die Rechtmäßigkeit des Bezugsrechtsausschlusses zu prüfen und gegen rechtswidrige Bezugsrechtsausschlüsse vorzugehen.[176]

Ferner stellen manche Befürworter einer Pflicht zur Vorabinformation den Bezugsrechtsausschluss einer außergewöhnlichen Geschäftsmaßnahme gleich[177] oder betonen, dass nur durch eine Vorabinformationspflicht das Weisungsrecht wirksam wahrgenommen werden könne.[178] Es wird auch angeführt, dass die Geschäftsführer anders als im Aktienrecht grundsätzlich keiner Kontrolle durch einen Aufsichtsrat unterlägen.[179] Schließlich wird darauf verwiesen, dass eine mit einem Vorabbericht verbundene kurze Wartefrist von wenigen Tagen mit dem Zweck des genehmigten Kapitals noch in Einklang zu bringen sei.[180]

Nach anderer Ansicht ist eine Vorabberichterstattung auch bei einem beabsichtigten Bezugsrechtsausschluss abzulehnen.[181]

Zur Begründung wird zum Teil auf die entsprechende Lage im Aktienrecht und auf die ansonsten bestehende Gefahr der Einschränkung der vom Gesetzgeber beabsichtigten erhöhten Flexibilität der Kapitalbeschaffung verwiesen.[182]

Auch wird vertreten, dass eine bestehende Ermächtigung zum Bezugsrechtsausschluss notwendigerweise eine selbstständige Entscheidung der Geschäftsführer beinhalte.[183]

Eine differenzierende Ansicht vertritt schließlich *Casper*. In Gesellschaften mit nicht mehr als zehn Gesellschaftern soll eine Pflicht zur Vorabinformation gegeben sein. Diese müsse nicht mittels einer Gesellschafterversammlung, sondern könne

---

DNotZ 2012, 917, 926; *Trautmann*, S. 142 f.; für eine generelle Pflicht zur Vorlage bei beabsichtigter Ausnutzung des genehmigten Kapitals *Cramer*, GmbHR 2009, 406, 409.

175 Münch/Komm/*Lieder*, § 55a Rn. 73; *ders.*, ZGR 10, 868, 907; *ders.*, DNotZ 2010, 655, 676; Scholz/*Priester*, § 55a Rn. 37; *ders.*, GmbHR 2008, 1177, 1182; Bunnemann/Zirngibl/*Thun*, § 6 Rn. 86; Baumbach/Hueck/*Zöllner/Fastrich*, § 55a Rn. 14.

176 Gehrlein/Ekkenga/Simon/*Bormann*, § 55a Rn. 49; *Eggert*, GmbHR 2014, 856, 862; Ring/Grziwotz/*Herrler*, § 55a Rn. 36; Bunnemann/Zirngibl/*Thun*, § 6 Rn. 86; *Trautmann*, S. 89 f.; Baumbach/Hueck/*Zöllner/Fastrich*, § 55a Rn. 14.

177 *Nietsch*, FS Schneider, 873, 888; Scholz/*Priester*, § 55a Rn. 38; *ders.*, GmbHR 2008, 1177, 1182.

178 Gehrlein/Ekkenga/Simon/*Bormann*, § 55a Rn. 49; *Eggert*, GmbHR 2014, 856, 862; Münch/Komm/*Lieder*, § 55a Rn. 73; *ders.*, ZGR 10, 868, 907; *ders.*, DNotZ 2010, 655, 676 f.

179 Münch/Komm/*Lieder*, § 55a Rn. 73; *ders.*, ZGR 10, 868, 907; *ders.*, DNotZ 2010, 655, 676.

180 *Eggert*, GmbHR 2014, 856, 862.

181 *Terbrack*, DNotZ 2012, 917, 925; BeckOK/*Ziemons*, § 55a Rn. 60 a.

182 *Terbrack*, DNotZ 2012, 917, 925.

183 BeckOK/*Ziemons*, § 55a Rn. 60a.

auch *„auf anderem Wege (z.B. postalisch oder telefonisch) erfolgen."* In größeren Gesellschaften könne dagegen die Ermächtigung vorsehen, dass die Gesellschafter *„bei einer besonderen Eilbedürftigkeit erst im Anschluss an den Bezugsrechtsausschluss zu unterrichten sind."*[184] *Casper* begründet seine Ansicht, die im Ergebnis auch auf eine Pflicht zur Vorabberichterstattung in den meisten Fällen hinausläuft, mit der Notwendigkeit, den Gesellschaftern die Möglichkeit zum vorbeugenden Rechtsschutz zu eröffnen.[185]

Am weitesten gehen schließlich die Ausführungen von *Eggert*. Danach ist ein Vorabbericht nicht nur stets erforderlich, sondern es soll sogar eine Dringlichkeitserleichterung, d.h. die Einschränkung der Notwendigkeit eines Vorabberichts in der Ermächtigung, im Hinblick auf den Minderheitenschutz generell unzulässig sein.[186]

2. Materielle Anforderungen an die Entscheidung der Geschäftsführer

Schließen die Geschäftsführer im Rahmen der Ausnutzung das Bezugsrecht aus, so handelt es sich um eine Entscheidung anhand eines konkreten Sachverhalts, die ohne, für deren rechtliche Beurteilung relevante, zeitliche Verzögerung zur Geltung gelangt. Folglich bedarf dieser Ausschluss nach allgemeiner Ansicht im Einklang mit der aktienrechtlichen Beurteilung und wie bei einem Bezugsrechtsausschluss im Rahmen einer ordentlichen Kapitalerhöhung jedenfalls der umfassenden sachlichen Rechtfertigung.[187]

Liegt dagegen ein Direktausschluss vor, so hat dieser zur Folge, dass die Geschäftsführer die Ausnutzung des genehmigten Kapitals nur unter den Bedingungen des der Ermächtigung immanenten Bezugsrechtsausschlusses durchführen können.[188] Soweit die Literatur zu § 55a GmbHG diese Frage behandelt, wird darauf verwiesen, dass auch in diesem Fall die Entscheidung der Geschäftsführer einer

---

184 Ulmer/Habersack/Winter/*Casper*, § 55a Rn. 33.

185 Ulmer/Habersack/Winter/*Casper*, § 55a Rn. 33.

186 *Eggert*, GmbHR 2014, 856, 862 f.

187 Bork/Schäfer/*Arnold/Born*, § 55a Rn. 24; Gehrlein/Ekkenga/Simon/*Bormann*, § 55a Rn. 47; Ulmer/Habersack/Winter/*Casper*, § 55a Rn. 33; Henssler/Strohn/*Gummert*; § 55a Rn. 16; *Herrler*, DNotZ 2008, 903, 913; Ring/Grziwotz/*Herrler*, § 55a Rn. 36; Münch/Komm/*Lieder*, § 55a Rn. 72; *ders.*, DNotZ 2010, 655, 675; Lutter/Hommelhoff/*Lutter/Bayer*, § 55a Rn. 23; *Nietsch*, FS Schneider, 873, 888; Scholz/*Priester*, § 55a Rn. 38; *ders.*, GmbHR 2008, 1177, 1182; Roth/Altmeppen/*Roth*, § 55a Rn. 20; *Terbrack*, DNotZ 2012, 917, 925; Bunnemann/Zirngibl/*Thun*, § 6 Rn. 85; BeckOK/*Ziemons*, § 55a Rn. 60; Baumbach/Hueck/*Zöllner/Fastrich*, § 55a Rn. 14.

188 Münch/Komm/AktG/*Bayer*, § 203 Rn. 89, spricht im vergleichbaren Fall bei der AG von *„bezugsrechtsfreie* [m] *genehmigte* [n] *Kapital*"; Ring/Grziwotz/*Herrler*, § 55a Rn. 32, spricht vom mit der Ausnutzung des genehmigten Kapitals *„notwendig verknüpfte* [n]" Bezugsrechtsausschluss.

konkreten Inhaltskontrolle unterliege (entsprechend der Ausübung einer Ermächtigung mit ins Ermessen gestelltem Bezugsrechtsausschluss).[189]

3. Folgen eines fehlerhaften Bezugsrechtsausschlusses durch die Geschäftsführer

Schließen die Geschäftsführer das Bezugsrecht fehlerhaft bei Ausnutzung des genehmigten Kapitals aus, so wird in der Literatur zu § 55a GmbHG in Anlehnung an die Lösungskonzepte im Aktienrecht[190] vertreten, dass die benachteiligten Gesellschafter mittels Unterlassungsklage, und, falls die Verhinderung der Eintragung nicht mehr möglich sei, mittels Feststellungsklage vorgehen könnten.[191] Teilweise wird in Bezug auf die Unterlassungsklage auch ausdrücklich die Möglichkeit des einstweiligen Rechtsschutzes erwähnt.[192] Das Feststellungsinteresse sei gegeben, weil man von den Geschäftsführern ein der Entscheidung des Gerichts entsprechendes Verhalten erwarten könne. Ferner habe die Feststellung Bedeutung für mögliche Ersatzansprüche.[193]

Schadensersatzansprüche werden zum einen zugunsten der Gesellschafter gegenüber der Gesellschaft wegen der Verletzung des Bezugsrechts[194] und zum anderen zugunsten der Gesellschaft gegenüber den Geschäftsführern (§ 43 Abs. 2 GmbHG) befürwortet.[195]

Es lässt sich also feststellen, dass keine besondere Abweichung zur Rechtslage bei der AG vertreten wird. Soweit einzelne Stimmen das praktische Bedürfnis der

---

189 Münch/Komm/*Lieder*, § 55a Rn. 63; *ders.*, DNotZ 2010, 655, 670; Ring/Grziwotz/*Herrler*, § 55a Rn. 32; andeutungsweise auch *Herrler*, DNotZ 2008, 903, 913.

190 Siehe hierzu Punkt A.III.3.c.

191 Bork/Schäfer/*Arnold/Born*, § 55a Rn. 24; Ulmer/Habersack/Winter/*Casper*, § 55a Rn. 34; Henssler/Strohn/*Gummert*, § 55a Rn. 14 (der allerdings nur die Unterlassungsklage erwähnt); *Herrler*, DNotZ 2008, 903, 913; Lutter/Hommelhoff/*Lutter/Bayer*, § 55a Rn. 24; Scholz/*Priester*, § 55a Rn. 40; *ders.*, GmbHR 2008, 1177, 1182; ebenso Münch/Komm/*Lieder*, § 55a Rn. 76, der aber die Unterlassungsklage wegen des Weisungsrechts der Gesellschafter als eher praxisfern bezeichnet; ähnlich Baumbach/Hueck/*Zöllner/Fastrich*, § 55a Rn. 23, der aufgrund der regelmäßig gut funktionierenden Kontrolle der Geschäftsführer durch die Gesellschafter von einem deutlich geringeren Bedürfnis für zusätzliche Kontrollmechanismen als in der AG ausgeht.

192 Ulmer/Habersack/Winter/*Casper*, § 55a Rn. 34; Henssler/Strohn/*Gummert*, § 55a Rn. 14; Lutter/Hommelhoff/*Lutter/Bayer*, § 55a Rn. 24; Scholz/*Priester*, § 55a Rn. 40; *ders.*, GmbHR 2008, 1177, 1182.

193 Münch/Komm/*Lieder*, § 55a Rn. 76.

194 *Herrler*, DNotZ 2008, 903, 913; Münch/Komm/*Lieder*, § 55a Rn. 76, § 55 Rn. 103 Lutter/Hommelhoff/*Lutter/Bayer*, § 55a Rn. 24.

195 Bork/Schäfer/*Arnold/Born*, § 55a Rn. 24; Ulmer/Habersack/Winter/*Casper*, § 55a Rn. 34; Münch/Komm/*Lieder*, § 55a Rn. 76; Scholz/*Priester*, § 55a Rn. 40; *ders.*, GmbHR 2008, 1177, 1182.

Rechtsschutzmöglichkeiten bezweifeln, bedeutet dies nicht, dass diese Autoren eine einschränkende Ansicht vertreten.[196]

V. Ausnutzungsebene – Stellungnahme

1. Erforderlichkeit einer ausdrücklichen Ermächtigung der Geschäftsführer

Im Ergebnis ist der ganz herrschenden Auffassung[197] zuzustimmen, dass die Reichweite einer allgemeinen Ermächtigung i.S.d. § 55a GmbHG nicht die Befugnis der Geschäftsführer umfasst, das Bezugsrecht bei Ausnutzung des genehmigten Kapitals auszuschließen. Der von der ganz herrschenden Meinung hierfür vorgebrachte Verweis auf § 203 Abs. 2 S. 1 AktG ist als Begründung nicht zu beanstanden.

Dennoch soll im Interesse eines ganzheitlichen Lösungsansatzes im Folgenden dargelegt werden, weshalb unter Zugrundelegung der oben entwickelten Kriterien zur Bestimmung der Reichweite des Ermessens der Geschäftsführer[198] die Entscheidung über den Bezugsrechtsausschluss nicht von der allgemeinen Ermächtigung i.S.d. § 55a GmbHG umfasst ist.

a) Untrennbarer Zusammenhang mit der Gesamtmaßnahme „Erhöhung des Stammkapitals“

Der Ausschluss des Bezugsrechts steht im untrennbaren Zusammenhang mit der Erhöhung des Stammkapitals, da er ohne diese gegenstandslos wäre und keinen Sinn ergäbe.

b) Vergleich mit den Befugnissen des Vorstands der AG

Der Vorstand der AG kann beim genehmigten Kapital das Bezugsrecht nur aufgrund einer ausdrücklichen Ermächtigung ausschließen (§ 203 Abs. 2 S. 1 AktG).[199]

Da das Bezugsrecht der Gesellschafter der GmbH mindestens ebenso schützenswert ist wie dasjenige der Aktionäre,[200] findet diese Beschränkung der Befugnisse des Vorstands entsprechende Anwendung auf die Kompetenz der Geschäftsführer bei der Ausnutzung des genehmigten Kapitals der GmbH.

---

196 Die praktischen Zweifel bei Münch/Komm/*Lieder*, § 55a Rn. 76 und Baumbach/Hueck/*Zöllner/Fastrich*, § 55a Rn. 23 münden nicht in einem anderen Ergebnis hinsichtlich der Bandbreite der Rechtsschutzmöglichkeiten.

197 Siehe hierzu oben Fußnote 166.

198 Zu den Kriterien im Einzelnen siehe 1. Kapitel, Punkt C.IV.1.e.

199 Siehe zum Bezugsrechtsausschluss beim aktienrechtlichen genehmigten Kapitel, Punkt A.III.

200 Siehe zu diesem Argument der Befürworter eines Bezugsrechts oben Punkt A.II.1.b.

c) Einschränkung aufgrund der Wirkung des Bezugsrechtsausschlusses

Beim Ausschluss des Bezugsrechts handelt es sich zwar dem Charakter nach nicht um eine Strukturmaßnahme, weil dieser nicht unmittelbar die Struktur der Gesellschaft gestaltet. Der Ausschluss des Bezugsrechts ist jedoch unzweifelhaft eine Maßnahme mit körperschaftlicher Wirkung, da die Rechtsstellung der benachteiligten Gesellschafter und die Beteiligungsverhältnisse der Gesellschaft betroffen sind.[201]

Eine Maßnahme mit körperschaftlicher Wirkung wäre aber von der allgemeinen Ermächtigung i.S.d. § 55a GmbHG nur erfasst, wenn die Maßnahme sich in ihrer Wirkung auf die Durchführung der Kapitalerhöhung beschränkt und nicht dauerhaft die Rechtstellung der Gesellschafter und die Verhältnisse der Gesellschaft beeinflusst und daher unzulässig in die Organisationszuständigkeit der Gesellschafter eingreift. Die durch den Ausschluss des Bezugsrechts herbeigeführte Veränderung der Beteiligungsquote des betroffenen Gesellschafters und der Beteiligungsverhältnisse insgesamt hat unzweifelhaft dauerhafte Wirkung und geht damit über die Durchführung der konkreten Kapitalerhöhung hinaus.

Auch nach diesem Kriterium wäre also eine ausdrückliche Ermächtigung erforderlich, damit die Geschäftsführer bei Ausnutzung des genehmigten Kapitals einen Bezugsrechtsausschluss durchführen könnten.

d) Kompetenz der Geschäftsführer hinsichtlich des Zulassungsbeschlusses

Wird das Bezugsrecht ausgeschlossen, so fordern auch die Befürworter eines gesetzlichen Bezugsrechts einen Zulassungsbeschluss im Sinne von § 55 Abs. 2 S. 1 GmbHG.[202]

Da der Zulassungsbeschluss wegen seiner Auswirkung auf das Beteiligungsverhältnis in der Gesellschaft und die Rechtstellung der benachteiligten Gesellschafter körperschaftlichen Charakter hat,[203] ist die Kompetenz der Geschäftsführer hierzu grundsätzlich mangels ausdrücklicher Ermächtigung nicht gegeben. Man wird aber davon ausgehen müssen, dass die ausdrückliche Befugnis in der Ermächtigung, das Bezugsrecht auszuschließen, auch stillschweigend die Befugnis zur Vornahme eines entsprechenden Zulassungsbeschlusses umfasst, weil ansonsten der Bezugsrechtsausschluss nicht durchgeführt werden könnte.

2. Weisungsbefugnis der Gesellschafterversammlung hinsichtlich des Ausschlusses des Bezugsrechts durch die Geschäftsführer

Die Gesellschafterversammlung hat ein umfassendes Weisungsrecht in Bezug auf die Ausnutzung des genehmigten Kapitals durch die Geschäftsführer.[204]

201 Zur Begriffsbestimmung siehe 1. Kapitel, Punkt A.IV.2.
202 Siehe dazu oben Punkt A.II.3.
203 Siehe zur Begriffsbestimmung 1. Kapitel, Punkt A.IV.2.
204 Siehe hierzu 1. Kapitel, Punkt C.V.1.a.(2).

Soweit teilweise vertreten wird, dass dieses Weisungsrecht die Bezugsrechte der Gesellschafter nicht berühren dürfe oder für einen Weisungsbeschluss zum Bezugsrechtsausschluss ausnahmsweise höhere Mehrheitsanforderungen zu gelten hätten, kann dem nicht gefolgt werden.[205] Zuzugeben ist zwar, dass es nicht unbedenklich erscheint, wenn die einfache Mehrheit der Gesellschafter die Geschäftsführer zur Durchführung eines Bezugsrechtsausschlusses anweisen kann. Dies stellt allerdings die zwingende Konsequenz aus der Übertragung der Kompetenz zur Vornahme der Kapitalerhöhung auf die Geschäftsführer dar, deren Durchführung generell der Weisungsbefugnis der Gesellschafterversammlung unterfällt. Folglich kann nicht eine einzelne Maßnahme, die Bestandteil der Ausnutzung des genehmigten Kapitals ist, von diesem Weisungsrecht ausgenommen werden. Das Weisungsrecht besteht entweder für die gesamte Ausnutzung des genehmigten Kapitals oder es besteht hierfür überhaupt nicht. Darüber hinaus können die hinter der einschränkenden Ansicht stehenden Bedenken,[206] die sich wohl aus der Bedeutung des Bezugsrechts für den einzelnen Gesellschafter[207] und aus Gesichtspunkten des Minderheitenschutzes ergeben, nicht geteilt werden.

Der Bedeutung des Bezugsrechts wird bereits dadurch Rechnung getragen, dass die Geschäftsführer dieses nur aufgrund einer ausdrücklichen Satzungsermächtigung ausschließen dürfen. Die Ermächtigung erfordert als Satzungsänderung eine entsprechende Mehrheit gemäß § 53 Abs. 2 S. 1 GmbHG.

Gesichtspunkte des Minderheitenschutzes stehen einem mit einfacher Mehrheit gefassten Weisungsbeschluss nicht entgegen. Die Konsequenz einer Beschränkung des Weisungsrechts wäre nämlich nur eine größere Entscheidungsfreiheit der Geschäftsführer hinsichtlich der Durchführung eines Bezugsrechtsausschlusses. Den Geschäftsführern kommt aber nicht die Rolle der Hüter der Rechte der Gesellschafterminderheit zu. Ferner werden die Geschäftsführer im Hinblick auf die grundsätzlich jederzeitige Abberufungsmöglichkeit (§ 38 Abs. 1 GmbHG) auch ohne bestehende Weisungsbindung regelmäßig dazu tendieren, dem erkennbaren Willen der Gesellschaftermehrheit zu folgen.[208]

Unter der Voraussetzung, dass eine Ermächtigung der Geschäftsführer zum Ausschluss des Bezugsrechts im Rahmen der Ausnutzung des genehmigten Kapitals besteht, kann die Gesellschafterversammlung daher die Geschäftsführer mit einfacher Mehrheit sowohl zum Ausschluss des Bezugsrechts als auch zu dessen Unterlassen anweisen. Der Weisungsbeschluss muss dabei die Grenzen der Ermächtigung

---

205 Siehe zum Meinungsstand oben Punkt B.IV.1.b.

206 Auf diese kann nur geschlossen werden, weil eine ausdrückliche Begründung bei Henssler/Strohn/*Gummert*, § 55a Rn. 27; Scholz/*Priester*, § 55a Rn. 21; *ders.*, GmbHR 2008, 1177, 1179 fehlt.

207 Hierzu Scholz/*Priester*, § 55a Rn. 37.

208 Vgl. zu diesen Aspekten schon die Ausführungen im 1. Kapitel, Punkt C.V.1.a.(2).vii.

beachten und ist, wenn er zur Durchführung des Bezugsrechtsausschlusses anweist, auf seine sachliche Rechtfertigung hin zu überprüfen.[209]

Besteht ein bezugsrechtsfreies genehmigtes Kapital, so kann die Gesellschafterversammlung die Geschäftsführer anweisen, die Ausnutzung durchzuführen oder zu unterlassen, wobei auch hier wiederum ein Beschluss, der zur Ausnutzung anweist, dem Erfordernis der sachlichen Rechtfertigung genügen muss.

3. *Pflicht der Geschäftsführer zur Vorabinformation oder Vorlage*

Eine allgemeine Vorlagepflicht oder Pflicht zur Vorabberichterstattung der Geschäftsführer vor Ausnutzung des genehmigten Kapitals ist abzulehnen.[210]

Zur Klärung der Frage, ob jedenfalls dann eine Pflicht zur Vorlage oder Vorabberichterstattung in Betracht kommt, wenn die Geschäftsführer im Rahmen der Ausnutzung des genehmigten Kapitals einen Bezugsrechtsausschluss durchführen wollen, ist zunächst eine Stellungnahme hinsichtlich des Meinungsstreits zum Bestehen einer Pflicht zur Vorabinformation im Rahmen des aktienrechtlichen genehmigten Kapitals erforderlich. Unter Berücksichtigung dieses Ergebnisses muss man sich anschließend mit der Rechtslage bei § 55a GmbHG auseinandersetzen.

a) Pflicht zur Vorabinformation beim aktienrechtlichen genehmigten Kapital

Mit dem BGH und dem ihm folgenden Schrifttum ist eine Pflicht des Vorstands zur Berichterstattung vor Ausnutzung des genehmigten Kapitals abzulehnen.

Von allen vorgebrachten, zutreffenden Argumenten[211] ist der Sinn und Zweck des genehmigten Kapitals das gewichtigste. Eine Vorabberichterstattungspflicht mit gleichzeitiger Einwendungsfrist würde dem genehmigten Kapital die Flexibilität nehmen. Eine Vorabberichterstattung ohne eine Frist, die eine Reaktion der Aktionäre zumutbar ermöglicht, würde aber keinen messbaren Gewinn hinsichtlich des Rechtsschutzes der Aktionäre bringen und hätte somit keinen erkennbaren Sinn.

Eine Pflicht zur Vorabinformation erfordert ihrem Sinn nach daher immer eine angemessene Wartefrist und eine solche Wartefrist kollidiert auf schärfste mit Sinn und Zweck des genehmigten Kapitals.

Wenn die Vertreter der Gegenansicht auf den eingeschränkten Rechtsschutz der Aktionäre beim Ausschluss des Bezugsrechts durch den Vorstand hinweisen,[212] so ist diese Argumentation zwar, zieht man einen Vergleich zur regulären Kapitalerhöhung, nicht ohne Substanz. Diese Einschränkung ist aber die zwingende Konsequenz aus der Kompetenzordnung beim genehmigten Kapital. Kann der Vorstand

---

209 Trotz der Weisung bleiben die materiellen Anforderungen an einen Bezugsrechtsausschluss selbstverständlich unverändert; diese muss der Weisungsbeschluss beachten; vgl. allgemein zu den Schranken der Weisungsbefugnis 1. Kapitel, Punkt V.1.b.

210 Siehe hierzu 1. Kapitel, Punkt C.V.1.c.(2).

211 Vgl. oben Punkt A.III.3.b.

212 Siehe hierzu oben Punkt A.III.3.b.(2).ii.

demnach eine Kapitalerhöhung und einen Bezugsrechtsausschluss entscheiden und durchführen, so richten sich eben die Rechtsschutzmöglichkeiten auch nach dieser Kompetenzaufteilung.[213] Dies allein kann nicht eine dem Aktienrecht fremde Vorabinformationspflicht des Vorstands an die Aktionäre rechtfertigen.

b) Rechtslage bei § 55a GmbHG

Es wurde im ersten Kapitel herausgearbeitet, dass die Ausnutzung des genehmigten Kapitals an sich keine Pflicht zur Vorlage oder Vorabinformation an die Gesellschafterversammlung begründet. Dies kann nur bei Hinzutreten besonderer Umstände, die von den Eigenheiten in der jeweiligen Gesellschaft abhängig sind, geboten sein. Der Grund hierfür ist, dass bei Bestehen einer allgemeinen Ermächtigung i.S.d. § 55a GmbHG den Geschäftsführern ausdrücklich die Kompetenz zur Kapitalerhöhung in bestimmten Grenzen und damit auch notwendigerweise ein gewisser Entscheidungs- und Gestaltungsspielraum übertragen wird, was dazu führt, dass für die bloße Ausnutzung des genehmigten Kapitals an sich die Vermutung, dass die Gesellschafter eine besonders bedeutsame oder außergewöhnliche Maßnahme selbst entscheiden oder diese jedenfalls überprüfen wollen, widerlegt ist.[214]

Dieser Gedanke gilt genauso für eine Vorlagepflicht oder Vorabberichterstattungspflicht vor einem Ausschluss des Bezugsrechts im Rahmen der Ausnutzung des genehmigten Kapitals.

Die zahlreichen Befürworter einer Pflicht zur Vorabberichterstattung haben zwar ganz recht damit, wenn sie die erhebliche Bedeutung des Bezugsrechts für den Gesellschafter der GmbH im Allgemeinen und im Verhältnis zum Aktionär der AG im Besonderen herausstellen. Allerdings übersehen sie, dass der Bedeutung des Bezugsrechts für die Gesellschafter bereits durch das Erfordernis der ausdrücklichen Ermächtigung Rechnung getragen wird.

Der Eingriff in die Position der benachteiligten Gesellschafter, den eine Ausnutzung mit Bezugsrechtsausschluss beinhaltet, der auch von außergewöhnlichem Charakter ist und deshalb grundsätzlich Vorlage- und Vorabinformationspflichten zu begründen geeignet wäre, wird also dadurch kompensiert, dass zum Ausschluss des Bezugsrechts eine allgemeine Ermächtigung i.S.d. § 55a GmbHG nicht ausreicht, sondern eine ausdrückliche Ermächtigung erforderlich ist.

Sieht die Satzung eine solche ausdrückliche Ermächtigung vor, ohne eine Pflicht zur Vorlage oder Vorabinformation festzulegen,[215] billigt sie damit den Geschäftsführern auch bezüglich des Ausschlusses des Bezugsrechts einen gewissen Entscheidungs- und Gestaltungsspielraum zu. Hierdurch ist die der Vorlagepflicht und ebenso auch der Vorabinformationspflicht zugrundeliegende Vermutung, dass die Gesellschafter den Sachverhalt wegen seiner Bedeutung oder Außergewöhnlichkeit

---

213 Zu den einzelnen Rechtsschutzmöglichkeiten vgl. oben Punkt A.III.3.c.
214 Siehe zu allem schon 1. Kapitel, Punkt C.V.1.c.(2).
215 Dies wäre – entsprechend der im 1. Kapitel herausgearbeiteten Grundsätze – ohne weiteres zulässig.

selbst entscheiden oder jedenfalls vorab überprüfen wollen, widerlegt, sodass die bloße Ausübung der Ermächtigung zum Bezugsrechtsausschluss an sich keine derartigen Pflichten begründet.

Darüber hinaus gelten auch hier die teleologischen Bedenken, die gegen eine Pflicht zur Vorabberichterstattung beim aktienrechtlichen genehmigten Kapital berechtigterweise vorgebracht werden, in gleicher Weise.

Freilich können wiederum besondere Umstände in der jeweiligen Gesellschaft dazu führen, dass anders entschieden werden muss. Sind solche Umstände aber nicht gegeben, können die Geschäftsführer bei Ausnutzung des genehmigten Kapitals auf der Grundlage einer entsprechenden ausdrücklichen Ermächtigung auch das Bezugsrecht ausschließen, ohne die Zustimmung der Gesellschafterversammlung einzuholen und ohne sie vorab zu informieren.

4. *Zustimmung des Aufsichtsrats*

a) Zustimmungserfordernis nach § 204 Abs. 1 S. 2 2. HS AktG analog

Spezifisch im Hinblick auf den Ausschluss des Bezugsrechts wird die Frage der analogen Anwendung des aktienrechtlichen Zustimmungserfordernisses nach § 204 Abs. 1 S. 2 2. HS AktG in der Literatur zu § 55a GmbHG kaum behandelt.[216]

Eine solche spezifische Behandlung ist allerdings angezeigt, weil die zur Frage der analogen Anwendung der §§ 204 Abs. 1 S. 2 1. HS, 202 Abs. 3 S. 2 AktG entwickelten Argumente[217] hier nicht unbesehen übernommen werden können.

Das allgemeine Zustimmungserfordernis des § 204 Abs. 1 S. 2 1. HS trägt dem erhöhten Kontrollbedürfnis Rechnung, das aufgrund des weiten Entscheidungsspielraums des Vorstands nach § 204 Abs. 1 S. 1 AktG besteht.[218] Vor allem auch wegen der deutlich geringeren Reichweite der Kompetenz der Geschäftsführer bei Ausnutzung des genehmigten Kapitals schied eine Vergleichbarkeit der Interessenlagen bei der Untersuchung im ersten Kapitel aus.

Insoweit stellt sich die Lage beim Zustimmungserfordernis nach § 204 Abs. 1 S. 2 2. HS AktG anders dar. Der Aufsichtsrat der AG muss hier einer konkreten Einzelmaßnahme, dem Ausschluss des Bezugsrechts, zustimmen. Diese Einzelmaßnahme mit gleicher Wirkung führen auch die Geschäftsführer der GmbH durch, wenn sie bei Ausnutzung des genehmigten Kapitals das Bezugsrecht ausschließen. Deshalb kann gegen eine Vergleichbarkeit der Interessenlagen hier nicht der geringere Umfang der Kompetenz der Geschäftsführer ins Feld geführt werden.

---

216 Gegen ein derartiges Zustimmungserfordernis wegen des fehlenden Bedürfnisses aufgrund §§ 52 Abs. 1 GmbHG, 111 Abs. 4 S. 2 AktG und da die Regelungen zum Aufsichtsrat in den §§ 202 ff. AktG ausschließlich durch die Organisationsstruktur des Aktienrechts begründet seien, *Trautmann*, S. 81 f.; i.E. ebenso Münch/Komm/*Lieder*, § 55a Rn. 71; nach Scholz/*Priester*, § 55a Rn. 37 *„fehlt die Kontrolle durch einen Aufsichtsrat"* beim Ausschluss des Bezugsrechts durch die Geschäftsführer.

217 Siehe dazu 1. Kapitel, Punkt C.V.2.e.(2).i.

218 Vgl. Spindler/Stilz/*Wamser*, § 204 Rn. 38.

Allerdings können sämtliche anderen Argumente gegen eine analoge Anwendung auch in Bezug auf § 204 Abs. 1 S. 2 2. HS AktG uneingeschränkt Geltung beanspruchen.[219] In der Summe sind diese Argumente immer noch so stark, dass sie die Vergleichbarkeit der Interessenlagen ausschließen.

Eine analoge Anwendung des § 204 Abs. 1 S. 2 2. HS AktG auf den Bezugsrechtsausschluss durch die Geschäftsführer beim genehmigten Kapital der GmbH scheidet daher aus.

b) Sonstiges

Hinsichtlich des sonstigen Einflusses eines bestehenden Aufsichtsrats kann auf die allgemeine Darstellung zur Ausnutzung des genehmigten Kapitals ohne Bezugsrechtsausschluss verwiesen werden.[220]

Fakultativer und obligatorischer Aufsichtsrat haben also das Recht, aber grundsätzlich nicht die Pflicht, hinsichtlich eines Bezugsrechtsausschlusses bei Ausnutzung des genehmigten Kapitals einen Zustimmungsvorbehalt aufzustellen, soweit ihnen dies nicht durch die Satzung verwehrt ist.

Eine generelle Berichtspflicht der Geschäftsführer aus eigener Initiative entsprechend § 90 Abs. 3 AktG ist auch dann nicht gegeben, wenn diese das Bezugsrecht ausschließen wollen. Dies resultiert aus der Kompetenzerweiterung der Geschäftsführer in der Satzung, die ihnen einen gewissen Entscheidungsspielraum einräumt und zwar gerade auch (wegen des Erfordernisses der ausdrücklichen Ermächtigung) im Hinblick auf den Ausschluss des Bezugsrechts.

Der Konflikt zwischen Zustimmungsvorbehalt und Weisungsrecht ist genauso zu lösen wie bei der Ausnutzung des genehmigten Kapitals ohne Bezugsrechtsausschluss.

5. Materielle Anforderungen an die Entscheidung der Geschäftsführer

Die Entscheidung der Geschäftsführer zum Ausschluss des Bezugsrechts bzw. zur Ausnutzung eines bezugsrechtsfreien genehmigten Kapitals bedarf der umfassenden sachlichen Rechtfertigung im Sinne der „Kali/Salz"-Formel.[221]

---

219 Diese sind: das nicht vergleichbare Kontrollbedürfnis wegen des bestehenden Weisungsrechts der Gesellschafterversammlung, die mangelnde Vereinbarkeit eines gesetzlichen Zustimmungserfordernisses mit der Konzeption des fakultativen Aufsichtsrats sowie der Umstand, dass mitbestimmungsrechtliche Aspekte ein gesetzliches Zustimmungserfordernis aufgrund der Einordnung der Ausnutzung eines genehmigten Kapitals als Strukturmaßnahme nicht begründen können; vgl. zu allem schon oben 1. Kapitel, Punkte C.V.2.e.(2).i. und (3).ii.

220 Zum folgenden vgl. deshalb die Ausführungen im 1. Kapitel, Punkt C.V.2.e.

221 BGH NJW 1978, 1316, 1317 („Kali/Salz"). Dies entspricht auch der wohl allgemeinen Ansicht und wurde nach zutreffender Einschätzung durch die „Siemens/Nold"-Entscheidung nicht in Frage gestellt, vgl. dazu oben Punkte A.III.2.c. und B.IV.2.

6. Folgen eines fehlerhaften Bezugsrechtsausschlusses durch die Geschäftsführer

Das Rechtsschutzsystem, das der BGH in seinem „Mangusta/Commerzbank II"-Urteil und die ihm folgende Literatur entwickelt haben,[222] ist auch auf die Ausnutzung des genehmigten Kapitals in der GmbH entsprechend übertragbar. Dies entspricht der allgemeinen Ansicht zu § 55a GmbHG.[223]

Defizite des Rechtsschutzsystems im Vergleich zu einem Bezugsrechtsausschluss bei regulärer Kapitalerhöhung, bei der eine Anfechtungsmöglichkeit des den Ausschluss beinhaltenden Beschlusses besteht, sind als Konsequenz der Kompetenzübertragung auf die Geschäftsführer hinzunehmen. Diese Kompetenzübertragung ist seit der Einführung des § 55a GmbHG eindeutig von der Satzungsfreiheit umfasst und sofern sich die Gesellschafter für eine entsprechende Satzungsbestimmung entscheiden, kann nicht der Versuch unternommen werden, die damit verbundenen Folgen durch die systemwidrige Schaffung einer Anfechtungsmöglichkeit hinsichtlich der Entscheidungen der Geschäftsführer abzumildern.[224] Auch ist zu bedenken, dass der Beschluss zur Schaffung des genehmigten Kapitals, sofern er einen Direktausschluss oder eine Ermächtigung der Geschäftsführer zum Bezugsrechtsausschluss vorsieht, die „Siemens/Nold"-Grundsätze beachten muss.[225] Erfüllt der Beschluss diese Voraussetzungen nicht, kann jeder Gesellschafter gegen den Gesellschafterbeschluss Anfechtungsklage erheben.[226]

VI. Gemeinsamkeiten und Unterschiede bei Zugrundelegung des Lösungsansatzes der Gegner eines gesetzlichen Bezugsrechts

Unterstellt man, dass es in der GmbH kein gesetzliches Bezugsrecht gibt, können die oben gewonnenen Ergebnisse nicht ohne weiteres übernommen werden, sondern es ist in Teilen eine differenzierte Betrachtung erforderlich.

Dabei muss man sich nochmals die spezifischen Unterschiede zwischen den beiden Ansichten vergegenwärtigen, die darin bestehen, dass auf der einen Seite der Kapitalerhöhungsbeschluss sich mit dem Bezugsrechtsausschluss befassen muss und einer materiellen Rechtfertigungsbedürftigkeit unterliegt und auf der anderen Seite die Kapitalerhöhung und Zulassung getrennt zu verstehen sind, wobei der

---

222 Siehe dazu oben Punkt A.III.3.c.

223 Siehe oben Punkt B.IV.3.

224 Die Möglichkeit der Anfechtung ist nur hinsichtlich eines Beschlusses der Gesellschafterversammlung gegeben, vgl. etwa Münch/Komm/*Wertenbruch*, Anh. § 47, Rn. 1. Insoweit gilt nichts anderes als im Aktienrecht, vgl. zur Ablehnung der Möglichkeit einer Anfechtung von Vorstandsentscheidungen v.a. BGH NJW 2006, 374 („Mangusta/Commerzbank II").

225 Vgl. BGH NJW 1997, 2815, 2816 („Siemens/Nold").

226 So ausdrücklich auch Henssler/Strohn/*Gummert*, § 55a Rn. 14.

Zulassungsbeschluss dem Gleichbehandlungsgrundsatz und der Treuepflicht genügen muss.[227]

Stellt sich bei Annahme eines gesetzlichen Bezugsrechts beim genehmigten Kapital die Frage, ob die Geschäftsführer eine ausdrückliche Ermächtigung zum Ausschluss des Bezugsrechts benötigen und welche sachlichen Anforderungen an diese Ermächtigung zu stellen sind, so ist bei Zugrundelegung des Konzepts der Gegner eines gesetzlichen Bezugsrechts entsprechend nun zu fragen, ob

- die allgemeine Ermächtigung i.S.d. § 55a GmbHG die Vornahme eines nicht verhältniswahrenden Zulassungsbeschlusses umfasst oder ob die Geschäftsführer hierzu ausdrücklich ermächtigt werden müssen und, wenn letzteres zu bejahen ist,
- welche sachlichen Anforderungen an eine derartige Ermächtigung zur Vornahme eines nicht verhältniswahrenden Zulassungsbeschlusses zu stellen sind.

1. *Erfordernis einer ausdrücklichen Ermächtigung*

a) Kompetenz der Geschäftsführer zur Vornahme eines verhältniswahrenden Zulassungsbeschlusses

Hält man wie die Gegner eines gesetzlichen Bezugsrechts einen Zulassungsbeschluss generell für erforderlich, so stellt sich zunächst einmal die Frage, ob eine allgemeine Ermächtigung i.S.d. § 55a GmbHG die Kompetenz der Geschäftsführer zur Vornahme eines solchen Zulassungsbeschlusses enthält.

Es handelt sich hierbei wieder um ein Problem der Reichweite der Kompetenz der Geschäftsführer kraft allgemeiner Ermächtigung.

Bei Anwendung der oben entwickelten Kriterien[228] ist eine Kompetenz der Geschäftsführer zur Vornahme eines verhältniswahrenden Zulassungsbeschlusses zu befürworten. Der verhältniswahrende Zulassungsbeschluss ist als Maßnahme mit körperschaftlicher Wirkung zu qualifizieren,[229] die im untrennbaren Zusammenhang mit der Kapitalerhöhung steht, da sie zu deren Durchführung zwingend erforderlich ist, wenn man von der generellen Notwendigkeit eines Zulassungsbeschlusses ausgeht.[230]

Der verhältniswahrende Zulassungsbeschluss geht dabei in seiner Wirkung auch nicht über die konkrete Durchführung der Kapitalerhöhung hinaus, weil er weder die Beteiligungsquote eines Gesellschafters noch das Beteiligungsverhältnis insgesamt verändert.

---

227 Die Anforderungen an den nicht verhältniswahrenden Zulassungsbeschluss sind allerdings im Ergebnis regelmäßig nicht geringer als diejenigen, die an den Ausschluss des Bezugsrechts gestellt werden, vgl. dazu oben Punkt A.II.2.a.

228 Siehe hierzu 1. Kapitel, Punkt C.IV.1.e.

229 Der Zulassungsbeschluss betrifft die inneren Verhältnisse der Gesellschaft; vgl. zur Begriffsbestimmung 1. Kapitel, Punkt A.IV.2.

230 So i.E. auch *Schnorbus/Donner*, NZG 2009, 1241, 1244.

b) Kompetenz der Geschäftsführer zur Vornahme eines nicht verhältniswahrenden Zulassungsbeschlusses

Ein Zulassungsbeschluss, der nicht alle Altgesellschafter entsprechend ihrer bisherigen Beteiligung an der Kapitalerhöhung partizipieren lässt, steht ebenfalls im untrennbaren Zusammenhang mit der Gesamtmaßnahme der Kapitalerhöhung.

Allerdings würde die Annahme einer Kompetenz der Geschäftsführer zur Vornahme eines nicht verhältniswahrenden Zulassungsbeschlusses aufgrund einer allgemeinen Ermächtigung i.S.d. § 55a GmbHG unzulässig in die Organisationszuständigkeit der Gesellschafter eingreifen. Die Wirkungen des nicht verhältniswahrenden Zulassungsbeschlusses begrenzen sich nämlich nicht auf die Durchführung der konkreten Kapitalerhöhung. Indem dieser den benachteiligten Gesellschaftern die Teilnahme an der Kapitalerhöhung verwehrt und damit die Beteiligungsverhältnisse in der Gesellschaft für die Zukunft verändert, kommt einem nicht verhältniswahrenden Zulassungsbeschluss dauerhafte, körperschaftliche Wirkung zu, sodass er nicht mehr von einer allgemeinen Ermächtigung i.S.d. § 55a GmbHG umfasst ist.

Wie der Ausschluss des Bezugsrechts bedarf daher auch der nicht verhältniswahrende Zulassungsbeschluss einer ausdrücklichen Ermächtigung.

Diese ausdrückliche Ermächtigung ist untrennbar mit der Ermächtigung nach § 55a GmbHG verbunden. Sie muss deshalb auch deren Bestandteil sein. Es bestehen zwar keine Bedenken, wenn die Ermächtigung zur Vornahme eines nicht verhältniswahrenden Zulassungsbeschlusses nachträglich eingefügt wird. Allerdings muss auch die nachträgliche Einfügung die Voraussetzungen einer Satzungsänderung erfüllen.[231]

Hier ergeben sich also im Ergebnis keine Unterschiede im Vergleich zur Untersuchung bei Zugrundelegung eines gesetzlichen Bezugsrechts.

2. Inhaltliche Anforderungen an die Ermächtigung zur Vornahme eines nicht verhältniswahrenden Zulassungsbeschlusses

Stellt man, wie von den Gegnern eines gesetzlichen Bezugsrechts ganz überwiegend vertreten wird,[232] für den nicht verhältniswahrenden Zulassungsbeschluss bei regulärer Kapitalerhöhung besondere Anforderungen hinsichtlich der Beachtung von Gleichbehandlungsgrundsatz und Treuepflicht auf und überlässt die Zulassung damit gerade nicht dem freien Ermessen der Gesellschafterversammlung, so wäre es widersprüchlich, wenn die Schaffung einer Kompetenz für die Geschäftsführer zur Vornahme eines nicht verhältniswahrenden Zulassungsbeschlusses im Rahmen eines genehmigten Kapitals gänzlich ohne sachliche Voraussetzungen möglich

---

231 Der Streit um die Mehrheitsanforderungen an einen nicht verhältniswahrenden Zulassungsbeschluss bei einer regulären Kapitelerhöhung, vgl. dazu oben Punkt A.II.2.a., ist für die Ermächtigung der Geschäftsführer hierzu im Rahmen eines genehmigten Kapitals nicht relevant, weil es sich bei der Ermächtigung jedenfalls um eine Satzungsänderung handelt, für die ohnehin das Mehrheitserfordernis des § 53 Abs. 2 S. 1 GmbHG gilt.

232 Siehe hierzu oben Punkt A.II.2.a.

wäre. Selbstverständlich muss hierbei der Zeitspanne zwischen der Ermächtigung durch die Gesellschafter und der Vornahme des Zulassungsbeschlusses durch die Geschäftsführer sowie der Tatsache Rechnung getragen werden, dass die Ermächtigung noch nicht unmittelbar eine Nichtzulassung einzelner Gesellschafter bewirkt, sondern nur den Geschäftsführern ein diesbezügliches Ermessen eröffnet.

Diese Erwägungen entsprechen genau denen, die zur Entwicklung der „Siemens/Nold"-Grundsätze geführt haben. Folglich können diese Grundsätze auch entsprechend auf die Ermächtigung der Geschäftsführer zur Vornahme eines nicht verhältniswahrenden Zulassungsbeschlusses angewendet werden, was konkret bedeutet, dass in generell-abstrakter Weise Maßnahmen zu beschreiben sind, bei denen es erforderlich sein kann, dass die Altgesellschafter nicht (oder nicht alle von ihnen) entsprechend ihrer Beteiligung zugelassen werden. Diese Maßnahmen müssen aufgrund der generell-abstrakten Umschreibung mit dem Gleichbehandlungsgrundsatz und der Treuepflicht im Einklang stehen.

Erst wenn die Geschäftsführer dann aufgrund dieser Ermächtigung einen nicht verhältniswahrenden Zulassungsbeschluss fassen, ist zu prüfen, ob dieser konkrete Zulassungsbeschluss unter Beachtung aller Umstände des Einzelfalls weder den Gleichbehandlungsgrundsatz noch die Treuepflicht verletzt.[233]

Es lässt sich also insgesamt feststellen, dass die dogmatischen und terminologischen Unterschiede bei Annahme eines gesetzlichen Bezugsrechts und bei Ablehnung desselben sich im Rahmen der Ausnutzung des genehmigten Kapitals, genauso wie bei der regulären Kapitalerhöhung, grundsätzlich nicht in wesentlich unterschiedlichen Ergebnissen niederschlagen.

3. Sonstige Kompetenzfragen

Keine Unterschiede im Vergleich zur Rechtslage bei Annahme eines gesetzlichen Bezugsrechts bringt auch die Kompetenzabgrenzung zwischen den Gesellschaftsorganen, wenn die Geschäftsführer bei Ausnutzung des genehmigten Kapitals die Ermächtigung zur Vornahme eines nicht verhältniswahrenden Zulassungsbeschlusses ausüben.[234]

---

233 Hier gelten also wieder dieselben Anforderungen wie bei einem nicht verhältniswahrenden Zulassungsbeschluss im Rahmen einer regulären Kapitalerhöhung; vgl. hierzu auch oben Punkt A.II.2.a.

234 Wenn sich etwa die Gegner eines Weisungsrechts oder die Befürworter einer Vorabberichterstattungspflicht bei Ausschluss des Bezugsrechts auf die besondere Bedeutung des Bezugsrechts für den GmbH-Gesellschafter berufen, so ist es für den GmbH-Gesellschafter von ebenso großer Bedeutung, dass ein verhältniswahrender Zulassungsbeschluss gefasst wird. Deshalb ist die Argumentationsgrundlage hier wertungsmäßig vergleichbar.

C. Zusammenfassung der Ergebnisse

Es ist beim genehmigten Kapital der GmbH zulässig, die Geschäftsführer zum Ausschluss des Bezugsrechts zu ermächtigen.

Allerdings muss diese Ermächtigung ausdrücklich erfolgen, weil der Ausschluss des Bezugsrechts aufgrund seiner dauerhaften körperschaftlichen Wirkung nicht von der allgemeinen Ermächtigung i.S.d. § 55a GmbHG erfasst ist.

Die Grundsätze der „Siemens/Nold“-Entscheidung sind auf die Ermächtigung der Geschäftsführer zum Bezugsrechtsausschluss uneingeschränkt übertragbar. Gleiches gilt für ein genehmigtes Kapital, das aufgrund eines Direktausschlusses in der Ermächtigung nur unter Ausschluss des Bezugsrechts ausgenutzt werden kann.

Die Kompetenzabgrenzung zwischen den Gesellschaftsorganen bei Ausnutzung des genehmigten Kapitals ist sowohl bei Ausschluss als auch bei Wahrung des Bezugsrechts gleich zu beurteilen.

Die vorgebrachten Argumente für eine abweichende Behandlung schlagen in keinem Fall durch.

Folglich kann die Gesellschafterversammlung grundsätzlich die Geschäftsführer mit einfacher Mehrheit dazu anweisen, einen Bezugsrechtsausschluss durchzuführen oder zu unterlassen.

Es besteht keine generelle Pflicht zur Vorlage oder Vorabberichterstattung, wenn die Geschäftsführer das Bezugsrecht ausschließen wollen.

Der Einfluss eines fakultativen oder obligatorischen Aufsichtsrats stellt sich im Ergebnis genauso dar wie bei der Ausnutzung eines genehmigten Kapitals ohne Bezugsrechtsausschluss.

Der konkrete Ausschluss des Bezugsrechts durch die Geschäftsführer oder die Ausnutzung eines genehmigten Kapitals, die nur unter Ausschluss des Bezugsrechts geschehen kann, muss entsprechend der Kriterien der „Kali/Salz“-Entscheidung umfassend sachlich gerechtfertigt sein.

Der Rechtsschutz der Gesellschafter gegen fehlerhafte Bezugsrechtsausschlüsse der Geschäftsführer richtet sich im Wesentlichen nach der in der „Mangusta/Commerzbank II“-Entscheidung dargestellten Konzeption, die auf die GmbH entsprechend übertragen werden kann.

Die erzielten Ergebnisse verändern sich nicht in relevanter Weise, wenn man ein gesetzliches Bezugsrecht in der GmbH ablehnt und den Lösungsansatz der Gegner eines Bezugsrechts zugrunde legt.

Der nach diesem Lösungsansatz maßgebliche Zulassungsbeschluss kann von den Geschäftsführern, wenn er nicht verhältniswahrend erfolgt, bei Ausnutzung des genehmigten Kapitals nur dann vorgenommen werden, wenn diese hierzu ausdrücklich ermächtigt sind.

Die Anforderungen der „Siemens/Nold“-Entscheidung gelten in entsprechender Anwendung auch für diese Ermächtigung der Geschäftsführer zur Vornahme eines nicht verhältniswahrenden Zulassungsbeschlusses.

3. Kapitel: Die Bedeutung des § 55a GmbHG für den Einsatz alternativer Finanzierungsinstrumente

A. Eingrenzung des Untersuchungsgegenstands

I. Allgemeines

§ 55a GmbHG bietet mit der Möglichkeit, den Geschäftsführern in der Satzung innerhalb bestimmter Grenzen eine Kompetenz zur Erhöhung des Stammkapitals einzuräumen, gegenüber der regulären Kapitalerhöhung einen zusätzlichen Weg zur Beschaffung von Eigenkapital.[1]

Über diese Erweiterung der Möglichkeiten der Eigenkapitalbeschaffung hinaus beinhaltet der Einsatz eines genehmigten Kapitals gegenüber der regulären Kapitalerhöhung auch mehr Flexibilität und regelmäßig eine Beschleunigung des Verfahrens.[2]

Die Eigenkapitalbeschaffung wurde also insgesamt durch § 55a GmbHG erleichtert.

Führt man sich weiterhin vor Augen, dass es neben der klassischen Eigenkapitalfinanzierung auch in der GmbH alternative Finanzierungsinstrumente gibt,[3] so ist zu fragen, ob diejenigen Umstände des genehmigten Kapitals, die in Bezug auf die Versorgung der GmbH mit Eigenkapital zu einer Erleichterung geführt haben, auch auf alternative Formen der Finanzierung durchschlagen.

Diesen Erwägungen folgend, sollen die alternativen Finanzierungsinstrumente nicht ausführlich, geschweige denn umfassend dargestellt werden. Dies würde nicht nur den Rahmen dieser Arbeit sprengen, sondern auch über den erforderlichen Zusammenhang mit dem genehmigten Kapital hinausgehen. Die nachfolgende Untersuchung wird sich stattdessen mit solchen alternativen Finanzierungsformen befassen, deren Einsatz entweder bereits durch die Schaffung eines genehmigten Kapitals an sich, jedenfalls aber durch die damit einhergehenden Gestaltungsmöglichkeiten erleichtert werden könnte.

Hierfür kommen zum einen Wandelschuldverschreibungen (näher dargestellt unter Punkt II) und zum anderen Arbeitnehmerbeteiligungen (näher dargestellt unter Punkt III) in Frage.

---

1 Zu dieser Funktion des § 55a GmbHG Münch/Komm/*Lieder*, § 55a Rn. 1; vgl. zur Abgrenzung von Eigen- und Fremdkapital etwa Michalski/*Fleischer*, Syst. Darst. 5 Rn. 91 ff.

2 Vgl. dazu auch Münch/Komm/*Lieder*, § 55a Rn. 1.

3 Vgl. dazu etwa *Klingberg*, FS Westermann, 1087 ff.

II. Wandelschuldverschreibungen

Die grundsätzliche Möglichkeit der Ausgabe von Wandelschuldverschreibungen durch eine GmbH ist anerkannt.[4]

1. Begriffsbestimmung und Rechtsnatur

Wandelschuldverschreibungen ist gemein, dass es sich um Schuldverschreibungen handelt, die dem Gläubiger ein Bezugsrecht auf Anteile an einer Kapitalgesellschaft einräumen. Die Wandelschuldverschreibung ist der Überbegriff von Wandel- und Optionsanleihen, § 221 Abs. 1 AktG, wobei das Recht auf den Bezug der Anteile sich entweder durch „Umtausch" des Anspruchs aus der Schuldverschreibung gegen die Anteile (Wandelanleihe) oder durch Zahlung eines Bezugspreises unabhängig vom Weiterbestehen des Anspruchs aus der Schuldverschreibung (Optionsanleihe) realisieren lässt.[5]

Die Schuldverschreibung an sich und auch das der Wandelschuldverschreibung innewohnende Recht auf künftigen Bezug von Anteilen sind nur schuldrechtlicher Natur. Mitgliedschaftliche Rechte und Pflichten werden erst nach Ausübung des Bezugsrechts und mit Entstehung der Mitgliedschaft in der Kapitalgesellschaft begründet.[6]

Auch irgendwie geartete mitgliedschaftsrechtliche Vorwirkungen bestehen nach deutlich herrschender Ansicht nicht.[7]

Es ist ferner auch möglich, ein Genussrecht mit Wandel- oder Bezugsrechten ohne Zusammenhang mit einer Schuldverschreibung zu schaffen.[8] Der Sache nach

---

4 Münch/Komm/AktG/*Habersack*, § 221 Rn. 8; *Helmreich*, GWR 2011, 561, 562; *Klingberg*, FS Westermann, 1087, 1109; Lutter/Hommelhoff/*Lutter/Bayer*, § 55 Rn. 57; *Maidl*, NZG 2006, 778.

5 *Klingberg*, FS Westermann, 1087, 1108 f.; Weitnauer/*Kraus*, S. 158 f.; Zur AG: Münch/Komm/AktG/*Habersack*, § 221 Rn. 24; Hölters/*Haberstock/Greitemann*, § 221 Rn. 7 f.; Hüffer/*Koch*, § 221 Rn. 3; Spindler/Stilz/*Seiler*, § 221 Rn. 5 f.

6 Münch/Komm/AktG/*Habersack*, § 221 Rn. 27; Hölters/*Haberstock/Greitemann*, § 221 Rn. 9; Hüffer/*Koch*, § 221 Rn. 5; Spindler/Stilz/*Seiler*, § 221 Rn. 7; i.E. ebenso *Helmreich*, GWR 2011, 561, 562. Die Mitgliedschaft entsteht also nach allgemeinen Regeln, bei der Aktiengesellschaft mit Abschluss des Zeichnungsvertrags und Aushändigung der Aktien bzw. Eintragung der Durchführung der Kapitalerhöhung, je nachdem, ob bedingtes (dann: § 200 AktG) oder genehmigtes (dann: § 189) Kapital zur Absicherung eingesetzt wurde, vgl. Münch/Komm/AktG/*Habersack*, § 221 Rn. 223 f., 227. Da es bei der GmbH kein bedingtes Kapital, sondern nur genehmigtes Kapital gibt (vgl. dazu sogleich unten), entsteht hier die Mitgliedschaft in keinem Fall vor Eintragung der Kapitalerhöhung, vgl. etwa Baumbach/Hueck/*Zöllner/Fastrich*, § 55a Rn. 22.

7 Münch/Komm/AktG/*Habersack*, § 221 Rn. 28; Hölters/*Haberstock/Greitemann*, § 221 Rn. 9.

8 Münch/Komm/AktG/*Habersack*, § 221 Rn. 36 ff.; vgl. auch *Frantzen*, S. 3 f.; *Rid-Niebler*, S. 3.

besteht dann aber für die hier relevanten Fragen kein Unterschied, da auch hier ein Recht des Gläubigers auf künftigen Bezug von Anteilen gegeben ist.

2. *Anwendungsschwierigkeiten ohne genehmigtes Kapital*

Im Hinblick auf die Erfüllung des Anspruchs auf Anteilserwerb ist grundsätzlich eine Kapitalerhöhung erforderlich, d.h. die Gesellschafter müssen zum Zweck der Schaffung entsprechender Anteile zur Bedienung der Bezugsrechte einen entsprechenden Kapitalerhöhungsbeschluss fassen. Dies stellt den Gläubiger einer Wandelschuldverschreibung vor große Probleme.[9]

Grundlage der Wandelschuldverschreibung ist eine vertragliche Beziehung zwischen dem Gläubiger und der GmbH.[10] Enthält diese schuldrechtliche Vereinbarung eine Zusicherung von Anteilen an der GmbH,[11] so handelt es sich um die schuldrechtliche Verpflichtung der Gesellschaft, dem Gläubiger die zugesicherten Geschäftsanteile zu verschaffen.[12] Dabei handelt es sich noch nicht um den Übernahmevertrag im Sinne des § 55 GmbHG.[13]

Ein solcher „*Übernahmeverpflichtungsvertrag*"[14] kann zwar grundsätzlich durch eine GmbH abgeschlossen werden.[15] Allerdings wird durchweg ein Gesellschafterbeschluss zu einem solchen Übernahmeverpflichtungsvertrag verlangt.[16]

---

9 Auch bei der AG wäre eine Absicherung der Wandelschuldverschreibung durch eine spätere reguläre Kapitalerhöhung kaum praktikabel, besonders weil die Hauptversammlung nicht zu einem Kapitalerhöhungsbeschluss gezwungen werden kann, vgl. Münch/Komm/AktG/*Habersack*, § 221 Rn. 214.

10 *Helmreich*, GWR 2011, 561, 562; *Maidl*, NZG 2006, 778. Zur AG: Münch/Komm/AktG/*Habersack*, § 221 Rn. 199.

11 § 187 Abs. 2 AktG soll bei der GmbH keine entsprechende Anwendung finden, Münch/Komm/*Lieder*, § 55 Rn. 162; Lutter/Hommelhoff/*Lutter/Bayer*, § 55 Rn. 7; *Maidl*, NZG 2006, 778; Scholz/*Priester*, § 55 Rn. 118; Rowedder/Schmidt-Leithoff/*Schnorbus*, § 55 Rn. 63; Ulmer/Habersack/Winter/*Ulmer*, § 55 Rn. 92; Baumbach/Hueck/*Zöllner/Fastrich*, § 55 Rn. 40. Allerdings wird auch im Aktienrecht bei der Wandelschuldverschreibung § 187 durch § 221 AktG verdrängt, Münch/Komm/AktG/*Habersack*, § 221 Rn. 214.

12 Vgl. etwa Münch/Komm/*Lieder*, § 55 Rn. 162.

13 Baumbach/Hueck/*Zöllner/Fastrich*, § 55 Rn. 40.

14 So die Terminologie bei Baumbach/Hueck/*Zöllner/Fastrich*, § 55 Rn. 40.

15 *Maidl*, NZG 2006, 778; Münch/Komm/*Lieder*, § 55 Rn. 162; Lutter/Hommelhoff/*Lutter/Bayer*, § 55 Rn. 7; Scholz/*Priester*, § 55 Rn. 118; Rowedder/Schmidt-Leithoff/*Schnorbus*, § 55 Rn. 63; Ulmer/Habersack/Winter/*Ulmer*, § 55 Rn. 92; Baumbach/Hueck/*Zöllner/Fastrich*, § 55 Rn. 40.

16 *Fleck*, ZGR 88, 105, 117; *Klingberg*, FS Westermann, 1087, 1126; Münch/Komm/*Lieder*, § 55 Rn. 163; Lutter/Hommelhoff/*Lutter/Bayer*, § 55 Rn. 7, § 53 Rn. 41; *Maidl*, NZG 2006, 778; Scholz/*Priester*, § 55 Rn, 118; Rowedder/Schmidt-Leithoff/*Schnorbus*, § 55 Rn. 63; Ulmer/Habersack/Winter/*Ulmer*, § 55 Rn. 92; Baumbach/Hueck/*Zöllner/Fastrich*, § 55 Rn. 40; in diesem Sinne sind wohl auch die Ausführungen von *Helmreich*, GWR 2011, 561, 562 f. zu verstehen. Nach *Klingberg*, FS Westermann,

Das wesentliche Hindernis liegt aber darin, dass der Gläubiger die zur Erfüllung des Anspruchs erforderliche Kapitalerhöhung nach herrschender Ansicht auf der Grundlage einer bloßen Zusicherung von Anteilen nicht durchsetzen kann.[17] In diesem Zusammenhang wird vertreten, dass die Wirksamkeit der Zusage des Geschäftsanteils davon abhänge, dass die Kapitalerhöhung beschlossen und durchgeführt werde.[18]

Der BGH nimmt sogar für den Übernahmevertrag selbst an, dass dieser unter dem Vorbehalt des Wirksamwerdens der Kapitalerhöhung stehe, die bis dahin der Autonomie der Gesellschafter unterliege.[19]

Allerdings ist es nach herrschender Auffassung möglich, dass sich die Gesellschaft zu einer Satzungsänderung (also auch einer Kapitalerhöhung) für einen konkreten Einzelfall verpflichtet, wofür allerdings mindestens ein mit satzungsändernder Mehrheit gefasster Gesellschafterbeschluss erforderlich sei.[20] *Harbarth*

1087, 1126 ist eine vertragliche Vereinbarung, die eine *„rechtlich abgesicherte spätere Begründung einer „echten" Gesellschafterstellung"* beinhaltet, *„bis zur Genehmigung der Gesellschafterversammlung schwebend unwirksam"*, d.h. die Vertretungsmacht der Geschäftsführer ist sogar insoweit beschränkt; ebenso Lutter/Hommelhoff/*Lutter/Bayer*, § 55 Rn. 7, § 53 Rn. 41; Scholz/*Priester*, § 55 Rn. 118; Baumbach/Hueck/*Zöllner/Fastrich*, § 55 Rn. 40; wohl auch *Fleck*, ZGR 88, 105, 117; Münch/Komm/*Lieder*, § 55 Rn. 163; Rowedder/Schmidt-Leithoff/*Schnorbus*, § 55 Rn. 63. Dabei wird hinsichtlich des erforderlichen Gesellschafterbeschlusses nicht grundsätzlich ein erhöhtes Mehrheitserfordernis gefordert, sondern nur dann, wenn die Bezugsrechte der Altgesellschafter nicht gewahrt werden, so *Fleck*, ZGR 88, 105, 117, Ulmer/Habersack/Winter/*Ulmer*, § 55 Rn. 92; Baumbach/Hueck/*Zöllner/Fastrich*, § 55 Rn. 40; i.E. auch *Klingberg*, FS Westermann, 1087, 1126; oft äußern sich die Vertreter im Schrifttum auch gar nicht zur Frage der erforderlichen Mehrheit, so Münch/Komm/*Lieder*, § 55 Rn. 163; Scholz/*Priester*, § 55 Rn, 118; Rowedder/Schmidt-Leithoff/*Schnorbus*, § 55 Rn. 63. Ob dies so interpretiert werden kann, dass diese Vertreter kein erhöhtes Mehrheitserfordernis für nötig erachten, weil sie dies sonst ausdrücklich gefordert hätten, ist durchaus wahrscheinlich, aber nicht mit Sicherheit feststellbar. Die analoge Anwendung des § 221 Abs. 1 AktG wird in der Literatur kaum gefordert, wohl aufgrund dieses allgemein anerkannten Erfordernisses eines Gesellschafterbeschlusses und des deshalb fehlenden Bedürfnisses der analogen Anwendung; einzig *Helmreich*, GWR 2011, 561, 564, befasst sich überhaupt mit der Problematik der analogen Anwendung des § 221 Abs. 1 AktG und befürwortet diese ohne weitere Begründung.

17 Münch/Komm/*Lieder*, § 55 Rn. 163 f.; Scholz/*Priester*, § 55 Rn. 118; Rowedder/Schmidt-Leithoff/*Schnorbus*, § 55 Rn. 63; Baumbach/Hueck/*Zöllner/Fastrich*, § 55 Rn. 40. Allerdings kommen nach dieser Ansicht Schadensersatzansprüche in Betracht; a.A. Scholz/*Priester*, § 55 Rn. 118.

18 Münch/Komm/*Lieder*, § 55 Rn. 163; Scholz/*Priester*, § 55 Rn. 118; Rowedder/Schmidt-Leithoff/*Schnorbus*, § 55 Rn. 63; Ulmer/Habersack/Winter/*Ulmer*, § 55 Rn. 92.

19 BGH NJW 1999, 1252, 1253; ob wegen der ausgebliebenen Durchführung einer Kapitalerhöhung Schadensersatzansprüche des potentiellen Übernehmers gegenüber der Gesellschaft bestehen können, hat der BGH offengelassen.

20 *Fleck*, ZGR 88, 105, 110 ff.; Münch/Komm/*Harbarth*, § 53 Rn. 136 ff.; Michalski/*Hoffmann*, § 53 Rn. 49 ff.; Lutter/Hommelhoff/*Lutter/Bayer*, § 53 Rn. 41; *Maidl*, NZG

betont hierzu in Bezug auf die Verpflichtung zu einer Kapitalerhöhung ausdrücklich, dass nur eine Verpflichtung in Betracht komme *„zu einer Kapitalerhöhung um einen festen Betrag, wobei auch die Konditionen des Geschäfts – namentlich die Gegenleistung – nicht ganz und gar offen bleiben dürfen.“*[21]

Folglich kann sich hiernach die Gesellschaft grundsätzlich gegenüber dem Gläubiger einer Wandelschuldverschreibung zu einer Kapitalerhöhung verpflichten, allerdings nur zu einem bestimmten Betrag und für einen konkreten Einzelfall.[22]

Im Aktienrecht besteht zur Bewältigung dieser Problematik die Möglichkeit der Schaffung eines bedingten Kapitals zur Gewährung von Umtausch- oder Bezugsrechten an Gläubiger von Wandelschuldverschreibungen (§§ 192 Abs. 2 Nr. 1 AktG).[23] Ein solches bedingtes Kapital kann aber nach allgemeiner Ansicht bei der GmbH nicht geschaffen werden.[24]

2006, 778; Scholz/*Priester*, § 53 Rn. 35; Ulmer/Habersack/Winter/*Ulmer*, § 55 Rn. 35; ob und welche zusätzlichen Anforderungen an den Beschluss zu stellen sind, wird nicht einheitlich beurteilt; teilweise wird eine satzungsändernde Mehrheit und notarielle Beurkundung gefordert, so *Fleck*, ZGR 88, 105, 117; *Maidl*, NZG 2006, 778 und teilweise sogar zusätzlich noch die Eintragung des Beschlusses ins Handelsregister, Lutter/Hommelhoff/*Lutter/Bayer*, § 53 Rn. 41 und Scholz/*Priester*, § 53 Rn. 35; gegen zusätzliche Anforderungen außer der satzungsändernden Mehrheit Münch/Komm/*Harbarth*, § 53 Rn. 137; Michalski/*Hoffmann*, § 53 Rn. 50; Ulmer/Habersack/Winter/*Ulmer*, § 55 Rn. 35. Der Vertragspartner soll nach dieser herrschenden Ansicht die Gesellschaft auf Erfüllung verklagen und nach § 894 ZPO vollstrecken können, vgl. *Fleck*, ZGR 88, 105, 115 f.; Münch/Komm/*Harbarth*, § 53 Rn. 138; Michalski/*Hoffmann*, § 53 Rn. 51; Lutter/Hommelhoff/*Lutter/Bayer*, § 53 Rn. 41; Scholz/*Priester*, § 53 Rn. 35.

21 Münch/Komm/*Harbarth*, § 53 Rn. 136.

22 I.E. auch *Maidl*, NZG 2006, 778.

23 Münch/Komm/AktG/*Habersack*, § 221 Rn. 216 ff.; Hüffer/*Koch*, § 221 Rn. 60.

24 *Helmreich*, GWR 2011, 561, 563; *Klingberg*, FS Westermann, 1087, 1109; Lutter/Hommelhoff/*Lutter/Bayer*, § 55 Rn. 57; Münch/Komm/*Lieder*, § 55 Rn. 10; Roth/Altmeppen/*Roth*, § 55a Rn. 3; Weitnauer/*Kraus*, S. 162 f.; Wicke, § 55 Rn. 2; Baumbach/Hueck/*Zöllner/Fastrich*, § 55 Rn. 2; BeckOK/*Ziemons*, § 55 Rn. 1; nach Henssler/Strohn/*Gummert*, § 55 Rn. 3, 5 soll allerdings die Möglichkeit der Kapitalerhöhung um einen Höchstbetrag (siehe dazu 1. Kapitel, Punkt B.II.3.b.(1)) den Effekt der bedingten Kapitalerhöhung letztlich erreichen. Jedoch ist diese Aussage so nicht haltbar; dies liegt zum einen an der Tatsache, dass bei der Kapitalerhöhung um einen Höchstbetrag ohne Zweifel ein Bezugsrecht der Altgesellschafter besteht (anders beim bedingten Kapital; hier gibt es gerade kein gesetzliches Bezugsrecht für die Aktionäre, vgl. etwa Hüffer/*Koch*, § 192 Rn. 3). Zum anderen können die Gesellschafter jederzeit dem Beschluss über die Kapitalerhöhung zu einem Höchstbetrag entgegenstehende Beschlüsse fassen (anders beim bedingten Kapital, § 192 Abs. 4 AktG).

Der Weg über ein genehmigtes Kapital, das mit Einschränkung zur Sicherung der Ansprüche aus Wandelschuldverschreibungen geeignet ist,[25] stand der GmbH vor Einführung des § 55a GmbHG nicht zur Verfügung.[26]

Eine Bedienung der Bezugsrechte der Gläubiger aus eigenen Anteilen der Gesellschaft ist zwar möglich,[27] angesichts der beschränkten Voraussetzungen für den Erwerb eigener Geschäftsanteile (§ 33 GmbHG) aber keine praktikable Lösungsmöglichkeit. Hinzu kommt, dass nach herrschender Ansicht für die Veräußerung von eigenen Anteilen der Gesellschaft wiederum, jedenfalls im Innenverhältnis, ein Beschluss der Gesellschafterversammlung erforderlich ist.[28]

Als Ergebnis lässt sich klar festhalten, dass die Wandelschuldverschreibung bei der GmbH ohne ein genehmigtes Kapital vor erheblichen Anwendungsschwierigkeiten steht.[29]

III. Arbeitnehmerbeteiligungen

1. Allgemeines

Arbeitnehmerbeteiligungen bilden einen Sonderfall unter den Finanzierungsinstrumenten, da die Finanzierung der Gesellschaft nicht unbedingt den Hauptzweck einer Arbeitnehmerbeteiligung darstellt.[30] Allerdings kann durchaus auch dem Finanzierungszweck Bedeutung zukommen.[31] Folglich bestehen keine Bedenken, auch die Arbeitnehmerbeteiligung als Finanzierungsinstrument zu bezeichnen und zu untersuchen.

Beim aktienrechtlichen genehmigten Kapital bestehen besondere Regelungen zur Erleichterung von Arbeitnehmerbeteiligungen (§§ 202 Abs. 4, 203 Abs. 4, 204

---

25 Münch/Komm/AktG/*Habersack*, § 221 Rn. 215, 219; Hölters/*Haberstock/Greitemann*, § 221 Rn. 66, 69; Hüffer/*Koch*, § 221 Rn. 59; Spindler/Stilz/*Seiler*, § 221 Rn. 71.

26 Dass die Wirkungen eines genehmigten Kapitals auch nicht durch andere Gestaltungen erzielt werden können, wurde im 1. Kapitel unter Punkt B.II.3.b. dargestellt.

27 *Maidl*, NZG 2006, 778, 780. Zur AG: Münch/Komm/AktG/*Habersack*, § 221 Rn. 222; Hüffer/*Koch*, § 221 Rn. 59.

28 Baumbach/Hueck/*Fastrich*, § 33 Rn. 28; Münch/Komm/*Löwisch*, § 33 Rn. 74; *Maidl*, NZG 2006, 778, 780; Ulmer/Habersack/Löbbe/*Paura*, § 33 Rn. 91; Scholz/*Westermann*, § 33 Rn. 38; a.A. Roth/Altmeppen/*Altmeppen*, § 33 Rn. 55; Michalski/*Sosnitza*, § 33 Rn. 67.

29 So auch die Bewertungen bei Münch/Komm/*Lieder*, § 55 Rn. 10; Lutter/Hommelhoff/*Lutter/Bayer*, § 55 Rn. 57; *Helmreich*, GWR 2011, 561; *Kramer*, GmbHR 2015, 1073, 1075 (Fn. 27); Weitnauer/*Kraus*, S. 163; *Weitnauer*, BKR 2009, 18, 19; i.E. auch Wicke, § 55 Rn. 2; BeckOK/*Ziemons*, § 55 Rn. 2.

30 Wesentliche Ziele der Mitarbeiterbeteiligung sind oft Motivation und Identifikation, vgl. etwa *Claussen*, FS Zöllner, 111, 112 f.; Weitnauer/*Weitnauer*, S. 345 f.

31 Zur Bedeutung der Mitarbeiterbeteiligung für die Unternehmensfinanzierung allgemein *Knepper*, ZGR 1985, 419, 427 f.

Abs. 3, 205 Abs. 4 AktG), deren analoge Anwendung auf ein genehmigtes Kapital der GmbH jedenfalls nicht von vornherein ausgeschlossen werden kann.

a) Grundsätzliche Einschätzungen zur Mitarbeiterbeteiligung in der GmbH

Die Möglichkeiten zur Mitarbeiterbeteiligung in der GmbH werden im Allgemeinen sehr zurückhaltend eingeschätzt.[32] So werden als Hindernisse für eine Mitarbeiterbeteiligung genannt:

- Formvorschriften (notarielle Beurkundung) in Bezug auf Übertragungsvorgänge, die Kosten und Verwaltungsaufwand verursachten;[33]
- weitgehende Rechte des GmbH-Gesellschafters;[34] sowie
- gesellschaftsrechtliche Grundsätze des Minderheitenschutzes.[35]

Aufgrund der Hindernisse wird eine Mitarbeiterbeteiligung bei der GmbH oft nur bei kleinen Unternehmen empfohlen, die besonders qualifizierte oder langjährige Mitarbeiter binden wollen.[36]

b) Die Regelungen über Arbeitnehmerbeteiligungen in den §§ 202 ff. AktG

In den Regelungen der §§ 202 ff. AktG sind einige Erleichterungen für die Ausgabe von Aktien an Arbeitnehmer der Gesellschaft vorgesehen.

Voraussetzung für ein Eingreifen der Sonderregelungen ist nach wohl herrschender Ansicht eine ausdrückliche und in Bezug auf das jeweils geschaffene genehmigte Kapital spezielle Ermächtigung zur Ausgabe von Arbeitnehmeraktien i.S.d. § 202 Abs. 4 AktG.[37]

---

32 *Claussen*, FS Zöllner, 111, 118; *Klein/Braun*, BB 1986, 673, 676; *Kloetzl*, GmbHR 1987, 453, 456; *Röder*, NZA 1987, 799, 803; *Thum/Timmreck/Keul*, S. 124; abweichend *Schaefer*, NZG 1999, 531, 535, der das Problem der vollwertigen Gesellschafterstellung des Mitarbeiters durch die Schaffung von Unterbeteiligungen lösen will.

33 *Klein/Braun*, BB 1986, 673, 676; *Kloetzl*, GmbHR 1987, 453, 456; *Röder*, NZA 1987, 799, 803; *Thum/Timmreck/Keul*, S. 124.

34 *Thum/Timmreck/Keul*, S. 124.

35 *Röder*, NZA 1987, 799, 803.

36 *Klein/Braun*, BB 1986, 673, 676; *Kloetzl*, GmbHR 1987, 453, 456.

37 Münch/Komm/AktG/*Bayer*, § 202 Rn. 99, 101; Hölters/*v.Dryander/Niggemann*, § 202 Rn. 75 f.; Hüffer/*Koch*, § 202 Rn. 25 f.; Spindler/Stilz/*Wamser*, § 202 Rn. 105 f.; nach a.A. kann die Ermächtigung i.S.d. § 202 Abs. 4 auch allgemein erteilt werden, sodass sie für jedes genehmigte Kapital ohne zeitliche Begrenzung gilt, so Köln/Komm/AktG/*Lutter*, § 202 Rn. 26; noch weitergehend GroßKomm/AktG/*Hirte*, § 202 Rn. 174 ff., der schon die allgemeine Ermächtigung des Vorstands zum Bezugsrechtsausschluss ausreichen lassen will; so wohl auch *Knepper*, ZGR 1985, 419, 433 f.

(1) Bezugsrechtsausschluss

Die wichtigste Besonderheit der Regelungen über die Arbeitnehmerbeteiligung beim genehmigten Kapital der AG liegt darin, dass nach weit überwiegender Ansicht eine sachliche Rechtfertigung für den für eine Ausgabe von jungen Aktien an Arbeitnehmer stets erforderlichen Bezugsrechtsausschluss der Altaktionäre nicht erforderlich ist bzw. diese sich aus dem u.a. aus § 202 Abs. 4 AktG erkennbaren gesetzlichen Regelungszweck (Förderung der Bindung der Arbeitnehmer an ihr Unternehmen) von selbst ergibt.[38]

Diese automatische Rechtfertigung solle nur dann nicht gelten, wenn die Arbeitnehmerbeteiligung vom Umfang her unangemessene Formen annehme.[39]

(2) Weitere Erleichterungen

Nach § 203 Abs. 4 AktG kann entgegen § 203 Abs. 3 S. 1 AktG eine Kapitalerhöhung und Ausgabe der Aktien an Arbeitnehmer auch dann durchgeführt werden, wenn ausstehende Einlagen auf das bisherige Grundkapital noch erlangt werden können.

§ 204 Abs. 3 AktG weicht ebenfalls von allgemeinen Regelungen ab, indem unter bestimmten Voraussetzungen die Einlageleistung der Arbeitnehmer aus dem Jahresüberschuss erfolgen kann, was im Ergebnis eine Kapitalerhöhung aus Gesellschaftsmitteln und wirtschaftlich eine Art Gewinnbeteiligung der Arbeitnehmer darstellt.[40]

Sofern die Arbeitnehmer gegen die Ausgabe von Aktien ihre Forderungen aus Gewinnbeteiligungen einbringen, handelt es sich um Sacheinlagen, für die grundsätzlich § 205 AktG anzuwenden ist, der in seinem Abs. 4 für die Arbeitnehmerbeteiligungen jedoch dahingehend modifiziert wird, dass die Form der Festsetzungen nach § 205 Abs. 2 AktG nicht zu beachten ist.[41] Bei der zusätzlichen Verweisung in § 205 Abs. 4 auf § 205 Abs. 3 AktG soll es sich um ein Redaktionsversehen des Rechtsausschusses handeln, da eine Nichtanwendung der – eher günstigen – Regelungen über verdeckte Sacheinlagen auf Arbeitnehmerbeteiligungen nicht im Sinne des Gesetzgebers sein könne und die fehlerhafte Verweisung dem Ablauf des

38 BGH NJW 2000, 2356, 2357 („Adidas“); Münch/Komm/AktG/*Bayer*, § 202 Rn. 102; GroßKomm/AktG/*Hirte*, § 202 Rn. 182; Hüffer/*Koch*, § 202 Rn. 27; Köln/Komm/AktG/*Lutter*, § 202 Rn. 28; Spindler/Stilz/*Wamser*, § 202 Rn. 102; a.A. *Pentz*, ZGR 2001, 901, 906 f., der weiterhin für eine einzelfallbezogene Verhältnismäßigkeitsprüfung eintritt.

39 Münch/Komm/AktG/*Bayer*, § 202 Rn. 102; GroßKomm/AktG/*Hirte*, § 202 Rn. 183; Hüffer/*Koch*, § 202 Rn. 27; Köln/Komm/AktG/*Lutter*, § 202 Rn. 28; Spindler/Stilz/*Wamser*, § 202 Rn. 102.

40 Münch/Komm/AktG/*Bayer*, § 204 Rn. 39; GroßKomm/AktG/*Hirte*, § 204 Rn. 29; Hüffer/*Koch*, § 204 Rn. 12; Spindler/Stilz/*Wamser*, § 204 Rn. 52.

41 Münch/Komm/AktG/*Bayer*, § 205 Rn. 73; Hölters/*v.Dryander/Niggemann*, § 205 Rn. 17; Hüffer/*Koch*, § 205 Rn. 9; zu § 205 a.F.: GroßKomm/AktG/*Hirte*, § 205 Rn. 25 ff.; Köln/Komm/AktG/*Lutter*, § 205 Rn. 18 ff.

Gesetzgebungsverfahrens geschuldet sei.[42] Die Prüfungspflicht nach § 205 Abs. 5 AktG gilt auch bei der Einbringung von Arbeitnehmerforderungen aus Gewinnbeteiligungen. Die alte Fassung des § 205 hatte eine gegenteilige Ansicht nahegelegt,[43] sie war jedoch als Redaktionsversehen einzustufen.[44] Der Gesetzgeber hat das diesbezügliche Versehen inzwischen ausdrücklich korrigiert.[45]

c) Abgleich der in §§ 202 ff. AktG vorgesehenen Erleichterungen mit der Rechtslage in der GmbH ohne genehmigtes Kapital

Im Folgenden soll kurz untersucht werden, ob die in §§ 202 ff. AktG enthaltenen Bestimmungen zur Arbeitnehmerbeteiligung für die GmbH überhaupt Erleichterungen darstellen würden.

(1) Bezugsrechtsausschluss

Eine analoge Anwendung der Wertung des § 202 Abs. 4 AktG mit der sich daraus grundsätzlich automatisch ergebenden sachlichen Rechtfertigung des Bezugsrechtsausschlusses würde eine deutliche Erleichterung für die Arbeitnehmerbeteiligung in der GmbH bringen.

Zwar ist es auch in der GmbH durchaus möglich, dass ein Bezugsrechtsausschluss zum Zwecke der Mitarbeiterbeteiligung den Erfordernissen der sachlichen Rechtfertigung entspricht.[46] Allerdings ist hierfür stets eine Verhältnismäßigkeitsabwägung im Einzelfall erforderlich.[47]

(2) Sonstige Erleichterungen

Die Erleichterung des § 203 Abs. 4 AktG ist für die GmbH ohne Bedeutung, da eine Volleinzahlung der Geschäftsanteile keine Voraussetzung für eine Kapitalerhöhung im GmbH-Recht ist.[48]

Die Regelungen der §§ 204 Abs. 3 und 205 Abs. 4 AktG bilden Abweichungen von der Rechtslage im GmbH-Recht, da es zum einen nicht möglich ist, zu leistende Einlagen (§ 19 GmbHG) aus Gesellschaftsmitteln zu decken (die Kapitalerhöhung aus Gesellschaftsmitteln hat andere Voraussetzungen und Rechtsfolgen, §§ 57c ff.

---

42 Münch/Komm/AktG/*Bayer*, § 205 Rn. 74.
43 So denn auch Köln/Komm/AktG/*Lutter*, § 205 Rn. 19.
44 Münch/Komm/AktG/*Bayer*, § 205 Rn. 75; GroßKomm/AktG/*Hirte*, § 205 Rn. 27.
45 Vgl. hierzu BRDrucks. 847/08, S. 59.
46 Michalski/*Hermanns*, § 55 Rn. 52; Münch/Komm/*Lieder*, § 55 Rn. 97.
47 Die Beispiele für eine sachliche Rechtfertigung bei *Hermanns* und *Lieder* beziehen sich demgemäß auch nur auf besonders wichtige Mitarbeiter, Münch/Komm/*Lieder*, § 55 Rn. 97 bzw. darauf, dass die Bindung des Mitarbeiters von erheblicher Bedeutung für das Unternehmen ist, Michalski/*Hermanns*, § 55 Rn. 52.
48 *Lieder*, DNotZ 2010, 655, 679; Scholz/*Priester*, § 55 Rn. 15; Ulmer/Habersack/Winter/*Ulmer*, § 55 Rn. 30.

GmbHG) und zum anderen bei Sacheinlagen nach § 56 Abs. 1 GmbHG die dort beschriebenen Festsetzungen erforderlich sind.[49]

2. Zusammenfassung

Betrachtet man die beklagten Schwierigkeiten für die Mitarbeiterbeteiligung in der GmbH, so ist festzustellen, dass bei Bestehen eines genehmigten Kapitals und der gleichzeitigen analogen Anwendung der in den §§ 202 ff. AktG enthaltenen Sonderregelungen zumindest zwei kritisierte Problempunkte abgemildert werden könnten. Durch die Entbehrlichkeit eines notariell zu beurkundenden Gesellschafterbeschlusses bei Ausnutzung eines genehmigten Kapitals[50] könnte die Arbeitnehmerbeteiligung schneller und flexibler durchgeführt werden. Daneben stellten Minderheitenrechte, die einer Mitarbeiterbeteiligung entgegenstehen können, bei analoger Anwendung der Wertung des § 202 Abs. 4 AktG und der damit verbundenen quasi automatischen sachlichen Rechtfertigung des Bezugsrechtsausschlusses kein größeres Hindernis mehr da.

B. Erleichterungen durch ein genehmigtes Kapital

I. Die Sicherung von Wandelschuldverschreibungen durch ein genehmigtes Kapital

1. Meinungsstand

Zur Sicherung des Anspruchs auf Anteilsbezug aufgrund einer Wandelschuldverschreibung durch ein genehmigtes Kapital in der GmbH sind im Schrifttum kaum tiefgehendere Ausführungen vorhanden. Meist beschränkt man sich auf die Aussage, dass die Schaffung des genehmigten Kapitals den Einsatz von Wandelschuldverschreibungen bei der GmbH erleichtert hat.[51]

Vereinzelt finden sich noch Einschätzungen dahingehend, dass die GmbH durch die Schaffung des genehmigten Kapitals in die Lage versetzt werde, dem Gläubiger einen „*durchsetzbaren Anspruch*“ auf den Bezug von Geschäftsanteilen einzuräumen.[52] Ähnlich wird teilweise vertreten, dass durch ein genehmigtes Kapital mit entsprechender, ausdrücklicher Zweckbestimmung der Anspruch des Gläubigers auf Anteilsausgabe gesichert werden könne.[53]

---

49 Vgl. hierzu *Lieder*, DNotZ 2010, 655, 679 ff.

50 Vgl. hierzu die Ausführungen im 1. Kapitel.

51 Münch/Komm/*Lieder*, § 55 Rn. 10; Lutter/Hommelhoff/*Lutter/Bayer*, § 55 Rn. 57; *Wicke*, § 55 Rn. 2; BeckOK/*Ziemons*, § 55 Rn. 2.

52 *Helmreich*, GWR 2011, 561, 563.

53 Weitnauer/*Kraus*, S. 163; *Weitnauer*, BKR 2009, 18, 19; ebenso wohl *Kramer*, GmbHR 2015, 1073, 1075.

Vereinzelt wird auch – allerdings ohne konkreten Zusammenhang zur Wandelschuldverschreibung – vertreten, dass sich die Geschäftsführer gegenüber Dritten zur Ausnutzung des genehmigten Kapitals verpflichten könnten.[54]

Auf der anderen Seite werden in der Literatur aber auch die bei einer Absicherung durch ein genehmigtes Kapital weiterhin bestehenden Schwierigkeiten herausgestellt. Die wesentlichen Probleme liegen danach im Bezugsrecht für die Altgesellschafter bei einer Kapitalerhöhung aufgrund genehmigten Kapitals,[55] in der zeitlichen Begrenzung der Ermächtigung nach § 55a GmbHG[56] und schließlich in der Problematik, dass das genehmigte Kapital durch Satzungsänderung auch nach der Ausgabe von Wandelschuldverschreibungen wieder aufgehoben werden kann.[57]

Letztlich empfiehlt *Helmreich* zur Erreichung einer wirksamen Sicherung der Gläubiger einer Wandelschuldverschreibung bei einer GmbH deshalb einen (schuldrechtlichen) Stimmbindungsvertrag mit den Gesellschaftern, in dem diese sich dazu verpflichten, keinen Aufhebungsbeschluss hinsichtlich des zur Sicherung der Ansprüche des Gläubigers bestehenden genehmigten Kapitals zu fassen.[58] Ganz ähnlich empfiehlt *Kramer* auch bei Bestehen eines genehmigten Kapitals schuldrechtliche Vereinbarungen mit den Gesellschaftern zum Schutz des Gläubigers *„vor etwaigen nachteiligen Weisungen der Gesellschafter“*.[59]

2. *Stellungnahme*

a) Allgemeines

Bedenkt man, dass eine der größten Anwendungsschwierigkeiten der Wandelschuldverschreibung in der wirksamen Sicherung des Rechts des Gläubigers auf späteren Anteilserwerb besteht, so erscheint eine Erleichterung durch ein genehmigtes Kapital zumindest nicht ausgeschlossen, weil hier die Geschäftsführer zur Kapitalerhöhung zuständig sind und kein Kapitalerhöhungsbeschluss der Gesellschafterversammlung erforderlich ist.

Die nachfolgende Stellungnahme soll sich deshalb mit den Auswirkungen eines genehmigten Kapitals auf die gesellschaftsrechtliche Sicherbarkeit des Rechts des Gläubigers auf Anteilserwerb bei Ausübung seiner Wandlungs- oder Bezugsrechte befassen. Hierbei soll im Sinne einer vereinfachten Darstellung davon ausgegangen

---

54 Münch/Komm/*Lieder*, § 55a Rn. 38a; Trautmann, S. 127 f.

55 *Helmreich*, GWR 2011, 561, 564; zur AG: Münch/Komm/AktG/*Habersack*, § 221 Rn. 219; *Holland/Goslar*, NZG 2006, 892, 894.

56 *Helmreich*, GWR 2011, 561, 564; zur AG: Münch/Komm/AktG/*Habersack*, § 221, Rn. 219; *Holland/Goslar*, NZG 2006, 892, 893.

57 *Helmreich*, GWR 2011, 561, 563 f.; zur AG wird in diesem Zusammenhang betont, dass es dem genehmigten Kapital an einer § 192 Abs. 4 AktG entsprechenden Regelung mangele, Münch/Komm/AktG/*Habersack*, § 221 Rn. 219; *Holland/Goslar*, NZG 2006, 892, 895.

58 *Helmreich*, GWR 2011, 561, 563.

59 *Kramer*, GmbHR 2015, 1073, 1075.

werden, dass der Vertrag zwischen Gläubiger und GmbH betreffend die Wandelschuldverschreibung wirksam ist und Bezugsrechte der Altgesellschafter nicht entgegenstehen.

b) Grundsätzlich erhöhtes Sicherungsniveau durch ein genehmigtes Kapital

Der Anspruch des sein Wandlungs- oder Bezugsrecht ausübenden Gläubigers auf Erhalt von Geschäftsanteilen besteht gegen die Gesellschaft,[60] die nach außen durch die Geschäftsführer vertreten wird (§ 35 Abs. 1 GmbHG). Diese Vertretungsmacht umfasst grundsätzlich jedes außenwirksame Handeln, also auch die Erfüllung von gegen die GmbH bestehenden schuldrechtlichen Ansprüchen.[61]

Die Durchführung einer Kapitalerhöhung und der Abschluss eines Übernahmevertrags zur Erfüllung von Ansprüchen auf Anteilserwerb geht ohne ein bestehendes genehmigtes Kapital über die Vertretungsmacht der Geschäftsführer hinaus (und damit über ihr rechtliches „Können“).[62] Besteht allerdings ein genehmigtes Kapital, so beinhaltet das rechtliche Können der Geschäftsführer aufgrund der mit der Ermächtigung nach § 55a GmbHG einhergehenden Kompetenzfeldübertragung, die sowohl den Beschluss über die Kapitalerhöhung, den Abschluss der Übernahmeverträge, die Satzungsanpassung und die Anmeldung zum Handelsregister umfasst,[63] die Erfüllung der Ansprüche der Gläubiger von Wandelschuldverschreibungen, jedenfalls soweit, wie ein genehmigtes Kapital (noch) vorhanden ist.

c) Weiterhin bestehende Einschränkungen

Von der ganz herrschenden Meinung wird vertreten, dass eine schuldrechtliche Verpflichtung der Gesellschaft zur Verschaffung von Anteilen nicht durchgesetzt werden kann bzw. die Wirksamkeit der Zusage der Geschäftsanteile unter dem Vorbehalt der Durchführung der Kapitalerhöhung steht.[64] Nur unter besonderen Voraussetzungen, von denen jedenfalls die Erfordernisse der konkreten Einzelfallbezogenheit und der satzungsändernden Mehrheit unstrittig sind, kann sich eine GmbH nach herrschender Meinung wirksam zu einer Satzungsänderung verpflichten.[65] Hintergrund dieser restriktiven Handhabung ist die Autonomie der Gesellschafter hinsichtlich der Entscheidung über eine Kapitalerhöhung.[66]

Dieser restriktiven Handhabung ist zuzustimmen. Die Strukturzuständigkeit liegt grundsätzlich zwingend in den Händen und in der freien Entscheidungsgewalt der Gesellschafter. An die Ausübung der Strukturzuständigkeit stellt das Gesetz

---

60 Vgl. hierzu Münch/Komm/AktG/*Habersack*, § 221 Rn. 213.
61 Vgl. allgemein Münch/Komm/*Stephan/Tieves*, § 35 Rn. 95 f.
62 Michalski/*Lenz*, § 35 Rn. 31; Baumbach/Hueck/*Zöllner/Noack*, § 35 Rn. 93 f.
63 Siehe hierzu die Ausführungen im 1. Kapitel, zusammengefasst unter Punkt D.
64 Siehe oben Punkt A.II.2.
65 Oft wird zusätzlich noch eine notarielle Beurkundung und sogar die Eintragung ins Handelsregister gefordert, siehe zum Meinungsstand oben Fußnote 20.
66 So ausdrücklich BGH NJW 1999, 1252, 1253.

in den §§ 53 ff. GmbHG spezifische Anforderungen, die diese Entscheidungshoheit sicherstellen sollen (insbesondere das Mehrheitserfordernis, § 53 Abs. 2 S. 1 GmbHG). Eine wirksame Verpflichtung zu einer Satzungsänderung und damit auch einer Kapitalerhöhung ist deshalb jedenfalls (und nach allen Ansichten) nur dann möglich, wenn die Geschäftsführer von der Gesellschafterversammlung mit satzungsändernder Mehrheit zur Eingehung einer Verpflichtung zur Satzungsänderung in einem konkreten Fall ermächtigt werden, wobei in der Ermächtigung der Inhalt der Satzungsänderung (z.B. der Betrag der Kapitalerhöhung und sonstige damit verbundene Festlegungen) schon beschrieben sein muss.[67]

Angesichts dieser hohen Anforderungen wird, da im Moment der Ausgabe einer Wandelschuldverschreibung nicht feststeht, ob und in welchem Ausmaß die Gläubiger ihre Wandlungs- und Bezugsrechte ausüben, wohl regelmäßig, besonders bei einer umfangreichen Ausgabe von Wandelschuldverschreibungen, nur eine einfache Zusicherung von Anteilen durch die Gesellschaft praktikabel sein, die aber gerade keine durchsetzbare Verpflichtung zur Vornahme einer Kapitalerhöhung beinhaltet.[68]

Soweit die Durchführung der Kapitalerhöhung mangels durchsetzbarer Verpflichtung weiterhin der Autonomie der Gesellschafter obliegt, bestimmt sich auch bei Bestehen eines genehmigten Kapitals die Erfüllung der Wandlungs- und Bezugsrechte nach der gesellschaftsinternen Willensbildung. Denn zwar haben die Gesellschafter die Befugnis zur Kapitalerhöhung kraft Satzungsermächtigung (in begrenztem Umfang) auf die Geschäftsführer delegiert. Soweit allerdings die Geschäftsführer in ihrer Ausnutzungskompetenz durch die Gesellschafter beschränkt werden, setzt sich die Autonomie der Gesellschafter hinsichtlich der Vornahme einer Kapitalerhöhung mit Wirkung für die Durchsetzbarkeit des Anspruchs der Gläubiger einer Wandelschuldverschreibung durch. Selbst wenn also bei Bestehen eines genehmigten Kapitals die Gesellschaft bei Abschluss des Übernahmevertrags nicht durch die Gesellschafter, sondern durch die Geschäftsführer vertreten wird und es ferner nicht ausgeschlossen erscheint, dass der Gläubiger der Wandelschuldverschreibung mittels Leistungsklage und Zwangsvollstreckung über § 894 ZPO erreichen könnte, dass die Annahme seiner abgegebenen Übernahmeerklärung durch die Gesellschaft, auf die er aufgrund des Wandlungs- oder Bezugsrechts einen Anspruch hat, ersetzt wird,[69] so bestünde immer noch das Problem, dass sich auch aus dem geschlossenen Übernahmevertrag noch kein durchsetzbarer Anspruch auf die Durchführung der Kapitalerhöhung ergibt.[70] Dies gilt jedenfalls soweit, wie die Gesellschafter entweder

67 Dazu schon Münch/Komm/*Harbarth*, § 53 Rn. 136; *Maidl*, NZG 2006, 778.

68 Dass möglicherweise gegen die Gesellschaft Schadensersatzansprüche wegen mangelnder Erfüllung hinsichtlich der Wandlungs- oder Bezugsrechte erwachsen, spielt für die Frage der Durchsetzbarkeit der Kapitalerhöhung keine Rolle; vgl. hierzu schon oben Punkt A.II.2.

69 Vgl. zur AG: Münch/Komm/AktG/*Habersack*, § 221 Rn. 223.

70 So ausdrücklich BGH NJW 1999, 1252, 1253.

durch die Ausgestaltung der Ermächtigung i.S.d. § 55a GmbHG (etwa durch Festlegung von Zustimmungsvorbehalten) oder durch die konkrete Einflussnahme auf die Ausnutzung des genehmigten Kapitals über das Weisungsrecht[71] ihre Entscheidungshoheit hinsichtlich der Bewirkung der Kapitalerhöhung realisieren. Auch im Rahmen eines genehmigten Kapitals haben die Gesellschafter ihre diesbezügliche Entscheidungshoheit mangels ausdrücklicher anderweitiger Bestimmung in der Ermächtigung (etwa durch den Ausschluss des Weisungsrechts) nicht abschließend übertragen und können diese weiterhin durch Eingriffe in den Entscheidungsprozess der Geschäftsführer ganz oder teilweise ausüben.[72]

Die Durchsetzungsmöglichkeiten für den Anspruch des Gläubigers sind demnach wesentlich vom Inhalt der Ermächtigung nach § 55a GmbHG abhängig. Ist die Ermächtigung zugunsten der Geschäftsführer sehr weitgehend und beinhaltet etwa den Ausschluss der Weisungsbefugnis und, falls ein Aufsichtsrat besteht, zusätzlich noch den Ausschluss des Rechts des Aufsichtsrats zur Festlegung von Zustimmungsvorbehalten hinsichtlich der Ausnutzung des genehmigten Kapitals, so sind die Chancen für die Durchsetzung des Anspruchs des Gläubigers relativ hoch.[73] In diesem Fall kann die Gesellschafterversammlung die Ausübung der Ermächtigung dann nur noch unter den Voraussetzungen, unter denen ein satzungswidriger Weisungsbeschluss von den Geschäftsführern zu beachten ist[74] oder durch die – rechtzeitige – Aufhebung der Ermächtigung durch Satzungsänderung verhindern.[75]

Handelt es sich demgegenüber um eine allgemeine Ermächtigung i.S.d. § 55a GmbHG oder steht die Ausnutzung des genehmigten Kapitals gar unter einem

---

71 Dass der Weisungsbeschluss einer schuldrechtlichen Verpflichtung der Gesellschaft zuwiderläuft und dass deshalb möglicherweise Schadensersatzansprüche gegen die Gesellschaft entstehen, ist nicht von Bedeutung; das Weisungsrecht umfasst selbst wirtschaftlich offensichtlich nachteilige Weisungen, solange nicht zwingende gesetzliche Vorschriften berührt sind, vgl. BGH NJW 2010, 64; Scholz/*Schneider/Schneider*, § 37 Rn. 61; Münch/Komm/*Stephan/Tieves*, § 37 Rn. 120; i.E. ebenso Ulmer/Habersack/Löbbe/*Paefgen*, § 37 Rn. 57.

72 Siehe hierzu auch bereits die Ausführungen im 1. Kapitel.

73 Denkbar erscheint es auch, ein spezifisches, zweckbestimmtes genehmigtes Kapitals zur Bedienung von Wandelschuldverschreibungen zu schaffen (eine Zweckbestimmung des genehmigten Kapitals ist ohne weiteres zulässig, vgl. etwa Scholz/*Priester*, § 55a Rn. 18). Hinsichtlich dieses zweckbestimmten, genehmigten Kapitals müssen dann die Bezugsrechte der Altgesellschafter, das Weisungsrecht der Gesellschafterversammlung und das Recht eines etwaigen Aufsichtsrats, hinsichtlich der Ausnutzung dieses genehmigten Kapitals einen Zustimmungsvorbehalt aufzustellen, in der Ermächtigung ausgeschlossen werden. Vgl. zur Zulässigkeit solcher Bestimmungen in der Ermächtigung die Ausführungen im 1. Kapitel, zusammengefasst unter Punkt D.

74 Siehe hierzu im 1. Kapitel, Punkt C.V.1.b.

75 Dies ist unstrittig möglich, vgl. nur Münch/Komm/*Lieder*, § 55a Rn. 28; siehe hierzu auch schon oben die Ausführungen im 1. Kapitel.

Zustimmungsvorbehalt, so hängt es vom Willen der Gesellschafter ab, ob die Ausnutzung des genehmigten Kapitals stattfindet oder nicht.[76]

Ein wirksamer Schutz für die Gläubiger ließe sich im letzteren Fall nur über besondere schuldrechtliche Vereinbarungen mit den Gesellschaftern[77] oder eine die mangelnde Durchsetzbarkeit der Kapitalerhöhung berücksichtigende Ausgestaltung der Anleihebedingungen erreichen.[78]

Im Ergebnis lässt sich daher feststellen, dass es für die Erhöhung der Praxistauglichkeit der Wandelschuldverschreibung durch die Schaffung eines genehmigten Kapitals entscheidend auf den Inhalt der Ermächtigung ankommt, namentlich inwieweit die Gesellschafter sich ihrer Hoheit über den Entscheidungsprozess hinsichtlich der Ausnutzung des genehmigten Kapitals begeben. Durch eine entsprechende Ausgestaltung der Ermächtigung lässt sich das Sicherungsniveau für die Ansprüche der Gläubiger deutlich erhöhen.

Bei einer allgemeinen Ermächtigung i.S.d. § 55a GmbHG oder gar deren restriktiver Ausgestaltung, ist der Gewinn für die Sicherung der Wandlungs- oder Bezugsrechte, der durch ein genehmigtes Kapital erzielt wird, dagegen kaum messbar.

II. Die analoge Anwendbarkeit der Regelungen über Arbeitnehmerbeteiligungen in den §§ 202 ff. AktG

1. Meinungsstand

Nach einer Ansicht im Schrifttum sollen die Regelungen über Arbeitnehmerbeteiligungen der §§ 202 Abs. 4, 204 Abs. 3 und 205 Abs. 4 AktG analog auf die GmbH bei Bestehen eines genehmigten Kapitals angewendet werden.[79]

Lieder begründet diese Ansicht mit der allgemeinen Erwägung, dass die Zwecke der Arbeitnehmerbeteiligung (Identifikation mit dem Unternehmen, Partizipation am Unternehmensgewinn) auch auf die GmbH übertragbar seien. Sofern eine konkret auf ein bestimmtes genehmigtes Kapital bezogene und ausdrückliche Ermächtigung vorliege, könnten die Geschäftsführer ohne besondere Interessenabwägung

---

76 Freilich wird eine zuständigkeitswidrige Durchführung der Kapitalerhöhung durch die Geschäftsführer mit der Eintragung im Handelsregister wirksam und die vom Gläubiger übernommenen Geschäftsanteile sind entstanden, siehe hierzu schon im 1. Kapitel, Punkt C.V.1.b.

77 Hierzu *Helmreich*, GWR 2011, 561, 563; *Maidl*, NZG 2006, 778, 779.

78 Hierzu *Holland/Goslar*, NZG 2006, 892, 895.

79 *Lieder*, DNotZ 2010, 655, 678 ff.; *ders.*, Münch/Komm, § 55a Rn. 81 ff.; zustimmend Gehrlein/Ekkenga/Simon/*Bormann*, § 55a Rn. 56. *Wicke*, § 55a, Rn. 12 und Baumbach/Hueck/*Zöllner/Fastrich*, § 55a Rn. 7 äußern sich zwar nicht zur analogen Anwendbarkeit, betonen aber, dass der Zweck der Ermächtigung auch dahingehend festgelegt werden könne, dass die Anteile an Arbeitnehmer der Gesellschaft auszugeben seien.

das Bezugsrecht ausschließen und die Anteile an Arbeitnehmer der Gesellschaft ausgeben (§ 202 Abs. 4 AktG analog).[80]

Sofern die Geschäftsführer eigenverantwortlich über die Feststellung des Jahresabschlusses und die Verwendung des Ergebnisses entscheiden könnten, sei auch eine analoge Anwendung des § 204 Abs. 3 AktG möglich, weil es den Geschäftsführen dann gestattet sei, „*Gesellschaftsmittel nach Umbuchung in eine Sonderrücklage zur Ausgabe von Arbeitnehmeranteilen zu verwenden.*"[81] Sofern die Ermächtigung nach § 55a GmbHG die Ausgabe der Anteile auch gegen Sacheinlage vorsehe (§ 55a Abs. 3 GmbHG), sei schließlich eine analoge Anwendung des § 205 Abs. 4 AktG zu befürworten, mit der Folge, dass die Festsetzungen nach § 56 Abs. 1 GmbHG nicht getroffen werden müssten. Allerdings könne auf eine Prüfung der Werthaltigkeit der Sacheinlagen nicht verzichtet werden.[82]

Nach anderer Auffassung dagegen steht einer analogen Anwendung der Regelungen über Arbeitnehmerbeteiligungen zum einen das Fehlen einer planwidrigen Regelungslücke und zum anderen der regelmäßig begrenzte Gesellschafterkreis der GmbH entgegen, sodass bei der Ausgabe von Geschäftsanteilen an Arbeitnehmer im Rahmen eines genehmigten Kapitals auf eine Prüfung der materiellen Rechtfertigung und auf eine Abwägung im Einzelfall nicht verzichtet werden dürfe.[83]

2. *Stellungnahme*

Kern der Streitigkeit zur analogen Anwendung der Regelungen über Arbeitnehmerbeteiligungen in den §§ 202 ff. AktG ist die Frage, ob es für die GmbH gerechtfertigt ist, die Wertung des § 202 Abs. 4 AktG mit der daraus quasi automatisch folgenden sachlichen Rechtfertigung eines Bezugsrechtsausschlusses zu übernehmen.[84]

An diesem Kernpunkt hat sich die Entscheidung über eine Analogie auszurichten. Folglich ist zunächst die analoge Anwendung des § 202 Abs. 4 AktG und seiner Wertung zu untersuchen. Von diesem Ergebnis wird es abhängen, ob auch hinsichtlich

---

80 *Lieder*, DNotZ 2010, 655, 678 f.; *ders.*, Münch/Komm, § 55a Rn. 81 f.; allerdings könne sich aus der personalistischen Struktur der GmbH ausnahmsweise etwas anderes ergeben, Rn. 82.

81 *Lieder*, DNotZ 2010, 655, 679 f.; *ders.* i.E. ebenso in Münch/Komm, § 55a Rn. 83.

82 *Lieder*, DNotZ 2010, 655, 681 f.; *ders.*, Münch/Komm, § 55a Rn. 84.

83 *Trautmann*, S. 145 f.

84 Sofern man das Bestehen eines gesetzlichen Bezugsrechts für die GmbH ablehnt, würde eine analoge Anwendung der Wertung des § 202 Abs. 4 AktG bedeuten, dass ein nicht verhältniswahrender Zulassungsbeschluss zum Zwecke einer angemessenen Arbeitnehmerbeteiligung von vornherein nicht gegen den Gleichbehandlungsgrundsatz oder die Treuepflicht verstößt; vgl. zu den Unterschieden und Gemeinsamkeiten der beiden Lösungsansätze im Rahmen eines genehmigten Kapitals die Ausführungen im 2. Kapitel, zusammengefasst unter Punkt C. Der besseren Übersichtlichkeit halber wird im Folgenden vom Bestehen eines gesetzlichen Bezugsrechts ausgegangen.

der §§ 204 Abs. 3 und 205 Abs. 4 AktG eine analoge Anwendung in Betracht zu ziehen ist.[85]

Bisher ist im Schrifttum noch kein zutreffendes Ergebnis zur Frage der analogen Anwendbarkeit erzielt worden, weil die Voraussetzungen der Analogie entweder zu pauschal befürwortet[86] oder zu pauschal abgelehnt wurden.[87] Für eine Stellungnahme sind daher im Folgenden die Voraussetzungen einer Analogie zu den aktienrechtlichen Vorschriften über die Arbeitnehmerbeteiligung beim genehmigten Kapital im Einzelnen herauszuarbeiten.

a) Planwidrige Regelungslücke

Der Umstand, dass § 55a GmbHG keine Regelungen zur Arbeitnehmerbeteiligung enthält, kann nicht als Beleg für eine bewusste Entscheidung des Gesetzgebers gegen die entsprechende Geltung der aktienrechtlichen Vorschriften angeführt werden.[88] Zunächst ist darauf hinzuweisen, dass sich in den Materialien zu § 55a GmbHG[89] keinerlei Anhaltspunkte dahingehend finden lassen, dass der Gesetzgeber sich überhaupt Gedanken über die Mitarbeiterbeteiligung bei der Schaffung der Regelung des § 55a GmbHG gemacht hat.

Das Fehlen einer Regelung über die Arbeitnehmerbeteiligung bei § 55a GmbHG bietet aber vor allem deshalb kein Argument gegen eine planwidrige Regelungslücke, weil sich ganz allgemein zu § 55a GmbHG die Grundaussage treffen lässt, dass sich der Gesetzgeber auf die Normierung des für die Schaffung des genehmigten Kapitals absolut Notwendigen beschränkt hat. Hinzu kommt, dass es sich bei der Arbeitnehmerbeteiligung um eine Problematik handelt, die im GmbHG generell keine Erwähnung findet. Insoweit gelten ähnliche Erwägungen wie für die – zu verneinende – Frage, ob die fehlende Regelung des Bezugsrechts bei § 55a GmbHG auf einer bewussten Entscheidung des Gesetzgebers beruht.[90] Für die Problematik der Arbeitnehmerbeteiligung kommt ferner als zusätzlicher, gegen eine bewusste Entscheidung des Gesetzgebers bei Schaffung des § 55a GmbHG sprechender Gesichtspunkt hinzu, dass es sich hier nicht wie beim Bezugsrecht um eine wesentliche, sich bei Schaffung und Ausnutzung des genehmigten Kapitals regelmäßig aufdrängende, sondern um eine nebensächliche und nur unter bestimmten Umständen relevant werdende Frage handelt.

Grundsätzlich besteht daher eine Regelungslücke, die einer Analogie zugänglich ist.

---

85 § 203 Abs. 4 AktG ist dagegen für die GmbH ohne Bedeutung, siehe oben Punkt A.III.1.c.(2) und scheidet daher von vornherein für eine analoge Anwendung aus.

86 So die Befürworter der Ansicht oben bei Fußnote 79.

87 So *Trautmann*, S. 145 f.

88 So aber *Trautmann*, S. 145 f.

89 BTDrucks. 16/6140 und BTDrucks. 16/9737 (MoMiG); BTDrucks. 16/11642 (ARUG).

90 Siehe hierzu 2. Kapitel, Punkt A.I.

b) Vergleichbarkeit der Interessenlagen

Für die Feststellung einer Vergleichbarkeit der Interessenlagen wäre es erforderlich, dass es beim genehmigten Kapital der GmbH genauso wie beim genehmigten Kapital der AG gerechtfertigt ist, einen Bezugsrechtsausschluss zum Zweck der Arbeitnehmerbeteiligung im Wesentlichen ohne weitere sachliche Voraussetzungen als zulässig anzusehen.

(1) Rechtsformübergreifende Geltung der Ziele der Mitarbeiterbeteiligung

Für diese Beurteilung spricht zunächst, dass die gesetzgeberischen Ziele der Mitarbeiterbeteiligung rechtsformunabhängig gelten. Das trifft zum einen für das unternehmensbezogene Ziel nach besserer Bindung und Integration der Mitarbeiter und die dadurch erzielbare Erhöhung der Leistungsbereitschaft und des Verantwortungsbewusstseins zu.[91] Genauso aber gilt dies für das gesamtwirtschaftliche Ziel der gerechten und ausgewogenen Teilhabe der Arbeitnehmer am Ertrag der Volkswirtschaft.[92] Dass auch die Rechtsform der GmbH nach der Vorstellung des Gesetzgebers für die Mitarbeiterbeteiligung relevant ist, wird aus seinen Äußerungen zum Mitarbeiterkapitalbeteiligungsgesetz von 2008 deutlich.[93]

Zu bedenken ist jedoch, dass aus den geäußerten Zielen des Gesetzgebers zur Mitarbeiterbeteiligung keine unmittelbar zwingenden Schlüsse auf die Rechtslage bei der GmbH gezogen werden können. Außerhalb des AktG hat sich der Gesetzgeber nämlich bei der Schaffung gesellschaftsrechtlicher Regelungen betreffend die Mitarbeiterbeteiligung zurückgehalten.[94]

(2) Folgerungen aus der Bedeutung des Bezugsrechts des GmbH-Gesellschafters

Trotz der rechtsformunabhängigen Geltung der gesetzgeberischen Ziele der Mitarbeiterbeteiligung sprechen die Besonderheiten der Rechtsform der GmbH gegen eine generelle Vergleichbarkeit der Interessenlagen.[95]

Dies liegt daran, dass die Rechtsform der GmbH im Vergleich zur AG eine Struktur aufweist, die deutlich stärker auf die Anteilseigner zugeschnitten ist und diesen

---

91 Vgl. hierzu die Gesetzesbegründung zum Mitarbeiterkapitalbeteiligungsgesetz von 2008, BTDrucks. 16/10531, S. 11; vgl. auch die gesetzgeberischen Ziele zu § 71 Abs. 1 Nr. 2 AktG, hierzu Münch/Komm/AktG/*Oechsler*, § 71 Rn. 134; auf die Förderung der Bindung der Arbeitnehmer an das Unternehmen bezieht sich auch ausdrücklich das „Adidas“-Urteil des BGH, vgl. NJW 2000, 2356, 2357.

92 Vgl. zu dieser Zielsetzung BTDrucks. 16/10531, S. 11.

93 Die GmbH findet in der Gesetzesbegründung ausdrücklich Erwähnung, vgl. BTDrucks. 16/10531, S. 11.

94 So betrifft etwa auch das Mitarbeiterkapitalbeteiligungsgesetz von 2008 nur Änderungen im Einkommenssteuergesetz, im Fünften Vermögensbildungsgesetz und im Investmentgesetz (vgl. dazu Art. 1 ff. Mitarbeiterkapitalbeteiligungsgesetz).

95 Insoweit zutreffend *Trautmann*, S. 145 f.

die uneingeschränkte Führungsrolle und Allzuständigkeit einräumt. Diese Unterschiede sind im ersten und zweiten Kapitel schon mehrfach herausgestellt worden. Daraus folgt, dass sich das Bezugsrecht nach zutreffender überwiegender Meinung für den GmbH-Gesellschafter im Allgemeinen als wichtiger und bedeutender darstellt als für den Aktionär.

Angesichts dieses Bedeutungsgefälles erscheint es nicht gerechtfertigt, die Entscheidung des § 202 Abs. 4 AktG, eine Arbeitnehmerbeteiligung in angemessenem Umfang generell als dem Bezugsrecht der Anteilseigner vorrangig einzustufen, mit allgemeiner Gültigkeit auf die GmbH zu übertragen.[96]

Auf der anderen Seite wäre es allerdings unter Beachtung des eindeutigen Willens des Gesetzgebers zur Förderung der Arbeitnehmerbeteiligung auch in der GmbH verfehlt, für jede GmbH, unabhängig von den besonderen Verhältnissen der Gesellschaft, eine umfassende, einzelfallbezogene sachliche Rechtfertigung für den Bezugsrechtsausschluss zu verlangen, wenn eine nach der gesetzgeberischen Zielsetzung begrüßenswerte Arbeitnehmerbeteiligung durchgeführt wird.[97]

(3) Entsprechende Anwendung der Abwägungsentscheidung der Mitbestimmungsgesetze

Zur Lösung dieses Konflikts ist eine Abwägung vorzunehmen, bei der die Anzahl der Mitarbeiter einer GmbH das maßgebliche Kriterium darstellt.

Diese Abwägung führt zu dem Ergebnis, dass in GmbHs mit in der Regel mehr als 500 Arbeitnehmern die Wertung des § 202 Abs. 4 AktG angemessen ist. Eine analoge Anwendung ist für solche GmbHs deshalb zu befürworten. In GmbHs mit einer geringeren Anzahl von Arbeitnehmern ist die Wertung des § 202 Abs. 4 AktG dagegen unangemessen und nicht übertragbar, sodass zwar ein Bezugsrechtsausschluss zum Zweck der Arbeitnehmerbeteiligung selbstverständlich möglich bleibt, dieser jedoch der umfassenden sachlichen Rechtfertigung im Einzelfall nach allgemeinen Kriterien bedarf.

Die Maßgeblichkeit der Anzahl der Arbeitnehmer beruht auf einer entsprechenden Anwendung der gesetzlichen Abwägungsentscheidung, die den Mitbestimmungsgesetzen zugrunde liegt. Diese Grundentscheidung der Mitbestimmungsgesetze besteht darin, erst ab einer bestimmten Anzahl von Arbeitnehmern in einem Unternehmen deren Interesse an der Mitbestimmung unternehmerischer Entscheidungen[98] sowie die einschlägigen sozial- und gesellschaftspolitischen Ziele[99] als so dringlich anzusehen,

---

96 So aber *Lieder*, DNotZ 2010, 655, 678 f.; *ders.*, Münch/Komm, § 55a Rn. 81 ff, wobei er in Ausnahmefällen aufgrund der personalistischen Struktur der GmbH Abweichungen zulassen will (Rn. 82).

97 So aber *Trautmann*, S. 145 f.

98 Vgl. hierzu Ulmer/Habersack/Henssler/*Ulmer/Habersack*, Einl. MitbestG Rn. 2; Wlotzke/Wißmann/Koberski/Kleinsorge/*Wißmann*, Vorbem. Rn. 2 f.

99 Solche sind etwa die Integrationswirkung der Mitbestimmung oder die Gewährleistung einer sozialen Unternehmenspolitik; so Ulmer/Habersack/Henssler/*Ulmer/*

dass eine Einschränkung der verfassungsrechtlich bedeutsamen Selbstbestimmung der Anteilseigner über ihr Unternehmen gerechtfertigt ist.[100]

Mit den Mitbestimmungsgesetzen verfolgte der Gesetzgeber also sozial-, gesellschafts- und wirtschaftspolitische Zwecke, die dazu geeignet sind, mit den Interessen der Anteilseigner in Konflikt zu geraten.[101] Zur Lösung dieses Konflikts hat der Gesetzgeber die Anzahl der Arbeitnehmer im jeweiligen Unternehmen zum maßgeblichen Kriterium erhoben, indem die Gesetze das Eingreifen (§ 1 Abs. 1 DrittelbG) und die Erhöhung des Grades (§ 1 Abs. 1 Nr. 2 MitbestG) der Mitbestimmung hiervon abhängig machen.

Auch bei der Förderung der Arbeitnehmerbeteiligung verfolgt der Gesetzgeber sozial- und wirtschaftspolitische Ziele, die geeignet sind, mit Interessen der Anteilseigner (namentlich dem Bezugsrecht) in Konflikt zu geraten. Im Hinblick auf die erhöhte Bedeutung dieses Bezugsrechts für den GmbH-Gesellschafter wird man deshalb in entsprechender Anwendung der Abwägungsentscheidung der Mitbestimmungsgesetze die sozial- und wirtschaftspolitischen Ziele der Arbeitnehmerbeteiligung erst dann als so dringlich ansehen können, wenn die Anzahl der Arbeitnehmer so hoch ist, dass eine Einschränkung der Interessen der Anteilseigner und damit die Übertragbarkeit der Wertung des § 202 Abs. 4 AktG gerechtfertigt erscheint, d.h. im Ergebnis, wenn die Anzahl der Arbeitnehmer in einer GmbH eine mitbestimmungsrechtlich relevante Schwelle überschreitet.

Da für die Frage der analogen Anwendung der Wertung des § 202 Abs. 4 AktG nur auf eine einzige Schwelle abgestellt werden kann, ist die erste mitbestimmungsrechtlich relevante Schwelle, also § 1 Abs. 1 Nr. 3 DrittelbG, entsprechend heranzuziehen.[102]

Für diese Differenzierung nach der Anzahl der Arbeitnehmer spricht auch, dass ein wichtiges Ziel der Arbeitnehmerbeteiligung, die Förderung der Bindung der Arbeitnehmer an ihr Unternehmen, eine immer bedeutendere Rolle einnimmt, je mehr Arbeitnehmer im Unternehmen beschäftigt sind. Denn je kleiner das Unternehmen ist, desto mehr liegt regelmäßig eine auf den persönlichen Inhaber zugeschnittene Betriebsführung vor und desto größer ist auch oft das Investitionsrisiko.[103] Eine Bindung der Arbeitnehmer an das Unternehmen durch die Einräumung einer Beteiligung wird deshalb immer relevanter, je weniger persönliche Bindungen mit dem

Habersack, Einl. MitbestG Rn. 3; vgl. auch Wlotzke/Wißmann/Koberski/Kleinsorge/*Wißmann*, Vorbem. Rn. 3.

100 Zu dieser Abwägung im Hinblick auf die Beschränkung der Mitbestimmung auf Großunternehmen BVerfG NJW 1979, 699, 711; Ulmer/Habersack/Henssler/*Ulmer/Habersack*, Einl. MitbestG Rn. 9.

101 Vgl. etwa zum Konflikt zwischen der Arbeitnehmermitbestimmung mit dem „*Anteilseigentum*" BVerfG NJW 1979, 699, 703 ff.

102 Die Anzahl der Arbeitnehmer ist dabei den Regelungen des DrittelbG entsprechend zu ermitteln, vgl. hierzu Ulmer/Habersack/Henssler/*Henssler*, § 3 DrittelbG Rn. 3; Ulmer/Habersack/Henssler/*Henssler*, § 3 MitbestG Rn. 8 ff.

103 Zu diesen Punkten *Knepper*, ZGR 1985, 419, 442.

Inhaber bestehen können und je weniger risikoreich eine flächenmäßige Arbeitnehmerbeteiligung angesichts der Größe des Unternehmens ist.

Insgesamt ist daher eine analoge Anwendung der Wertung des § 202 Abs. 4 AktG für eine GmbH nur dann zu befürworten, wenn sie, entsprechend § 1 Abs. 1 Nr. 3 DrittelbG, in der Regel mehr als 500 Arbeitnehmer beschäftigt.

(4) Analoge Anwendung von §§ 204 Abs. 3 und 205 Abs. 4 AktG

Das gleiche Abgrenzungskriterium gilt auch für die analoge Anwendung von §§ 204 Abs. 3 und 205 Abs. 4 AktG. Beide Regelungen ermöglichen Erleichterungen für Arbeitnehmerbeteiligungen und damit Abweichungen von ansonsten im Rahmen einer Kapitalerhöhung zu beachtenden Vorschriften.[104] Ein Konflikt dieser Erleichterungen mit den Interessen der Altgesellschafter kann auch hier nicht ausgeschlossen werden, sodass die soeben angestellten Erwägungen genauso gelten. Eine analoge Anwendung ist daher ebenfalls nur zu befürworten, wenn in der GmbH in der Regel mehr als 500 Arbeitnehmer beschäftigt sind.

C. Zusammenfassung der Ergebnisse

Ein genehmigtes Kapital bringt für die Ausgabe von Wandelschuldverschreibungen eine Erleichterung, da eine Erfüllung der Umtausch- oder Bezugsrechte ohne Mitwirkung der Gesellschafterversammlung möglich ist, soweit der Betrag des genehmigten Kapitals reicht.

Für die Chancen der Durchsetzbarkeit der Rechte des Gläubigers der Wandelschuldverschreibung auf den Bezug von Geschäftsanteilen ist die Ausgestaltung der Ermächtigung nach § 55a GmbHG entscheidend, die für einen akzeptablen Grad an Sicherheit eine Zweckbindung des genehmigten Kapitals, einen diesbezüglichen Direktausschluss des Bezugsrechts und einen diesbezüglichen Ausschluss von Einflussmöglichkeiten anderer Gesellschaftsorgane, insbesondere des Weisungsrechts der Gesellschafterversammlung, enthalten sollte.

Freilich besteht auch bei einer derartigen Ausgestaltung der Ermächtigung die Gefahr der Aufhebung des genehmigten Kapitals durch die Gesellschafterversammlung oder eines satzungswidrigen, aber dennoch aufgrund bestimmter Umstände zu beachtenden Weisungsbeschlusses.

Die Erleichterungen, die das genehmigte Kapital der AG für Arbeitnehmerbeteiligungen vorsieht, können unter Abwägung der Ziele der Arbeitnehmerbeteiligung und der Bedeutung der verhältniswahrenden Teilnahme des Gesellschafters der GmbH an einer Kapitalerhöhung nur für solche GmbHs analoge Anwendung finden, die in der Regel mehr als 500 Arbeitnehmer beschäftigen. Dieses Ergebnis folgt aufgrund der entsprechenden Heranziehung der gesetzgeberischen Abwägungsentscheidung, die den Mitbestimmungsgesetzen zugrunde liegt.

---

104 Vgl. dazu oben Punkte A.III.1.b.(2) und c.(2).

Teil 3. Schlussbetrachtung

A. Abschließende Würdigung

Wohl ohne sich tiefgreifende Gedanken über die Bedeutung eines genehmigten Kapitals für die Systematik des GmbH-Rechts gemacht zu haben, hat der Gesetzgeber mit § 55a GmbHG eine Regelung geschaffen, die ein Grundprinzip des GmbH-Rechts teilweise außer Kraft setzt: die unbedingte und ausschließliche Zuständigkeit der Gesellschafterversammlung zur Entscheidung über Strukturmaßnahmen.

Entschärft wird das systematische Novum des Regelungsgehalts des § 55a GmbHG freilich dadurch, dass den Geschäftsführern ein eigener Ermessensspielraum im Hinblick auf die Erhöhung des Stammkapitals nur innerhalb klar gesetzter Grenzen eingeräumt werden kann und diese Einräumung, genauso wie deren Rücknahme, sich als Ergebnis eines freien Entschlusses der Gesellschafter darstellt.

Da die Schaffung eines genehmigten Kapitals nur in der Gründungssatzung oder als Satzungsänderung möglich ist, liegt die Kompetenzerweiterung der Geschäftsführer, die Folge eines genehmigten Kapitals ist, im Interesse jedenfalls der satzungsändernden Mehrheit der Gesellschafter.

§ 55a GmbHG ist deshalb nicht als Vorschrift zu verstehen, die die Stellung der Geschäftsführer in der GmbH stärkt, sondern die den Gestaltungswünschen der Gesellschafter über das bisher im GmbH-Recht mögliche Maß hinaus zur Geltung verhilft.

Die innergesellschaftlich allein maßgebliche Entscheidungshoheit über die Erhöhung des Stammkapitals liegt deshalb im Anwendungsbereich des § 55a GmbHG auch weiterhin bei der Gesellschafterversammlung, gerade weil es sich bei der Kapitalerhöhung um eine Strukturmaßnahme handelt. Ob die Gesellschafterversammlung diese Entscheidungshoheit durch die Ausübung ihres Weisungsrechts wahrnimmt oder nicht, obliegt ihrem Belieben, genauso, wie dies hinsichtlich einer verfahrensmäßigen Intensivierung über die Aufstellung eines Zustimmungsvorbehalts oder einer Begrenzung dieser Entscheidungshoheit durch entsprechende Gestaltungen der Satzungsregelung zum genehmigten Kapital der Fall ist.

Die Ausübung der Ermächtigung nach § 55a GmbHG durch die Geschäftsführer stellt sich nicht als unzulässiger Eingriff in die Struktur- und Organisationszuständigkeit der Gesellschafter dar, sondern als mittelbare Realisierung derselben, soweit die Geschäftsführer ausschließlich Maßnahmen ergreifen, die hinsichtlich ihrer Wirkung von der Ermächtigung zur Erhöhung des Stammkapitals vollständig abgedeckt sind.

Trotz ihres eigenen Ermessensspielraums sind die Geschäftsführer daher im weitesten Sinne als verlängerter Arm der Gesellschafter anzusehen, wenn sie die Strukturmaßnahme der Kapitalerhöhung vornehmen. Regelungen und Grundsätze der GmbH-rechtlichen Kompetenzordnung, die im Interesse der Gesellschafter bestehen, finden daher auch und gerade auf die Ausnutzung des genehmigten Kapitals Anwendung.

Dagegen können mitbestimmungsrechtliche Wertungen im Hinblick darauf, dass sich die Ausübung der Ermächtigung nach § 55a GmbHG als mittelbare Realisierung der Strukturzuständigkeit der Gesellschafter darstellt, für die Ausnutzung des genehmigten Kapitals keine Geltung beanspruchen. Dies hat zur Folge, dass der diesbezügliche Einfluss eines obligatorischen Aufsichtsrats nicht größer ist, als derjenige eines fakultativen Aufsichtsrats.

Für andere Grundfragen des GmbH-Rechts, deren Lösungsansätze auf der alleinigen Kompetenz der Gesellschafterversammlung zur Entscheidung über eine Kapitalerhöhung aufbauen, bleibt die aus einem genehmigten Kapital resultierende Kompetenzerweiterung der Geschäftsführer nicht ohne Folgen.

Zwar verändern sich die Voraussetzungen für einen Bezugsrechtsausschluss insgesamt nicht, jedoch muss für das genehmigte Kapital berücksichtigt werden, dass bezugsrechtsrelevante Entscheidungen auf zwei Ebenen getroffen werden, wobei der konkrete Ausschluss erst bei Ausnutzung des genehmigten Kapitals erfolgt. Die sachlichen Anforderungen, die in diesem Zusammenhang an die Ermächtigung nach § 55a GmbHG zu stellen sind, haben diese Umstände angemessen zu berücksichtigen.

Der Einsatz von Wandelschuldverschreibungen und Arbeitnehmerbeteiligungen wird durch die Einführung eines genehmigten Kapitals in Bezug auf bestimmte Anwendungsschwierigkeiten, die mit Erfordernissen einer ordentlichen Kapitalerhöhung zusammenhängen, erleichtert.

B. Rechtspolitische Bewertung

Die Einführung des § 55a GmbHG ist uneingeschränkt zu begrüßen.

Zwar ist es unzweifelhaft, dass die Erleichterung der Kapitalbeschaffung für die GmbH deutlich weniger Relevanz hat als für die AG, weil die reguläre Kapitalerhöhung in der GmbH regelmäßig erheblich schneller durchgeführt werden kann.[1]

Aufgrund dieser geringeren Relevanz dem § 55a GmbHG jedoch das Bedürfnis weitgehend abzusprechen,[2] ist aber nicht nachvollziehbar.

Jedenfalls ist § 55a GmbHG geeignet, die Kapitalerhöhung in der GmbH zu erleichtern und es gibt kein zwingendes Gegenargument, das gegen die Einführung des § 55a GmbHG vorgebracht wird und werden kann.[3]

---

1 So schon die Einschätzung des Rechtsausschusses bei der Einführung des § 55a GmbHG, vgl. BTDrucks. 16/9737, S. 56; ebenso etwa Ulmer/Habersack/Winter/*Casper*, § 55a Rn. 4; *Cramer*, GmbHR 2009, 406, 407 f.; *Kramer*, GmbHR 2015, 1073; Münch/Komm/*Lieder*, § 55a Rn. 9; Scholz/*Priester*, § 55a Rn. 3.

2 So etwa *Cramer*, GmbHR 2009, 406, 407 f.

3 Vgl. etwa Ulmer/Habersack/Winter/*Casper*, § 55a Rn. 4, nach dem die Einführung des § 55a GmbHG „*auch kein Nachteil*" ist; die positiven Aspekte herausstellend auch Münch/Komm/*Lieder*, § 55a Rn. 8; nach *Eggert*, GmbHR 2014, 856, 863 kann das genehmigte Kapital „*eine wertvolle Ergänzung zu den bestehenden Kapitalisierungsinstrumenten sein*"; *Kramer*, GmbHR 2015, 1073, 1076, sieht im genehmigten Kapital

Insbesondere begrüßenswert ist die angemessene Lockerung der zwingenden Strukturzuständigkeit der Gesellschafter, die § 55a GmbHG mit sich bringt. Diese Lockerung ist Ausdruck und Bekräftigung des Prinzips der Satzungsfreiheit, also dass die Anteilseigner der GmbH über die Ausgestaltung ihrer Gesellschaft und daher auch über die Kompetenzen der Gesellschaftsorgane grundsätzlich frei bestimmen können, soweit nicht Interessen Dritter (insbesondere der Gläubiger) berührt sind. Zwar ist es richtig, dass die Anteilseigner grundsätzlich ganz wesentliche, die Struktur ihrer Gesellschaft betreffende Fragen selbst entscheiden müssen. Es spricht aber nichts dagegen, sondern es ist im Gegenteil sogar zu befürworten, weil es dem Willen der Anteilseigner zur Geltung verhilft, wenn eine Delegierung von Strukturentscheidungen innerhalb bestimmter Grenzen erlaubt ist, soweit die Geschäftsführer die Struktur der Gesellschaft nicht aufgrund eigenen Ermessens maßgeblich gestalten können. Letzteres würde in der Tat zu weit gehen, ist aber bei einer Kompetenz zur Erhöhung des Stammkapitals bis zu einem in der Satzung festgelegten Maximalbetrag nicht zu befürchten.

§ 55a GmbHG dient also zum einen der Verwirklichung des Willens jedenfalls der satzungsändernden Mehrheit der Gesellschafter, ohne jedoch zum anderen den wichtigen Grundsatz aufzugeben, dass die Gesellschafter über die wesentliche inhaltliche Gestaltung der Struktur der Gesellschaft selbst entscheiden müssen.

§ 55a GmbHG gewährleistet somit zwischen beiden Polen einen abgewogenen Ausgleich und hat das Prinzip der zwingenden Strukturzuständigkeit der Gesellschafter angemessen modifiziert.

C. Überlegungen de lege ferenda

Unter Berücksichtigung des angemessenen Ausgleichs, den § 55a GmbHG zwischen der Maßgeblichkeit des Willens der Anteilseigner und dem Grundsatz, dass diese wesentliche, inhaltlich gestaltende Strukturentscheidungen zwingend selbst treffen müssen, gefunden hat, wäre es de lege ferenda überlegenswert, auch für andere Strukturmaßnahmen, die die Struktur der Gesellschaft nicht wesentlich gestalten, die Möglichkeit der Delegierung zu eröffnen.

Hierfür kommt die Maßnahme der redaktionellen Satzungsanpassung in Betracht, die nach geltendem Recht nach zutreffender Ansicht nicht auf die Geschäftsführer übertragen werden kann.[4]

Auch hierbei handelt es sich um eine Strukturmaßnahme, die aber in ihrer Bedeutung für die inhaltliche Gestaltung der Struktur der Gesellschaft eher gering ist. Sie hat sogar, weil es sich bei der redaktionellen Anpassung nur um solche Änderungen handelt, die *„die Gliederung oder Reihenfolge der Bestimmungen oder*

„ein praktikables Instrument“ […] *„insbesondere im Venture-Capital und Private-Equity Umfeld“*.

4 Siehe dazu schon die Ausführungen im 1. Kapitel.

den Wortlaut der Satzung betreffen, deren Inhalt aber unberührt lassen.",[5] erheblich geringere Bedeutung als die Ausnutzung eines genehmigten Kapitals.

Sofern jedenfalls die satzungsändernde Mehrheit der Gesellschafter eine solche Übertragung der Befugnis an die Geschäftsführer wünscht, spräche neben der geringen strukturellen Bedeutung einer redaktionellen Satzungsanpassung für eine gesetzliche Erweiterung der Satzungsfreiheit in diese Richtung[6] die dadurch zu gewinnende Flexibilität, da ein satzungsändernder Gesellschafterbeschluss für eine bloß redaktionelle Anpassung der Satzung dann entbehrlich wäre.

Allerdings spricht gegen eine solche Erweiterung der Satzungsfreiheit, anders als bei § 55a GmbHG, die Gefahr von Abgrenzungsschwierigkeiten zwischen bloßer Satzungsanpassung und inhaltlicher Satzungsänderung.[7]

Sobald es den Geschäftsführern gestattet wäre, im eigenen Ermessen Änderungen am Wortlaut der Satzung vorzunehmen, müssten sie zwingend auch darüber entscheiden, ob es sich um eine ihre Befugnis eröffnende bloße Satzungsanpassung handelt. Es bestünde deshalb immer die Gefahr, dass die Geschäftsführer auch bei bestem Bemühen aufgrund einer Falschbewertung die Grenze zur inhaltlichen Satzungsänderung überschreiten. Dies würde aber in nicht mehr tragbarem Maße in die Strukturzuständigkeit der Gesellschafter eingreifen, weil diese zwingend über die inhaltliche Ausgestaltung der Satzung selbst bestimmen müssen.

Eine gesetzliche Regelung, die einen solchen Eingriff oder auch nur eine diesbezügliche Gefahr in sich trüge, würde das GmbH-rechtliche Grundprinzip der zwingenden Strukturzuständigkeit der Gesellschafter nicht, wie durch § 55a GmbHG geschehen, angemessen modifizieren, sondern stattdessen geeignet sein, dieses zu unterlaufen.

Die Einführung einer gesetzlichen Regelung, die es ermöglicht, dass die Satzung den Geschäftsführern die Befugnis zur redaktionellen Satzungsanpassung einräumt, ist deshalb nicht zu befürworten.

---

5 So zur Möglichkeit der Ermächtigung des Aufsichtsrats der AG zu redaktionellen Änderung des Satzungswortlauts, Münch/Komm/AktG/*Stein*, § 179 Rn. 159; ebenso Hölters/*Haberstock/Greitemann*, § 179 Rn. 39; ganz ähnlich Spindler/Stilz/*Holzborn*, § 179 Rn. 108; Hüffer/*Koch*, § 179 Rn. 11.

6 Etwa durch die Einfügung eines § 53a GmbHG, der es ermöglichte, dass die Satzung den Geschäftsführern die Befugnis zu Satzungsänderungen, die nur die Fassung betreffen, einräumt; vergleichbar der Regelung des § 179 Abs. 1 S. 2 AktG.

7 Siehe hierzu schon 1. Kapitel, Punkt C.IV.3.c.(2).ii.

www.ingramcontent.com/pod-product-compliance
Ingram Content Group UK Ltd.
Pitfield, Milton Keynes, MK11 3LW, UK
UKHW021909290926
8980IPUK00015B/1154

9 783631 671207